COLLECTION DES ÉCONOMISTES
ET DES RÉFORMATEURS SOCIAUX DE LA FRA

CLAUDE DUPIN

ŒCONOMIQUES

1745

PUBLIÉ AVEC INTRODUCTION ET TABLE ANALYTIQUE

Par Marc AUCUY
DOCTEUR EN DROIT, PROFESSEUR AU COLLÈGE SAINTE-BARBE

TOME I

PARIS
LIBRAIRIE DES SCIENCES POLITIQUES ET SOCIALES
MARCEL RIVIÈRE ET Cie
31, RUE JACOB, ET 1, RUE SAINT-BENOIT

11 1913

COLLECTION DES ÉCONOMISTES
ET DES RÉFORMATEURS SOCIAUX DE LA FRANCE

CLAUDE DUPIN

ŒCONOMIQUES

MACON, PROTAT FRÈRES, IMPRIMEURS

COLLECTION DES ÉCONOMISTES
ET DES RÉFORMATEURS SOCIAUX DE LA FRANCE

CLAUDE DUPIN

ŒCONOMIQUES

1745

PUBLIÉ AVEC INTRODUCTION ET TABLE ANALYTIQUE

Par Marc AUCUY
DOCTEUR EN DROIT, PROFESSEUR AU COLLÈGE SAINTE-BARBE

TOME I

PARIS
LIBRAIRIE DES SCIENCES POLITIQUES ET SOCIALES
MARCEL RIVIÈRE ET Cie
31, RUE JACOB, ET 1, RUE SAINT-BENOIT

1913

INTRODUCTION

En publiant les *Œconomiques* de Dupin, la Collection des fondateurs de l'économie politique s'enrichit d'un ouvrage d'une rareté exceptionnelle, et la réimpression qu'elle en donne équivaut à une publication originale. Les trois volumes des *Œconomiques*, qui sont mis, pour la première fois, à la disposition des lecteurs, parurent en 1745, à 12 ou 15 exemplaires. On en connaît aujourd'hui seulement 3 exemplaires. La Nationale en possède un exemplaire complet et seulement le deuxième et le troisième volume d'un second exemplaire. La bibliothèque de Strasbourg a conservé le troisième, et non sans propos, l'ouvrage contenant une description précieuse de l'ancienne organisation de l'Alsace et de la Lorraine. Massifs, dans leur somptueuse édition du temps, ils sont restés complètement ignorés des contemporains et inconnus des plus curieux d'entre les spécialistes. Pour des raisons intéressantes à démêler, ils n'ont jamais été destinés à être répandus dans le public. Dupin les offrit à ses amis intimes et c'est pour eux seuls qu'il fit composer, à si peu d'exemplaires, cette magnifique édition, graver les frontispices de Latouche, orner de médaillons les cartes, embellir le texte de lettres fleuronnées, et de ces délicieuses vignettes que, malgré notre fidélité, nous n'avons pu toutes reproduire. Ce n'est donc point à l'influence qu'il a exercée que cet ouvrage doit d'être aujourd'hui reproduit ou plutôt mis au jour pour la première fois. Il a un autre intérêt, plus appréciable, que le privilège de la rareté. Et cet intérêt existe à plusieurs points de vue. Le premier volume de l'ouvrage est un recueil de mémoires touchant à la plupart des questions économiques. Il est pour les économistes le plus intéressant : il renferme un exposé précis de l'activité économique, et un plan général des réformes applicables aux diverses branches de commerce, aux droits de douane, au crédit public, au domaine de l'Etat et aux rentes. Le deuxième volume est une monographie des institutions administratives propres à l'Alsace, à la Lorraine et aux trois Evêchés. Le troisième volume est une étude historique de la Taille et une analyse des divers systèmes proposés pour en améliorer la répartition[1].

---

1. Ces trois volumes qui figurent à la Bibliothèque nationale sous les cotes :

R. 1,347
1,348
1,349

sont, dans la présente édition, fondus en deux volumes. Le premier volume des *Œconomiques* est tout entier dans le premier volume de la présente édition. Le deuxième et le troisième volume de l'édition originale sont réunis dans le tome II.

Le 1er volume de l'exemplaire de la Nationale a été paginé à la main. Il s'y trouve des notes et des corrections manuscrites qui certainement ne sont pas de Dupin mais d'un propriétaire du volume resté inconnu : elles ne sont pas reproduites ici. Ainsi que nous l'indiquons, de nombreuses fautes d'orthographe, des négligences et des lacunes dans les références, des phrases incorrectes, témoignent d'une impression assez peu surveillée. Toutes ces imperfections se retrouvent dans la présente reproduction. Dupin nous avertit lui-même qu'il s'est contenté souvent, au cours de ses lectures, « de prendre note des faits, en négligeant souvent le nom des auteurs, et presque toujours les éditions, les volumes et les pages », et il ajoute : « J'aurais pu rétablir cette faute en repassant mes lectures, mais l'omission ne m'a pas paru assez intéressante pour mériter le travail et l'ennui auquel je me serais exposé. » (Avertissement du tome I.) L'explication de cette négligence se trouve dans la note manuscrite suivante qui figure à la 1re page de l'exemplaire de la Nationale : « Les *Œconomiques* n'ont été tirés qu'à un petit nombre d'exemplaires, douze ou quinze, dit-on, que l'auteur a distribués à ses amis. »

On pourrait penser qu'il existe une 2e édition des *Œconomiques*, parue en 1747, sans lieu, en 3 volumes, chaque volume ayant un titre différent, édition d'ailleurs aussi peu connue que la première, à tel point que personne jusqu'à ce jour ne donne Dupin comme l'auteur de ces trois volumes anonymes et que personne, sauf M. Stourm (*Bibliographie historique des Finances de la France au XVIIIe siècle*, 1895, Guillaumin, éd., p. 96, note 2), n'a vu en eux la reproduction des *Œconomiques* qu'ils sont intégralement. On les trouve à la Nationale sous la cote Lf 82, 3 et les titres suivants qui sont un résumé complet des matières de chaque recueil :

Tome Ier : Mémoire sur les Domaines, le Commerce, droits d'entrée et de

L'œuvre touche ainsi à toute l'organisation économique et fiscale de l'ancien régime : aucune autre n'a eu jusqu'alors cette étendue, cette précision minutieuse et ne se rapporte à un plus grand nombre de questions. Elle intéresse les économistes, elle est indispensable aux historiens.

Elle paraît, d'autre part, à cette époque de transition qu'est

---

sortie du royaume, droits de Péages, les grands chemins, la Banque de Law et le Crédit Public; Sur les annuités et Rentes tournantes, les Bleds, les mendians et les enfants trouvés, les Décimes du Clergé, le Célibat, les Rentes et Redevances dues par les gens de main-morte ; sur le Tabac, les Aydes et Gabelles de France, avec une observation sur le Royaume d'Angleterre et l'Établissement d'un bureau œconomique.

Tome II : Définition et idée générale de l'office avec un abrégé historique du gouvernement ecclésiastique, civil, militaire, financier et commercial de la province d'Alsace.

Tome III : Mémoire général sur la levée des Impositions et autres droits. L'origine et le progrès de la Taille et autres Impositions sous les Romains, l'impôt lors de l'établissement en France dans la Gaule, la Taille et l'Impôt sous les Rois Capétiens, celle imposée sous le règne des Valois, avec l'examen des différents moyens proposés pour réformer la Taille et une Récapitulation des Projets à ce sujet ; un état des Revenus et de la dépense du Roy pendant l'année 1724 et une Table du prix des matières d'or et d'argent pendant le règne de chaque Roy.

A notre avis, il ne s'agit pas d'une réédition. Dans ces exemplaires, la page de garde du 1er volume qui porte les titres, la date et le lieu de l'impression est changée ; de même les frontispices et les cartes ont disparu. Mais on retrouve exactement la même impression, le même nombre de pages, le même nombre de lignes à la page, les mêmes blancs, la même absence de pagination, les mêmes lacunes ; on retrouve aussi les mêmes délicates vignettes, les mêmes culs-de-lampe, les mêmes lettres enjolivées de fleurons en tête des chapitres. Le texte ne comporte qu'une légère modification à l'avertissement du tome I, où la dernière phrase est remplacée par une autre.

On peut considérer qu'il s'agit, purement et simplement, d'un exemplaire des *Œconomiques*, dont Dupin n'avait qu'un petit nombre d'épreuves ; il a été tiré des mêmes presses, les quelques détails que nous venons d'indiquer ayant seuls été ajoutés ou substitués.

Le recueil connu sous le nom de collection *Fontanieu* de la Bibliothèque nationale contient également, dans son volume 137, *le Discours général sur la levée des Impositions et autres droits* qui figure au début du 3e volume des *Œconomiques* (col. Lf. 82, 3. *).

Le *Journal Œconomique ou mémoires, notes et avis sur l'Agriculture, les Arts, le Commerce et tout ce qui peut avoir rapport à la santé ainsi qu'à la conservation et à l'augmentation des Biens des familles*, Boudet, imprimeur 1760, contient, d'autre part, la reproduction exacte, sauf une modification indiquée ci-après, du *Mémoire sur les Bleds*, qui se trouve aux *Œconomiques* (p. 145).

l'année 1745, toute proche d'un grand bouleversement dans les doctrines, et elle emprunte aux circonstances un accent et une force d'expression particulières. Enfin, elle mérite l'attention du lecteur par la compétence de l'auteur et les conditions dans lesquelles elle fut élaborée. Dupin est un financier de carrière ; il connaît avec précision les matières dont il traite ; il est, plus qu'aucun autre, au courant de la législation et de la pratique financières et fiscales. De là, la précision de ses exposés et de ses projets de réforme ; ces projets ont été lus et commentés dans le cercle de ses amis ; ils sont le produit d'une collaboration indiscernable, mais certaine. Presque autant que celles d'un homme, ils reproduisent les idées d'un milieu particulier, en opposition assez fréquente avec le mouvement des idées contemporaines.

***

Claude Dupin naquit à Châteauroux en 1683. Il était d'une vieille famille du Berry dont on retrouve encore les traces dans cette ville et à Levroux. Le premier ancêtre qui figure à la généalogie des Dupin est Jean Dupin, né en 1381. Claude était le fils de Philippe Dupin auquel les archives de l'époque confèrent les titres suivants : « Messire Dupin, noble, conseiller du roi, et receveur des tailles, taillons et octroys en l'élection générale de Châteauroux. » Il était seigneur des Chagnots, Laplace, Lisle robuste. Ses armoiries reproduites au livre d'or de la famille étaient d'azur à trois coquilles de Saint-Jacques d'or[1]. Il avait servi comme capitaine d'infanterie dans le régi-

1. « C'était une famille bien apparentée et ancienne ayant quatre in-folio de lignage bien établi par grimoire héraldique, avec vignettes coloriées fort jolies. » G. Sand, *Hist. de ma vie* (Lecou, édit., chap. II, p. 125).

ment de Noailles, de 1706 à la paix d'Utrecht[1] et aurait été alors cassé de son grade, d'après le chroniqueur, d'ailleurs suspect, de la *Vie privée de Louis XV*, « parce qu'il fit tapage ». Il garda le titre d'écuyer, se fit recevoir « licencié en l'un et l'autre droit », puis avocat au Parlement et succéda à son père dans sa charge en 1714. Malgré sa noblesse, sa situation de fortune était modeste, l'héritage que lui transmit son père était d'environ 10.000 livres. Il avait épousé en 1714 Marie Bouilhat, fille du seigneur de la Lœuf, élu à Châteauroux, et de ce mariage était né Dupin de Francueil, le grand-père de George Sand. Sa femme mourut en 1720. Il fit, trois ans après, dans des conditions étrangement romanesques, un second mariage[2]. Agé alors de 42 ans, il épousa l'une des filles naturelles de Samuel Bernard et de Mme Fontaine. La jeune fille avait 17 ans, elle devint cette délicieuse Mme Dupin que Voltaire appelle « Vénus et Minerve », et qui fut l'une des physionomies les plus délicates du XVIIIe siècle. Dans un portrait qui ravissait Flaubert[3], Nattier l'a peinte, sortant d'un corsage d'étoffe des Indes vert et rose, un visage tout animé d'intelligence, de fraîcheur et de jeunesse. On y retrouve le

1. *Vie privée de Louis XV ou principaux événements, particularités et anecdotes de son règne*, Londres, Lyton, 1783, 4 vol. in-12, t. I, p. 308. L'auteur anonyme est Moufle d'Angerville

2. Il est raconté dans la *Vie privée de Louis XV* que l'une des trois filles naturelles de Samuel Bernard et de la « Dame Fontaine » ayant été malade à Châteauroux, en revenant des eaux de Bourbonne-les-Bains, Dupin lui offrit l'hospitalité et poussa le zèle chevaleresque jusqu'à l'accompagner à Paris. « La Dame Fontaine trouva, comme sa fille, le procédé si rare que, ne cessant de s'en louer, le fameux Samuel Bernard voulut absolument voir Dupin. Il trouva que l'esprit répondait au dehors et ne voulut point être en reste avec lui. Dupin lui dit qu'il était veuf. Il lui offrit en mariage la seconde fille de la Dame Fontaine. La demoiselle était belle et jeune, les propositions furent acceptées ». Leur fils Jacques-Armand Dupin de Chenonceaux fut l'élève de J.-J. Rousseau. Il est également fait allusion à ce romanesque mariage par Rousseau, *Confessions*, éd. Garnier, p. 254.

3. « Nous avons vu un bon portrait de Mme Dupin. La figure est brune, éveillée, coquette, le nez retroussé, les lèvres roses, le regard noir et droit, l'air franc, amical, fripon et bon enfant, plus spirituel, de beaucoup, que celui de Mme d'Humières, par exemple, avec sa bouche rose en cœur si sensuelle et tout humide » (Flaubert, *Par les champs et par les grèves*, édit. Conard, p. 35).

sourire qui enchanta J.-J. Rousseau et lui fut indulgent, et cette expression dont l'abbé de Saint-Pierre disait avec assez d'exactitude : « j'ai acheté aujourd'hui une estampe du Silence du Corrège où j'ai cru vous voir en vierge ».

Ce mariage donna à Dupin une fortune considérable et lui valut les plus hauts appuis. Le tout puissant Samuel Bernard le fit nommer à la recette des impôts pour l'Alsace et Metz, en 1725, charge qui rapportait 50.000 livres. L'année suivante, Bernard lui avança les fonds nécessaires à l'achat d'une des douze charges de fermiers généraux mises en adjudication. Le 1er octobre 1726, Dupin déposait une caution de 500.000 livres [1] et recevait le brevet de « fermier général des fermes Unies de sa Majesté ». Il était, en 1728, nommé « secrétaire du roi et de ses finances » ; plus tard, il sera directeur du commerce avec Trudaine.

Il mena au cours de ces hautes fonctions la vie la plus fastueuse. Il avait acheté au duc de Bourgogne, en 1733, le « riant Chastel de Chenonceaux [2] ». « J'ai toujours des remerciements à faire à celui qui a si bien logé les Grâces dans l'ancien palais de nos rois », écrivait à cette occasion le fidèle abbé de Saint-Pierre à son amie. Comme « pied à terre » à Paris, Dupin avait l'hôtel Lambert, l'une des résidences les plus charmantes de l'ancien régime. L'architecte Le Vau venait d'orienter vers la Seine, à la pointe de l'Ile Saint-Louis, ses gracieuses galeries en rotonde et

1. *Vie privée de Louis XV*. Le chroniqueur raconte que Mme Dupin avala un jour, pour la faire disparaître, la reconnaissance de 500.000 livres que son mari avait signée à Samuel Bernard : « La dame Dupin était chez sa mère à Passy. Malade, elle envoya sa fille lui chercher dans une armoire quelque chose. Celle-ci à son tour trouva dans un pot à eau d'argent un papier qu'elle déploya. C'était l'obligation de son mari. Au lieu de déchirer le billet, de peur qu'on n'en découvrit les vestiges, elle l'avala. » « Bernard leur pardonna et leur en fit présent. »

2. *Histoire de Chenonceaux, ses artistes, ses fêtes, ses vicissitudes*, par l'abbé C. Chevalier. Lyon, 1868.

ses terrasses verdoyantes, Lesueur et Lebrun avaient peuplé le délicieux hôtel de fresques un peu froides et de tableaux aimables [1]. Le mobilier en était d'un luxe inouï et estimé plus de 100.000 livres. Dupin avait ainsi, à Chenonceaux et à Paris, deux des plus belles habitations de son temps. Il y ajouta encore, après 1744, une maison de plaisance à Clichy. Il avait acquis d'autre part, en 1738, le marquisat du Blanc avec ses dépendances : la baronnie de Cor, les châteaux de Roche et de Rochefort, terres de rapport dont le produit annuel était de 27.000 livres. Chenonceaux, propriété de luxe, rapportait 9.000 livres. Dupin avait fait construire dans une aile de ce château, un grand théâtre qui occupait 30 musiciens et où se transportait, les jours de grande fête, le corps de ballet de l'Opéra. Là, furent joués, pour la première fois, l'*Engagement téméraire* et le *Devin de village*. Le duc de Penthièvre, le duc d'Orléans, fils du Régent, apportaient à ces fêtes l'éclat et le prestige de leur nom. En leur honneur, les petits bateaux de la rivière étaient transformés en îles de verdure et pavoisés, et lorsque le grand amiral duc de Penthièvre descendait de voiture, Dupin faisait royalement tirer le canon sur le pont du Cher.

Cette vie brillante de richesse et de fêtes est un exemple de ce qu'était la condition d'un fermier général à la fin de la monarchie. Préoccupé de justifier les fortunes colossales des financiers, et le luxe de leurs habitudes, Dupin dira pour leur trouver une excuse : « qu'ils font des entreprises de commerce maritime, de manufactures et autres, et qu'ils sont rarement oisifs » [2]. De fait, il en était ainsi de lui. Il avait fondé la manufacture de draps de Châteauroux en 1751 [3]. En Touraine, son effort

1. Sauvageot, *Palais, Châteaux, Hôtels et Maisons de France*, 1877, t. III.
2. *Réflexions sur l'« Esprit des Lois »*, chap. des Traitants.
3. *Catalogue des Archives de l'Indre*, p. 158 : « Un arrêt du Conseil d'Etat du 17 août 1751 accorde, pour 25 ans, au sieur Dupin, sous le nom de Jean Vaillé,

s'était appliqué à acclimater les peupliers de Lombardie; il avait planté des mûriers blancs, installé une magnanerie prospère. Il cultivait au bord du Cher des vignes à plant de Champagne [1]. Ces travaux le charmaient; ses connaissances s'enrichissaient par l'expérience qu'il en tirait, et son activité lui semblait être le rachat de sa fortune. De tout temps, une sorte de passion le porta particulièrement vers le commerce. Lorsque son jeune fils trop gâté, celui dont J.-J. Rousseau avait été le précepteur, eut dévoré au jeu 7 millions environ, et obligé les Dupin à quitter l'hôtel Lambert et à réduire leur train, il ne songea à rien de mieux pour l'amender, que de l'envoyer faire du commerce à l'Ile Bourbon.

Sa curiosité d'esprit était extrême, il lisait, interrogeait « avec frénésie », et accumulait sur ses lectures un amas de notes. Les contemporains lui reconnaissent une culture étendue, un jugement sûr, une extrême prudence de pensée et ce sont des traits qui apparaissent assez nettement sur le portrait de lui que possède M. de Villeneuve. Sous la perruque blanche aux ondulations sobres, le profil manque un peu de finesse, la joue est massive, le menton tombant, mais l'œil, d'une douceur réfléchie, presque sévère ou triste, exprime exactement tout le sérieux de cette physionomie. C'est le regard de l'homme sans témérité qui scrutait avec méthode, précision, minutie. Diderot qualifie dédaigneusement ses travaux de « laborieuses productions » [2]. Montesquieu qui, à la vérité, ne pouvait guère être impartial vis-à-vis de Dupin, le déclare « pesant » [3]. Mais

la jouissance du château avec la permission de faire des constructions dont la dépense serait remboursée à la fin du bail. » C'était un privilège pour l'établissement de la manufacture de Châteauroux « dont le projet avait été conçu par M. Trudaine ». Il recevait en outre pour les huit premières années de son privilège 7.500 livres. Il le céda en 1753 à Lacour.

1. V. *Histoire de Chenonceaux*, op. cit.

2. *Correspondance avec Grimm*, éd. Garnier, t. VIII, p. 311. Lettre de mars 1769.

3. *Correspondance*, édition Lefebvre, t. V, p. 374, et *Œuvres complètes*, éd. Lefebvre, p. 663. Lettre à l'abbé Guasco : « Depuis le futile de La Porte jus-

Voltaire priait qu'on lui « fît la faveur » de ses ouvrages [1]; il se félicite de les avoir connus et les utilise. Le marquis de Paulmy leur reconnaît une très grande valeur [2]. L'abbé d'Olivet les vante et les fait lire autour de lui. L'abbé de Saint-Cyr discute ardemment les idées de l'auteur, dans une correspondance malheureusement inédite. Mairan demande à Dupin son avis en matière financière.

Les Dupin étaient en rapport, on le voit, avec l'élite du temps. Mme Dupin a laissé, dans une sorte de petit carnet d'adresses dont l'écriture est de Jean-Jacques, la liste des personnes qui fréquentaient chez elle. Cette liste des « visités » de Mme Dupin comprend 223 noms, en dehors des amis intimes et des écrivains. Toute la noblesse de l'époque figure sur ce carnet. Parmi les plus intimes familiers, nous avons déjà cité l'abbé de Saint-Pierre. Ce fut l'ami de prédilection de Mme Dupin, une abondante correspondance en témoigne. Ils étaient à eux deux « la grâce et la philosophie de Chenonceaux » ; l'abbé de Saint-Pierre y venait tous les étés, et George Sand raconte même qu'il y mourut [3]. A Paris, la surveillance de l'instruction de M. de Chenonceaux lui était confiée, et il envoyait des nouvelles de l'enfant à la mère. Il lui communiquait ses propres écrits et lui écrivait en 1738, à propos de son travail sur la taille tarifiée : « C'est votre ouvrage puisque vous aimez la méthode qui fait rendre justice au

qu'au pesant Dupin, je ne vois rien qui ait assez de poids pour mériter que je réponde aux critiques : il me semble même que *le public* me venge assez et par le mépris de celles du premier, et *par l'indignation* contre celles du second. » (L'abbé de la Porte avait été le premier à critiquer l'*Esprit des Lois* dans ses feuilles périodiques ; il y aurait été, paraît-il, induit par Dupin.)

1. Voltaire, ŒUVRES COMPLÈTES, t. XXX de l'édit. Garnier : *Commentaire sur l'« Esprit des Lois »*, et Villeneuve-Guibert, *Le portefeuille de Mme Dupin*, 1884, Calmann-Lévy, édit. Lettre de Voltaire du 22 mai 1751.

2. Note manuscrite en tête de l'exemplaire des *Réflexions sur l'« Esprit des Lois »*, de Dupin, à la bibliothèque de l'Arsenal.

3. Histoire de ma vie, *loc. cit.* : C'était d'ailleurs une erreur, que G. Sand répare en note.

pauvre, qui est vexé par la recommandation injuste de ceux qui ont du crédit et par la passion des collecteurs »[1]. De Dupin, il écrivait : « Je vois qu'il prend confiance à mes discours, il veut avoir mes autres ouvrages et je lui en ferai présent car il les mérite »[2]. L'amitié du vieil abbé qui signait ses lettres : « Paradis aux Bienfaisants », est un gage de la bonté exquise de Mme Dupin. Il inspirait ce qu'elle écrivait et elle aimait toutes les chimères que cette vieille âme « animée de l'amour du bien public » caressait avec délices. Elle donnait à résumer à Jean-Jacques la Polysynodie et le Projet de Paix perpétuelle, et les éloges dont elle comblait ces ouvrages, faisaient, nous dit un correspondant anonyme, « éclore les roses sur le visage de l'abbé[3] ».

Aux Vendredis de Mme Dupin, à côté de l'abbé de Saint-Pierre, venaient son fidèle ami Fontenelle, le seul qui n'eût pas voté son exclusion de l'Académie française à la suite de ses publications ; l'abbé d'Olivet, qui avait été ami de Boileau et qui reçut Voltaire à l'Académie. Voltaire lui-même fréquentait chez Mme Dupin, et retrouvait à l'hôtel Lambert, qu'il avait habité, les souvenirs du temps où il était l'hôte de Mme du Châtelet. D'Argenson, Mairan, Mably, Saint-Aulaire étaient des assidus. Il faut signaler spécialement la présence de Montesquieu : ce fut aussi un ami, pendant quelque temps. De Bordeaux, il expédiait, en 1744, de son vin à l'hôtel Lambert[4]. La même année il écrivait : « J'ai un grand désir de

1. Villeneuve-Guibert, *Portefeuille de Mme Dupin.*
2. Id., *ibid.*, p. 202.
3. Id., *ibid.*, p. 431.
4. Id., *ibid.*, p. 432 : « Je vous supplie de croire que ce n'est pas parce que vous êtes une très jolie femme et très aimable, que je vous écris : car d'ailleurs je n'ai aucune affaire à vous, la perte de ce vin ne vous concernant point, n'ayant jamais mis dans mon arrangement qu'il pût être au risque de M. Dupin. Je vous supplie, n'en parlons plus. S'il y en a de bon, cette année, je lui en écrirai et je m'arrangerai avec lui ou vous pour vous en envoyer, Madame. Je suis bien fâché que mon voyage de Chenonceaux se retarde tous les jours. Ce serait un grand plaisir pour moi de vous y rendre une longue visite et de

vous revoir ; je suis dégoûté de tout ce qui n'est point rendu agréable par votre présence... J'ai l'honneur de vous prédire une année charmante. » Et il ajoutait : « Ayez la bonté de parler de moi à M. Dupin : vous savez combien j'aime à l'entendre [1]... Quand aurai-je le plaisir de vous revoir ! c'est un de mes délices que je mets à la tête des charmes de la ville de Paris. » Quand il se trouvait « sur les rives de la Seine », il apportait des madrigaux dans les salons de l'hôtel Lambert ou de la rue Plâtrière, et l'on faisait cercle autour de son petit habit bleu pour jouir de sa verve gasconne [2].

Montesquieu nous a déclaré de lui-même : « j'ai assez aimé à dire aux femmes des fadeurs et à leur rendre des services qui coûtent si peu. » La nature de ses relations avec Mme Dupin n'était empreinte que d'une galanterie superficielle et l'amabilité réciproque dura peu. Jean-Jacques, à son retour de Venise, nous dit [3] que Dupin travaillait à la réfutation de l'Esprit des Lois dont Montesquieu faisait connaître des fragments dans les salons où il fréquentait. Cette réfutation, à laquelle Mme Dupin collabora, ne fut pas bienveillante, nous le verrons. Par allusion à ce qu'elle eut d'acerbe et à la profession de Dupin, Montesquieu écrira qu'il va comparaître « au tribunal de la Maltôte » et il n'aura de cesse qu'il n'ait déterminé Mme de Pompadour à faire supprimer cette critique.

Les *Œconomiques* sont un ouvrage rempli d'allusions certaines aux idées de Montesquieu. Rien n'était plus différent que les méthodes et la nature d'esprit de Montesquieu et de Dupin. L'un généralisateur excessif, doctrinaire, peignait, nous dit Albert Sorel, la République et la Monarchie, comme Molière a

---

vous suivre dans vos tournées, comme faisait le pauvre Abbé de Saint-Pierre qui n'a jamais eu de sa vie des regrets que de vous quitter, c'est-à-dire de mourir. »

1. Villeneuve-Guibert, *Portefeuille de Mme Dupin*, p. 431.
2. Louis Guimbaud, *Auget de Montyon*, 1910.
3. *Confessions*, livre VII, p. 286.

peint l'Avare et le Misanthrope; l'autre, méthodique, prudent, faisait un usage infiniment plus circonspect et plus scientifique de la méthode d'observation et ne la mettait au service d'aucune idée préconçue. Tandis que Mme Dupin, d'une réputation d'ailleurs irréprochable, recevait les compliments et lés madrigaux; tandis qu'elle traduisait les sonnets de Pétrarque, et presque Saint-Simonienne, au dire de G. Sand [1], bien avant le Saint-Simonisme, dictait à Rousseau le *Traité du Bonheur*, petit opuscule rempli de rêves égalitaires; tandis qu'elle rassemblait, sous les hautes branches de l'Allée de Sylvie, à Chenonceaux, et, à Paris, dans le salon des Muses, où les neuf sœurs étaient peintes [2] avec leurs attributs, cette brillante compagnie d'admirateurs, Dupin isolé, laborieux, entouré d'une académie moins brillante, du P. Berthier, savant jésuite connu pour ses querelles avec Voltaire et les Encyclopédistes, d'un physicien et mathématicien, le P. Castel, auteur de l'*Optique des Couleurs,* de M. de Galezière [3], ami de l'abbé de Saint-Pierre, réservait ses méditations pour des sujets plus austères, et choisissait une dixième muse que l'antiquité n'avait guère connue, et dont les contemporains d'alors s'étaient déjà détournés [4], sans s'être épris de sa rudesse : l'Economie politique. C'est avec les amis dont il s'entourait que Dupin composa ses ouvrages et chacun d'eux a, de la sorte, le caractère et l'intérêt d'une œuvre collective.

Les *Œconomiques* sont un recueil de mémoires qui furent lus et commentés, puis rectifiés et complétés d'après les indications des auditeurs. Pour les autres ouvrages de Dupin, la collaboration semble plus étroite encore.

---

1. *Histoire de ma vie*, édit. Lecou, chap. II, p. 148.
2. On peut voir au Louvre, section du mobilier, ces peintures de l'hôtel Lambert devenu propriété du prince polonais Czartoriski.
3. Lettre de l'abbé de Saint-Pierre, *Portefeuille de Mme Dupin*, p. 202.
4. Avertissement des *Œconomiques* : « En traiter suffit à faire mépriser la chose et les auteurs qui en traitent. »

En 1748, paraissait à Genève, l'*Esprit des Lois*. L'entourage de Dupin lisait, commentait, discutait le livre, fameux dès avant son apparition. Rousseau déclare qu'il trouva un jour, avec son protecteur, le P. Blesse et le P. Berthier travaillant de toute leur force à la réfutation de Montesquieu. On était alors en 1743 [1]. Dupin parle lui-même de cette étude en commun : « Quatre amis, écrit-il, que leurs emplois obligent d'avoir quelque teinture des Lois de l'Etat et de celles des Nations voisines, lurent ensemble... » De cet examen passionné, sortaient, en 1749, les *Réflexions sur quelques parties d'un livre intitulé de « l'Esprit des Lois »* [2]. C'est une critique souvent excessive, mais par là même particulièrement intéressante de l'ouvrage de Montesquieu. Cette première critique ne fut pas la seule. Elle fut reprise, avec plus de maturité, mais d'une façon moins curieuse, sous la forme de gloses et d'observations plus fragmentaires, dans les *Observations sur un livre intitulé de « l'Esprit des Lois* [3] ».

La date de l'apparition de ce dernier ouvrage est un peu incertaine. Barbier le date de 1757 [4], mais il parut beaucoup plus tôt, puisque Montesquieu [5], mort en 1755, avait employé le crédit de Madame de Pompadour à le faire disparaître.

1. *Confessions*, livre VII.

2. 2 vol. in-8. L'exemplaire unique que l'on connaisse est celui qui avait été remis par Dupin au marquis d'Argenson ; il est annoté par le marquis de Paulmy qui réunit la Bibliothèque devenue Bibliothèque de l'Arsenal. On l'y trouve sous la cote : Jurisprudence, 29.

3. L'ouvrage est moins rare. On peut le consulter à l'Arsenal et à la Nationale. On le trouve, à cette dernière bibliothèque, sous les cotes E. 502, 503, 504.

4. *Dictionnaire des Anonymes*, t. II. Voir, sur ces ouvrages de Dupin, au point de vue artistique, l'étude intéressante du bibliophile du Plessis, *Bulletin du Bibliophile*, 1859, p. 307.

5. Montesquieu écrit dans une lettre de 1749, en parlant de ce dernier ouvrage, qu'il va comparaître « au tribunal de la maltôte », éd. Lefebvre, t. V, p. 366. « Mme de Pompadour, dit Chamfort, fit venir l'imprimeur et l'édition tout entière fut hachée et on n'en sauva que 5 exemplaires. » Chamfort, *Œuvres complètes*, éd. Colmet, 1808, t. II, p. 194.

Ces trois ouvrages de Dupin, en beaucoup de leurs parties, n'en font qu'un seul. Sans doute, les deux derniers contiennent, sur le texte de Montesquieu, des réflexions qui n'ont pas de caractère économique, mais celles qui s'inspirent des principes déjà déposés aux *Œconomiques* y tiennent la plus grande place. Très souvent, dans sa critique, Dupin se borne à reproduire littéralement un chapitre des *Œconomiques.* C'est dans cette œuvre qu'il avait mis son érudition, ses plus fermes connaissances et le fruit mûr de ses réflexions. Il fut l'homme d'un seul livre. Les biographes lui attribuent encore *Le Mémoire sur les Bleds avec un projet d'édit pour maintenir en tout temps la valeur des grains à un prix convenable à l'acheteur et au vendeur*, paru en 1748 [1], mais ce n'est là qu'un mémoire détaché purement et simplement des *Œconomiques.* Le *Journal Œconomique* le reproduisit en 1760, dans ses nos de février et de mars [2], avec une lettre dans laquelle Dupin indique le motif de la reproduction [3]. Il voulait alors marquer sa place au nombre des partisans d'une liberté de circulation plus grande pour les grains. Cette intervention restait d'ailleurs anonyme et Dupin ne cédait pas à un mouvement d'amour-propre. Aucun de ses trois ouvrages n'avait été écrit pour le public. L'édition coûteuse des *Œconomiques*, avec ses cartes, ses trois délicieux frontispices de Latouche, est, malgré la beauté de l'impression et le luxe des volumes, imparfaitement paginée ; le début

1. Le *Dictionnaire des Anonymes*, de Barbier (II, p. 334), la *France littéraire*, de Quérard (II, p. 703), et, après eux, la *Grande Encyclopédie*, lui attribuent un in-8 de 23 pages, intitulé : *Manière de perfectionner les voitures.* Cet ouvrage qui sort de l'ordre des préoccupations de Dupin est de son fils, né de son mariage avec Mme Dupin.

2. Février, p. 59 ; mars, p. 103.

3. Dupin dit que, dès 1742, il avait remis ce mémoire aux conseillers du roi et qu'il en était sorti presque intégralement l'arrêt du conseil du roi de septembre 1745 dont celui de 1754 n'était que la reproduction. Le journal attribuait à Herbert la thèse de la liberté du commerce des bleds. Dupin voulut marquer sa place parmi les initiateurs de ce mouvement. Cf. *Essai sur la police générale des grains de Herbert*, 1755, reproduit dans la collection Geuthner, en 1910, par Edgard Depitre.

du 3e volume ne l'est pas du tout. Il arrive que le verso d'une page ne contienne pas de texte ; les fautes d'impression abondent ; certaines phrases dépourvues de sens semblent n'avoir été ni relues ni surveillées. Les *Réflexions* sont anonymes et l'auteur nous dit que l'impression n'en fut faite que « pour lire avec plus de facilité » [1]. D'après Barbier, l'ouvrage fut tiré à six exemplaires, dont cinq auraient été restitués à l'auteur, sur sa demande, et détruits. En réalité, il en fut tiré huit, l'indication en est fournie par une lettre de Dupin lui-même à l'abbé de Saint-Cyr, du 10 juin 1759 [2]. Dupin y déclare que deux exemplaires seulement échappèrent à la destruction qu'il en fit. Il en existe un à la bibliothèque de l'Arsenal, offert au marquis d'Argenson et que celui-ci avait refusé de rendre. Le marquis de Paulmy, fils de d'Argenson, a lu l'ouvrage avec surprise et écrit de sa main, au commencement du volume, une bien curieuse observation [3]. On ne sait point où se trouve le second exemplaire dont parle Dupin. Entre les mains du descendant de la famille, le comte de Villeneuve-Guibert, il n'existe que l'original du manuscrit, longtemps conservé à la bibliothèque de Chenonceaux. Les *Observations* furent tirées à 500 exemplaires [4]. C'est le seul ouvrage que Dupin semble avoir voulu faire connaître ; le tirage en était important, pour l'époque. Dupin cependant se défend d'avoir eu cette intention. Il écrit : « Pour

1. Lettre de Dupin au P. Castel, jésuite, rapporté par Du Plessis, *loc. cit.*
2. Cette lettre est entre les mains de M. le comte de Villeneuve-Guibert.
3. Le marquis de Paulmy avait écrit au catalogue de sa bibliothèque, à l'article de ce livre, et en parlant de l'auteur : « homme de quelque mérite, mais incapable d'avoir saisi l'*Esprit des Lois* », mais il revint de ce jugement après avoir lu, et modifia son appréciation sur l'exemplaire même, par une note.
4. On trouve le manuscrit, non autographe d'ailleurs, dans la bibliothèque de M. le comte de Villeneuve-Guibert. Elles parurent sans indication de lieu et de date et sans nom d'imprimeur, en 3 vol. in-8. Il en existe un exemplaire à l'Arsenal, un autre à la Nationale ; un 3e, non coupé d'ailleurs, est entre les mains de M. de Villeneuve-Guibert.

quoi faire imprimer ce livre ; ce n'est pas pour le public. Notre confiance ne va pas jusque là. C'est pour un certain nombre de personnes dont l'amitié nous est chère. C'est pour leur communiquer notre sentiment et avoir le leur. Des mains plus exercées feront, pour la gloire et pour le public, ce que l'amour de la vérité nous a fait faire pour quelques particuliers. »

En n'écrivant que pour lui-même ou de rares amis, Dupin n'avait d'autre dessein, il le répète à plusieurs reprises, que de servir « les vérités » auxquelles il tenait. Mais une sorte de pessimisme entravait son effort : il déclare à tout instant qu'il n'espère point voir triompher ces vérités. Il ne leur rend qu'une sorte d'hommage désenchanté. C'est avec simplicité qu'il retire lui-même de la circulation les quelques exemplaires des *Réflexions*. C'est sans mauvaise humeur apparente qu'il laisse mettre au pilon, sur une intervention de Mme de Pompadour, toute l'édition des *Observations*. Des 500 exemplaires, une trentaine seulement échappèrent à la destruction : d'après Chamfort beaucoup moins, et cinq seulement auraient été sauvés [1].

En témoignant d'une telle indifférence à l'égard de ses œuvres, en donnant cet exemple d'une activité intellectuelle qui n'a point été dénuée de passion et qui sut, cependant, rester modestement repliée sur elle-même, Dupin faisait-il preuve d'abnégation ou, comme on l'a prétendu, était-il simplement prudent ? Manquait-il de foi dans ses travaux ou en éprouvait-il un sujet d'alarme ? Les apparences, pour peu qu'elles soient scrutées légèrement, seraient selon cette deuxième hypothèse. Le bibliophile Du Plessis qui n'a admiré de l'œuvre de Dupin que les caractères d'impression, n'a pas manqué d'adopter cette explication, la plus propre à donner

1. Voir *supra*, p. XVII, n° 5.

aux volumes un prix élevé. Il voit dans la susceptibilité du gouvernement [1] l'explication de leur rareté, et les vraisemblances, en effet, sont en faveur de cette opinion. Les *Œconomiques* parurent sous un déguisement. Elles portent comme lieu d'impression Carlsruhe, petite ville bâtie en 1729 sur le Neckar, affluent du Rhin, et, par un luxe singulier de précision qui dénoterait à lui seul une supercherie, un plan géométrique de la ville figure au verso de la page qui porte le titre. Or, cette indication est fausse. Les fleurons fleurdelysés, les caractères d'impression prouvent que l'ouvrage est sorti de presses françaises. D'après Du Plessis qui a examiné l'ouvrage en expert, il a été imprimé à Paris. Pourquoi tout ce mystère ? Même mystification, avec les *Réflexions*. L'éditeur, qui est le libraire Guérin, s'est dissimulé sous le pseudonyme de Benjamin Serpentin. Comment ne pas reconnaître à ces indices les précautions de la prudence? Aussi bien, cette impression serait accentuée encore, s'il en était besoin, par cette lettre de Voltaire extraite du *Portefeuille de Mme Dupin* : « Pourrais-je, écrit Voltaire, obtenir un exemplaire des réflexions très judicieuses que M. Dupin fit sur l'*Esprit des Lois*. Cet *ouvrage ne sortirait point de ma bibliothèque* et servirait beaucoup à m'instruire. Donnez-moi votre protection auprès de lui. Il peut m'envoyer le livre par la poste, dans l'enveloppe de M. Bouret [2]. » Il semble qu'il n'y ait aucun doute : ses ouvrages inquiétaient Dupin.

L'explication est cependant difficile à admettre pour quiconque a lu intégralement l'œuvre de Dupin. Il n'en est pas qui soit, au fond, plus loyalement inspirée par la défense des intérêts monarchiques et, rarement, tentative aussi soutenue a

1. De même Weulersse, *Le mouvement physiocratique en France*, Alcan, éd. 1910, p. 18.

2. Villeneuve-Guibert, *Le portefeuille de Mme Dupin*, C. Lévy, éd. 1884, Correspondance de Voltaire, p. 323. La lettre est datée du 22 mai 1751. Il est vraisemblable qu'il s'agit non des *Réflexions*, mais des *Observations*.

été faite pour justifier dans leur principe à peu près toutes les institutions économiques et financières de l'ancien régime.

Le régime qui l'eût confondu avec un adversaire aurait donné un bien curieux exemple d'aveuglement et fournirait l'occasion d'un piquant parallèle entre les destinées si diverses faites aux œuvres de Montesquieu et de Dupin ! L'*Esprit des Lois* avait fait naître les *Réflexions* et les *Observations*, et inspiré également de nombreux passages des *Œconomiques* qui paraissent, si on l'oublie, comme des bastions dressés contre des ennemis imaginaires. Or, l'œuvre de Montesquieu, « ce portefeuille d'un homme d'esprit », ce « recueil de saillies » tout entières tournées, comme l'écrira Voltaire, « contre le despotisme, les prêtres et les impôts », aurait recueilli les suffrages de ceux qu'elle menaçait. Celle de Dupin, au contraire, consacrée à la défense de la monarchie la plus absolue, aurait été condamnée. L'originalité de Dupin est d'avoir présenté, avec la plus grande fermeté, la défense de ce qu'atteignait déjà, sinon la critique économique, du moins la critique philosophique. Le fallait-il donc tenter avec cette prudence?

Il convient, selon nous, d'abandonner ces suggestions dont le caractère paradoxal laisse peu de doute, après la lecture de l'œuvre même. Les *Réflexions*, le livre que Dupin s'appliqua le plus soigneusement à dissimuler, furent parfaitement autorisées à paraître, le manuscrit porte trace de cette autorisation. Par contre, l'*Esprit des Lois* fut loin de ne soulever aucune protestation ; comme la critique de Dupin, il parut, sans nom d'auteur et sans date, à Genève, en 1748; la 2e édition parut dans les mêmes conditions, en 1749. L'ouvrage avait été condamné par l'ordre des Jésuites. Dupin d'ailleurs a livré lui-même, de façon à clore toute controverse, la véritable raison du retrait des *Réflexions* ; et c'est l'explication qu'il convient de donner, d'une façon générale, de son silencieux effort.

Cette explication se trouve dans une lettre curieuse et d'ailleurs inédite de Dupin à l'abbé de Saint-Cyr. En voici l'analyse, à défaut de la reproduction que ne m'a pas autorisé à faire M. de Villeneuve-Guibert, entre les mains de qui se trouve ce document. L'abbé de Saint-Cyr avait demandé à Dupin, par l'intermédiaire de l'abbé d'Olivet, de lui communiquer le manuscrit des *Réflexions*. Tout comme Voltaire, il avait sollicité cette faveur avec les plus grandes précautions, déclarant qu'il ferait prendre les cahiers, et ne les remettrait qu'à l'auteur lui-même. Dupin lui répondit, et, en lui communiquant quelques feuillets de son manuscrit, lui donna l'explication du prix qu'il leur accordait et de la suppression qu'il en avait faite : « J'avais, dit-il, fait tirer les volumes à huit exemplaires. Mais je vis que cette critique manquait de pondération et abusait des personnalités. Tel n'était pas mon but. L'*Esprit des Lois* méritait, certes, toute la critique que j'en avais tentée, mais je considérai que je m'étais montré insuffisant dans cette tentative. Je l'avais entreprise sans aucun amour-propre, n'ayant aucun des talents qu'il faut pour écrire des livres. Je l'ai donc retirée, sauf deux exemplaires que je n'ai pu faire rentrer ». Voilà la véritable raison de la discrétion de Dupin : une grande défiance de lui-même.

Les *Observations* furent, sans doute, une tentative sérieuse pour aller jusqu'au public. Chamfort a rapporté l'intervention fâcheuse de Madame de Pompadour à l'encontre de ce livre et cette intervention paraît certaine, mais elle n'a été faite qu'en faveur de Montesquieu qui l'avait sollicitée et avait su l'obtenir. Elle n'était pas une marque de la susceptibilité du régime, elle prouvait seulement celle de Montesquieu.

Deux causes, en dehors de cette réserve naturelle, expliquent d'ailleurs la discrétion de Dupin : La première raison, c'est que l'auteur est fermier général ; la deuxième, c'est que ses œuvres sont, dans leur source, inspirées par la défense des financiers, et que, par suite, certaines questions y sont abordées avec quelque partialité.

Chacun sait à quel point les fermiers généraux étaient détestés à la fin de l'ancien régime. Le contraste entre la fortune à laquelle ils parvenaient et leur origine, souvent modeste, était un spectacle scandaleux. Leurs profits semblaient naître de l'extorsion ou du vol, en tout cas, d'une dureté impitoyable à l'égard des contribuables. Sur leurs têtes s'accumulaient toutes les haines de la nation. *Le chroniqueur de la vie privée de Louis XV*[1] cite, en 1751, trois fermiers généraux qui avaient été laquais. Le « Sosie » de La Bruyère avait porté la livrée et Montesquieu appelle les valets « une pépinière de fermiers généraux ». C'est ce dernier qui les traita avec le plus de sévérité et de rigueur[2]. « Les chevaliers, écrit-il, à propos de Rome, étaient les traitants de la République... bien loin de donner à de telles gens la puissance de juger, il aurait fallu qu'ils eussent été sans cesse sous les yeux des juges[3] ». Il écrit ailleurs : « Tout est perdu lorsque la profession lucrative des traitants parvient encore, par ses richesses, à être une profession honorée... Un dégoût saisit tous les autres états, l'honneur y perd toute sa considération, les moyens lents et naturels de se distinguer ne touchent plus, et le gouvernement est frappé dans son principe[4] ». Dans l'*Esprit des Lois* tout un chapitre du livre XIII est consacré à cette critique.

Telle était l'opinion générale. Les contemporains qui fré-

1. *Vie privée*, p. 308.
2. « Cet homme est un fermier et il est autant au-dessus des autres par ses richesses, qu'il est au-dessous de tout le monde par sa naissance... il est très impertinent, comme vous voyez, mais il excelle par son cuisinier. » (Usbek à Rhedi, *Lettres persanes* : Lettre XLVIII).
3. *Esprit des Lois*, liv. II, ch. XVIII.
4. *Id.*, liv. XIII, ch. XX.

quentaient chez Dupin rendaient communément hommage à ses qualités de labeur et de goût. N'importe ! on se sentait en défiance devant ses écrits, on ne pouvait croire de sa part à une entreprise désintéressée, on prenait le change sur l'objet de ses préoccupations. Au témoignage de Diderot, il avait tenté dans les *Réflexions* de faire « une apologie de la finance [1] ». Diderot n'avait point lu l'ouvrage, car la défense proprement dite des traitants y est faite avec réserve. Mais, sur cette exagération, il ajoutait cette phrase très significative : « Ce projet n'était pas d'une exécution facile et de plus habiles que M. Dupin y auraient pu échouer. »

En définitive, l'œuvre sentait le plaidoyer et là était le ver qui détournait du fruit. Dans sa note manuscrite sur l'exemplaire des *Réflexions* dont nous avons parlé, M. de Paulmy écrit : « Il n'y a que lorsque M. Dupin parle de la Finance et du Commerce qu'il paraît trop se souvenir qu'il est fermier général. » Cependant M. de Paulmy avait lu les *Réflexions*, et les appréciait [2], mais il gardait de sa lecture cette impression dominante que Dupin y avait tenté une défense des financiers.

Il est, de fait, certain, que Dupin eut cette préoccupation, plus ou moins consciente, dans chacune de ses œuvres. Nul doute que le ton amer des *Réflexions* [3] ne vienne de la blessure secrète causée par les traits dont « Celuy de l'*Esprit des Lois* » accablait sa profession. Sur le point précis qui le touche, il s'est cependant contenté d'y montrer, par l'exemple

1. *Corresp. Grimm-Diderot*, éd. Garnier, 1879, t. VIII, p. 311.

2. M. de Paulmy écrit que Dupin « critiquait avec trop d'amertume et trop peu de ménagement, mais au fond ses critiques sont très justes et bien raisonnées ».

3. Voici le ton de l'Avis au lecteur dans les *Réflexions* : « Les lecteurs de [l'*Esprit des Lois*] ne trouveront ni but, ni méthode, ni solidité dans les principes, ni fidélité dans les citations, ni vérité dans les maximes, ce qui fit penser que cet ouvrage n'était qu'une plaisanterie dans le goût de l'espion turc, des lettres juives et des lettres persanes » (*Réflexions*, p. IV).

de l'Angleterre, la supériorité de la ferme sur la régie. Dans les *Observations*, la défense des traitants est plus directe [1], mais c'est dans les *Œconomiques* qu'elle est le plus sensible : il fait ressortir l'abnégation des fermiers généraux qui, dans l'intérêt public, acceptèrent généreusement, en cours de bail et sans en faire modifier les clauses, des déductions importantes sur les droits mis en ferme [2]. Nul doute d'ailleurs que ce ne soit le souci de rehausser le prestige des financiers qui l'ait amené à donner, dans les *Œconomiques*, un tel développement à la législation financière et aux impôts, et à attribuer à la politique financière une importance capitale. Le tome II des *Œconomiques* est entièrement consacré à la législation financière des Trois Évêchés, dont Dupin avait été, en 1724, le receveur des finances et où il avait acheté, en 1738, la même charge pour son fils, Dupin de Francueil. Tout le troisième volume, une partie du premier, traitent des impôts. Il déclare que l'art qui enseigne à régir les finances est l'art essentiel et l'objet même de la science économique ; que les « finances sont le nerf de la guerre, « l'ornement de la paix, le maintien des lois, de la justice, de la dignité et de la splendeur des états qui ne peuvent subsister sans elles ». Dupin montre quelle action stimulante, ou mortelle, la politique financière peut avoir sur la production, combien elle peut méconnaître et contrarier les véritables intérêts du prince [3]. Les revenus du roi dépendent en effet de la richesse de ses sujets ; tout ce qui amoindrit cette richesse atteint le roi lui-même. Il dépend du choix de l'impôt de décourager le producteur ou d'accroître son acti-

1. *Observations*, t. II, p. 236.
2. *Œcon.*, I, p. [114] 82.
3. « Là où la taille est arbitraire, la crainte y retient l'industrie et le travail ; le paysan et l'artisan aiment mieux demeurer oisifs que de faire produire » (*Œcon.*, p. [75] 54). « Altérer le commerce par l'impôt en altérant ce qui lui sert d'aliment, c'est ruiner les revenus du souverain (*Œc.*, I, p. [75] 54).

vité. *La finance est de la sorte toute l'Économique.* Elle en recueille les fruits, elle doit en diriger les voies.

Et c'était là sans doute des maximes fort exactes. Les contemporains n'ont vu, en elles, qu'un plaidoyer. Il est possible de rendre aujourd'hui meilleure justice à Dupin et d'examiner son œuvre avec plus de loyauté.

Il ne peut entrer dans l'objet de cette introduction d'analyser les idées de l'auteur, telles qu'elles ressortent des *Œconomiques*. Nous n'en voulons parler que dans la mesure où il peut être utile de les éclairer par les ouvrages de Dupin que le lecteur ne sera pas à même de trouver reproduits ici. Les *Réflexions*, écrites avec une extrême vivacité, aident en particulier à bien comprendre la philosophie économique de l'auteur. Elles éclairent sa pensée. Telle controverse engagée dans les *Œconomiques*, tels développements, ne se comprennent que dans leurs rapports avec les idées qui les ont suggérés, et nous connaissons ces idées beaucoup mieux par les *Réflexions*, ou même les *Observations* que par les *Œconomiques*. Les *Œconomiques* ont devancé les *Réflexions*, mais ce dernier ouvrage éclaire singulièrement le premier.

*
* *

Les *Œconomiques* sont un travail assez imparfaitement coordonné de mémoires particuliers entre lesquels l'unité n'est pas faite. Au lieu de présenter ses idées avec ordre, dans un ouvrage cohérent, Dupin ne les présente avec ordre que dans chacune des parties dont se compose le Recueil. Chaque chapitre forme un tout, mais le caractère relativement indépendant des parties se manifeste à de nombreuses répétitions d'un chapitre à l'autre et à de fréquentes contradictions. Tel chapitre reproduit presque complètement le précédent, tel le chapitre sur les annuités et rentes tournantes [1]. Les contradictions s'expliquent par ce fait que, pour chaque chapitre, Dupin formule les maximes les plus propres à justifier ses conclusions dans ce chapitre.

Traite-t-il du célibat, il écrit : « la richesse fondamentale de l'Etat sont les sujets [2] » ; consacre-t-il un chapitre au blé, il écrit : « l'opulence vient des fruits de la terre [3] ». Ailleurs il déclare : « le commerce et la circulation sont le sang et la vie d'un Etat [4] ». Et l'on trouve encore dans son œuvre des maximes comme les suivantes : « Il n'y a que la mer qui puisse donner le nécessaire avec facilité et abondance [5] » : « La richesse primitive de l'Etat sont les fonds de terre », et « Rien n'est plus capable de rendre un Etat florissant que le commerce », ou encore : « Qui est maître de la mer est maître de la terre. »

Au milieu de ces contradictions, comment saisir le fil conducteur de la pensée ? On parvient cependant à dégager l'essentiel de l'accessoire avec assez de certitude. L'économique de Dupin est essentiellement une économie du prince et de la production.

Économie du prince ou économie nationale, les deux expressions sont alors synonymes. L'intérêt du roi et celui de la France coïncident. C'est l'équivalent de cette idée que Dupin exprime par les formules suivantes : « Le prince est l'épée et le bouclier de l'Etat [6] » ; « la Patrie tient le premier rang après la Divinité [7]. » Au roi, Dupin voulait donner de bonnes finances parce qu'elles sont un instrument de force et de suprématie nationales. La Finance, avons-nous dit, était toute l'éco-

1. *Œconomiques*, t. I, p. [187] 133 et suiv.
2. *Œcon.*, I, p. 216 [302].
3. *Id.*, ibid., p. 145 [203].
4. *Id.*, ibid., p. 58 [81].
5. *Œcon.*, I, p. 56.
6. *Réflexions*, I, p. 420.
7. *Id.*, II, p. 427.

nomique ; nous pouvons ajouter que l'économique n'est qu'une politique. Ce qui doit être le fonds essentiel de cette politique c'est la recherche de l'indépendance et de la suprématie de la Nation.

Pour atteindre ce but, Dupin veut, à l'intérieur de la France, constituer l'unité entre toutes les provinces, supprimer toutes les barrières de douane, tous les péages, et dans ce milieu libre créer et développer l'âme française : « Tu es né, écrit-il, prenant à son compte une pensée d'Antonin le philosophe, pour remplir et parfaire un même corps de société ; toute action qui ne se rapporte pas à cette fin sépare et divise cette société[1]. » Ce n'est pas lui qui se sentirait atteint de la « maladie de l'époque » et qui éprouverait le besoin de critiquer les institutions. L'unité française, le roi l'incarne à ses yeux. Il pense qu'en entrant dans la société civile l'homme perd la liberté naturelle : « L'homme, écrit Dupin, transfère à celui à qui il s'est soumis tous les droits et tout le pouvoir qu'il avait dans l'état naturel[2]. Celui à qui tous les pouvoirs sont de la sorte donnés est le roi. » « Il est certain, répète-t-il fréquemment, que la monarchie, considérée essentiellement, abstraction faite des qualités du Monarque, est le plus parfait et le plus accompli de tous les gouvernements[3]. »

Il se refuse à « aigrir » l'imagination des peuples et à effrayer le malade[4] » en lui faisant entrevoir de chimériques réformes.

A l'intérieur du même pays toutes les activités sont solidaires : « Il y a une liaison si intime dans les parties de la société, que l'on ne saurait en frapper une, que le contrecoup ne tombe sur les autres[5]. » L'individu, dans cette doc-

1. *Réflexions*, I, p. 400.
2. *Œcon.*, édit. orig., III, p. 2.
3. *Réflexions*, II, p. 256. La même formule identiquement se trouve dans les *Œconomiques*, édit. orig., III, p. 100 ; cf. p. 102.
4. *Réflexions*, I, chapitre sur la Gabelle.
5. *Œcon.*, I, p. 54 [75], d'après Melon, *Essai sur le commerce*, cité par Dupin.

trine, est entièrement subordonné à l'intérêt national. Producteur, il produit pour alimenter le trésor de son roi. Il doit subir son contrôle. Sa vie entière est sous la surveillance du roi ; sa religion, son état civil, les fêtes du calendrier, son art, son travail, sa postérité [1].

Le célibataire est proscrit, l'oisif détesté [2], les fêtes de la religion catholique, trop nombreuses, inspirent à Dupin, resté cependant le défenseur de la religion, sinon de la foi catholique, l'éloge du protestantisme [3]. Tout ce qui amoindrit la richesse du pays lui parait être un larcin fait au roi.

C'est en effet par la prospérité du pays qu'il gouverne, qu'un roi est puissant et s'assure l'indépendance.

Cette prospérité est la source de l'impôt [4]. Produire devient, dès lors, une nécessité. Le souci de la répartition n'apparaît pas, dans l'œuvre de Dupin, et le souci de l'équité, quoiqu'il se manifeste, n'est pas le sentiment qui l'anime essentiellement dans l'énoncé des principes qu'il formule en matière

1. « Tous les sujets de la République appartiennent à la République et leur « postérité », répété à plusieurs reprises dans les *Œconomiques*.

2. « Les oisifs sont les frelons et les guèpes de la République ; non seulement, dit Dupin, après Platon ils nuisent par leurs aiguillons, mais encore ils troublent les abeilles dans leurs travaux et dévorent leur subsistance » (*Œcon.*, I, p. 177 [248]).

3. « Depuis l'établissement de la Religion prétendue réformée, cette égalité se trouve détruite et la balance affaiblie de plus d'un 7e à notre préjudice, car elle permet dans l'année au moins 50 jours de travail plus que la catholique. » *Œcon.*, I, p. 63 [89]. L'idée est reprise dans un chapitre entier des *Réflexions sur les fêtes*. « Il faudrait supprimer les fêtes pleines et les demi-fêtes pour les renvoyer toutes au Dimanche. » *Cf. Esprit des Lois*, livre XXIV, chap. XXIII.

Dupin reproche en outre à la religion catholique d'avoir institué le célibat des Prêtres. Dans une note en marge de l'édition originale, *Œcon.*, I, p. [299], Dupin écrit : « L'Eglise romaine est plus intéressée qu'on ne pense à la suppression ou du moins à la grande diminution du monachisme et du célibat. Si les choses continuent sur le pied qu'elles sont actuellement, l'église protestante engloutira la romaine parce que l'une croit et que l'autre diminue sans cesse : à la vérité, la Providence a de grandes ressources, mais n'est-il pas téméraire de la tenter ? »

4. « Les revenus du prince consistent dans la richesse des sujets » (*Œcon.*, I, p. 53 [73]). Cf. « La base de la bonne finance est le maintien des peuples dans l'abondance nécessaire pour l'imposition. »

d'impôts [1]. Il n'y a pas, dans les *Œconomiques*, de chapitre sur l'esclavage, mais dans les *Réflexions* il n'est pas éloigné de le justifier et dans les *Œconomiques*, il adopte, pour son propre compte, cette opinion de la « sage » nation chinoise : « L'égalité des conditions n'est pas seulement une chimère, elle serait une source de fainéantise et de misère [2]. » L'inégale répartition de l'impôt est essentiellement condamnable aux yeux de Dupin, parce qu'elle est de nature à décourager le producteur.

Mais quelle source productrice le rôle tutélaire du roi doit-il surtout s'attacher à développer ? « Mon royaume, disait Charles VIII, est une prairie abondante dans laquelle paissent une multitude innombrable de brebis avec des toisons d'or, que je puis tondre aussi souvent qu'il me plaît [3]. » Quelle brebis devait donner la plus merveilleuse toison d'or ?

Nous avons vu Dupin en considérer plusieurs avec, en apparence, une égale convoitise. « Trois choses, écrit-il dans les *Observations*, contribuent à la richesse de l'Etat : l'agriculture, les arts et le commerce. L'agriculture recueille les dons de la Nature et la force pour ainsi dire à nous les prodiguer, l'art les met en œuvre, le commerce les transporte où l'on en manque, et par son moyen le laboureur et l'artisan se débarrassent facilement d'une partie superflue pour s'en procurer une autre qui leur est nécessaire [4]. » C'est la même

1. « Dans les pays où la taille est arbitraire, la crainte y retient presque toujours l'Industrie et le travail, le paysan et l'artisan aiment mieux rester oisifs que de faire produire la terre, pour être exposés au caprice et à la vengeance d'un collecteur » (*Œcon.*, I, p. [75] 54).

2. *Œcon.*, I, p. [79] 57.

3. *Œcon.*, édit. orig., III, p. [99].

4. Ce texte des *Observations* (III, p. 46) est la reproduction d'un passage des *Œconomiques* (I, p. [74] 54). Cf. *Œcon.*, I, p. [172] 122 : « Si le taux (de l'argent) était trop faible... les possesseurs de l'espèce s'appliqueraient nécessairement à l'une de ces trois choses également avantageuses au bien de l'Etat, ou aux arts ou à l'agriculture, ou au commerce. » Les citations abondent dans le même sens.

union intime des forces productrices que symbolise, au frontispice des *Œconomiques*, le dessin de Latouche, beau-frère de Dupin. Sous les auspices païennes du Dieu du commerce, le mariage de l'Industrie et du Travail est célébré au milieu d'un cortège de figures qui représentent l'Agriculture, la Science et la Religion. Ce sont les éléments mêmes de la force nationale.

Cependant la préoccupation de l'organisation commerciale et du développement de la richesse nationale par le commerce apparaît au premier plan dans son œuvre. Il considère comme tout spécialement productif pour la nation, le Commerce, dont il reconnaît cependant qu'il vit uniquement d'échange [1].

Mais il faut bien voir les caractères de cette théorie de la productivité du commerce; elle est une théorie de la productivité du commerce *international*, dans les rapports spéciaux de la France avec les autres pays. Dupin a sous les yeux son pays dont il vante l'heureux climat [2] et qui est pourvu de toutes les richesses naturelles, apte à toutes les productions nécessaires, en sorte qu'il peut consacrer son superflu, qui est considérable, à prélever sur les autres pays un véritable tribut. Le commerce avec les autres états lui permet « de recevoir tous les ans une grande somme, toute compensation faite [3] ». Cette certitude de voir la France, en l'état où elle se trouve normalement, vendre plus qu'elle n'achètera, lui fait critiquer vivement les procédés par lesquels certains se sont efforcés d'éviter la sortie de l'or [4]. Mais c'est cependant l'or et l'argent, qu'en défi-

1. *Œcon.*, I, p. [71] 53 : « La richesse des sujets consiste dans la tradition ou l'échange continuel d'une partie qui leur est superflue avec une autre dont ils manquent. »

2. « Notre climat est si abondant que l'étranger reste notre débiteur » (*Œcon.*, I). [76] 55.

3. *Obs.*, t. III, p. 31. Dans les *Réflexions* (t. II, chap. I) il définit le commerce « le trafic de marchandises en vue de *profiter* sur la vente ou échange que l'on en fait ».

4. *Obs.*, III, p. 216. « Pourquoi empêcher le vendeur créancier légitime d'em-

nitive, malgré certaines incertitudes de pensée [1], Dupin donne mission au commerce international de faire affluer dans le pays ; il en reçoit sa prospérité. La répétition fréquente des échanges fait « l'opulence des Etats », dans la mesure où la balance du commerce avec l'étranger est favorable.

Or, un pays peut s'assurer cette balance favorable en dirigeant dans les voies appropriées le commerce international. Pour la France, dont Dupin envisage toujours la situation actuelle, ce n'est point le commerce, indifféremment, qui est productif, mais essentiellement le commerce de certains produits auxquels il convient dès lors de donner tous ses soins. La notion de la productivité du commerce se rattache essentiellement à la considération du produit qui l'alimente. Il vit de l'agriculture et de l'industrie ; il leur assure leurs débouchés. Mais il doit être en même temps le serviteur de leurs besoins. A ce titre, il doit recevoir toutes les restrictions utiles au développement et au progrès de l'Industrie, si ce qui gêne le commerce peut favoriser la production. A l'intérieur du pays, le commerce doit être libre, la circulation facile, les péages doivent être supprimés et les douanes entre les provinces portées, toutes, à la circonférence de la Nation. Mais, à cette circonférence, elles ne doivent point disparaître. Sous leur protection naissent et se

porter son paiement ? Que dirions-nous si, après avoir vendu nos toiles à la Vera Cruz, à Portobello, à Carthagène, les gouverneurs saisissaient les piastres qui en proviennent comme marchandise déclarée de contrebande à la sortie par les Ordonnances du roi d'Espagne. Cf. *Infra*, p. 48.

1. *Obs.*, t. III, p. 216 : « Nous savions que le commerce apporte les matières premières d'or et d'argent et que la Finance doit lui être subordonnée parce que sans lui, elle n'aurait point d'objet sur lequel elle pût exercer ses opérations. » — En même temps, il écrit, et dans le même passage : « Jamais personne n'a tiré de l'argent d'un Etat sans lui en avoir fourni la valeur en denrées et en marchandises. » Ce n'est pas en interdisant la sortie de l'or qu'on en favorisera la rentrée. « L'argent doit être considéré comme une marchandise, on ne doit pas l'arrêter dans sa course. » C'est en favorisant sa sortie, mais plus encore en favorisant la sortie de nos produits, qu'on fera rentrer de l'or dans le royaume. » (Reproduction d'un passage des *Œcon.*, I, p. [83] 115.)

développent les sources mêmes du négoce et tout particulièrement grandissent les manufactures dont Dupin se soucie infiniment plus que de l'agriculture. « Si nous apercevons chez nos voisins, écrit-il, quelque fabrique nouvelle, nous tâchons aussitôt de la contrefaire et nous faisons très bien. Questionnés sur ces principes, nous n'hésitons pas à répondre que c'est pour n'être pas leurs tributaires, pour gagner la préparation et la main-d'œuvre, pour soutenir nos manufactures et empêcher la sortie de notre argent. Ces principes sont admirables [1]. » De classiques restrictions de la liberté fournissent le moyen d'assurer la vie et le progrès de ces manufactures : prohibition de sortie de nos matières premières, liberté d'importation des matières premières étrangères — liberté de sortie de nos produits manufacturés [2], prohibition d'entrée [3] des marchandises étrangères, tels sont aussi les quatre articles du programme de Dupin [4]. Dupin se plaint que la liberté de sortie de nos produits manufacturés soit encore imparfaitement assurée, que des produits étrangers — les indiennes par exemple, alors si recherchées par la mode, — puissent entrer frauduleusement chez nous malgré la prohibition légale. Il se plaint que « la mauvaise foi et l'avidité des trafiquants, la négligence, l'ignorance et l'infidélité des inspecteurs des manufactures, la tolérance sur l'introduction des étoffes étrangères, les droits dont les marchandises et fabriques de notre cru étaient chargés à la sortie, aient contribué à la diminution du commerce [5]. »

---

1. *Réflexions*, II, p. 52.
2. « La maxime fondamentale du commerce est de procurer, par toutes sortes de voies, la sortie et le débit des denrées surabondantes du cru, et des fabriques d'un Etat, d'éloigner l'entrée de tout ce que l'art et la Nature donnent à cet État en quantité suffisante. »
3. *Œcon.*, I, p. [82] 59 : « Il est démontré que toute marchandise ou denrée étrangère qui pénètre dans un royaume qui en produit ou fabrique de semblable, ou capable d'y suppléer, préjudicie au commerce de ce royaume, à proportion de la quantité de l'introduction étrangère... »
4. *Œcon.*, I, p. [83] 59.
5. *Obs.*, III, p. 41.

On voit donc que le souci du développement commercial est chez Dupin inséparable de la notion de production et de la considération du produit.

Les principes posés, et une fois déterminées les voies dans lesquelles le commerce doit s'engager, Dupin se préoccupe, et cet objet paraît essentiel dans le premier volume des *Œconomiques*, de doter la nation d'une bonne technique commerciale. C'est essentiellement sur les Compagnies maritimes et sur les Banques qu'il porte son attention à cet effet. Les Nations tremblent, écrit-il, « dès qu'elles voient la voisine mettre un vaisseau en mer [1] ». Grâce à ses vaisseaux, la Hollande, en effet, qui ne produit aucune denrée, « tire cependant chez elle les marchandises du monde entier [2] ». Notre commerce doit donc être surtout maritime [3], et il lui faut une excellente marine, si nous ne voulons pas devenir tributaires des nations qui s'emploient comme intermédiaires. Nul effort ne paraît excessif à Dupin pour assurer à cet égard l'indépendance du pays. Il fait le plus vif éloge de Cromwell [4] à qui l'Angleterre doit la sienne, et de l'acte de Navigation, calqué d'ailleurs sur l'ancienne législation française. Il voudrait faire adopter de nouveau, chez nous, le même principe de l'utilisation exclusive des vaisseaux français pour le transport des denrées qui nous sont nécessaires. Un droit de frêt sur les navires étrangers ne lui paraît pas suffisant; il faut prohiber pure-

1. *Obs.*, III, p. 71.
2. *Id.*, III, p. 48.
3. Il parle avec une sorte de lyrisme des bienfaits supérieurs du commerce maritime : « qui est maître de la mer, est maître de la terre ». « C'est de la mer que nous tenons le superflu et la profusion. » — « La navigation est le plus noble effort de l'industrie humaine ». Cf. *Œcon.*, I, [78] 56. Nous avons, dit-il, de quoi nous nourrir, mais ce n'est pas là ce qui nous vaudra « ces grandes richesses qui rendent un État florissant et redoutable à ses voisins ». — Cf. *Œcon.*, I, p. [108] 76 : « Si nous jouissions de la supériorité maritime si utile et si désirable, aidés de nos victoires de terres, nous serions actuellement les arbitres de l'Europe. »
4. *Obs.*, III, p. 52.

ment et simplement le recours à ces navires ennemis. Dupin compte en outre sur le développement des grandes Compagnies maritimes que le roi doit fonder et soutenir : « Un commerce si éloigné ne doit point être livré à des particuliers, tant à cause des grandes dépenses qu'il exige *que parce que l'intérêt personnel le ruinerait infailliblement* [1]. »

En même temps que la constitution de Cies priviligiées, instruments d'indépendance pour le pays, Dupin préconise la constitution d'une Banque d'Etat, à l'imitation des principes posés par Law, et pour nous donner une arme dont disposent « Gênes, Venise, Milan, Naples, Vienne, Rome, Amsterdam, Hambourg, Londres, Edimbourg, Stockholm, Copenhague » [2]. Ce sont là les deux organes indispensables à l'essor commercial, qu'il convient de créer ou de perfectionner sans cesse.

***

Cette brève analyse des idées essentielles de Dupin, en matière économique, aura aisément permis de reconnaître l'inspiration mercantiliste. Chez peu d'auteurs français, la politique de ce nom a reçu une expression aussi systématique et aussi nette.

La science de la Nation la plus habile consistait alors à se donner des tarifs qui, en favorisant la naissance et le développement des manufactures, facilitaient le commerce d'exportation, source d'une abondante rentrée d'argent. Le développement des manufactures et de l'exportation étaient considérés comme la source de la richesse d'un Etat.

Ces principes, pressentis dès la formation des nationalités, avaient inspiré à Colbert le tarif de 1667, qu'accentuèrent dans la suite, pendant toute la première moitié du XVIIIe siècle,

1. *Réfl.*, II, p. 52.
2. *Réfl.*, II, p. 52.

un grand nombre d'arrêts du Conseil du roi. En 1667, Colbert avait augmenté les droits d'entrée sur les marchandises fabriquées à l'étranger et importées chez nous. Lorsque nos manufactures se furent éveillées, la législation protectrice se fit plus sévère encore à l'égard de la concurrence étrangère. L'arrêt du 26 octobre 1686, constamment remanié, atténué, renouvelé depuis, interdisait complètement l'usage des draperies étrangères, des étoffes et toiles peintes des Indes et de la Chine [1]. Un inspecteur spécial était délégué à Metz pour en surveiller l'application. Les chapeaux, les bas étaient également chargés de droits exclusifs. A l'inverse, l'arrêt du 1er août 1733, réduisit d'un tiers environ le tarif des droits de sortie d'un grand nombre de produits manufacturés; le 13 octobre 1743, le roi exonère de tous droits de sortie les étoffes des manufactures royales, les ouvrages de bonneterie, les toiles du cru. Pareilles mesures avaient été prises en 1701, en 1716, en 1733, pour les étoffes et rubans d'or, d'argent, de soie; en 1716, pour les toiles de lin, les étamines de Reims, d'Anjou, du Mans; en 1702, pour les toiles des fabriques de Laval et Marigni, les futaines et basins, etc.

C'était d'ailleurs la politique universellement suivie. Savary, dans son *Dictionnaire*, donne l'état des législations étrangères [2]. En tout pays, la même pratique était adoptée. Dupin fournit ce détail particulièrement précis : L'Angleterre, qui ne produit pas de vin et ne peut espérer en produire, n'en prohibait pas moins, pour faire naître chez elle les brasseries et échapper à la sujétion de la viticulture, l'entrée des boissons étrangères. Elle frappait le tonneau de vin de France d'un droit de 1.286 livres 8 sols (en monnaie française) quand il était importé par navire anglais et de 1.423 livres 3 sols quand

1. Voir, sur cette importante question, l'ouvrage définitif de M. Edgard Depître, *La Toile peinte en France au XVIIe et au XVIIIe s.* Rivière, éditeur, 1912.

2. Savary des Brulons, *Dictionnaire universel du commerce*, Paris, 1741, mot « commerce ».

il était introduit par navire étranger. Elle défendait de faire sortir ses laines, le charbon devait être transporté par voie de mer à Londres et les vaisseaux des colonies anglaises qui commerçaient en Europe devaient mouiller en Angleterre [1].

C'est la même politique que Dupin préconise mais il en demande même l'accentuation par de nouvelles mesures. Les droits à la sortie sur les produits d'orfèvrerie n'avaient été réduits qu'à 3 °/₀, en 1733. Il écrit : « Nous ne serons dans la bonne route que quand nous aurons supprimé la totalité du droit [2] », mais « de ce premier pas » il déclare, en une image assez maladroite, que « c'est l'aurore du jour qui va dissiper les ténèbres de l'ignorance et du préjugé [3] ». Il se plaint de la fraude persistante dans l'introduction des toiles peintes et des étoffes de soie des Indes [4] : « Dire que l'exécution de l'ordonnance est impossible, écrit-il, c'est ne pas connaître la force des lois ». L'Angleterre et la Hollande ont bien acclimaté chez elles cette industrie, pourquoi serions-nous impuissants à le faire ? Et pourquoi ne ferions-nous pas pour le coton ce que nous avons fait pour la soie ? « Notre travail sur la soie qui vient du dehors, sur l'or et l'argent de nos galons, procure le bénéfice de toutes les préparations qui est immense [5]. » Assurons, en toutes matières, ce bénéfice aux manufactures françaises.

Il se plaint également d'une application défectueuse des lois et des règlements, de « l'inaction des inspecteurs », de l'insuffisance de contrôle, de la mauvaise foi des trafiquants. Il regrette le relâchement de cette réglementation minutieuse qui protégeait la production, en paraissant peser sur elle. Ce n'était point, certes, insuffisance de règles légales : les édits avaient tout prévu. Chaque pièce d'étoffe devait porter le

1. *Esprit des Lois*, livre XX, chap. XII.
2. *Œcon.*, I, p. [113] 82.
3. *Id.*, ibid.
4. *Œcon.*, p. [82] 59.
5. *Obs.*, III, p. 41.

nom de l'ouvrier qui l'avait tissée, le mesurage devait se faire par les lisières et non par le dos qui est extensible. Les règlements prescrivaient encore les laines à employer, la façon de les fouler « avec du savon et non avec la terre », leur apprêt, leur teinture, leur « arramage » (règlement de 1708). Les teinturiers du Languedoc ne pouvaient faire que trois degrés de teintures pour les étoffes de laines qui doivent être « mises en noir ». Ils devaient « teindre les draps fins dans un beau geneste en bleu pers avec garance », conformément au règlement du mois d'août 1669 ; « les draps communs en bleu turquois » ; « les étoffes du plus bas prix en bleu céleste simplement ». Les tondeurs de Sedan, les frocs de Lisieux, les serges de Crévecœur et celles de Tricot, etc., etc., étaient soumis à des règlements particuliers. Ainsi, de toute production. Toute activité était contrôlée dans l'intérêt même du commerce. Dupin était d'avis qu'il fût fait des règlements de cette nature la plus stricte observation et qu'aucun ne tombât en désuétude.

Dans l'intérêt du commerce, le roi subventionnait d'autre part les Grandes Cies maritimes, auxquelles il réservait le monopole des exploitations coloniales ; en 1691, le roi prêta 850.000 livres à la Cie des Indes orientales sans pouvoir la sauver de la banqueroute. La Cie des Indes occidentales subsista seule, après cette faillite ; elle avait le privilège du commerce avec l'Occident et, à l'Orient, avec Madagascar, la Chine, le Japon. Dupin, pour qui le commerce de mer était bien supérieur au commerce de terre, et qui le considérait comme susceptible de nous valoir les plus grandes richesses, était très favorable à ce monopole : « On doit établir pour maxime, écrivait-il, de rejeter toute proposition qui tendra à détruire le privilège exclusif de la Cie des Indes[1]. » Il ajoute d'ailleurs : « Quoique je dise que le privilège exclusif de la Cie

1. *Œcon.*, I, p. [101] 72.

des Indes ne doive pas être détruit, je ne prétends pas dire cependant qu'il soit nécessaire qu'une même Compagnie réunisse toutes les branches du commerce éloigné [1]. » Et il mentionne que le commerce avec Madagascar, « cette île la plus grande du monde connu », mériterait un privilège spécial.

Certains objets de luxe étaient alors interdits aux consommateurs français, pour que la vente en fût réservée exclusivement à l'étranger, et que le profit fût pour le commerce. Le prix des marchandises était fréquemment tarifié, le salaire de l'ouvrier et le taux de l'intérêt réglementés. Dupin ne trouvait rien à redire à ces mesures destinées à favoriser la production nationale : « Dans tout État, écrit-il, où, par le défaut du prince ou du magistrat, il n'est pourvu à temps et à propos, au prix excessif, ou au vil prix des choses, c'est un État fort mal policé [2]. » Par ailleurs il déclare : « Le prince et le magistrat, non seulement peuvent et doivent taxer le prix des denrées et marchandises, relativement aux circonstances et à l'utilité publique ; mais encore, ils peuvent et doivent s'opposer avec le même empressement à la trop grande abondance de ces denrées et marchandises, afin que le prix n'en soit pas trop avili [3]. »

Ces conceptions sont, en définitive, celles que Sully, « le meilleur modèle qu'un ministre puisse suivre », au dire de Dupin, énonçait et dont il faisait les maximes de son gouvernement ; ce sont celles que Colbert avait exactement appliquées. En feuilletant le *Recueil de ses Lettres, Instructions et Mémoires* [4], on démêle, parmi la masse des documents classés, tous les préceptes de la politique dont, soixante ans plus tard, Dupin reste le partisan passionné. On y trouve le même

1. *Œcon.*, I, p. {101} 72.
2. *Obs.*, III, p. 236.
3. *Id.*, ibid.
4. P. Clément, *Lettres, Instructions et Mémoires de Colbert*.

sentiment des « droits du roy », le même souci de l'importance des finances et du développement de la richesse pour faciliter le paiement de l'impôt, le même rêve d'accaparement du commerce du monde. Elles sont de Colbert, mais Dupin les eût contresignées, les formules comme celles-ci : « C'est une maxime constante et reconnue généralement dans tous les États du monde, que les finances en sont la plus importante et la plus essentielle partie [1]. » « Il faut développer nos manufactures pour produire les retours d'argent, ce qui est le seul moyen d'augmenter la grandeur et la puissance de l'État.[2] »

Colbert avait pourchassé les mendiants, les vagabonds, encouragé les membres du clergé et de la noblesse à ne pas rester oisifs. Il écrivait à M. Le Blanc, intendant de Rouen : « Il n'y a rien de si important que de diminuer la fainéantise dans les provinces, en supprimant les aumônes inconsidérément données par les abbayes [3]. » Dupin renouvelle le même effort lorsqu'il propose toute une législation sur les mendiants, sur les enfants trouvés, lorsqu'il reproche aux gens d'église de conseiller l'aumône et écrit : « Il devrait être interdit à tous les particuliers de la faire [4]. »

La systématisation de ces principes de gouvernement avait déjà été faite, avant Dupin, par Melon, dans : « *L'essai politique sur le commerce*, paru en 1734 ; mais le nationalisme de Dupin est plus ombrageux que n'était celui de Melon et sa politique plus autoritaire. Melon déclarait que l'esprit du commerce exclut l'esprit de conquête. Dupin n'eût point souscrit à cette maxime. Il dit bien que nous avons besoin

1. P. Clément, *Id.*, *Mémoire sur les affaires des Finances*, II, 1re partie, p. 17, document n° 14.
2. Cité par De Mazan, *Les doctrines économiques de Colbert* (Aix, 1900), p. 30.
3. Clément, *op. cit.*, II, 2e partie, p. 305.
4. *Œcon.*, I, chap. des Mendiants.

du voisin et de sa richesse pour assurer nos débouchés, mais il présente essentiellement le commerce comme une entreprise de guerre et cite cette phrase de Louvois qui reproduit bien sa pensée : « Le commerce et la guerre sont deux colonnes qui soutiennent mutuellement l'édifice de l'État; l'un ne peut tomber sans entraîner la chute de l'autre [1]. »

Aux intérêts du commerce, tout le reste est subordonné. Il écrirait volontiers, comme Melon, que l'esclavage n'est contraire ni à la religion, ni à la morale [2]. Il admet d'ailleurs expressément la contrainte sur les « hommes à loier [3] ». Dans son horreur du célibat, ce philosophe, qui avait pour familiers des prêtres et qui enrichissait de ses dons la paroisse de Chenonceaux, n'hésite pas à écrire : « Envoyer des essaims fréquents et nombreux de moines aux missions les plus éloignées, sans leur y permettre aucune sorte d'établissement, il y en périrait beaucoup mais ce serait le cas de l'application du proverbe qui dit : « Plus de morts, moins d'ennemis [4] », et il ajoute avec une égale malveillance, à propos des Chartreux : « Ce n'est que par le jeûne et la prière que l'on pourra parvenir à détruire un ordre institué pour jeûner et pour prier [5]. »

Ce ne sont point là pures boutades et Dupin ne manque pas de reprocher au producteur ses chômages et de regretter que : « nous nourrissions l'ouvrier cinquante jours de fête pendant lesquels il ne fait rien [6]. »

S'il est resté purement et simplement, par les maximes et les traits qui viennent d'être relevés, un partisan absolu de la poli-

1. *Œcon.*, I, chap. du Commerce.
2. Melon, *Essai politique sur le Commerce*, chap. v.
3. *Réflexions*, I, p. 354 : « A l'égard du maître, il serait sûr d'avoir toujours le nombre de domestiques ou d'ouvriers nécessaires à sa profession... sans crainte d'être exposé au caprice de ces hommes à loier qui souvent abandonnent leurs maîtres dans les besoins les plus pressants. »
4. *Œcon.*, I, p. [299] 214.
5. *Id.*, p. 215 [300].
6. *Id.*, ibid.

tique de Sully et de Colbert, déjà systématisée par Melon, Dupin a du moins le mérite d'avoir appliqué, avec une précision particulière, ces principes aux questions qu'il connaissait. Il présente mieux que Melon, sinon le corps de la doctrine, du moins les questions spéciales, il en coordonne les parties, il y ajoute une description historique ou administrative précise, il raffermit les conclusions, à l'aide de l'histoire et de la législation comparée. Mais il procède entièrement de ces devanciers.

II

Cependant Dupin, dès l'avertissement qui précède les *Œconomiques*, se flatte d'être à la fois un traditionaliste et un réformateur. Il déclare qu'il a puisé nombre de ses idées dans ses lectures et, en même temps, il a la conviction de proposer des « réformations » nécessaires et de combattre des opinions établies. En plusieurs passages, il exprime, non sans amertume, la crainte de ne pas être écouté, suivi. Georges Sand donne son œuvre comme l'expression « d'idées et de tendances avancées [1] » et le soin même avec lequel Dupin dissimula ses œuvres a fait croire qu'elles étaient de nature à alarmer par leur hardiesse.

L'analyse des idées directrices de Dupin aura sans doute suffi à rectifier ce préjugé. Elle nous le fait apparaître sous un tout autre aspect. Nul n'était moins révolutionnaire, nul n'était attaché avec une confiance plus obstinée au maintien et à l'accentuation des pratiques économiques en usage. Le

1. « Leur critique étendue de l'*Esprit des Lois* est un très bon ouvrage peu connu et peu apprécié, inférieur par la forme à celui de Montesquieu, mais supérieur dans le fond à beaucoup d'égards, et par cela même qu'il émettait dans le monde des *idées plus avancées*, il dut passer inaperçu à côté du génie de Montesquieu qui répondait à toutes les tendances et à toutes les aspirations politiques du moment » (Georges Sand, *Histoire de ma vie*, édit. Lecou, p. 116).

réformateur qu'il prétendait être n'est pas apparu jusque là comme un révolutionnaire, il s'en faut, et nous l'avons vu fréquemment se prononcer, au contraire, pour l'application rigoureuse des règles anciennes mal observées ou tombées en désuétude dans la pratique.

Aucune des idées de Dupin n'est un progrès original.

Bien avant lui, Boisguillebert [1] avait combattu pour la constitution de l'unité française et la suppression des barrières de douane à l'intérieur. Cette suppression avait d'ailleurs été discutée et finalement adoptée en conseil du roi, et si elle n'avait pas été réalisée c'est que les provinces récemment réunies à la couronne s'étaient, sauf l'Aunis, refusées à entrer dans l'unité douanière.

De même aussi, avant Dupin, Law et Melon avaient mis en relief la dépendance étroite de la finance et de l'intérêt national. En ce qui concerne spécialement les impôts, les chapitres des *Œconomiques* qui en traitent sont plus intéressants par la précision historique que par l'étendue et la netteté des intentions réformatrices de l'auteur. Il se borne fréquemment à signaler, de façon objective, l'organisation d'un impôt et les projets de réforme qui ont été présentés, sans donner toujours une opinion personnelle. Ainsi fait-il pour les Décimes du clergé, à l'occasion desquels il renvoie à un projet de l'abbé de Saint-Pierre [2]. Bien loin de demander, comme l'avait fait Boisguillebert [3], la suppression de l'impôt des Aydes, il propose, qu'après en avoir uniformisé le taux, on introduise cet impôt dans les provinces qui ne l'ont pas encore connu [4]. En

1. *Détail de la France*, Économistes financiers du XVIIIe siècle, collection Daire, t. I, chap. IV et suivants.
2. *Œconomiques*, I, p. [287] 206.
3. *Détail de la France* (collect. Daire), chap. IV et suivants.
4. *Œconomiques*, t. I, p. 245. Il faut : « Assujettir à ce nouveau droit les Provinces où les Aydes n'ont point eu cours jusqu'à présent nonobstant leurs privilèges et l'usage », p. [343] 245.

ce qui concerne le monopole de la vente du tabac, il déclare que « l'intérêt, la vigilance et l'expérience des fermiers généraux vont certainement plus loin que toutes les réflexions que pourraient faire ceux à qui cette matière est étrangère ». Pour la Gabelle, l'ordonnance de mai 1680 « a rassemblé selon lui tout ce que la prudence et une expérience de plusieurs siècles ont pu suggérer pour l'ordre, la police et la juridiction de cette partie » [1]. Enfin, l'étude historique de la taille, qui remplit presque exclusivement le tome III de l'édition originale, se termine sans que Dupin ait précisé les abus qui rendaient peu équitable son assiette et intolérable son recouvrement, par l'exposé sommaire des projets de réforme de Vauban et de l'abbé de Saint-Pierre et l'annonce d'un projet personnel qui n'est pas donné, en définitive. Ses maximes, en matières fiscales, sont pleines de justesse et de bon sens, mais elles paraissent froides et réservées, après les études de Vauban et de Boisguillebert.

Le réformateur audacieux n'est point là ; le trouverons-nous à l'occasion de deux études dont la première a été abordée par Dupin avec une circonspection particulière, et dont l'autre lui a valu la réputation d'un précurseur de la physiocratie et du libéralisme économique ?

C'est à propos de son chapitre *sur la Banque de Law* et *sur le crédit public*, que Dupin semble éprouver le sentiment amer de s'attacher à une cause compromise et qu'il écrit : « Il faut un génie supérieur et des forces au-dessus du commun pour guérir une nation de ses préjugés » [2], et de même : « Dans l'état de prévention où sont les esprits, nous risquons de n'être pas écouté. »

C'est à propos de son *Mémoire sur la circulation des blés*

1. *Œconomiques*, t. I, p. 252 [354].
2. *Œconomiques*, t. I, p. [185] 131.

que Dupin a été donné comme un précurseur de la réaction libérale. Voyons exactement quelle fut, sur ces deux matières, l'originalité réelle de Dupin.

*
* *

« Le commerce, la navigation et l'émulation qui excite l'industrie, l'industrie excitée qui produit la nouveauté dans les fabriques et dans les arts, sans le crédit public, resteront éternellement dans une médiocrité pernicieuse. » Cette formule exprime l'ordre même des préférences de Dupin et la nature des préoccupations auxquelles il obéissait en s'efforçant de mettre à la disposition du commerce, objet essentiel de ses soins, un bon instrument de circulation : « Le crédit public, écrit-il, est le tronc sans le secours duquel les branches ne peuvent recevoir de nourriture ou du moins porter leurs fruits. » Il ajoute, par ailleurs, que : « la France est un État puissant par son étendue, par l'union et la contiguïté de ses parties, par sa position, par sa fertilité, par l'industrie de ses habitants, elle rassemble en elle tous les avantages des autres pays ; cependant ces autres pays paraissent plus riches, et en Angleterre l'impôt rend davantage »[1]. La cause en est l'infériorité profonde de notre technique de circulation.

Cette infériorité par rapport aux pays étrangers paraît à Dupin aussi désastreuse que le serait la connaissance et l'utilisation par un seul pays de la poudre à canon ; le ralentissement de toute activité en dérive. Elle a pour cause l'usage exclusif de l'or et de l'argent comme instruments monétaires. Le monopole dont ces métaux sont pourvus est l'origine d'abus intolérables qui détournent le producteur de

1. *Œconomiques*, t. I, p. [183] 130. Même phrase, I, p. 136 [193].

l'effort. Entre les mains de ceux qui les possèdent, ils deviennent un instrument d'oppression et d'usure ; le gain qu'ils procurent et la sujétion qu'ils entretiennent affaiblissent également l'activité du prêteur et celle de l'emprunteur [1]. Il serait donc utile de supprimer ce monopole ou, du moins, d'en diminuer l'effet en augmentant le stock monétaire, en ajoutant aux espèces métalliques une sorte de succédané qui remplisse la fonction pour laquelle ils sont insuffisants. Ainsi disparaîtrait le prêteur d'argent que Dupin assimile à un péager, prélevant sur le producteur un droit d'autant plus élevé que l'argent est ou paraît être moins abondant, et qui s'efforce, comme le monopoleur de blé, d'alarmer l'opinion pour faire croire à la pénurie de numéraire et accroître, d'autant, ses profits. Ces ruses deviendraient inutiles [2] : le débiteur, le propriétaire foncier respireraient, le contribuable paierait exactement et facilement l'impôt.

« Je ne vois, écrit Dupin, que le crédit et les valeurs représentatives qui puissent nous mettre au même niveau que les autres pays » [3]... Ces valeurs représentatives, il appartient au Souverain d'en doter le commerce. Par cette maxime, il convient de rappeler que Dupin ne tombe point dans l'illusion des anciens bullionistes qui, pour augmenter le stock monétaire du pays, s'efforçaient, par-dessus tout, d'immobiliser en France les espèces métalliques. Si Dupin ne cesse point, par l'objet des préoccupations qui dominent sa pensée en cette

1. *Œconomiques*, t. I, p. [171] 122 : « Nous l'avons dit : lorsque l'argent produit plus que les fonds de terre et l'industrie, ceux qui possèdent l'argent abandonnent l'un et l'autre, et ceux qui n'en ont point négligent les arts et l'agriculture, parce que le fruit de leur travail suffirait à peine au paiement des intérêts ». La même phrase se trouve exactement reproduite à la page 135 [196].

2. Il est curieux de trouver chez Dupin quelques-uns des accents avec lesquels, cent ans plus tard, Proudhon flétrira ces « vampires » privilégiés que sont les maîtres de l'argent.

3. *Œconomiques*, t. I, p. [184] 130.

matière, de servir essentiellement les intérêts du commerce national, il ne pense pas qu'il faille, dans ce but, « établir avec un grand soin tout ce qui empêche que notre argent ne sorte du royaume ». C'était là une préoccupation qu'on avait longtemps eue et la maxime ci-dessus figure dans le *Testament politique de Colbert* [1]; elle est d'ailleurs bien conforme aux convictions de ce ministre qui menaçait de confiscation les armateurs de Marseille, lorsqu'ils envoyaient des espèces dans le Levant [2], et recommandait, pour attirer l'or étranger, « de tromper la surveillance » (lire soudoyer) des officiers étrangers chargés d'appliquer dans leur pays les mêmes règles ». C'était là une préoccupation que Dupin a expressément combattue : « Jamais personne, écrit-il, n'a tiré de l'argent d'un Etat sans lui en avoir fourni la valeur en denrées ou en marchandises. L'argent doit être considéré comme marchandise, on ne doit par arrêter sa course; plus elle est rapide plus il rapporte. Celui qui rentre en fait sortir. » Et encore : « Il est de l'intérêt d'un Etat que les Etats voisins soient riches », ce qui était parfaitement nécessaire en effet à sa théorie de la productivité du commerce international car « un marchand qui ouvrirait boutique dans une ville de mendiants ne vendrait rien ». Son mercantilisme est plus perspicace et plus prévoyant que ne l'était le bullionisme primitif, mais Boisguillebert, Law, Melon ont précédé Dupin dans cette voie et assuré ce progrès.

Dupin ne semble pas davantage partager cette erreur d'après laquelle l'augmentation des espèces monnayées pourrait résulter de l'altération, de l'abaissement et du surhaussement de l'instrument métallique, tels que les ont pratiqués aveuglément les anciens rois, et tels que les pratiqua Law

1. La Haye, 1693, chap. xv, p. 494. Œuvre apocryphe généralement attribuée à Sandraz de Courtilz.
2. Clément, t. II, 1re partie, Introduction, p. 179.

en 1718 et 1720 [1], après avoir lui-même reproché aux gouvernements cette « faute grossière ». Dutot avait prouvé la stérilité de ces tentatives [2]. Cependant Dupin partageait bien quelques-unes des erreurs théoriques dont s'inspirait cette manière de faire. La monnaie est, à ses yeux, un *signe* multipliable à volonté. Si la proposition n'est pas formulée, en toutes lettres, dans les *Œconomiques*, elle l'est dans les *Observations* : « Nous savons bien, y écrit-il, qu'il y a des choses auxquelles, par convention ou par *autorité*, on peut imprimer une valeur représentative d'une pareille valeur d'argent [3]. » Ce qui ne veut pas dire leur donner cette valeur d'argent pour gage. Il écrit, en effet, plus loin : « Par les valeurs représentatives, on *multiplie* les valeurs réelles de l'argent [4]. » Et du même point de vue, il qualifie, dans les *Observations*, « d'expédients qui ne produisent aucune multiplication réelle des valeurs, les mesures par lesquelles César permit aux débiteurs de donner à leurs créanciers des fonds de terre ». Le billet de banque ne lui paraît donc point constituer seulement un instrument précieux pour faciliter les marchés, hâter les paiements, et, par la vitesse et la commodité de sa circulation, suppléer à l'imparfaite mobilité de l'instrument métallique; il voit dans sa création une véritable création artificielle de monnaie et l'assimile à la richesse que produit une mine.

1. Law avait opéré, en 1718 et en 1720, une série de refontes portant le marc de 60 à 90 à la livre, puis l'abaissant à 30. Il avait personnellement condamné ces procédés : Cf. *Œcon.*, I, p. [156] 111. Voir l'explication de ces variations dans : *Justification du système de Law*, par lui-même, mémoire inédit publié par la *Revue d'histoire économique et sociale*, 1913, n° 1, p. 75 et suiv.

2. « Les variations des monnaies dérangent extrêmement notre commerce, et, en dérangeant notre commerce, elles dérangent aussi les revenus du roi et de l'État » (Dutot, *Réflexions politiques sur les finances et le commerce*, La Haye, 1738, dans Daire, I, p. 962; cf. p. 890, p. 862).

3. *Observations*, t. III, p. 216.

4. *Id.*, p. 226.

Ces idées apparaissent déjà, quoique plus enveloppées, dans les *Œconomiques*. Il y exprime cette idée inexacte que la valeur des choses et des biens varie sous la seule influence de la plus ou moins grande quantité de monnaie et il pense qu'il dépend du roi de créer cette monnaie, lorsqu'elle manque, pour en faire coïncider, en toutes circonstances, la quantité avec le besoin, en sorte que les variations de valeur de tous les biens pourraient disparaître : « A mesure que le prix des denrées ou des autres choses augmente, le souverain doit, déclare Dupin, pourvoir à une augmentation du gage des échanges [1] ». C'était là le but poursuivi par Law, lors de la création de sa banque dont Dupin expose avec éloge le principe : « Elle portait en soi les germes de la vie », écrit-il [2]. Il en approuve entièrement le plan primitif et n'est pas loin de penser, comme Dutot, que la chute du système est due à un écroulement prématuré de la confiance [3]. Sans doute, le papier émis par la banque ne saurait être dépourvu de gage métallique. Mais il n'approuve point le système qui se bornerait à faire des billets, comme le propose l'Anonyme [4] dont il parle, la représentation rigoureuse des espèces mêmes : « Où est, demande-t-il, la garantie et la solvabilité des 48 millions de livres sterling de papier public en Angleterre, faisant autour de onze cents millions de notre monnaie ?... Si chaque particulier se présentait pour retirer la valeur de l'effet dont il est porteur, l'Anonyme prétend-il sérieusement que les caisses seraient en état d'y faire honneur [5] ? »

1. *Œconomiques*, t. I, p, 133 [188].
2. *Œconomiques*, t. I, p. 122 [171].
3. Cf. Law, de lui-même, « *Justification* », *op. cit.*, p. 72 : « J'ay dit que le système de M. Law estoit soutenable ; je crois même que la maladie pestilentielle ne l'aurait pas empêché de réussir si on avait suivi ses opérations. »
4. Il s'agit de l'ouvrage : *Examen du livre intitulé « Réflexions politiques sur les finances et le commerce »*, de du Tot, 1740, 2 vol. in-12, attribué à François-Michel-Chrétien Deschamps et inspiré en réalité par le liquidateur du système, Paris-Duvernet.
5. *Œconomiques*, t. I, p. 120 [168].

Cinquante millions de monnaie y suffisent, en fait, pour soutenir une circulation de cent millions de billets.

Dans son projet personnel Dupin, toutefois, n'a pas tenté une réalisation rigoureuse des théories auxquelles il donnait cette adhésion. Après avoir rendu hommage à la loyauté et au génie de Law, et déclaré, comme l'auteur du *Système*, que « l'inflationnisme » monétaire, c'est-à-dire l'introduction des billets de banque, comme monnaie indépendante à un certain point des espèces, aurait l'avantage d'abaisser le prix de l'argent, de libérer le débiteur, de faciliter le commerce et d'augmenter le rendement de l'impôt, il se borne à présenter un projet précis, prudent, mais d'assez faible envergure. Ce projet constitue sa contribution personnelle à des réformes dont le principe lui était commun avec Law, Melon, Dutot. Il s'agit de son projet sur les annuités et Rentes tournantes. En l'exposant, il n'est pas allé beaucoup au delà de l'opération qu'il critique lui-même comme trompeuse et insuffisante dans les *Observations* : celle de César assignant une valeur libératoire aux terres. En fait, ce n'est pas les terres qu'il a voulu mobiliser, ce sont les titres de rente sur la ville de Paris et sur le produit des tailles. On sait que de nombreux emprunts avaient été faits au cours de l'ancien régime sous les formes les plus ingénieuses. Un édit de François Ier du 15 octobre 1522 avait créé les rentes dites de l'Hôtel de Ville de Paris. Au service de chaque emprunt nouveau, était affectée une des ressources financières de l'État : les rentes étaient gagées les unes sur les cinq grosses fermes, les autres sur la gabelle et les aydes ; il y avait les rentes des tailles, celles des recettes générales. En outre de ces rentes perpétuelles, qui constituaient, à l'époque de Turgot, une dette de 93 millions, l'ancien régime avait pratiqué le système très ingénieux des emprunts tontiniers dans lesquels les intérêts étaient stipulés réversibles sur les survivants d'un groupe de prêteurs, et le système des emprunts remboursables en annuités viagères.

L'ancien régime avait également connu les billets de monnaie dont parlent Melon et Dupin, et que Law avait vigoureusement critiqués. Lorsque les pièces démonétisées, les vaisselles ou les lingots étaient portés aux hôtels des monnaies pour y être fondus, les directeurs des monnaies payaient une partie de la valeur de ces lingots au comptant, et délivraient pour le reste une sorte de reconnaissance, ou bon de monnaie, nominatif, qui portait un intérêt souvent fort élevé, ce qui en faisait une valeur de portefeuille. C'était cette immobilisation du titre et l'intérêt dont il bénéficiait qu'avait déjà critiqué Law [1].

Peut-être est-ce ce dernier système et ces critiques qui ont donné à Dupin l'idée de son projet ? Il propose qu'il soit remis au prêteur de l'État et aux Titulaires des rentes sur l'Hôtel de Ville des billets au porteur et à vue, ne portant point d'intérêt, mais appelés à circuler, comme la monnaie elle-même, puisqu'ils seraient reçus en paiement des impôts et échangés à volonté contre des espèces par tous les dépositaires de deniers publics. Ces coupons, délivrés en blanc, représenteraient au total une somme égale à la somme prêtée. De la sorte, le prêteur n'immobiliserait rien : en échange de l'argent qu'il apporte, il recevrait immédiatement des valeurs gagées sur le crédit du roi et équivalentes aux espèces mêmes, ce qui a pour effet de doubler le stock monétaire prêté, puisqu'il ne cesse pas de figurer dans la circulation, sous forme de « rentes tournantes ».

Par là, se manifeste la confiance souveraine de Dupin dans l'ordre et la bonne foi des finances royales, qu'il fut à peu

1. Law, *Second mémoire sur les Banques*, dans Daire, I, p. 582. Le public est prévenu contre la Banque, à cause des billets de la monnaie, de la caisse des emprunts, etc., qui ont porté un grand préjudice au commerce et aux particuliers. Les espèces ne produisent rien au possesseur ; en attendant l'occasion de les faire valoir, elles sont inutiles ; de même le crédit ne doit rien produire au porteur. C'est un billet payable à vue... »

près seul à défendre en son temps, le préjugé de la supériorité des finances républicaines, s'étant répandu alors avec une étonnante et paradoxale bonne fortune [1]. De cette mesure, il attend tous les avantages dont Law se flattait, avec sa banque, de doter le commerce. Il espère rendre superflues les mesures de réglementation et d'intervention directes, telles que : détermination du taux maximum de l'intérêt, surveillance du taux des salaires, tarification du produit, par lesquelles le roi essaye légitimement de triompher de certains des effets de la pénurie de monnaie. Par ce projet soigneusement étudié, Dupin a donné la mesure même de son originalité. Elle ne réside pas dans l'idée qui inspire la réforme : elle est dans la façon avisée et prudente dont il utilise et adapte les idées de ses devanciers.

« La Nature, avait écrit Boisguillebert, ne respire que la liberté. » Cette constatation n'avait pas eu d'influence sur les mœurs politiques et, depuis Boisguillebert, la Nature n'avait cessé d'être contrainte. A l'époque où écrit Dupin, on approchait toutefois de cette seconde moitié du XVIIIe siècle qui ne connut point, sans doute, la pratique de la liberté, mais qui ne compte que des apologistes de la maxime de Boisguillebert. Ces théoriciens nouveaux ont demandé avec une foi ardente l'inauguration d'une politique entièrement libérale et cessé, en même temps, de voir dans l'industrie et le commerce le principe et la source essentielle de la richesse. Ils l'ont placée exclusivement dans l'agriculture.

Dupin est apparu à certains comme un auteur de transition qui prépara ce mouvement d'idées.

1. Cf. Law, *Second mémoire sur les Banques*, Daire, I, p. 585-586.

Jusqu'ici, nous avons vu qu'au point de vue industriel et dans son désir de subordonner à l'accroissement du trafic commercial toute l'activité du pays, Dupin était aussi éloigné que possible de la physiocratie et qu'il était resté un partisan de la réglementation, en recul bien sensible, non seulement sur Boisguillebert, certes, mais même sur Melon.

De fugitives apparences ont cependant trompé certains économistes à l'égard de ses véritables tendances.

Au frontispice de son ouvrage, Dupin a fait, il est vrai, figurer l'Agriculture, à côté de l'Industrie et du Travail de l'artisan, mais elle y occupe la dernière place, et la plus effacée. Le frontispice qui précède l'étude particulière de la Lorraine et des Trois Évêchés représente bien aussi une gracieuse personnification de la Moselle, entourée du troupeau lorrain, et qui tient dans sa main une corne d'abondance. Nous avons déjà signalé, d'autre part, de nombreuses maximes de Dupin qui montrent que l'agriculture n'est pas, à ses yeux, un facteur négligeable de la prospérité du pays. Plus spécialement, les idées du Dupin en matière de circulation des grains semblent de nature à le faire classer délibérément comme l'un des auteurs de la pré-physiocratie. Enfin Dupin fut directeur du commerce avec M. Trudaine qui passe pour un adepte des doctrines physiocratiques[1] et il aurait, comme tel, préparé l'arrêt de 1745 qui consacre, avant celui de septembre 1754, le principe de la libre circulation des céréales à l'intérieur de la France. Aussi le dictionnaire des Finances n'hésite pas à considérer Dupin comme l'un des maîtres les plus ignorés des écrivains physiocrates[2].

M. Georges Weulersse, dans son important ouvrage sur le

1. Weulersse, *Le mouvement physiocratique en France de 1756 à 1770*, in-8°, Paris, Alcan, éd. 1910, p. 32, note 2.
2. *Dictionnaire des finances de Léon Say*, mot Dupin.

Mouvement physiocratique en France [1], le rattache nettement à ces doctrines nouvelles. Il le fait, il est vrai, un peu imprudemment, puisqu'il signale comme l'un des chapitres caractéristiques à cet égard le chapitre des *Œconomiques* intitulé : Observations sur le Royaume d'Angleterre [2], dans lequel, déclare-t-il, c'est la perfection de l'agriculture dans ce royaume qui fait l'admiration de Dupin. Or, ce dernier ne dit pas un mot de l'agriculture, et n'étudie dans ce chapitre que l'organisation politique de l'Angleterre.

M. Depitre laisse également entendre que Dupin s'est, le premier, éloigné des principes de l'ancien régime en matière de réglementation des grains, et Turgot l'avait en effet signalé, comme l'un des premiers « à établir les nouveaux principes, avant qu'aucun des écrivains qu'on nomme économistes n'ait encore rien publié dans ce genre [3]. De même Herbert, dans l'avertissement de son *Essai*, cite parmi les ouvrages qui ont préparé le sien, à côté du Détail de la France, un « Mémoire imprimé en 1748 » qui est vraisemblablement le Mémoire sur les Bleds du Dupin. Cependant, de purs physiocrates, comme Mirabeau [4], ont pu écrire qu'aucun auteur n'était digne d'être mentionné entre Boisguillebert et Montesquieu. Quelle est de ces deux appréciations la plus exacte ?

Que Dupin ait été réellement un précurseur de la physiocratie, ce que nous avons déjà dit de ses idées dominantes, suffit à le démentir. Bien que propriétaire foncier lui-même, Dupin mettait les ressources de l'industrie au-dessus de celles que procure l'agriculture, et, pour une fois d'accord avec Montesquieu [5],

1. Weulersse, *op. cit.*, p. 30.
2. *Œconomiques*, t. I, p. 271-[287].
3. Première lettre sur la liberté du Commerce. *Œuvres*, I, 163.
4. *Observations sur la déclaration des droits de Virginie.*
5. *Lettres persanes.*

il donne l'impression d'avoir pu souscrire à cette proposition si peu physiocratique de l'auteur des *Lettres persanes* : « l'État serait misérable avec la seule agriculture. Un fond ne produit annuellement à son maître que la vingtième partie de sa valeur, mais avec une pistole de couleur un peintre fera un tableau qui en vaudra cinquante ».

Dupin, fût-ce comme propriétaire, a le souci d'industrialiser l'agriculture. Nous l'avons vu introduire dans ses terres de Chenonceaux une magnanerie et des plantations d'arbres sur lesquelles il pensait exercer le trafic. Et, en définitive, n'est-ce pas leurs fleuves sillonnés de bateaux qu'il donne comme les symboles de la richesse de la Lorraine et de l'Alsace? Les intérêts de l'agriculture paraissent, dans l'ordre de ses préoccupations, manifestement subordonnés à ceux de l'industrie et du commerce, nous en donnerons comme la meilleure des preuves ce curieux chapitre Des Moulins qui se trouve dans les *Réflexions*. Dupin trouve regrettable l'invention des moulins et la substitution de leur travail mécanique au travail de l'homme. Il leur reproche « d'avoir fait reposer un grand nombre de bras, d'avoir privé bien des gens de l'usage des eaux et d'avoir fait perdre à beaucoup de terres leur fécondité ». Il fait la supputation de ces pertes, ainsi qu'il a coutume, par la quantité de salaires « sur lesquels le roy aurait sa part » et qui, n'étant plus payés, sont une source d'impôt malheureusement épuisée. Il ne peut s'empêcher toutefois de remarquer que ces salaires des broyeurs de blé seraient en définitive supportés par le consommateur de pain et que, sans le travail mécanique des moulins, le recours nécessaire aux ouvriers eût maintenu à une hauteur plus grande le prix d'une denrée essentielle. « Mais, écrit-il avec une curieuse désinvolture, c'est l'affaire à ceux qui voudraient en manger. » Et il ajoute : « ces bras (occupés à la fabrication de la farine) seraient, il est vrai, inoccupés à faire venir le blé, mais il en viendra en Pologne et en Afrique, nous irons l'y chercher, et ce sera la même chose. » Passage dont le sens ne se conçoit clairement que s'il traduit une préférence bien nette pour les bénéfices du fret et ceux du travail industriel. Dupin n'accepterait pas, certes, que nous puissions être, de la sorte, tributaires de l'étranger pour les produits manufacturés.

Voyons, d'autre part, ce qu'il faut penser exactement du *Mémoire sur les Bleds* que Dupin avait présenté, manuscrit, en 1742, au ministre des finances, qui figure aux *Œconomiques* (p. 145 de la présente édition), qui sera réédité à part en 1748, et reproduit, à la demande de Dupin, dans le *Journal Œconomique* de 1760. Il est nécessaire de bien préciser la portée de ce Mémoire.

A l'époque où écrit Dupin, la crainte de la famine « pire que celle de la peste » continue à inspirer des mesures d'extrême réglementation du commerce des grains. A l'intérieur, la circulation ne se fait pas librement entre les provinces. D'autre part, l'édit du 12 mars 1595 qui défendait d'exporter les grains, sous peine d'être poursuivi comme criminel de lèse-majesté, n'a jamais été aboli. En fait, Sully avait favorisé de façon constante l'exportation, et, de tout temps, des autorisations provisoires de sortie avaient été octroyées par faveur, et à la suite de sollicitations. De nombreuses critiques de cette réglementation avaient été faites dès le début du XVIIIe siècle : « des pétitions, des mémoires, et même des arrêts du Conseil d'État »[1], étaient intervenus. En 1719, l'arrêt du Conseil du 28 octobre proclame que le « développement de l'agriculture a pour condition essentielle la liberté du commerce des grains » et il accorde pleine franchise au commerce intérieur. L'arrêt du 13 mars 1720 avait autorisé l'exportation,

1. Cf. G. Herbert, *Essai sur la police des grains*, Introduction de Depitre (Geuthner, 1910).

mais avec des droits énormes, et il fut du reste rapporté peu après.

En définitive, la liberté de commerce des grains n'avait été introduite que passagèrement, et lorsque l'abondance du blé en avilissait le prix à l'excès.

Il résultait de cette législation des inconvénients que Dupin, à la date où il écrivait, avait été à même d'observer de près. De 1733 à 1738, la récolte des blés avait été si abondante que le ministre Orry leva, pour un temps, la prohibition d'exporter. Immédiatement, les monopoleurs avaient constitué, dans des greniers placés à l'étranger, des provisions énormes. En 1740, la récolte se trouva soudain insuffisante. Orry dut faire venir pour treize millions de blé de l'étranger, afin d'empêcher la disette. Disette toute artificielle d'ailleurs, car à peine le blé étranger était-il introduit que cette concurrence inattendue forçait les monopoleurs à vider leurs greniers, et de telle sorte qu'il ne fut même pas touché au blé importé. Ainsi, sans les manœuvres d'accaparement, la France eût très bien pu se suffire; les accaparements seuls avaient créé une disette apparente dont le roy fit en définitive les frais.

C'est alors que Dupin présenta au ministre des finances son mémoire sur les Blés. Il y établit tout d'abord que, normalement, la France est surproductrice de Blé. Et, à l'appui de cette affirmation, il reproduit les chiffres d'une production annuelle moyenne par rapport à la population, tels qu'ils résultaient des calculs de Vauban. La surabondance de blé explique seule le bas revenu des terres. Dupin rapporte dans le Mémoire sur les Bleds [1], qu'il se trouvait chez un grand seigneur au moment où celui-ci recevait une lettre de l'un de ses hommes d'affaires, lui disant : « de mémoire d'homme, il n'y a

1. V. *Œcon.*, I, p. [229] 162.

Cf. Dupont de Nemours, *De l'exportation et de l'importation des grains*, 1764, collection Geuthner, n° 6, p. 25 et p. II.

jamais eu autant de blé que cette année, aussi ne vous attendez pas à toucher un seul sol de vos fermiers. » Les terres rapportant peu, les salaires des ouvriers agricoles étaient par suite extrêmement bas. La population rurale, misérable, ne se reproduisait pas [1]. Du point de vue que n'abandonne jamais Dupin, il remarque que le roi y perdait la faculté d'accroître et même de conserver l'impôt. Le roi devait en outre renoncer à l'espoir d'augmenter le nombre de ses sujets. D'autre part, certaines terres ne pouvant, avec leurs fruits, couvrir les frais de la culture, demeuraient incultes : « Les terres en friche, exposées à la vue de tout le monde, voilà le cadavre de la France ! » s'écriait déjà, cinquante ans avant Dupin, Boisguillebert [2].

Tous ces maux, si sensibles à l'Etat, provenaient d'une cause unique : la dépréciation des grains. Cet avilissement réel croissait alors, malgré la dépréciation même de l'argent [3]. Il convenait donc, pour détruire des effets déjà signalés par Vauban et Boisguillebert, d'assurer aux céréales « un prix constant et raisonnable » [4], c'est-à-dire un prix tel que le cultivateur puisse y retrouver ses frais, l'indemnité de son travail, et le peuple des ouvriers et consommateurs le moyen d'assurer sa subsistance.

Cette idée « du prix constant et raisonnable » pourrait rappeler celle du « bon prix » des physiocrates : mais, pour les physiocrates, le bon prix était, en définitive, le prix le plus élevé possible, aucun autre intérêt ne pouvant être mis en balance avec celui des agriculteurs [5]. Pour Dupin, le prix auquel

1. *Œcon.*, I, p. [204] 145, *in fine*, et 146.
2. *Traité des grains*, chap. IX, collection Daire, p. 387.
3. Le prix de l'hectolitre de blé était alors de 11 francs environ (Weulersse, *op. cit.*, p. 477).
4. *Œcon.*, I, p. [205] 147.
5. « C'est le prix capable de procurer un gain suffisant pour exciter à entretenir ou à augmenter la production » (Quesnay, art. Hommes, 1757, *Revue d'hist. des Doct. écon. et soc.*, année 1908, n° 1).

il conviendroit d'assurer la vente des denrées n'est pas seulement déterminé par la considération des intérêts de l'agriculteur, mais aussi par la considération du consommateur, qui, s'il est trop durement frappé dans la satisfaction des besoins nécessaires, deviendra lui-même incapable de contribuer à la force de l'État. Il faut admirer à quel point l'intérêt royal ou national bien entendu s'efforce, naturellement, d'équilibrer et d'harmoniser les intérêts contradictoires en présence.

Pour obtenir le résultat cherché, il est indispensable d'agir sur l'un ou à l'autre des deux seuls facteurs possibles de cet avilissement des grains : il faut agir sur la quantité, pour la diminuer, ou bien assurer des débouchés à ce produit naturellement surabondant en France.

Dupin ne songe pas à prévenir la trop grande quantité de grains ; c'eût été une façon singulière « d'animer » l'agriculture, mais il pense qu'il convient de favoriser et d'élargir leur débouché, et, dans ce but, il se proclame l'adversaire déterminé des entraves à la circulation *intérieure* des grains. Avec plus de réserve et certaines contradictions [1], il se montre également l'adversaire du monopole du commerce des grains, tel qu'il résulterait de l'organisation de magasins publics. Ce sont là deux articles de son programme qui lui sont communs avec les physiocrates.

A la vérité, ces idées n'avaient rien d'absolument original. Boisguillebert avait déjà réclamé cette liberté *intérieure* ; et il avait de plus demandé la liberté d'exporter hors du royaume [2].

1. Dupin qui n'est point partisan des magasins de bled, dans le chapitre sur les Bleds (p. 145), avait au contraire déclaré (*Œcon.*, I. [179] 172) : « Les magasins de bled et les fonds publics peuvent seuls entretenir cette valeur fixe et constante. »

2. « La liberté de l'exportation des grains, moyen unique de balancer équitablement les intérêts des producteurs et des consommateurs » (Boisguillebert, *Traité des grains*, 2ᵉ p., chap. x, collect. Daire). Cf. tout le chap. III de la 2ᵉ partie, intitulé : Ridicule des préjugés populaires contre l'exportation des grains.

Les constatations de Dupin semblaient exiger logiquement la même solution. Un pays dans lequel « neuf années de culture produisent du blé pour dix-huit » doit pouvoir exporter ses grains, en surabondance constante, hors du territoire national. Cependant, le projet d'Edit préparé par Dupin est bien loin d'introduire cette liberté, inconditionnellement. « Lorsque le beaubled froment sera, dans les marchés, à 12 l. le sac de 200 poids de marc,... la sortie est permise sans autorisation [1]. » C'est le seul cas dans lequel l'exportation pourra se faire sans restriction, sinon sans de nombreuses gênes dérivant de la nécessité de faire constater le prix du blé. Au prix de 18 livres, hypothèse que les prémisses du raisonnement rendent irréalisable, il s'agit de prévenir la cherté et c'est alors l'importation qui est permise. Une gratification à l'entrée est même accordée, si le blé atteint 24 livres.

C'était là une imitation servile de la politique suivie en Angleterre. Mais son introduction en France était un contresens, si l'on songe aux idées que Dupin vient de développer. L'Angleterre avait introduit ce régime chez elle, pour y soutenir une agriculture péniblement acclimatée et naturellement déficitaire. On y interdisait l'importation, on y encourageait l'exportation, conformément à la politique suivie en matière industrielle. En France, où Dupin déclare que le grain surabonde et que son avilissement est la source même des maux dont on se plaint, comment concevoir, sans la taxer d'inconséquence, cette pratique d'une liberté d'exporter aussi limitée et réglementée. On ne peut le faire, semble-t-il, qu'en appliquant à ce projet de Dupin le témoignage de prudence dont il s'est fréquemment flatté à l'occasion de ses projets : « Quand un préjugé a été adopté par une nation entière, on ne doit pas le heurter de front ; la prudence exige

1. *Œconomiques*, I, p. [236] 168.

que l'on passe insensiblement d'un terme à l'autre et que l'on ménage jusqu'aux erreurs de la multitude. » Qu'il ait, ou non, voulu faire au préjugé sa part, Dupin n'apparaît pas comme un partisan de l'entière liberté de circulation des céréales.

Cependant, il semble parfois s'être rendu compte que ce qui est nécessaire à la consommation ne saurait sortir d'un Etat libre et que l'intérêt du consommateur, mieux que toute réglementation, suffit à y retenir le produit. Mais que l'on examine la série des vérifications, visas, certifications, contrôles auxquels le système de Dupin donne lieu et l'on nous dira ce qui restait de liberté dans un pareil régime. Ce que les physiocrates demandèrent était bien différent : c'était, suivant la formule d'Abeille, « une liberté d'exporter entière, perpétuelle, indépendante des bonnes et des mauvaises récoltes ». Ce que Dupin propose, c'est une imitation à contresens de la police anglaise.

On reconnaîtra, après cet examen, qu'il ne convient sans doute pas d'attribuer une portée catégorique à des formules fugitives, comme les suivantes, que l'on trouve dans divers chapitres des *Œconomiques*. « Le commerce doit être libre, sans égard, sans considération, sans préférence [1] »; la maxime n'est d'ailleurs formulée qu'à propos du commerce à l'intérieur. Dupin déclare aussi qu'il compte sur les bons négociants [2] pour mettre en circulation le blé, conformément aux besoins, et il a confiance, dit-il, dans leur libre concurrence pour obtenir ce résultat, mais la Déclaration est toute platonique, puisqu'elle aboutit à une réglementation.

Il écrit encore cette phrase bien curieuse sous sa plume, car elle est le démenti de tous les principes qu'il a posés :

« L'esprit de l'homme a plus de ressource, quand il est

1. *Œcon.*, I, p.
2. *Œcon.*, I, p. [209] 148.

question de faillir, que la loi n'a de prudence pour l'empêcher de mal faire [1]. » Il n'en a pas moins enfermé l'activité dans un réseau de prescriptions et de règlements.

Il se trouve enfin dans les *Œconomiques* quelques formules qui semblent des formules physiocratiques : « Le revenu des fonds de terre est sans contredit le revenu primitif de l'État, la base et la matrice de celui que procurent l'industrie et le commerce [2]. » « Il n'y a dans l'État que deux sortes de revenu qui puissent donner l'un et l'autre le nécessaire et le superflu : les fruits de la terre et l'argent qui les représente [3]. » Et d'une façon plus explicite encore, il déclare : « Il n'y a que deux choses pour asseoir les impôts, les fonds de terre et l'industrie : ce sont les deux sources d'où découlent toutes les sommes que le prince lève sur ses sujets, *la terre fournit la matière*, l'art et l'industrie la mettent en œuvre [4]. »

Ces maximes eussent pu réjouir les physiocrates, mais elles sont déjà, à peu de chose près, dans les écrits de Law et il reste vrai de dire que les préoccupations pratiques de Dupin, dans les *Œconomiques* du moins, n'ont pas été de façon prépondérante des préoccupations d'ordre agricole.

Il est juste d'ailleurs d'ajouter qu'une évolution manifeste s'est produite en matière de liberté du commerce des céréales dans l'esprit de Dupin. Ses déclarations sont beaucoup plus nettes, quinze ans après la publication des *Œconomiques*, et c'est vraisemblablement, sur la foi de ces dernières déclarations, que Dupin est classé parmi les auteurs qui préparèrent la physiocratie. Les tendances physiocratiques apparaissent en effet, nettement, à l'occasion de l'envoi du *Mémoire sur les Bleds* à l'éditeur du *Journal œconomique*, le 24 octobre 1759 [5]. La

1. *Œcon.*, I, p. [213] 151.
2. *Œconomiques*, III, p. [208].
3. *Œconomiques*, I, p. 145.
4. *Œcon.*, I, p. 230.
5. Le *Journal œconomique* a publié cette lettre et le début du Mémoire en février 1760 (p. 59), et la fin du Mémoire en mars.

lettre est signée Anonymus. Il y est dit du mémoire qui l'accompagne : « Il est connu de peu de personnes, on n'a point eu l'intention de le rendre public ; il est d'un anonyme et il vous est adressé par un autre anonyme, l'un et l'autre sans aucunes prétentions, si ce n'est de procurer à leur patrie tout ce qui peut lui être avantageux. »

Dupin, dans cette lettre d'envoi, se flatte d'avoir inspiré l'arrêt du Conseil du 17 septembre 1745 dont celui de 1754 n'a fait que confirmer les dispositions en faveur du commerce intérieur, en sorte qu'Herbert, l'inspirateur de ce dernier arrêt, s'est borné « à travailler sur les principes d'autrui [1] ». Dupin s'était, il est vrai, nettement prononcé dans son mémoire pour la liberté du commerce intérieur [2]. Mais, en ce qui concerne la liberté de sortie, il se borne à reproduire purement et simplement en 1759 son système de liberté conditionnelle, momentanée et précaire. Une seule différence, toute théorique, est à noter entre le mémoire reproduit et le mémoire des *Œconomiques* : Dupin a introduit dans le second une seule phrase, mais elle

1. « Vous attribuez, Monsieur, dans votre journal d'Août dernier, p. 345, à M. Herbert, l'arrêt du conseil de 1754 qui permet le commerce des grains dans tout le royaume, cependant si on en excepte la permission de sortie accordée par deux ports de nos provinces méridionales, sans les précautions indiquées par le projet d'Édit dont je viens de parler, vous trouverez que cet arrêt n'est que la répétition et la confirmation des dispositions de celui du 17 septembre 1745 puisés dans les articles 1er et 15 de ce même Édit. M. Herbert a mérité votre approbation et vos éloges ; vous les lui avez donnés, Monsieur, non seulement par esprit de justice, mais encore par cet esprit de patriotisme qui cherche à répandre les idées utiles ; il n'est pas question de reprocher à sa mémoire d'avoir pu travailler sur les principes d'autrui, qu'importe, pourvu que ses discours aient étendu et fortifié les impressions données. »

2. Il écrit dans cette lettre : « Deux frères, gens de probité et intelligents, résolurent de tirer les grains d'une province où ils abondaient, pour les porter dans une autre où la disette se faisait sentir... Mais quels combats n'eurent-ils pas à soutenir, quelles difficultés sans nombre dans la Province de l'enlèvement ; mêmes contrariétés dans les ports où ils arrivèrent, sur les rivières qu'ils remontèrent, dans les ventes qu'ils voulurent faire de leurs marchandises ; le temps s'écoula, par ces chicanes ; leurs bleds dépérirent, sans avoir rien vendu ; il fallut payer où ils devaient ; on les poursuivait, ils perdirent leur crédit et leur fortune. (Lettre à l'éd. du *Journal œconomiq.*, 1759 ; *Journal*, 1760, p. 60.)

est significative : c'est un désaveu de la politique agricole de Colbert que Dupin ne s'était point permis en 1745 [1]. La lettre d'envoi contient par ailleurs des déclarations fort nettes et caractéristiques dans le sens physiocratique. « Vous considérez, Monsieur, écrit Dupin, le commerce des grains au dedans et au dehors d'un Etat comme le moyen le plus naturel et le plus efficace de rétablir l'agriculture et la population : quelqu'un qui l'a toujours pensé de même ne peut voir qu'avec grand plaisir le soin que vous prenez de le publier [2] ». Et Dupin ajoutait à cette profession de foi inspirée pour une part des circonstances : « Le bled est la richesse des richesses, les autres absolument subordonnées à celle-ci ne sont qu'accessoires, précaires, casuelles, incertaines [3]. » Une préoccu-

1. « On assure que M. de Colbert, en conséquence du plan œconomique qu'il s'était formé, avoit résolu de défendre à perpétuité la sortie de toute espèce de grains du Royaume, prétendant que cette denrée était trop précieuse et trop nécessaire, pour être commise aux événements du commerce et que les autres productions de la nature, avec les richesses de l'art, étaient suffisantes pour attirer autant d'or et d'argent qu'il en fallait pour les opérations du commerce général, et servir au gage des échanges qui est le véritable, et doit être l'unique emploi de ces matières. Il y aurait de la témérité à refuser de convenir de l'excellence du génie de ce ministre et de l'étendue des connaissances que l'expérience lui avait acquises ; mais les plus grands hommes n'ont pas été inaccessibles à l'erreur et à la prévention, et ce serait se livrer à une aveugle crédulité, que d'imaginer celui-ci infaillible : son système sur les bleds fournirait la preuve du contraire si l'on voulait examiner les inconvénients dont il est susceptible. Les réflexions des lecteurs et les détails de ce Mémoire les feront assez connaître sans qu'il soit besoin d'en faire une critique expresse. » (Mémoire sur les Bleds, *Journal œconomique*, 1760, p. 62.)

2. « Ces deux points si essentiels à favoriser (l'agriculture et la population) ne peuvent l'être avec succès, que par cette liberté générale et perpétuelle, intérieure et extérieure que vous recommandez ; quels biens en effet n'en verrait-on pas sortir ? La force et la puissance par l'augmentation des sujets et des richesses, la confiance et la tranquillité du peuple par la certitude de ses subsistances ; de combien de maux ne serait-on pas affranchi ? Les horreurs fréquentes de la disette, ses calamités, ses dangers seraient à jamais bannis de nos contrées et avec eux les inconvénients de la superfluité qui peut devenir aussi dommageable que cette disette ; espèce de paradoxe pour qui ne sait pas qu'elle naît du grand superflu sans débouché. » (Lettre à l'éd. du *Journal œconomique*.)

3. Et cependant Dupin fait encore des réserves de principe, en dehors de celles que comporte son projet d'édit. « Que le commerce des grains soit rendu libre, *avec ces précautions qui l'animent plutôt qu'elles ne le gênent*,

pation toute nouvelle et d'ailleurs plus conforme à son projet d'édit resté identique apparaît également dans cette lettre : « Notre négligence en matière d'agriculture nous rend tributaires de nos ennemis pour des sommes prodigieuses. » C'était là en face d'une situation nouvelle une indiscutable accentuation des tendances fort incertaines et contradictoires de 1745. Mais on est alors en 1759. Les articles « Fermiers » et Grains » sont parus en 1756 et 1757. Le *Tableau économique* vient d'être publié. Montaudouin de la Touche a combattu toute réglementation [1]. Les sources de la pensée physiocratique apparaissent déjà nettement.

*
* *

L'analyse que nous venons de donner des idées essentielles de Dupin peut en définitive laisser l'impression d'une originalité discutable. L'œuvre n'en est pas moins digne du plus réel intérêt. M. de Paulmy écrivait au sujet des *Réflexions* : « Voyez la note que j'ai mise à mon catalogue à l'article de ce livre. J'en parle bien mal et quand j'en ai parlé ainsi je ne l'avais ni lu ni parcouru. Tel est l'effet du préjugé qui m'avait été transmis ; je me suis convaincu, depuis, de deux vérités et la première est qu'il s'en faut de beaucoup que ce livre soit mauvais en totalité [2]. » Il en faut dire autant, mais sans aucune réserve, des *Œconomiques*. Si l'originalité n'est pas leur mérite capital, il faut leur en reconnaître d'autres. Cet impor-

---

qu'il ne soit plus regardé comme un monopole ; que ceux qui s'y livrent soient regardés comme les nourriciers et les pourvoyeurs de l'État ». (Lettre à l'éd. du *Journal œconomique*, 24 octobre 1759.) Et l'on trouverait d'autres passages en contradiction avec l'attitude qu'il se donne.

1. Herbert : suivi du supplément à l'Essai par Montaudouin de la Touche. *Collection des Économistes et des réformateurs sociaux*, n° 5. Geuthner, (édit., 1910.)

2. Note manuscrite sur l'exemplaire des *Réflexions* de la bibliothèque de l'Arsenal.

tant ouvrage est, malgré ses longueurs, en presque toutes ses parties, utile à l'historien et à l'économiste.

La protection de la classe des producteurs par de bonnes lois vigilantes et clairvoyantes ; la libération du producteur à l'égard du pouvoir de l'argent ; dans ce but, la multiplication de l'instrument monétaire ; la bonne foi du commerce assurée par un contrôle sévère ; la surveillance du travail ; l'accélération de tous les modes d'activité commerciale ; l'extension des entreprises coloniales ; la suppression de l'oisif, le souci le plus ardent des intérêts nationaux qui se confondent avec ceux du souverain ; une démarche théorique en faveur de la libre circulation des grains ; des maximes heureuses en matière de répartition de l'impôt, inspirées surtout de l'intérêt bien entendu du roi, mais aussi d'un réel souci de justice. tels sont les desseins et les préceptes qui se dégagent de l'ouvrage de Dupin. Ils restent en leur fonds de nature essentiellement mercantiliste.

Si, dans les *Œconomiques*, Dupin peut paraître original, il l'est, à l'époque où il écrit, par la façon dont il a, non pas dépassé les idées d'alors, mais réagi contre certaines d'entre elles, et, par réaction contre des inclinations nouvelles, accentué le traditionalisme. Ces tendances nouvelles, Montesquieu surtout les représentait alors. La double critique qu'il fit de l'*Esprit des Lois* prouve à quel point les idées de Montesquieu offensaient Dupin. C'est à Montesquieu qu'il convient de l'opposer sans cesse, et à l'occasion des *Œconomiques* même.

Montesquieu, selon toute vraisemblance, avait fait connaître des fragments de son livre aux habitués du salon de Mme Dupin [1]. Nous avons dit que, dès 1743, cinq ans avant l'apparition de l'*Esprit des Lois*, Dupin, au témoignage de Rousseau, travaillait à sa réfutation. Les *Lettres persanes* avaient d'ailleurs

1. V. *supra*, p. xv.

quelques-uns des caractères de l'*Esprit des Lois*. Si voilée qu'elle fût par la fantaisie, on y discernait aisément la satire politique et, sous le pamphlet, apparaissaient les intentions réformatrices de l'auteur. Ces idées de Montesquieu le public était d'ailleurs admirablement préparé à les accueillir. En luttant contre elles, on luttait contre une partie de l'opinion publique. « Quand parut l'*Esprit des Lois*, on était si bien préparé à le recevoir qu'il suscita, dit le marquis de Paulmy, un enthousiasme incomparable. » Les contemporains y approuvaient, pour la plupart, ce que le livre comporte de critiques dissimulées contre la monarchie absolue. « L'enthousiasme qui portait à trouver l'*Esprit des Lois* divin était trop fort, un homme qui le combattrait se ferait jeter la pierre par toute l'Europe [1]. » Dupin l'a cependant tenté, non sans pessimisme d'ailleurs, et avec peu de confiance. Mais c'est par cette opposition que s'explique, dans les *Œconomiques*, l'accentuation fréquente du nationalisme mercantiliste.

Dupin a voulu défendre la monarchie et les institutions monarchiques. Il avait cause commune avec elle, il n'a fait que soutenir des intérêts solidaires. Montesquieu enveloppait en effet dans la même critique la monarchie et les financiers et si Dupin sentit nettement que l'auteur de l'*Esprit des Lois* n'avait pas, selon le mot de M. de Paulmy, « avancé les affaires de la monarchie », peut-être est-ce qu'il n'avait pas non plus fort avancé celles des financiers. Montesquieu avait écrit dans les *Lettres persanes* que « la République est le sanctuaire de l'honneur et de la vertu [2] ». Il ajoutera, dans l'*Esprit des Lois*, que « dans la monarchie les affaires publiques sont, la plupart du temps, aussi suspectes aux marchands qu'elles leur paraissent sûres dans l'état républicain [3] ». Il prétendra

1. M. de Paulmy. Note manuscrite en tête de l'exemplaire des *Réflexions*.
2. Lettre XC.
3. *Esprit des Lois*, livre XX, chap. IV.

qu'on ne peut concilier avec le régime monarchique une bonne organisation du crédit [1], et que les entreprises lointaines sont difficilement réalisables sous le pouvoir d'un seul [2]. Il sera l'adversaire des grandes compagnies maritimes et des privilèges qui leur sont octroyés [3].

D'une façon plus générale, les formes mêmes de l'activité commerciale, telles qu'il les donne pour inséparables du régime monarchique, sont condamnées par Montesquieu : « Dans le gouvernement d'un seul, écrira-t-il, le commerce est ordinairement fondé sur le luxe et, quoi qu'il le soit aussi sur les besoins réels, son objet principal est de procurer à la nation qui le fait, tout ce qui peut servir à son orgueil, à ses délices, à ses fantaisies. Dans le gouvernement de plusieurs, il est plus souvent fondé sur l'économie [4] », et encore : « dans une nation qui est dans la servitude on travaille plus à conserver qu'à acquérir ; dans une nation libre on travaille plus à acquérir qu'à conserver [5] ». C'était là des idées assez répandues, et Law en avait déjà examiné quelques-unes. Mais plus qu'aucun autre, Montesquieu avait contribué à propager cette image défavorable des gouvernements monarchiques.

Nul doute, selon nous, que Dupin, lorsqu'il écrit l'histoire de

1. « Dans le gouvernement d'un seul, il n'y a jamais eu que le prince qui ait eu ou qui ait pu avoir un trésor et, partout où il y en a un, dès qu'il est excessif, il devient d'abord le trésor du prince » (*Id.*, l. XX, chap. x).

2. « Par la même raison, les compagnies de négociants qui s'associent pour un certain commerce conviennent rarement au gouvernement d'un seul » (*Id.*, ibid.).

3. « Si les affaires ne sont point si grandes qu'elles soient au-dessus de la portée des particuliers, on fera encore mieux de ne pas gêner par des privilèges exclusifs la liberté du commerce » (*Id.*, l, XX, chap. x).

4. *Esprit des Lois*, livre XX, chap. IV.

5. *Esprit des Lois*, *Id.*, ibid. Cf. : « On a fait dans certaines monarchies des lois très propres à abaisser les états qui font le commerce d'économie. On leur a défendu d'apporter d'autres marchandises que celles du crû de leur pays ; on ne leur a permis de venir trafiquer qu'avec des navires de la fabrique du pays où ils viennent. Il faut que l'État qui impose ces lois puisse aisément faire lui-même le commerce, sans cela il se fera pour le moins un tort égal. Il vaut mieux avoir à faire à une nation qui exige peu et que les besoins du commerce rendent en quelque façon dépendante » (*Esp. des Lois*, l. XV, chap. XVIII).

la colonisation française depuis Richelieu, lorsqu'il prend souci de montrer que « les rentes sur la poste, les tontines, les actions de la Compagnie des Indes ont circulé dans notre pays avec autant de facilité que les billets de banque dans la République de Venise » n'ait en vue les accusations de Montesquieu. Quand il s'efforce de triompher des préventions accumulées en France, par l'échec du système de Law, contre l'organisation d'une banque d'état et l'émission de monnaie de papier, il songe vraisemblablement au plaisir avec lequel on lisait l'histoire allégorique du système, telle que la raconte, dans une lettre délicieuse, Rica à Usbeck [1]. Il réfute d'avance, et peut-être inconsidérément, ce passage de l'*Esprit des Lois* : « les compagnies et les banques, que plusieurs nations établirent, achevèrent d'avilir l'or et l'argent dans leur qualité de signe ; car, par de nouvelles fictions, elles multiplièrent tellement les signes des denrées que l'or et l'argent ne firent plus cet office qu'en partie et devinrent moins précieux [2]. » De plus, Montesquieu représentait, selon les expressions de M. Faguet [3], le libéralisme, le pacifisme, peut-être l'égalitarisme, et l'esprit réaliste de Dupin ne concevait pas ces abstractions. Il témoignait en même temps de l'hostilité la plus sarcastique à l'égard des financiers et des traitants. Dans un chapitre intitulé : « Ce qui détruit la liberté », Montesquieu écrit : « La finance détruit le commerce par ses injus-

1. Histoire allégorique du système : *Lettres persanes*, Lettre CXIII. Toute la lettre est merveilleuse d'esprit. « Il apprit dans ses voyages que dans la Bétique, l'or reluisait de toute part, cela fit qu'il y précipita ses pas. Il y fut fort mal reçu de Saturne qui régnait pour lors; mais ce dieu ayant quitté la terre, il s'avisa d'aller dans tous les carrefours où il criait sans cesse d'une voix rauque : peuple de Bétique, vous croyez être riche parce que vous avez de l'or et de l'argent : votre erreur me fait pitié. Croyez-moi, quittez le pays des vils métaux, venez dans l'empire de l'imagination et je vous promets des richesses qui vous étonneront vous-même. Aussitôt il ouvrit une grande partie des outres qu'il avait apportées et il distribua de sa marchandise à qui en voulut... » etc.

2. *Esprit des Lois*, livre XXI, chap. XXII. Cf. Montesquieu, contre les banquiers, *Esprit des Lois*, l. XXII, chap. XVI.

3. Faguet, *Politique comparée de Montesquieu, J.-J. Rousseau, Voltaire*.

tices, par ses vexations, par l'excès de ce qu'elle impose ; mais elle le détruit encore, indépendamment de cela, par les difficultés qu'elle fait naître et les formalités qu'elle exige. En Angleterre où les douanes sont en régie, il y a une facilité de négocier singulière. Il ne faut point que le marchand perde un temps infini et qu'il ait des commis exprès pour faire lever toutes les difficultés avec les fermiers[1]. » Il déclare dans le même chapitre que : « l'histoire des monarchies est pleine des maux faits par les traitants », et que : « par la régie, au contraire, le prince épargne au peuple une infinité de mauvaises lois qu'exige toujours de lui l'avarice importune des fermiers[2] ».

Dupin pouvait, en s'efforçant de faire rendre meilleure justice aux financiers, dont il était, éprouver la solidarité qui l'unissait, dans l'esprit des détracteurs, à la cause monarchique elle-même. Il défendit ses intérêts et ceux du roi, et il convient de le reconnaître, il le fit avec bonne foi, avec conviction, avec passion, avec le sentiment de maintenir une tradition éprouvée, et excellente dans la plupart de ses effets.

En matière de politique agraire, Dupin ne nous est pas apparu davantage comme un réformateur résolu. Son projet de circulation des grains avait été exposé déjà par Boisguillebert et en définitive le système auquel il s'arrête est une imitation étroite et illogique de la police anglaise. Du moins trouvons-nous, à propos de ce projet, l'occasion de reconnaître un des mérites essentiels de l'œuvre de Dupin, par lequel il s'oppose encore à Montesquieu et avec avantage : sa méthode. Cette méthode est d'un observateur et d'un réaliste ; elle l'éloigne de toute abstraction, de toute généralisation. Ce que Dupin reproche à Montesquieu, dès la préface des *Observa-*

1. *Esprit des Lois*, livre XX, chap. XIII.
2. *Id.*, ibid.

tions, c'est de ne pas « s'être borné à donner l'Esprit des Lois de gouvernements anciens, modernes, présents et d'avoir composé un ample formulaire des lois pour tous les gouvernements, même futurs »... « tandis que nos soins, nos études, nos réflexions ne sauraient atteindre qu'un petit nombre d'objets »[1]. Il déclare pour son compte : « nous avons évité les discussions métaphysiques, parce qu'il nous a paru qu'il valait mieux appuyer nos observations sur des faits que sur des raisonnements »[2].

La méthode[3] dont Dupin fait une constante application l'amène quelquefois à trouver irréprochable ce qui est traditionnel et a subi l'épreuve de la durée. « Il ne faut rien changer, écrit-il, aux lois et aux usages ; je suis grand partisan de ce principe, excepté les cas où l'utilité et, encore plus, la nécessité demandent qu'on y déroge[4] ». Ainsi pense-t-il du plus décrié des impôts de l'Ancien Régime, de la gabelle[5]. L'esclavage n'est pas franchement défendu par Dupin. Cependant il n'accepte pas non plus qu'on le condamne : les sociétés antiques ne l'ont-elles pas pratiqué ? Cette prudence et cette méthode mêmes étaient de nature à l'éloigner des idées originales qui sont souvent peu pratiques. Elles le ramenaient volontiers en arrière, et le goût de la tradition lui avait com-

---

1. *Observations*, t. I, p. III.
2. *Observations*, p. XVI.
3. On trouvera un exemple particulièrement curieux de cette méthode dans la façon dont Dupin traite du Luxe dans les *Économiques*, t. I, p. 176 : « je laisse à décider la question de savoir si le luxe est un bien ou un mal, mais je dis affirmativement que *quand il s'est une fois introduit dans un grand État* on ne peut l'en bannir sans bannir en même temps le commerce, les arts et les manufactures, c'est-à-dire sans détruire le corps de l'État lui-même. »
4. *Œconomiques*, I, 42. Il est vrai qu'il écrit également : « Les erreurs ont quelquefois un aussi long cours dans le monde que les opinions les plus véritables ; parce qu'en prenant les erreurs pour des vérités, on embrasse aveuglément tout ce qui les entretient, et l'on rejette et on néglige tout ce qui les pourrait détruire. La trop grande soumission aux opinions des anciens gâte bien des têtes » (*Œcon.*, I, p. 131).
5. *Réflexions*, chap. sur la Gabelle.

muniqué celui de l'histoire. Les détails d'érudition historique abondent dans son œuvre jusqu'à l'encombrer. Sa connaissance du passé n'est pas d'ailleurs parfaitement sûre mais il convient de retenir cette préoccupation d'illustrer et d'expliquer par l'histoire ses jugements à l'égard des institutions contemporaires. Si elle aboutit quelquefois à une nomenclature un peu sèche, souvent aussi cette passion historique anime profondément les questions qu'il traite. Est-il rien de plus vivant que son récit de la formation des grandes compagnies de commerce maritime? Infiniment mieux que Melon, il a montré de quelle fièvre de concurrence internationale elles naquirent, quels efforts furent tentés, depuis Richelieu, pour les constituer, ranimer leurs défaillances et leur confier avec orgueil « le pavillon français ».

Ce n'est pas seulement l'histoire du passé qui soutient ses doctrines, la législation comparée vient constamment raffermir ses principes et guider ses conclusions. Son attention se porte sans cesse sur les institutions de l'étranger. La loi, comme l'appareil de guerre, est une force qu'il convient d'adapter sans relâche aux besoins de cette concurrence acharnée que les nations se font éternellement.

De telles habitudes de pensée détournent des innovations inconsidérées. Aussi Dupin n'examine-t-il avec quelque attention que des projets de réformes suffisamment élaborés et donne-t-il à ceux qu'il propose en son nom une précision minutieuse. Il les formule en projets d'édits, en articles de lois, et voilà l'un des intérêts essentiels des *Œconomiques* : on y trouve, condensée et minutieusement décrite, l'analyse des institutions et l'étude des réorganisations projetées. Toute la politique de réglementation et de contrôle qui caractérise l'Ancien Régime apparaît ici, avec une précision de détails pratiques que l'on trouverait seulement, à ce degré, dans les Instructions de Colbert aux intendants, mais avec la difficulté de les dégager. Depuis Adam Smith, le mercantilisme est trop souvent présenté comme un ensemble de préceptes arbitraires; il est dans Dupin expliqué, justifié; il fait corps avec l'ensemble des besoins et des préoccupations de force et d'indépendance nationales.

En défendant cette politique qu'il croyait utile alors [1] au développement de son pays, Dupin d'ailleurs ne cessait pas d'être un réaliste. L'unité morale n'était point encore complètement faite entre les éléments divers du royaume, et le rêve d'une entière indépendance économique n'était pas encore réalisé. La protection avait développé nos manufactures et porté le commerce à une très grande prospérité, avant la guerre de la succession d'Autriche. Les glaces de Paris avaient fait tomber celles de Venise, et Dupin raconte quelque part, avec orgueil, l'histoire de ce doge qui, voyant son visage, à Paris même, dans une glace non vénitienne, n'en pouvait croire ses yeux; les tapisseries des Gobelins avaient triomphé de celles des Flandres, les soies de Lyon suffisaient à la consommation française: autant de succès assurés par la politique dont Dupin demeurait le partisan attardé. N'est-ce point d'ailleurs à cette politique que, moins de cent ans plus tard, allait se rallier, sous l'inspiration de List, un peuple qui prenait à peine conscience de lui-même? Sommes-nous encore si loin de ce régime? Pour défendre l'agriculture et l'industrie, n'avons-nous pas reconstitué à notre tour la protection douanière, un moment abandonnée? N'encourageons-nous pas, fût-ce avec un discernement douteux, les industries lentes à grandir? Pour défendre l'agriculture et la préserver des falsifications qui disqualifient ses produits, n'aboutissons-nous pas à une réglementation si rigoureuse que l'Ancien

1. C'est encore un caractère important de la méthode de Dupin que de ne point préparer les plans d'un avenir trop éloigné, mais d'adapter essentiellement ses propositions à l'état de choses qu'il a sous les yeux.

Régime lui-même n'en a pas connu de pareille. On y fixait le poids du drap, son mode de mesurage, ses procédés de fabrication ; aujourd'hui on réglemente la composition du camembert, du saucisson, de l'hydromel et de toutes les denrées alimentaires, le mode de coloration des confitures et le poids de l'ortolan. Depuis 12 ans, 450 textes de lois, décrets, rapports, circulaires, ordonnances de police, ont été rédigées en ces matières, pour la sauvegarde du commerce et pour celle du consommateur. Les autres pays ont adopté le même principe de la surveillance et du contrôle des transactions commerciales.

Par là, on peut dire de Dupin, comme de beaucoup d'autres, qu'il fut pour son temps à la fois un réactionnaire et aussi un précurseur. Il le fut encore à d'autres égards. « Favoriser les mariages, écrivait-il, après Melon, accorder des secours aux pères chargés d'une nombreuse famille, veiller à l'éducation des orphelins et des enfants trouvés, c'est fortifier l'État plus que faire des conquêtes [1] ». Par ces maximes, Dupin paraît tout près de nous. Une méthode prudente, réfléchie le conduisait à maintenir et à affirmer énergiquement, au cœur du XVIIIe siècle, quarante ans avant la Révolution, des principes que les philosophes du droit naturel et les « Économistes » allaient vigoureusement combattre et qui s'imposent cependant, de nouveau, à la volonté de ceux qui ont le souci de la grandeur et de la force d'un pays environné de concurrences et de rivalités.

MARC AUCUY.

1. *Œconomiques*, I, p. (304) 218.

LE TITRE ET LE FRONTISPICE QUI PRÉCÈDENT SONT LES FACSIMILÉS DE CEUX DE L'ÉDITION ORIGINALE

Les chiffres qui se trouvent entre [ ] dans le corps du présent volume indiquent la pagination de l'édition originale.

AVERTISSEMENT

C'est un langage général et convenu entre tous les Jurisconsultes, les Historiens et les Politiques anciens et modernes, que les Finances sont les nerfs de la guerre et le soutien de la Paix ; qu'elles font mouvoir toutes les parties du corps politique ; qu'elles font le maintien des loix, de la justice, de la dignité et de la splendeur des Etats ; que c'est le plus ferme lien qui puisse unir les peuples, et le plus solide appui des Empires.

De cette utilité indispensable, constante, universelle, il résulte que l'art qui enseigne à régir les Finances, c'est-à-dire, la science œconomique, devroit être considéré comme un des plus importants objets du Gouvernement politique. Il vaudroit mieux, pour l'État, perdre cent mille hommes par une faute de politique, que d'en commettre, ou d'en laisser subsister une essentielle dans la Finance, parce que le dommage de la premiere se réduiroit à cent mille hommes de moins, et que la deuxiéme en feroit peut-être périr plus de cinq cens mille, et surement souffrir dix-huit à vingt millions, c'est-à-dire, tous les sujets de l'Etat : telle est l'idée que l'Auteur moderne de l'Essai politique sur le Commerce, à qui on ne peut refuser de grandes vûes, s'est formée de la science œconomique. Cependant cette science est tellement négligée, par le préjugé fatal de la Nation, qu'il suffit d'en prononcer le nom pour inspirer de l'indifférence et du dégoût pour tout ce qui y a rapport : je dirai plus, pour faire mépriser la chose, et les Auteurs qui en traitent.

Si quelqu'un, sans génie et sans expérience, entreprenoit de conduire ses affaires par lui-même, il tomberoit infailliblement dans des fautes grossieres. Combien n'en commettroit pas un homme de cette espéce, dans le maniement des affaires publiques ? Et combien ne seroient-elles pas préjudiciables à la République? C'est une réflexion d'Aristote.

Ce Philosophe divise les œconomiques Royales en quatre parties principales : qui sont, le soin de tenir l'argent abondant, et d'en faciliter la circulation, de se procurer les denrées et marchandises qui nous manquent, et la sortie de celles dont nous avons trop ; de ne point faire de dépenses inutiles, et dans celles qui sont nécessaires, de ménager les frais autant qu'il est possible : enfin, de veiller sans relâche au soutien et au progrès de l'agriculture, parce que c'est la richesse primitive et fondamentale : *At autem primus omnium et prastantissimus fructus quem agri reddunt*, de cur. rei. pub. t. 2. p. 500.

Ces quatre parties, ont plusieurs branches qui leur sont subordonnées, et la forme de notre Gouvernement en a qui lui sont particulières. Je ne prétens ni les examiner toutes, ni traiter à fonds celles que j'ai intention de parcourir : ce seroit une entreprise au-dessus de mes forces ; les principales impositions, le Domaine, le crédit public, les grands chemins, le Commerce, les greniers d'abondance, la mendicité, le Célibat, etc. sont celles ausquelles je m'attacherai le plus particulierement.

Chacun de ces articles auroit pû fournir seul, la matiere d'un gros volume, et quelqu'uns de plusieurs, si j'avois voulu leur donner toute l'étendue dont ils sont susceptibles ; mais j'ai crû que pour mieux faire sentir l'avantage et la nécessité des réformations que je propose, il suffisoit de s'attacher à l'essentiel ; et que par la raison du préjugé, l'on ne pouvoit être trop court sur cette matiere, quoique la plus importante de la société, par elle-même, et par ses conséquences.

Il y a un grand nombre d'Auteurs qui en ont traité ; mais comme ce n'a pas été l'objet unique de la plûpart d'entre'eux, l'œconomique n'y paroît que comme accessoire, confondue et noyée par les sujets principaux, ensorte que l'on pourroit justement appliquer ici, ce que Ciceron dit dans le second Livre de ses Questions académiques, que ce grand nombre de volumes suffit pour exciter, mais qu'il ne suffit pas pour instruire, *ad impellendum fatis, ad docendum parum.*

Il a donc fallu extraire et rapporter à l'ordre des tems et des matieres, ce qui pouvoit en établir l'origine, le progrés et l'état présent, et lier ces parties détachées pour leur donner une sorte de consistance. Je n'ai fait aucune difficulté de m'approprier tout ce qui m'a paru convenir à mon sujet, dans les livres et mémoires que j'ai parcourus ; quelquefois je les cite, d'autre fois je ne les cite pas, parce que n'ayant entrepris originairement cette lecture par simple curiosité, sans penser qu'elle dût produire un ouvrage suivi, je me suis contenté de prendre note des faits, en négligeant souvent le nom des Auteurs, et presque toujours les éditions, les volumes et les pages. J'aurois pû rétablir cette faute en repassant mes lectures ; mais l'omission ne m'a pas paru assez intéressante, pour mériter le travail et l'ennui auquel je me serois exposé.

Pour ne point détourner l'attention du Lecteur, j'ai traité chaque matiere par des Chapitres séparés, sans mélange ni confusion, avec ce qui pouvoit lui être étranger ; et comme l'objet que j'ai eu principalement en vûe, est la réforme des abus et des vices, qui empêchent de tirer de ces différentes parties, tout l'avantage, que sans eux, elles seroient en état de procurer, j'indique sur chacune, les moyens qui m'ont paru les plus propres à produire cet effet.

« Vous ne pouvez pas tout penser, *dit un Sultan à ses*
« *Ministres*, ne rebutez pas ceux qui pensent ; il y a souvent
« à profiter dans les projets les plus chimériques ; qu'une
« basse jalousie ne vous fasse jamais rejetter ce que d'autres
« ont pensé ; discerner le bon et l'exécuter ; c'est bien plus
« que de l'avoir imaginé. *Essai sur le Comm.*

TABLE DES CHAPITRES
ET DES PRINCIPALES MATIÈRES

DROITS D'ENTREE ET DE SORTIE DU ROYAUME.

DECIMES DU CLERGE.

SUR LE CELIBAT.

RENTES ET REDEVANCES DUES AUX GENS DE MAIN-MORTE.

TABAC.

SUR LES AYDES OU IMPOST SUR LE VIN.

Fin de la Table.

DOMAINES

LE terme de *Domaine* convient en général aux possessions dont jouissent toutes sortes de Personnes, *Dominii Jus acquirit, qui pro Domino possidet.* Mais par l'usage, ce terme général est devenu particulier, et propre au Patrimoine des Rois, et les Possessions attachées à la Couronne s'appellent particulierement *Domaine*.

L'Empire Romain avoit deux sortes de Domaines ou Patrimoines. L'un, s'appelloit le *Patrimoine particulier* ou *privé*, et appartenoit à l'Empereur, à titre successif et particulier. Et l'autre, s'appelloit le *Patrimoine public* ou *Fiscal*.

Cette regle s'est observée en France, sous les deux premieres races de nos Rois. Ils avoient des Possessions et un Trésor qui leur appartenoient en propre, et le Domaine public consistoit en Terres et Seigneuries attachées à la Couronne, en Péages sur les denrées et marchandises, en amendes qui, en ce tems-là étoient fort grosses et s'appelloient *Bonum rigidum*, en compositions [2] des affaires criminelles: car pour lors les délits se rachetoient à prix d'argent, dont il en appartenoit le tiers au Fisc, et en amendes dûes par ceux qui n'alloient pas à la guerre; et lorsque les deniers provenans de ces différentes branches ne suffisoient pas aux besoins de l'Etat, on imposoit des tributs plus ou moins grands, suivant la nécessité des affaires publiques, ou plutôt, suivant l'état de puissance ou de foiblesse des Rois.

On ne connoît maintenant en France, qu'une seule espece de Domaine, qui consiste dans les fonds de Terres appartenans à la Couronne, et dans les Droits dont le Roi jouit au titre de sa Souveraineté, ou à cause des Terres et Seigneuries du Domaine.

Quelques Auteurs comprennent sous le nom de *Domaines*, toutes les Impositions et Droits, qui se levent sur les Peuples, comme la

Taille, la Capitation, les Aydes et la Gabelle; mais c'est improprement et sans raison. Nous parlerons ailleurs de ces différentes Impositions, et nous ne traiterons ici que des droits qui sont véritablement reconnus être propres au Domaine: Tels que ceux d'Aubaine, Batardise, Deshérence, Confiscation, Epaves, qui font certainement corps avec l'ancien Domaine, et des Péages, Greffes et Tabellionages, Francs-Fiefs et Nouveaux Acquêts, Petits-Scels, Amortissemens, Centiéme-Denier et Insinuations Laïques, Controlle-des-Actes, Controlle-des-Exploits, Marque d'or et d'argent, Papiers et Parchemins Timbrés; toutes lesquelles choses sont maintenant regardées comme droits Domaniaux, quoique leur origine soit bien plus moderne que l'ancien Domaine. Mais ce Domaine se trouvant presque anéanti, par les usurpations, concessions et aliénations, [3] on y a substitué successivement différens droits, que l'on a qualifiés de Domaniaux, et probablement par la suite, toutes les Impositions et droits fixes et permanens, seront pareillement censés Domaniaux; parce qu'en effet, c'est ce qui constitue véritablement les revenus du Souverain, et c'est par conséquent véritablement son Domaine, ou l'équivalent de son Domaine. Mais il faut attendre que le tems ait confirmé cette dénomination.

Nous ne rappellerons point ici les diverses Ordonnances, faites pour la conservation ou réunion du Domaine. Il y en a une multitude; mais les principales sont, celles de Charles V, en 1734, de Charles VI, en 1401, de François Ier en 1539 et de Charles IX. en 1566. Cette derniere a été publiée à Moulins, et est ordinairement appellée l'*Ordonnance de Moulins, pour la réunion du Domaine*, afin de la distinguer de celle qui fut faite dans la même année, dans la même Ville, pour le Réglement de la Justice.

Quoiqu'il n'y ait qu'une sorte de Domaine, comme nous venons de le dire; cependant on peut le diviser en grand et petit Domaine, et en Domaine fixe, et en Domaine casuel.

Sous le nom de *Grand Domaine*, sont comprises les Seigneuries, Villes, Châteaux, Terres, Possessions, Forêts, etc. Et le *Petit Domaine*, suivant plusieurs Edits et Déclarations, et notamment suivant la Déclaration du 8. Avril 1672, et l'Edit du mois d'Avril 1702, consiste dans les Cens, Ventes, Moulins, Fours, Pressoirs, Halles, Maisons, Boutiques, Echoppes, Terres vaines et vagues, Landes, Bruyeres, Palus, Marais, Bacqs, Péages, Passages, Chasses, Pêches, et autres semblables droits.

[4] Le *Domaine Fixe*, est celui qui est expressément uni, consolidé et incorporé à la Couronne, lequel est composé de Seigneuries, Terres, Possessions, et des droits qui appartiennent à ces Seigneuries, et de ceux acquis au Roi à Titre de sa Souveraineté, à quoi on peut ajouter les Pierreries et Meubles précieux de la Couronne, parce qu'ils sont réputés Immeubles.

Le *Domaine casuel*, comprend ce qui appartient au Roi, par Conquête, Acquisition, Donation, Succession, et ce qui lui est échu par droit d'Aubaine, Batardise, Deshérence, Confiscation, etc. lequel devient néanmoins fixe quand les Officiers du Roi en ont paisiblement joui par dix ans, où qu'ils en ont compté à la Chambre pendant le même tems, ou lorsqu'il a été réuni au Domaine fixe par la Déclaration ou Edit à cet effet. Mais avant qu'il ait été déclaré, ou qu'il soit devenu fixe par le laps du tems prescrit par les Réglemens, les Rois en peuvent disposer par donation, vente, où autrement. Nous voyons en effet, qu'ils font souvent des dons de ce qu'il leur échet par donation, batardise, deshérence, etc. Car quoiqu'ils ne puissent donner ou céder le fond de ces droits, cependant ils ont la liberté de disposer des Terres, Possessions, ou autres choses qui leur adviennent en vertu de ces mêmes droits.

Il en est de même des biens que possede un Prince à titre particulier, lorsqu'il devient Roi ; car son Domaine n'étant pas Royal, il peut l'aliéner irrévocablement après son avénement à la Couronne, pourvu qu'il n'y ait point été réuni par les moyens ci-dessus dits. Henri IV. rendit une Déclaration au Camp de Nangis le 13. Avril 1590. portant que le Domaine qu'il posse[5]doit avant son avénement à la Couronne, seroit désuni et séparé du Domaine de la Couronne de France. Mais il révoqua cette Déclaration, par Edit, devant Paris, au mois de Juillet 1607. lequel fut confirmé par autres Edits de Louis XIII. l'un donné à Pau au mois d'Octobre 1620. et l'autre à Compiegne au moins de Juin 1624.

François Ier publia à Pau une Déclaration le 30. Juin 1539. portant que le Domaine de la Couronne est inaliénable et imprescriptible ; et ordonne en conséquence que toutes aliénations et usurpations faites sur icelui, par quelque tems que ce soit, même de cent ans et plus, sont sujettes à réunion, avec injonction à tous les Juges, de décider tous procès mûs et à mouvoir, suivant ces maximes ; et pour faire d'autant mieux exécuter les dispositions de cette Déclaration, ce Prince établit à Paris, la Chambre du Domaine par Edit du mois de May 1543.

Le Domaine étant ainsi déclaré inaliénable et imprescriptible, il doit être considéré comme un dépôt sacré que les Rois se transmettent successivement sans pouvoir aucunement en disposer. Cependant il y a deux exceptions à faire.

La premiere, que ce Domaine peut être vendu et aliéné dans le cas d'une nécessité pressante, et surtout à cause des guerres ; mais cette vente doit toujours être avec faculté perpétuelle de rachat, en remboursant aux acquereurs, le prix qu'ils ont réellement fourni; laquelle faculté est imprescriptible à l'égard du Roi, mais non d'un particulier, qui ayant acquis et vendu ce même Domaine, avec stipulation de rachat perpétuel, n'y seroit pas reçu après 30. ans.

[6] Outre la faculté perpétuelle du rachat ; on reserve encore dans les aliénations, la foi et hommage des Evêques, et autres Prélats, Comtes, Vicomtes, et Barons, qui tiennent des Fiefs du Roi, la Garde des Eglises, les Bois de Haute-Futaye, les Gardes Nobles, les Patronages et collations des Bénéfices, le droit d'Aubaine, Légitimation, Deshérence, etc.

La seconde exception est pour les Appanages qui sont donnés aux Enfans de France, mâles, seulement ; car, aux termes des anciennes Ordonnances, les Filles doivent être dottées en argent.

Les Terres et Droits ainsi donnés, passent aux Enfans mâles des Appanagistes, et aux enfans mâles de leurs enfans mâles graduellement, en ligne directe.

Si les Enfans mâles manquent, l'Appanage retourne de plein droit à la Couronne, sans que les Parens collatéraux, même mâles, puissent hériter ; si ce n'est que celui qui se diroit habile à succeder fût descendu du plus ancien et premier Appanage : Car pour lors on fait passer en sa personne, le droit du premier donataire, et non celui du dernier décédé.

Si les Appanagers font des acquisitions au-dedans de leurs appanages, elles demeurent à leurs héritiers, après l'extinction de l'appanage, quoiqu'il en ait été compté à la Chambre du vivant des Appanagers ; parce que ces comptes ne changent point la nature de la chose.

L'Ordonnance de François Ier du 30 Juin 1539, ci-devant citée, et en conséquence de laquelle le Domaine est censé inaliénable et imprescriptible, est le premier Titre autentique de cette espece qui soit émané de l'Autorité Souveraine.

[7] Quelques Auteurs soutiennent cependant encore l'opinion contraire à cette disposition, quant à la prescriptibilité. Ils disent : que l'Ordonnance étant fondée sur des principes faux, les conséquences qui en résultent ne peuvent avoir force et caractére de loi ; parce qu'une loi ne peut être établie sur le faux.

Le préambule de cette Ordonnance établit l'imprescriptibilité du Domaine sur le droit Civil et Canonique. Or il est certain, disent les Auteurs, que par le Droit Civil, le Domaine public se prescrit par 40. ans, et que par le Droit Canon, la prescription de 40. court contre les Eglises particulieres, et même contre l'Eglise Romaine par 100. ans, suivant le chap. 2. des prescriptions. C'est en effet l'opinion de Choppin, Liv. 3. tit. 9. dans son Traité du Domaine, qui assure que l'Ordonnance de 1539. n'a jamais eu d'autorité à cet égard, ni parmi les Juges, ni parmi les Avocats : *neque in judicando, neque in consulendo*, et Bacquet est de même sentiment en son Traité du droit de Deshérence, chap. 7. Cependant le Domaine fixe est reconnu pour être imprescriptible aussi-bien qu'inaliénable ; mais pour le Domaine Casuel, nul doute qu'il ne soit prescriptible et aliénable. La question a même été jugée, le Roi Louis XIII. présent, au sujet de quelques Terres situées en Languedoc, provenant des Conquêtes faites anciennement sur Raymond Comte de Carcassonne, dont la propriété fut déclarée prescrite contre la Couronne.

AUBAINE.

Est le droit de succeder aux biens qui se trouvent en [8] France appartenir à un étranger décédé qui n'est point naturalisé, ou qui étant naturalisé n'a point de parens régnicoles, ou n'a point disposé par testament.

Ce droit est fort ancien. Les monuments des plus anciennes Républiques, nous en prouvent l'existence. Mr le Bret tire son origine dès le tems où les hommes commencerent à former des sociétés ; la crainte qu'ils eurent de leurs voisins, dit ce Magistrat, les fit renoncer à toute communication et toute habitude avec eux.

Les Romains défendirent à tous les étrangers, même à leurs plus proches voisins, de s'établir dans la ville de Rome, à peine de la vie. De-là, cette guerre qui fut appellée *Italique*, où les Romains, battus et pressés, furent obligés, non-seulement de leur accorder la permission de demeurer dans leur Ville, mais encore de leur donner le droit de Bourgeoisie, avec cette restriction cependant, qu'ils ne participeroient point aux honneurs publics : On les appella *Novi Cives*. Caïus Appius, Tribun du Peuple, renouvella cette même rigueur envers les étrangers, lorsqu'il les chassa de Rome, sous prétexte qu'il y en avoit plus que de Citoyens.

Ceux d'Athenes ne furent pas plus humains envers les étrangers. Ils condamnerent Thrasibule en 10. talens d'amende, pour avoir donné le droit de Bourgeoisie à Lysias Syracusien, qu'ils chassèrent de la Ville.

Plutarque, dans la vie d'Agis, dit, que ceux de Sparte, et la plupart des Peuples de la Grèce, en userent de même, craignant que les étrangers ne cherchassent à découvrir les secrets de l'Etat, ou qu'ils ne corrompissent les mœurs de leurs Citoyens.

Cependant ces mêmes Peuples considérant qu'ils pou[9]voient recevoir des secours et des conseils de ceux des étrangers qui se trouveroient posseder des talens et des qualités éminentes et supérieures, ils se déterminerent peu à peu à donner le droit de Bourgeoisie à ceux qui pouvoient être utiles à la République. Ce fut le moyen dont Caïus Marius se servit pour s'excuser envers le Peuple de ce qu'il avoit donné le droit de Bourgeoisie à mille Camerins, qui avoient vaillamment combattu pour la République contre les Cimbres.

Les Atheniens et les Romains observoient avec rigueur plusieurs formalités pour cette admission. On examinoit devant le Peuple, les vertus et les mérites de ceux qui sollicitoient le droit de Citoyens. Les uns et les autres étoient fort séveres sur cette information ; mais particuliérement les Romains, qui punissoient du dernier supplice, ceux qui avoient obtenu le droit de Bourgeoisie sur un faux exposé : ce qu'ils appelloient *Crimen peregrinitatis*.

C'est sur ces exemples que l'on a introduit en ce Royaume, et dans toutes les contrées de l'Europe, ce droit que nous appellons *Aubaine*. Il eut lieu, pour la première fois en France, vers le milieu du dixiéme siécle, en haine des Anglois ; d'où il fut appellé *Albinatus*, à cause que l'Isle d'Angleterre étoit appellée *Albion* : et par représailles Edouard III. fit défenses aux François d'habiter en Angleterre, sous peine de la vie. Mais j'estimerois que l'origine du mot d'*Aubain* viendroit plutôt d'*Albi natus*, comme plusieurs le prétendent.

Le droit d'Aubaine est Royal et Domanial, fondé sur le droit Romain, et sur le droit des Gens; et suivant la Jurisprudence du Royaume, le Roi a seul le Droit de donner des Lettres de Naturalité.

[10] Ceux-là sont réputés étrangers, qui sont nés sous l'Empire d'un autre Souverain, avec lequel il n'y a point de société naturelle, *originis et subjectionis*.

On reconnoît trois différens genre d'Aubaine. Les Espagnols, Allemands, Italiens, sont vrais Aubains, et leurs biens sont sujets au droit d'Aubaine.

Les autres, quoique véritablement étrangers, ne sont cependant pas assujettis à ce droit. Tels sont les Lorains, les Suisses, ceux d'Avignon, les Ecossois étant au service du Roi, les Alliés et Confédérés de la Hanse Teutonique, en vertu des Traités de Louis XI. des années 1477. et 1481, les Anglois en conséquence de l'article XIII. du Traité d'Utrecht du 11. Avril 1713. et les Hollandois en conséquence de l'art. XIV. du Traité de Commerce, conclu audit Utrecht ledit jour 11. Avril 1713. et autres ausquels les Rois ont accordé des Priviléges.

Enfin, ceux de Flandres, Brabant, Luxembourg, Namur, Savoye, etc. ne sont reputés Aubains, tant à cause des Traités entre l'Empereur, l'Espagne, la Savoye et la France, que par ce qu'ils sont *Jure et origine Galli*. Aussi lorsqu'ils se retirent en France, ils n'ont pas besoin de Lettres de naturalité, mais de Déclarations du Roi, par lesquelles S. M. les déclare ses Sujets.

On peut aussi comprendre dans cette exception les Ambassadeurs et ceux de leur suite, et les Ecoliers qui viennent étudier dans l'Université de Paris. Mais tous ces priviléges cessent lorsqu'il y a guerre ouverte avec le Royaume, Etat ou République, dans lequel ceux au profit desquels ils sont, ont pris naissance; parce que dans ce moment, ils deviennent ennemis de l'Etat, par le fait de leurs Compatriotes.

[11] Un François qui s'est fait étranger; et qui a renoncé à sa patrie, est incapable de disposer, par testament, des biens qu'il a en France, et de succeder à ses parens, qui y demeurent, parce qu'il est consideré comme déserteur; et par-là, privé de tous les avantages des Citoyens François.

Les Aubains sont incapables de posseder Offices ni Bénéfices, de donner ni de recevoir par disposition testamentaire ; parce que toutes successions se déférent par le droit civil, et que les étrangers n'étant point soumis aux Loix de la France, ils ne peuvent pas aussi recevoir les avantages que donne le droit civil des François, *Lex de his qui funt in lege loquitur.*

Les enfans des François, nés hors du Royaume, sont reputés François, pourvû qu'ils viennent demeurer en France ; parce qu'on estime que l'esprit de leur pere a été de revenir dans sa patrie, *dulces moriens reminiscitur agros :* Ainsi jugé en 1633, au mois d'Août, dans la cause des enfans du Sr du Bail, qui étoit allé demeurer en Savoye, s'y étoit marié, et avoit même harangué Louis XIII, comme Député de la ville de Chambéry.

Un Etranger naturalisé François, qui se marie hors de France, et y amene sa femme, ne la peut rendre capable du droit de Communauté, ni la rappeller par son Testament.

Si un Aubain forme quelque demande en Justice, il est obligé, pour être entendu, de donner caution ; et il n'est point reçû au bénéfice de cession de biens.

Le droit d'Aubaine appartenoit autrefois, aux Seigneurs particuliers : ainsi qu'il se voit par les plus anciennes Chartres et Coutumes, et même les Seigneurs trai[12]toient les Aubains fort dûrement ; car ils se saisissoient de leurs personnes, et les faisoient serfs, ou mainmortables de corps.

Comme cet usage étoit contraire à l'humanité et au droit des gens, nos Rois prirent les Etrangers sous leur protection, sans préjudice des autres droits du Seigneur. Et enfin, S. Louis déclara, au chap. 31. de ses Etablissemens, qu'ils ne pourroient se faire d'autre Seigneur que le Roi.

Le droit d'Aubaine est à présent regardé comme un droit purement Royal, dont les Seigneurs ne peuvent jouir, même dans les lieux où les Coutumes leurs paroissent favorables à cet égard ; parce que c'est un principe certain, que dans tout ce qui concerne les droits du Roi, c'est par les Ordonnances qu'il faut juger, et non par les Coutumes, qui n'ont été autorisées que pour servir de régles entre ses Sujets.

Ce sont les maximes que Ducrot, Beschefer, Bouthilier, Bacquet, Loyseau, de Laureire, et plusieurs autres Jurisconsultes, nous donnent pour constantes.

Autrefois tous les Etrangers étoient obligés de donner leurs noms et surnoms tous les ans au Collecteur du Domaine, et de payer entre ses mains, pour le Roi, douze deniers parisis, au jour de S. Remy, à peine de sept sols six deniers parisis d'amende. Ce droit étoit appellé *Chefuage*, parce que chacun chef marié ou veuf, étoit tenu de le payer.

Proposition de supprimer le droit d'Aubaine.

Quoique ce droit soit établi, à l'exemple des anciens [13] Gouvernemens, et fondé sur les anciennes Ordonnances du Royaume; cependant, comme il a pris naissance dès les premiers tems de la réunion des Nations en corps de société, et que dans ces tems, il n'y avoit entr'elles ni communication ni commerce ; ce droit doit être plûtôt regardé comme une preuve de la barbarie, qui faisoit alors le caractere de ces Nations, que comme l'effet d'une police raisonnée ; et s'il a été continué jusqu'à présent dans plusieurs parties de l'Europe, c'est plûtôt par un reste de cette même barbarie qui lui a donné l'être, que par aucun motif d'intérêt et d'utilité sensible.

En effet, si les Suisses, les Hollandois, les Flamands, les Savoyards, les Alliés et Confédérés de la Hanse Teutonique, etc. ne sont point aubains en France ; et si réciproquement les François ne le sont point chez eux, c'est que nous avons trouvé un avantage à les attirer en France, et qu'ils en ont trouvé un égal à nous attirer dans leurs Païs. Nous nous sommes mis par-là en état d'aller, venir et séjourner respectivement les uns chez les autres, sans crainte de voir nos héritiers légitimes donataires ou testamentaires, frustrés d'un bien qui doit naturellement leur appartenir, ou qu'ils pouvoient espérer en vertu des Loix admises dans l'un et l'autre Païs. Nous nous sommes mis par-là en état de commercer ensemble, et de nous communiquer nos lumieres sur le Gouvernement politique et œconomique, nos découvertes et nos connoissances dans les Sciences et dans les Arts.

Telles sont les refléxions que des mœurs policées nous ons fait faire ; tels sont les motifs qui ont donné lieu aux exceptions à cette Loi, dictée par la férocité des premiers tems.

[14] Mais si ces refléxions sont bonnes, si ces motifs sont fondés

à l'égard de ce qui a été déja fait, les mêmes raisons ne militent-elles pas pour ce qui reste à faire ?

Il s'en manque beaucoup que le produit de ce droit soit comparable au préjudice qu'il cause. Les Fermiers du Domaine ne le considerent que comme une casualité incapable de former un objet dans leurs encheres, et une augmentation dans le prix de leurs baux, pendant que d'un autre côté le climat heureux de la France, la douceur et la politesse de ses habitans y attireroient une infinité d'Etrangers qui y feroient une grande dépense, y laisseroient beaucoup d'argent, et finiroient peut-être par l'adopter pour leur Patrie. Mais la crainte de voir enlever leurs richesses à leur postérité, et le désagrément de se voir, comme esclaves, incapables d'une partie des actes de la société civile, les rappelle ou les retient chez eux : et si la curiosité, ou la nécessité de leurs affaires les déterminent à en sortir, ce n'est qu'un passage, qu'une course, qui ne produit qu'une des moindres parties des avantages que nous pourrions espérer d'un plus long séjour, ou d'une habitation constante.

Quelqu'un dira peut-être que nous n'y gagnerions rien, attendu que ce que ces Etrangers feroient à notre égard, nous le ferions au leur; c'est-à-dire, que les François deviendroient voyageurs, et qu'ils pourroient abandonner leur Patrie pour aller s'établir sous une Souveraineté étrangere, de même que les Sujets de cette Souveraineté étrangere pourroient venir s'établir chez nous; et qu'ainsi tout devenant égal, il vaut encore mieux empêcher les enfans d'abandonner la maison paternelle, que de les échanger pour d'autres, qui ne nous seroient attachés par aucun lien.

[15] En supposant que le gain balançât la perte des Sujets, il ne s'ensuivroit pas que ce fût une raison suffisante pour laisser subsister le droit d'Aubaine; il n'en blesseroit pas moins la liberté et l'humanité, et dans cette supposition il le blesseroit gratuitement; mais il s'en faut de beaucoup que cette parité soit soutenable.

Nous l'avons déja dit; l'heureuse température du climat de la France, l'abondance de ses productions qui fournissent le nécessaire et le superflu, sa position favorable au Commerce de terre et de mer, les mœurs douces et polies de ses habitans les attachent et les lient indissolublement à leur Patrie, et à l'exception de ceux envoyés par les Princes pour les affaires politiques, dont le nombre peut être égal ; il y a eu dans tous les tems en France dix Allemans contre un François en Allemagne.

Ainsi, ne trouvant rien qui, à notre égard favorise la perpétuité du droit d'Aubaine, et trouvant au contraire que l'existence de cette Loi nous est préjudiciable, je conclurois, sans hésiter, à sa suppression, et je penserois de même, quand il n'y auroit d'autre considération que celle dûe à la liberté naturelle.

Le nombre des Sujets de l'Etat diminue sensiblement; et comme ces Sujets sont la richesse fondamentale, on doit employer tous les moyens possibles pour en réparer la perte; et pour mettre celui-ci à profit, j'accorderois à tous ceux qui voudroient s'établir en France, non seulement les prérogatives du Regnicolat, mais encore je déclarerois exempts de tous subsides personnels, à l'exception d'une légere Capitation pour marque de sujession, et j'accorderois à leurs enfans nés en France, la faculté de tenir et posséder tous emplois, offices et bénéfices comme François naturels.

[16] Et pour ne laisser subsister aucune idée de contrainte, je leur permettrois dans le cas où le séjour de la France cesseroit de leur plaire, de se retirer où bon leur sembleroit, de pouvoir vendre, ou autrement disposer, leurs biens meubles et immeubles, et d'en emporter le prix en entier, à condition que ce seroit en marchandises du crû de l'Etat.

Je ferois plus, je permettrois la même chose aux François naturels, à la charge cependant que du prix de leurs biens, il en appartiendroit la dixiéme partie au fisc, comme cela se pratique en plusieurs Etats d'Allemagne, où ce dixiéme a lieu sous le nom de droit de transmigration, et subsiste de tems immémorial, sans que l'on se soit apperçû d'aucun inconvénient; parce qu'outre que la Patrie est par tout un engagement puissant, et en France plus qu'ailleurs, c'est que ceux qui ont du bien, ne se déterminent pas aisément à en sacrifier ainsi la dixiéme partie à leur curiosité, ou à leur inconstance. A l'égard de ceux qui n'ont rien, l'Univers est leur Patrie, et les Loix de cette espéce ne sont pas censées être faites pour eux.

BATARDISE.

Les anciens Législateurs ayant reconnu par expérience qu'ils ne pouvoient se servir d'un plus puissant moyen pour établir les bonnes mœurs parmi leurs Peuples, et les retirer du libertinage, que de punir les peres en la personne des enfans ; ils publierent des Loix rigoureuses contre les Batards, et leur donnerent des noms pleins d'opprobre, les bannissant des Assemblées publiques, les rendant incapables de succéder à leur pere, et les privant [17] des honneurs et prérogatives des familles dont ils étoient sortis, ce qu'ils observoient avec tant de rigueur, qu'il n'y avoit que le Prince qui pût, par sa puissance absolue, les laver de toutes ces taches d'infamie, et les rendre capables de parvenir aux charges publiques, ce qui fut exactement pratiqué par les Romains.

Les Rois de la premiere et de la seconde Race ayant considéré, que par le droit naturel il n'y a point de différence entre les légitimes et les batards ; la nature leur donnant aux uns et aux autres la même origine, se porterent volontiers à réparer le défaut de leur naissance ; et suivant Gregoire de Tours, et M. le Bret dans son Traité *de la Souveraineté du Roy*, liv. 2. chap. 9. ce n'est que depuis Hugues Capet que l'on les a véritablement distingués.

Jusqu'aux régnes des Rois Louis Hutin, Philippe le Long, et Charles VI. les Batards suivirent la condition des aubains, et étoient serfs et mainmortables de corps ; mais ces Princes déclarerent successivement que ce droit étoit Royal, et qu'il n'y avoit que le Souverain qui pût seul leur donner des Lettres de légitimation, et les rendre capables d'exercer toutes sortes d'Offices.

Il importe à l'Etat, et à la conservation de l'autorité Royale, que la condition des Sujets ne puisse être changée, sans la permission du Prince. Les Romains ne permettoient ni d'adoption ni d'arrogation, qu'elle n'eût été confirmée par le décret du Peuple lors de la République, ou par le rescrit du Prince du tems des Empereurs ; c'est cette maxime qui a établi en France celle qui n'appartient qu'au Roy, de légitimer les Batards.

Il faut que les lettres de légitimation ayent été impétrées par le pere, ou qu'il ait poursuivi leur vérification [18] à la Chambre des Comptes, suivant un Arrêt du Conseil du Roy de l'an 1579.

Les enfants ainsi légitimés, ne peuvent prétendre aucun droit d'aînesse à la succession de leur pere ; c'est une prérogative qui appartient de droit à l'enfant légitime, et il ne peut avoir une plus grande portion en l'hérédité du pere, que le moindre des autres enfans.

Le Roy a droit de succéder aux Batards non légitimés ; ils ne peuvent hériter de personne, et personne ne peut hériter d'eux ;

quia non habent, nec genus nec gentem, ce qui a lieu à l'égard des Batards de quelque extraction qu'ils soient descendus, et reçoit néanmoins deux exceptions; sçavoir, quand le Bâtard a des enfans, ou qu'il a disposé de ses biens par Testament, auquel cas le Roy n'a rien à prétendre à leurs successions, et leurs legs sont seulement réductibles, à la qualité et à la quantité des biens dont les Coutumes permettent de disposer.

La ligne descendante des Batards leur succéde, parce qu'ils sont liés de parenté par le droit civil; mais il n'en est pas de même de leurs peres et meres, et autres ascendans en ligne directe ou collatérale, parce qu'ils ne leur appartiennent que par le droit naturel.

Le mari ou la femme survivant, se succédent l'un l'autre, parce que par la disposition du droit civil, ils sont considérés comme parens, à cause de l'étroite union qui doit être entr'eux, à l'exception toutefois de quelques Coutumes, et notamment de celles de Normandie, qui préférent le Seigneur au mari et à la femme.

Pour l'application des cas ci-dessus, il faut que les Batards soient nés de peres et meres qui pouvoient légitimement contracter mariage, c'est-à-dire, qui ne fussent [19] alors ni mariés ni dans les Ordres, ni parens au dégré prohibé, sans quoi ils seroient exclus de la faveur de la Loi: le Droit Romain les déclaroit même incapables de donations; mais le Droit Canon, qui en ce point est suivi en France, a mitigé la rigueur de cette disposition.

La reconnoissance, par un mariage postérieur des enfans nés avant ce mariage, les rend légitimes, pourvû, comme on l'a dit ci-dessus, qu'au tems de ce mariage, il n'y eût cause prohibitive, parce que l'on juge bénignement en faveur de ces enfans, qu'ils sont regardés comme le fruit d'une honnête amitié, et que l'on suppose que dès-lors leurs peres et meres avoient intention de se marier.

Le Batard d'un Etranger avec une Françoise, peut tester; car étant né en France il est François, et non Etranger.

Les Batards sont exclus non seulement des successions, mais encore du retrait lignager, du droit d'aînesse, des dignités Ecclésiastiques, et de tous les avantages qui appartiennent à ceux qui sont nés en légitime mariage.

Le Roy prétendant succéder par droit de batardise, doit la prouver; car la présomption est toujours pour l'Etat.

Quoique le droit de succéder aux Batards soit entierement Royal, le Roy pouvant seul légitimer, cependant les Seigneurs Hauts-Justiciers prétendent qu'il leur appartient, et en effet ils ont obtenu plusieurs Arrêts qui leur donnent cette faculté, ce qui s'est introduit par la négligence des Officiers qui se sont peu embarrassés de défendre les droits du Roy; mais il faut, pour qu'ils jouissent de la faveur desdits Arrêts, que trois choses concou[20]rent; sçavoir, que les Batards ou Batardes soient nés en leurs terres, qu'ils y ayent demeuré, et qu'ils y soient morts, encore ne peuvent-ils prétendre que les biens meubles ou immeubles qui sont situés dans l'étendue de leur Justice.

Les Batards des simples Gentilshommes sont tenus de payer la Taille, comme roturiers, quoique légitimés, à moins qu'ils n'ayent particulierement obtenu des Lettres d'annoblissement. M. le Bret dit que l'on peut tenir pour maxime générale, que les Batards des Rois sont Princes; ceux des Princes sont Seigneurs; ceux des Seigneurs sont Gentilshommes, et ceux des simples Gentilshommes sont roturiers.

DESHERENCE et Biens vacans.

Il y a bien des Seigneurs sans terres; mais il n'y a point de terres sans Seigneurs, dit M. le Bret, parce que sitôt que l'un abandonne, l'autre se saisit; et s'il n'y a point d'héritiers, le fisc prend sa place: c'est ce qui s'appelle déshérence, c'est-à-dire, le droit que le Roy a de succéder à un défunt Laïque ou Ecclésiastique, qui n'a point d'héritier légitime ou testamentaire.

Ce droit a été introduit parmi nous à l'exemple des Romains; du tems de la République, les deniers provenans de la vente des biens des successions vacantes, étoient portés à l'épargne publique, et depuis les Empereurs les appliquerent à leur profit, *ut vacans et caducum patrimonium*.

Les Rois d'Espagne, de Portugal, de Pologne, d'Hongrie, d'Angleterre, et tous les autres Souverains jouissent [21] de ce droit dans leurs Etats; et suivant l'opinion de plusieurs Jurisconsultes célébres, il n'est pas douteux que le Roy n'ait ce privilége dans toute l'étendue de sa Souveraineté.

Cependant les Officiers du Roy ont été si négligens à le conserver, que S. M. n'en jouit que dans les terres de son Domaine; et dans les lieux où les coutumes le disent en termes exprès : par tout ailleurs les Hauts-Justiciers l'ont usurpé, comme ils ont fait à l'égard de plusieurs autres droits.

Sous les Empereurs Romains, il y avoit différens dégrés limités, au-delà desquels le fisc déclaroit l'hérédité vacante, et la recueilloit à son profit ; mais en France, les Rois ne se mettent jamais en possession d'aucune, tant que les parens du défunt peuvent justifier leur ligne, que l'on peut faire remonter inclusivement jusqu'au dixiéme dégré, des deux côtés, qui en ce cas se succédent l'un l'autre ; et même quand les deux lignes manquent, le mari succéde à la femme, et la femme au mari, en quoi nous s[illegible]ons la disposition de la Loi, *unde vir et uxor* ; mais il faut q[illegible]us deux soient nés François, sans quoi le Roy exclut le survivant ; en quelques Coutumes la deshérence est appellée ligne éteinte, ou ligne faillie.

Les autres biens vacans autrement que par deshérence, devroient pareillement appartenir au Roy, si les droits eussent été conservés ; mais l'usage a prévalu, et les Hauts-Justiciers s'en mettent en possession, après certaines formalités, le Roy n'en jouissant que dans les terres de son Domaine.

A l'égard des immeubles qui sont sans maîtres, comme les terres vaines et vagues, et les héritages abandonnés, [22] les Empereurs Romains en disposoient ; comme le témoignent les Ordonnances de l'Empereur Pertinax ; mais en France les Seigneurs de Fiefs s'en saisissent par voie de Seigneurie directe.

Chaque Seigneur succéde à ce qui se trouve dans l'étendue de sa Haute-Justice non seulement pour les immeubles, mais encore pour les meubles et effets mobiliers, ce qui fait ici une exception à la régle, qui veut que tous les meubles et effets mobiliers suivent le domicile du défunt.

Le Roy ou les Seigneurs qui se font adjuger la deshérence, doivent faire faire inventaire des biens pour la conservation d'iceux, en cas qu'il apparoisse quelques parens, parce que le Roy ni les Seigneurs ne sont saisis de droit.

Il est bien entendu que ceux qui prétendent avoir titre pour recueillir une succession vacante, soit par aubaine, batardise, deshérence ou confiscation, ne peuvent y être admis qu'à la charge de payer les dettes, jusqu'à concurrence de ce dont ils profitent.

A l'égard de la prescription contre le Roy, du droit de deshérence, et biens vacans, il faut faire différence entre les choses déja acquises au Roy, et les Actions qu'il peut acquérir. Quant aux premieres, elles ne peuvent se prescrire ; quant aux Actions, il est certain qu'elles se prescrivent par 20. ans ; et même dans l'espéce dont il s'agit, la prescription est acquise par 4. ans, à compter du jour que la vacance est claire et certaine, ensorte que le Roy est déchû de son action, s'il ne l'exerce pendant les 4. ans, du jour que la vacance a été publique et connue.

[23] *CONFISCATION.*

La Confiscation est l'adjudication au Fisc, des biens des condamnés pour crimes. C'est un droit extrêmement ancien : on en trouve plusieurs exemples dans l'écriture ; et si l'on confére cette partie du droit François, avec le droit Romain, on verra que l'un a servi de modéle à l'autre.

Le Citoyen retranché de la société humaine par le dernier supplice, ou de l'Etat par la mort civile, est reputé anéanti, et par conséquent, incapable de laisser son héritage à ses parens ou à ses amis; de sorte que les biens qu'il possédoit se trouvant sans propriétaire, ils doivent naturellement revenir au Domaine public, comme au centre commun, d'où ils sont censés avoir été tirés.

Il s'en manque bien que la Jurisprudence, sur le fait des Confiscations, soit universelle en France. Quelques Coutumes ont gardé le silence sur cette partie. Dans d'autres, on s'est conformé aux anciennes maximes des Romains. Ailleurs, on a suivi le nouveau droit de Justinien. Et il y a des Provinces où la Confiscation n'a point lieu, si ce n'est conformément à l'Ordonnance de Villers-coterest, et à celle de François Ier de l'année 1545, pour crimes de Léze Majesté Divine et Humaine, et pour tous les autres cas Royaux.

Mais comme le nombre des Coutumes qui admettent la Confiscation, est plus grand que de celles qui la reprouvent, on juge que lorsqu'une Coutume n'en dispose point, on doit avoir recours au Droit commun de la France, suivant lequel, nous voyons que les biens de ceux qui sont condamnés à mort civilement ou naturel-
[24]lement, doivent être confisqués avec leurs personnes.

Si l'on s'en rapporte aux anciennes Loix, il semble que les biens confisqués ne devroient appartenir qu'au Souverain. Cependant, les Seigneurs Haut-Justiciers en jouissent dans l'étendue de leurs Hautes-Justices; la confiscation de meubles appartient au Seigneur, duquel le confisqué est couchant et levant; et celle des immeubles, au Seigneur Haut-Justicier des lieux où ils sont assis, instit. de Loysel, Liv. 6. tit. 2. à l'exception toutefois des cas de crime de Léze Majesté Divine et Humaine, et de félonie, dans lesquels, on prétend, que la confiscation appartient au Roi exclusivement à tous autres, même sans aucune charge, dettes, substitutions, ou fideicommis, si ce n'est du douaire; ce qui a lieu, non-seulement au premier chef, mais encore pour tous les autres cas Royaux, quand même le coupable n'auroit pas été condamné de son vivant. C'est par de telles confiscations que plusieurs grandes Seigneuries et Provinces ont été réunies à la Couronne, et entr'autres le Comté de Dreux, la Guienne, l'Anjou, la Touraine, la Maine, l'Auvergne, etc.

A l'égard des Seigneurs Haut-Justiciers, il en est autrement; Ils sont obligés de payer les dettes des biens des condamnés, à proportion du profit qu'ils en retirent.

L'homme qui se tuë volontairement, confisque envers son Seigneur; parce que n'étant pas l'auteur de sa vie, il ne peut s'en priver sans crime.

L'Ordonnance de 1670. titre 17. article XXIX. et suivans, veut que les condamnés à mort par contumace, aux galeres perpétuelles, ou bannis du Royaume à perpétuité, qui décéderont après les cinq années expirées, [25] sans s'être représentés, ou avoir été constitués prisonniers, soient reputés morts civilement du jour de l'exécution de la Sentence de contumace; et pendant les cinq années, elle ne donne aux Receveurs du Domaine, aux Donataires du Roi ou aux Seigneurs Haut-Justiciers, que les fruits des biens des confisqués, lesquels ils doivent percevoir des mains des fermiers ou redevables, sans qu'il leur soit permis de s'en mettre en possession, et de toucher à la propriété, à peine du quadruple.

Les Loix Romaines ne permettoient pas de demander les biens des confisqués; mais nos Loix les donnent presque toujours, et surtout aux parens des condamnés. La nature leur a paru plus favorable que la loi, et le sang préférable au Fisc; et il est à observer, que si ce sont les enfans qui sont donataires des biens du confisqué, ils ne sont sujets à aucun relief; mais que si le don est fait à des collateraux, ils sont considérés comme étrangers, et doivent tous les droits au Seigneur de qui les biens sont mouvans : La libéralité du Prince tenant lieu de nouveau titre.

Epaves, Murs, Fortifications, Fossés des Villes, Lais et Relais de la Mer, Rivieres, Isles, Islots, Atterrissemens et Alluvions.

Les Epaves sont les choses égarées qui ne sont réclamées de personnes. Ce sont proprement les bêtes épouvantées et égarées ; mais dans l'usage, on entend sous cette dénomination toutes choses perdues, lesquelles n'étant point réclamées dans le tems prescrit par la Coutume du lieu, sont censées n'avoir point de maître, et [26] appartiennent au Seigneur Haut-Justicier. On appelle aussi Epaves Fonciers, des fonds présumés vacans ; parce que l'on en connoit pas bien le Proprietaire : Nous avons parlé ci-devant de cette espece de biens.

Par la disposition du droit Romain, les trésors sont des Epaves, et ils appartenoient à celui qui les avoit trouvés en son héritage. Si c'étoit dans l'héritage d'autrui, il ne lui en appartenoit que la moitié, et l'autre au propriétaire de l'héritage.

En France, la plus commune opinion est, que le tiers des trésors trouvés, appartient au Propriétaire du terrein, dans lequel ils sont trouvés ; l'autre tiers, à celui qui le découvre ; et le dernier tiers, au Seigneur Haut-Justicier ; et que s'ils sont trouvés par celui à qui l'héritage appartient, il en doit avoir la moitié, et le Roi, ou le Seigneur Haut-Justicier, l'autre. C'est ainsi que le partage avoit été réglé par le dixiéme article du titre du droit de Justice qui avoit été arrêté lors de la rédaction de la Coutume, mais qui fut supprimé par des considérations particulieres.

Les Murs, Fossés et Fortifications des Villes, appartiennent constamment au Roi, par un droit fort ancien, fondé sur ce qu'il seroit dangereux pour la sureté publique, que les habitans des Villes fussent maîtres de leurs Fortifications, et pussent les augmenter ou les détruire à leur gré, outre que suivant le droit commun, ce qui est public appartient au Roi. C'est par cette raison que le Prévôt des Marchands et Echevins de la ville de Paris, ont obtenu des Lettres en 1636, pour jouir des places, des fossés qui avoient été ou seroient comblés à l'avenir.

La Mer, sur les côtes du Royaume, appartient aussi [27] au Roi, parce qu'elle est au public ; de même que les Lais et Relais qu'elle y laisse, et qui se trouvent sur son rivage. Grotius, rapporte à ce sujet quantités d'autorités et de bonnes raisons, dans son Traité de la guerre et de la paix, Liv. 2. chap. 3.

Les grandes Rivieres navigables sont pareillement censées appartenir au Fisc, parce qu'il importe au public que la navigation, et l'espace nécessaire pour le tirage des batteaux soient maintenus libres par l'autorité Souveraine.

Par le droit Romain, les Isles, Islots, Atterrissemens et Alluvions, appartenoient à ceux qui étoient Propriétaires des plus prochains héritages ; mais Bacquet, dans son Traité des droits de Justice, prétend que toutes ces choses appartiennent au Roi ; le tout sans préjudice des droits de Moulins, que les Particuliers peuvent avoir, pourvû qu'ils soient fondés en titres.

PEAGES.

Le Péage est un droit Seigneurial qui se prend sur le bétail passant, et sur les marchandises que l'on porte, pour entretenir les Ponts, Ports et Passages, et afin que le Seigneur puisse sçavoir ce qui passe d'un païs, ou d'une Seigneurie, dans une autre : Droit qu'il ne faut pas confondre avec celui de la Traitte et Imposition foraine, qui se paye sur les denrées, fabriques et marchandises, qui entrent et qui sortent du Royaume, tant par mer que par terre ; lequel a été particulierement établi par les Edits de 1376, 1392 et 1488. et fixé au vingtiéme de la valeur des marchandises, sauf les changemens depuis [28] survenus. Nous avons parlé de ce droit de Traitte dans un chapitre particulier, voyez le Mémoire n° à la suite duquel, nous sommes aussi entré dans l'examen du droit de Péage, à cause de leur connexité, voyez le Mémoire n° qui nous dispensera d'en rien dire de plus ici.

GREFFES ET TABELLIONAGES.

C'est sans fondement, dit Pasquier, que quelques Auteurs prétendent que les Greffes et Tabellionnages ne sont reputés Domaniaux que du régne de Henry III. sous lequel ils furent aliénés moyennant finance.

Philippe le Long, les avoit déclarés Domaniaux dès l'an 1319. par son Ordonnance de la même année; par laquelle il dit : *Est à entendre que les Sceaux et Ecritures sont de notre Domaine*; Et plus bas : *Item tous Sceaux et Ecritures seront vendus dorénavant par enchere, à bonnes gens et convenables.*

La raison pour laquelle, les Greffes et Tabellionnages sont Domaniaux, dit le même Pasquier, » C'est qu'autrefois ceux qui les « exerçoient étoient Serfs, et que les François ayant conquis les « Gaules, et les Rois transporté à leur Couronne tout ce qui « appartenoit à l'autorité publique des Villes, les Greffes et Tabellions leur appartinrent par ce moyen, et furent de leur Domaine; « ce qui a subsisté nonobstant les affranchissemens depuis survenus. Mais ce droit ne doit s'entendre que des Jurisdictions ordinaires, qui sont, les Prévôtés, Vigueries et Vicomtés; et non « pour les Greffes des Bailliages, Sénéchaussées où Elections et « moins encore des Cours Supérieures, qui sont des [29] ordres « introduits en France, depuis que la servitude en a été bannie, et « qui par conséquent ne pourroient être reputés Domaniaux; « ensorte, continue cet Auteur, que celui qui est l'auteur de la « vente qu'en fit Henry III. mériteroit, s'il vivoit, qu'on lui fît « son procès extraordinaire : Car, dit-il, c'est sur la vente de ces « Greffes que fut entée la ruine de notre Etat. » On ne sçait pas trop ce qu'il veut dire par-là, et ce qui peut être la cause de sa mauvaise humeur. Quoiqu'il en soit tous les droits et émolumens, tant des Greffes en chef, qu'autres natures de Greffes appartenans au Roi dans toutes les Cours et Jurisdictions Royales, ordinaires et extraordinaires du Royaume, lesquels ont été réunis par les Edits des mois de Décembre 1699. Février 1715. et autres Edits, Déclarations et Arrêts, font partie du Bail général des Fermes-Unies.

FRANCS-FIEFS et Nouveaux Acquêts.

Quoique ces deux droits soient ordinairement confondus, cependant ils sont fort différens l'un de l'autre.

Celui de Francs-Fiefs, est dû par les non Nobles, possedans Fiefs et Arrierefiefs, rentes, héritages, et autres possessions nobles, par eux acquis, à quelque titre que ce soit.

Celui de Nouveaux Acquêts est dû par les Ecclésiastiques, Communautés, Fabriques, Maladreries et autres gens de Main-morte, pour les terres, rentes, héritages, possessions, usages et autres biens, tant nobles que roturiers, par eux tenus et possedés à quelque titre, charge et condition que ce soit.

[30] Le motif de l'introduction de ces droits est commun à l'un et à l'autre.

Quant au droit de Francs-Fiefs, dû par les Roturiers, ç'a été pour récompenser le Roi du non-service de la Noblesse, à laquelle les héritages nobles avoient été donnés par les Rois, à la charge de les suivre dans leurs expéditions militaires.

Et à l'égard des Gens de Main-morte, de la perte et dommage que le Roi souffre quand quelques héritages nobles ou roturiers sont par eux possédés, et que par conséquent il n'y a plus de mutation à esperer de leur part.

Sur le déclin de la seconde Race, et au commencement de la troisiéme, c'est-à-dire, vers l'an 1000. il fut fait des Réglemens pour les droits de mutation dûs à cause de la possession des fonds. Les Eglises, qui auparavant acqueroient librement, commencerent a être troublées par les Seigneurs, dans les acquisitions qu'elles firent. S. Louis décida leur contestations en faveur des Seigneurs, comme nous le verrons à l'article des amortissemens.

Les Bourgeois, qui dès-lors possedoient des Fiefs, ne pouvant rendre les services militaires dûs à cause de ces Fiefs, traitoient ordinairement avec les Seigneurs féodaux qui les en affranchissoient pour de l'argent ; et les Seigneurs suzerains en remontant de degré en degré jusqu'au Roi, et le Roi même exigeant d'eux de grosses finances, ils ne pouvoient garder leurs acquisitions, qu'à des conditions très onéreuses ; ce qui donna lieu à une infinité de plaintes, sur lesquelles Philippes le Hardy fit un Réglement l'an 1275. par lequel il fixa ce qui [31] seroit payé, suivant les différens cas, par les Gens de Main-morte, pour les biens nobles ou en censive, et par les non-nobles pour les fiefs et arrièrefiefs étant dans leur main. C'est la premiere regle qui ait été établie sur cette partie.

Dans ces tems, les Fiefs communiquoient leur franchise et leur noblesse aux roturiers qui les possedoient, pourvû qu'ils y fissent leur demeure ; et par un usage assez singulier, les Nobles perdoient les priviléges de leur franchise, et étoient regardés et traités comme Roturiers, tant qu'ils demeuroient sur leurs héritages tenus en censive: Ainsi c'étoit la nature de la terre qui décidoit de la qualité des personnes, et la noblesse étoit pour ainsi dire réelle.

Les Rois n'approuverent pas cette maniere d'acquerir la noblesse ; et pour distinguer à l'avenir les Nobles des Roturiers, ils ordonnerent que les Roturiers qui possederoient des Fiefs, seroient obligés de leur payer de tems en tems, une certaine somme pour interrompre la prescription ; ce qui fut alors réglé à 40. ans.

Malgré ces précautions et ces taxes, les Roturiers ayant continué de prendre le titre de Nobles ou Ecuyers, l'Ordonnance de Blois de l'an 1579. statua, par l'article 663. que les Roturiers et Non-nobles, achetant Fiefs nobles, ne seroient pour ce annoblis, de quelque revenu que fussent les Fiefs par eux acquis: Et tel est l'usage actuel.

A l'égard des Gens de Main-morte, il y a une infinité de Réglemens qui ordonnent qu'ils seront tenus de faire des déclarations exactes de leurs nouveaux acquêts, et de représenter les lettres d'amortissemens, et permissions [32] obtenues d'acquerir, sous peine de confiscation des biens récélés et non déclarés.

En conformité de anciennes Ordonnances, la Chambre des Comptes de Paris, par son Arrêt du 20. Juillet 1634. a fait défenses à toutes Personnes Ecclésiastiques, Réligieux et autres Gens de main-morte, de posseder à l'avenir aucunes maisons ou héritages immeubles, qu'en vertu de Lettres Patentes du Roi, dûement vérifiées en ladite Chambre; et ordonné que tous héritages acquis depuis 40. ans par don, aumônes, ou achat, par lesdits Gens de main-morte, possedés sans lettres vérifiées, seroient saisis et mis en la main de Sa Majesté pour être régis (après l'an de la saisie passé) par les Receveurs du Domaine, si dans ledit tems ils ne mettoient hors leurs mains lesdits héritages saisis, ou ne faisoient apparoir desdites lettres dûement vérifiées.

Il y a plusieurs Villes dans le Royaume dont les Bourgeois, pour recompense de services rendus à l'Etat, jouissent du privilége de tenir franchement Fiefs et Arrierefiefs. Ceux de Paris ayant été maintenus par l'Ordonnance de Charles V. de l'an 1371. ainsi qu'il s'est pratiqué de tems immémorial, dit cette Ordonnance, nous croyons inutile de rapporter les autres.

Les Roturiers possedans Fiefs, étoient autrefois tenus de marcher au Ban et Arriereban, lors des convocations qui s'en faisoient ; mais par la Déclaration du 29. Novembre 1641. ils en ont été exemptés, ni de payer aucune taxe pour la contribution d'icelui, et de celles ci-devant faites, en payant une année du revenu des Fiefs qu'ils possedent.

Nous avons vû ci-devant que cette taxe avoit été [33] premierement réglée à 40. ans. Philippe le Bel, en fixa l'époque à 30. Charles IV. dit le Bel, la remit à 40. ce qui fut suivi par Philippe de Valois, Charles V. et Charles VI. Charles VIII. reduisit le terme à 28. ans. François Ier à 25. Henri II. le porta à 33. Charles IX. à 25. Louis XIII. à 30. et Louis XIV. à 20. Ce qui subsiste actuellement, et a lieu également pour les nouveaux acquêts faits par les Gens de main-morte. Ces deux parties ont toujours marché de compagnie, et les Réglemens sont ordinairement communs. Elles sont comprises dans le Bail général des Fermes-Unies.

PETITS-SCELS.

Comme la force et l'autorité de la Justice qui s'exerce dans les Jurisdictions du Royaume, sont une émanation de la Souveraineté, les Rois, pour en conserver le témoignage, et imprimer aux Jugemens et Actes publics, l'autenticité et la validité nécessaires à leur exécution, ont ordonné dans tous les tems, que leur Scel y seroit apposé: C'est ce qu'on reconnoît par divers Edits et Ordonnances, et notamment par celles de 1319. Décembre 1557, Juin 1571, Février 1595, Mars 1618 et 1619, May et Aoust 1620, May 1633, May et Décembre 1639 et Juin 1640.

Par quelques-unes de ces dernieres Ordonnances, il avoit été créé des Offices de Garde-Scel, qui ne furent levés que dans quelques endroits.

Le Roi Louis XIV. désirant l'uniformité et la regle dans leurs fonctions, et dans la perception des droits y attribués, supprima, par Edit du mois de Novembre [34] 1696. tous ceux créés avant l'année 1688. et en créa de nouveaux dans tous les Bailliages, Sénéchaussées, Vigueries, etc. avec 300000. l. de gages à repartir entre eux, suivant les états qui en seroient arrêtés au Conseil, et en outre aux droits fixés par le Tarif du même jour, lequel a été reformé par celui du 10. Novembre 1699. ensuite par celui du 20. mars 1708. confirmé enfin, par la Déclaration du 29. Octobre 1722. qui subsiste aujourd'hui.

Mais la vente desdits Offices n'ayant pas eu tout le succès que S. M. avoit esperé, Elle ordonna, par Déclaration du 6. May 1698. que les droits en seroient désunis pour être perçus à son profit, laissant aux Corps des Jurisdictions, la liberté de réunir les gages, lesquels ont depuis été supprimés.

Les besoins de la guerre de 1701. ayant fait recourir à tous les expédiens capables de la soutenir, ces droits furent augmentés, comme tous ceux des Fermes, de deux dixième, par la Déclaration du 7. Juillet 1705. et Arrêt du 18. Septembre 1706. Ils furent supprimés par Déclaration du 13. Février 1717. rétablis de nouveau par l'Arrêt du 18. Mars 1718. et subsistent encore aujourd'hui.

La connoissance en est attribuée à M^rs les Intendans aux termes des Arrêts du 2 Avril 1697, 13 Janvier 1699 et Déclaration du 15. Juillet 1710.

Ces droits, tant en principal que quatre sols pour livre, font partie du Bail general des Fermes-Unies, sous le nom de droits des Petits-Scels des sentences et autres Actes judiciaires émanés des Jurisdictions des Requestes du Palais, établies près les Cours de Parlement, des Baillages, Sénéchaussées, Prévôtés, Vigueries, Vicom-[35]tés, Châtellenies, Justices Consulaires, et autres Juridictions Royales, ordinaires et extraordinaires et de ceux des Rolles des Tailles, et de toutes les expéditions de Contrats et Actes des Notaires et Tabellions Royaux, conformément à l'Edit de Novembre 1706. et autres Réglemens, aux exceptions y portées.

AMORTISSEMENT.

De même qu'il n'étoit pas permis aux Prêtres et aux Levites de l'ancienne Loi de posseder des immeubles; de même aussi celles du Royaume l'ont défendu dans tous les tems. Mais les Rois, sollicités d'un côté par les Ecclésiastiques, et de l'autre, trouvant dans les offres qu'ils faisoient, un secours que les besoins actuels rendoient nécessaire, ils ont bien voulu déroger aux anciennes maximes, malgré le préjudice qui en résulte pour le Corps de l'Etat; et leur permettre de posseder des immeubles, moyennant un droit appellé *Amortissement.*

On voit dans les Capitulaires de Charlemagne, que ce Prince étoit si exact à conserver son autorité, sur les Terres et Seigneuries du Royaume, qu'il levoit un Cens sur les fonds où les Eglises étoient édifiées, ce qui s'appelloit *Casata*. Le Pape Zacharie écrivant à Boniface Evêque, lui en recommande le payement, *solidum pro Casatâ Regi solvite*. Il fut révoqué au Concile de Cologne; à quoi le Clergé donna de grands applaudissemens.

Mais la principale marque de Souveraineté que nos Rois se soient réservée sur les terres de l'Eglise, c'est qu'ils s'en approprient la jouissance sitôt que les Evêques sont décédés, et pendant que leurs Siéges sont vacans, [36] et ce droit s'appelle *Regale-Temporelle*, qui n'est autre chose qu'une pure saisie et main-mise féodale, les Evêques étant vassaux à cause de leur Temporel; pourquoi ils étoient obligés de marcher à la guerre, avant que les Canons eussent interdit, aux Ecclésiastiques, l'usage des armes.

En vertu de cette même puissance Souveraine, tous Ecclésiastiques, Bénéficiers, Supérieurs et Supérieures, Curés, Administrateurs d'Hôpitaux, Fabriques, Confrairies, Maires, Echevins, Syndics, et généralement tous Gens de Main-morte, sont obligés de payer au Souverain un droit d'Amortissement, pour acquerir la capacité de posseder des biens fonds, et pour l'indemniser de la perte qu'il souffre lorsque quelques héritages nobles ou roturiers passent dans leurs mains, parce qu'il n'y a plus de mutation à esperer; attendu qu'ils ne peuvent vendre ni aliéner leurs immeubles: Leur main qui est le symbole de la puissance étant, à cet égard, comme *morte* et sans vigueur, et que par une substitution des uns aux autres, ils se perpétuent et se conservent à l'infini. *Gentes enim manus mortuæ minimè moriuntur*.

Il n'appartient qu'au Roi de donner des Lettres d'Amortissement, parce qu'il n'appartient qu'au Souverain d'ôter les choses du Commerce des hommes, et de donner la capacité de les posseder à ceux auxquels la loi l'interdit; ce qui est conforme aux droit Romain.

Le droit d'Amortissement et Nouvel-Acquêt a été estimé si souverain, et si fort inhérent à la Royauté, que plusieurs graves Auteurs ont soutenu qu'il ne se pouvoit prescrire. Cependant, il est d'usage qu'après 40. ans de paisible possession, les Gens de Main-morte ne puissent [37] être contraints à vuider leurs mains, en payant les droits qui sont dûs au Roi.

Le Pape Alexandre IV. tenta d'affranchir de ce droit les Eglises de France, comme on le voit *in cap. 1. de Immunitatibus Eccl.*

mais ses efforts furent vains et considerés comme une entreprise manifeste sur la puissance temporelle de nos Rois.

Suivant le droit commun, les Seigneurs peuvent bien agir contre le Gens de Main-morte, pour les obliger à vuider leurs mains des biens par eux acquis, comme incapables de les posseder; mais le Prince seul, et par une puissance incommunicable, a droit de les relever de cette incapacité: C'est l'effet des Lettres d'Amortissement. Et afin que cette grace ne soit pas préjudiciable aux Seigneurs, les Réglemens ont établi en leur faveur le droit d'Indemnité.

Le premier de ces Réglemens est du Roi S. Louis, par lequel, il ordonne que les Gens d'Eglise doivent vuider leurs mains des héritages acquis ou donnés dedans l'an et jour; sinon, que les Seigneurs pourront les prendre comme leur Domaine, sans autre formalité de Justice.

Les Eglises se trouverent par-là dans la nécessité de traiter avec les Seigneurs, pour éviter la confiscation, et conserver la possession paisible des biens immeubles qu'ils avoient acquis.

S'étant élevé sur cela plusieurs difficultés, que l'on peut voir dans de Laurierre, le droit d'indemnité fut évalué par l'Ordonnance de Philippe le Hardy, fils de S. Louis, en date des Fêtes de Noel de l'an 1225. à l'estimation des fruits des trois années, et à six années par l'article [38] premier de l'Ordonnance de Philippe le Long du mois de Mars 1320. Cependant vers le douzième siecle, les Hauts-Justiciers avoient tellement confondu le droit d'Amortissement avec celui d'Indemnité, qu'ils s'en étoient fait un droit Seigneurial. Mais Philippe le Hardy reprima cette licence, et assujettit en 1275. les Ecclésiastiques à lui payer une finance, pour être confirmés dans les Amortissemens à eux accordés par les Seigneurs.

En 1291. Philippe IV. dit le Bel, confirma, pour le passé, les Amortissemens accordés par les Seigneurs, moyennant nouvelle finance, sauf le droit de Sa Majesté à l'avenir.

En 1325. Charles le Bel ordonna la confiscation des biens dont l'Eglise n'auroit pas obtenu l'amortissement dans l'année, et qu'il lui seroit payé une nouvelle finance pour les acquisitions non-amorties depuis 30. ans.

Charles V. dans son Ordonnance de 1372. déclara qu'au Roy seul, et pour le tout, appartenoit le droit d'amortir en tout son Royaume;

et que nonobstant tous Amortissemens accordés par les Seigneurs, les Ecclésiastiques seroient tenus de vuider leurs mains, à peine de confiscation.

Charles VI, par son Ordonnance du fixa le droit au tiers de la valeur pour les Fiefs, et au quint pour les rotures, ou de donner un homme vivant et mourant pour rendre les devoirs et services dûs par la terre à chaque mutation de Seigneur.

Mezeray rapporte l'origine du droit d'Amortissement au dixiéme siécle. « Quand les Seigneurs ou leurs Vassaux, dit cet Historien, « faisoient des aumônes ou des legs aux Eglises, ou qu'ils fondoient « des Abbayes, Cha[39]pelles ou Hôpitaux, ils étoient obligés de « prendre cette permission du Roy, comme en pareil cas les arrieres « Vassaux en prenoient de leurs Seigneurs supérieurs ou suzerains; « car il n'étoit pas permis aux Vassaux d'empirer le Fief de leurs « supérieurs ; et il ne suffisoit pas que le Roy approuvât cette alié- « nation, il falloit encore qu'ils contentassent tous les Seigneurs « moyens, dont cette terre relevoit par dégrés.

Mais il paroit que Mézeray n'a pas bien compris la nature de ce droit, et qu'il ne s'agissoit ici que de celui d'indemnité; car en faisant l'application de son texte au droit d'Amortissement, ce n'auroit pas été une nouveauté, mais une usurpation d'un droit ancien, que les Rois réprimérent dans le siécle suivant, comme nous l'avons ci-devant remarqué.

Aux termes des Lettres patentes de François I. du 6. Septembre 1520. les gens de Mainmorte sont tenus de donner déclaration de leurs biens, pour connoître s'ils ont satisfait au droit d'Amortissement; et sur leur refus, il ordonne par lesdites Lettres les faire saisir, et mettre ès mains du Roy.

L'objet primitif de l'établissement de ce droit, avoit pour but de connoître toutes les acquisitions de l'Eglise, et d'en arrêter le progrès, lorsque le bien de l'Etat le requéreroit; mais on ne considere plus aujourd'hui que comme une simple formalité et une source de Finance, ce qui avoit autrefois des vûes plus importantes.

Rien ne seroit plus intéressant que de supprimer sans retour la faculté de l'Amortissement sous quelque forme qu'elle fût présentée ; d'où résulteroit l'impossibilité d'acquérir par les gens de Mainmorte, et par conséquent la [40] conservation des héritages dans le Commerce de la société civile. Ce droit fait partie du Bail general des Fermes-unies.

CENTIEME DENIER, ET INSINUATIONS LAIQUES.

L'Ordonnance de François I. de 1539. et celles de Charles IX. des années 1560. et 1566. avoient assujetti à l'enregistrement et insinuation dans les Cours et Jurisdictions ordinaires, toutes donations qui seroient faites entre les Sujets de S. M. à peine de nullité.

Le Roy Louis XIV. par sa Déclaration du 17. Nov. 1690. ordonna pareillement que lesd. donations et substitutions seroient enregistrées et insinuées sous les mêmes peines que par les précédentes Ordonnances, avec cette différence toutefois que les délais en furent prolongés.

Pour faire exécuter ces dispositions avec la précision que requéroit l'intérêt des Parties, le Roy Henri II. avoit créé des Offices de Greffiers des Insinuations laïques, qui furent supprimés par l'Art. LXXXVI. de l'Ordonnance de Charles IX. donnée à Orleans l'an 1560.

Louis XIV. les rétablit par Déclaration du moi de May 1645. mais comme la plûpart n'avoient pas été levés, le même Roy, par son Edit du mois de Décembre 1703. supprima ce qui existoit alors, et en créa de nouveaux dans toutes les Villes du Royaume où il y avoit Siége de Jurisdiction Royale et ordinaire, en expliquant toutes les natures d'actes, qui devoient être sujets à l'insinuation et enregistrement, dont le droit fut fixé par le Tarif attaché sous le contre-Scel dudit Edit, Art. XXX. lequel attribue en outre ausdits Officiers cent mille li[41]vres de gages effectifs à répartir entr'eux, suivant les Rolles qui seroient arrêtés au Conseil.

S. M. informée que la perception desdits droits étoit contraire à celle du Controlle des Actes des Notaires, et petits Sceaux, que le Public en souffroit par l'obligation de porter ses Actes en différens Bureaux, et que la multiplicité de ces Officiers, qui jouissoient de plusieurs exemptions, devenoit à charge aux Villes et Communautés du Royaume, en supprima le titre par Edit du mois d'Octobre 1704. et ordonna que les droits en seroient perçus conjointement avec ceux du Controlle des Actes des Notaires et petits Sceaux, pour ne faire par la suite qu'un même corps de Ferme.

Par Déclaration du 7. Juillet 1705. le Roy ordonna la levée de deux sols pour livre d'augmentation sur les droits d'Insinuation laïque et Centiéme denier ; et par Edit du mois de Mars 1714. le tout fut réuni au Domaine.

Les deux sols pour livre furent supprimés par Arrêt du 13. Février 1717. mais ils furent rétablis par celui du 8. Mars 1718. ce qui subsiste actuellement.

Cette partie est comprise dans le bail général des Fermes-unies, sous les termes d'Insinuations laïques de tous Contrats, Jugemens, Sentences, Lettres et autres Actes sujets à insinuations, et droits de centiéme denier de tous Contrats de vente, échange, licitations, cessions, transports, subrogations, et généralement de tous actes translatifs ou rétrocessifs de propriété des biens immeubles, ensemble les droits de centiéme denier des biens immeubles échûs par successions collatérales, conformément aux Edits de Décembre 1703. Octobre 1705. Août 1706. et autres Réglemens, et aux exceptions y portées [42] en faveur des Princes du Sang qui jouissent desdits droits à la charge de les faire percevoir sur le pied du Tarif du 19. septembre 1722.

CONTROLLE DES ACTES.

Etant important pour le repos des familles, que les Contrats et les Titres qui établissent la propriété de leurs biens, ne pussent recevoir d'atteinte dans la suite du tems par des doutes, par des contestations, par des suppositions, ou par des antidates, les Rois Henri III. par Edit du mois de Juin 1581. et Henri IV. par celui du même mois 1606. avoient ordonné l'établissement du Controlle des Titres ; mais comme ces Edits n'avoient eu leur exécution que dans la Normandie, et que d'ailleurs il y avoit plusieurs natures d'Actes qui en étoient dispensés.

Le Roi Louis XIV. jugeant cette formalité indispensable pour assurer l'état des familles, en prévenant les fraudes qui pouvoient être faites aux Titres constitutifs de propriété, ordonna par son Edit du mois de Mars 1893. que tous Actes indistinctement de quelque nature qu'ils fussent, seroient assujettis au Controlle dans toutes les Provinces, Terres et Seigneuries de son obéissance ; à l'effet de quoi il seroit établi des Bureaux dans toutes les Villes principales, en chacun desquels il y auroit un Controlleur qui tiendroit un registre cotté et paraphé par le premier Juge du lieu, pour y enregistrer tous les Actes par extraits, contenant le nom des Parties contractantes, la qualité de l'Acte, la date, le nom et la demeure du Notaire qui l'auroit reçu, desquels Enregistre[43]ments ou Controlle, mention seroit faite sur les grosses et expéditions qui seroient par eux délivrées, avec défenses à tous Notaires de passer aucuns Actes sans les faire enregistrer ou controller dans quinzaine, à peine de 200. liv. d'amende pour chaque contravention contre le Notaire, et autant contre la Partie, et à tous Juges tant du Roy que des Seigneurs d'y avoir égard, et aux Huissiers de les mettre à exécution, sous pareilles peines contre lesdits Huissiers et Sergens.

En conséquence de ces dispositions, tous Actes non controllés ne peuvent acquérir aucun privilège, hypotèque, propriété, décharge, ni aucun autre droit ou action, excepté néanmoins les testamens et donations pour cause de mort, de même que les contre-lettres sur toutes sortes d'actes, dont le Controlle peut être différé, jusqu'au tems que les Parties voudront en faire usage.

Après avoir établi des précautions si utiles, le Roy ne négligea pas l'occasion d'augmenter ses Finances : c'est pourquoi S. M. fixa par un Tarif tous les différens droits qui devoient être payés pour chaque nature d'Acte ; mais comme ce Tarif n'avoit pas prononcé avec assez de précision sur la qualité d'aucun d'iceux, et sur la quotité du droit, il y fut pourvû par Déclaration du 20. Avril 1694. ensuite de laquelle sont intervenues celles des 19. Mars 1696. 14. Juillet 1699. 20. Mars 1708. et autres Réglemens qui ont tous été refondus dans le dernier étant ensuite de la Déclaration du 29. Septembre 1722. très défectueux en plusieurs parties, et suivant lequel la perception de ce droit se fait actuellement, en attendant un meilleur travail.

S. M. ayant estimé qu'il convenoit mieux à ses inté[44]rêts, et à celui de ses Sujets, que le Controlle fut exercé par des titulaires et gens sédentaires, que par des Commis la plûpart inconnus ; et ayant d'ailleurs besoin de secours pour la guerre, en laquelle elle se trouvoit actuellement engagée, (*motif véritable et non le premier*,) créa des Controlleurs en titre d'Office, par Edit du mois d'Octobre 1694. qui furent supprimés par celui du mois de Mars 1696. sous prétexte que leur création et l'aliénation des droits à eux attribués, étoit beaucoup plus désavantageuse au Roy que profitable, à cause des fraudes qui pouvoient être faites dans la Régie desdits droits ; et au lieu d'iceux, créa en titre d'Offices dans chaque Bureau de Controlle, ses trois Conseillers Controlleurs, ancien alternatif et triennal, réunis en un seul Office, avec faculté de les désunir, ausquels la jouissance de la totalité du droit de Controlle et amendes fut attribué.

Mais trouvant que l'abandon total desdits droits causoit un trop grand préjudice aux Finances, et qu'ils étoient aliénés à vil prix, S. M. supprima ces Offices par Edit du mois de Janvier 1698. et se mit en possession de la jouissance des droits qui leur avoient été attribués.

La Ferme de ce droit étoit en 1708. de deux millions deux cens mille livres, dont le Roy fit une nouvelle aliénation en 1710. ayant été fait un nouveau bail à trois millions, dont le prix fut affecté au remboursement des Adjudiccataires.

S. M. ayant reconnu que le bail desdits droits avoit été jusqu'à présent à trop bas prix ; et d'ailleurs informée que les Notaires négligeoient de faire enregistrer la plûpart des Actes, Elle résolut de faire régir ces droits sous ses ordres, et de les réunir au Domaine, avec [45] les deux sols pour livre pour en appliquer le produit aux besoins et aux charges de l'Etat, ce qui fut exécuté en conséquence de l'Edit du mois de Mars 1714. et a subsisté jusqu'en 1726. que le tout a été réuni au bail général des Fermes-unies.

L'Edit du mois de Mars 1693. portant établissement du Controlle, y avoit assujetti les Notaires de Paris, de même que tous ceux des autres Villes du Royaume ; mais ayant été représenté que l'exécution de cet Edit seroit un préjudice considérable au Commerce des affaires, si le secret qu'ils avoient toujours gardé au Public avec tant de fidélité, passoit à d'autres ; et ayant joint à ces remontrances l'offre d'un million de livres, pour servir aux pressantes dépenses de la guerre, S. M. écouta favorablement leurs représentations, accepta leurs offres, et en conséquence, supprima le Controlle, par Déclaration du 27. Avril 1694. à l'égard des Contrats et Actes qui seroient passés et reçus pardevant les Notaires de Paris seulement, à compter du premier May suivant, ce qui a subsisté jusqu'à ce jour.

Et pour indemniser le Roy en quelque sorte du sacrifice qu'il avoit fait en faveur du Commerce, et affaires secrettes des Particuliers, par l'abandon du produit des droits de Controlle, S. M.

par les Déclarations des 7. Décembre 1723. et 5. du même mois 1730. établit un droit de Formule sur le papier et parchemin timbré qui seroit employé à l'avenir par les Notaires de la Ville de Paris, pour les brevets, minutes et expéditions des Actes qui seroient passés par eux.

[46] *CONTROLLE DES EXPLOITS.*

Par Edit du mois de Janvier 1654. le Roy établit le Controlle des Exploits de premiere demande, de principal, intérêts, saisies-réelles et mobiliaires, et significations de transports. Par Déclaration du 18. Août 1655. ce Controlle fut étendu à toutes Justices Royales et subalternes; et par Edit du mois d'Août 1669. les Exploits de toute nature y furent assujettis sans exception.

Quoique les Articles 2. et 14. du Titre 11. de l'Ordonnance de 1667. eussent ordonné, pour assûrer la foi des Actes, que tous Huissiers et Sergens seroient tenus de se faire assister de deux témoins ou records, qui signeroient avec eux l'original et la copie des Exploits : cependant ils trouvoient moyen d'éluder ces dispositions; ensorte qu'au lieu de rendre les Exploits plus autentiques, les précautions portées par cette Ordonnance ne servoient que de prétexte pour augmenter excessivement leurs droits, et à faire des exactions extraordinaires, sur quoi S. M. auroit ordonné qu'à commencer du premier Janvier 1670. tous Exploits, à l'exception de ceux qui concernent la procédure et instruction des Procès, seroient registrés dans trois jours à la diligence de la Partie poursuivante, à peine de nullité d'iceux, avec défenses à tous Juges d'y avoir égard autrement, pour lequel Controlle et Enregistrement, il seroit payé cinq sols par chaque Exploit, dont il y en auroit deux sols pour le Commis Buraliste, et trois sols pour le fermier de ce nouvel établissement; et par Arrêts des 30. Mars et 19. May 1670. et Déclaration du 21. Mars 1671. il fut dit que les Huissiers seroient tenus, à peine d'interdiction, et de [47] 100. liv. d'amende, de faire controller lesdits Exploits dans trois jours, avant de les rendre aux Parties.

Les Commis qui avoient été établis pour la perception du droit de Controlle, n'ayant pas des Registres exacts, et d'autres les ayant souvent emportés en sortant de leurs emplois, ce qui causoit par l'événement de grandes pertes, et de grands inconvéniens aux Parties; le Roy, par Edit du mois de Mars 1691. créa des Controlleurs des Exploits en titre dans toutes les Villes du Royaume, avec attribution d'un sol, outre les cinq sols établis par l'Edit de Mars 1669. et par autre Edit du mois de Mars 1695. il leur fut attribué un autre sol dans les cinq appartenans à S. M.

Ces Controlleurs furent supprimés par Déclaration du 18. Février 1698. et le sol établi à leur occasion, ainsi que celui qui leur avoit été aliéné par l'Edit de 1695, furent réunis aux quatre dont le Roy jouissoit, ce qui fit six sols à jouir par le Fermier Général des Fermes-unies, pour raison de quoi son bail fut augmenté de cinq cens mille livres par an, ainsi qu'il paroit par l'Arrêt du Conseil du 8. Avril 1698.

Ces Offices furent de nouveau créés par Edit du mois de Septembre 1704. avec attribution d'un sol par augmentation sur chacun droit de Controlle, outre les six sols ordonnés par les Edits des mois d'Août 1669. et Mars 1691. que le Roy faisoit toujours percevoir à son profit; et l'Edit du mois de Novembre 1705. confirmé par la Déclaration du 22. Juin 1706. accorda aux titulaires un autre sol, et en outre la même remise ou appointements que les Fermiers donnoient à leurs Commis avant ledit Edit.

[48] Le Roy ayant cherché à prévenir toutes surprises, et assurer la validité des Actes par la création des Controlleurs, estima que ces précautions seroient inutiles, s'il n'étoit en même tems pourvû à la conservation des Registres : c'est pourquoi S. M. créa par Edit du mois de Février 1707. des Offices de Gardes et dépositaires des Registres du Controlle des Exploits, avec attribution des deux sols pour livre du produit total, qui fut liquidé pour éviter toutes contestations à six deniers par chacun Controlle d'Exploit.

Ne s'étant présenté personne pour acquérir lesdits Offices, le Roy en réunit le titre, les fonctions et les attributions aux Controlleurs, par Edit du mois d'Octobre 1707. au moyen de quoi ils eurent droit de jouir de deux sols six deniers par Controlle de chacun Exploit, et en outre de trente mille livres de gages créés par Edit du mois de Janvier 1710. à répartir entr'eux, à proportion des Finances ausquelles ils seroient taxés par les Rolles qui en seroient arrêtés au Conseil.

La difficulté de lever la Finance principale desdits trente mille livres de gages, détermina le Roy à les supprimer par Edit de la même année 1710. et pour subvenir aux dépenses qui avoient été l'occasion de cette création, le même Edit ordonna la levée de six deniers par augmentation sur chaque Controlle d'Exploit, outre les anciens six sols appartenans à la Ferme du Domaine, et les deux sols six deniers attribués aux Controlleurs, ce qui faisoit en tout neuf sols.

Ces Offices ayant été enfin supprimés par Edit du mois d'Octobre 1713. leurs droits furent réunis au Domaine, et réduits par Arrêt du 20. Mars 1717. à huit sols six [49] deniers, au lieu de neuf sols, ce qui subsiste actuellement, et ce droit fait maintenant partie du Bail général des Fermes-unies.

MARQUE D'OR ET D'ARGENT.

Le Roy Henry III. ayant reconnu que les ouvrages d'or et d'argent n'étoient chargés d'aucuns droits, que l'argent d'orfévrerie étoit par cette raison à meilleur marché que celui des monnoyes sur lesquelles il se percevoit une Imposition ; que cette différence de prix augmentoit le luxe, et empêchoit que l'or et l'argent ne fussent apportés aux Monnoyes, ordonna par Edit de Septembre de l'an 1579. l'Imposition d'un droit de remede sur les ouvrages d'orfévrerie pour en égaler en quelque façon la valeur, à celle des espéces fabriquées.

Cet Edit n'ayant point eu d'exécution, et les inconvéniens ausquels on avoit eu intention de remédier, subsistant toujours, le Roy Louis XIII. désirant y pourvoir, et trouver en même tems un fonds pour le besoin de ses affaires, et spécialement pour le rétablissement de la Sainte Chapelle du Palais à Paris, rendit un Edit au mois d'Octobre 1631. portant qu'au lieu dudit droit de remede, ordonné par l'Edit de 1579. il seroit dorénavant, et à toujours, levé trois sols par chaque once d'orfévrerie ; à l'effet de quoi tous Orfévres et autres Ouvriers travaillant en or et argent, seroient tenus de les apporter au lieu qui leur seroit indiqué, pour être ledit droit payé et les ouvrages contremarqués, à peine de confiscation.

Louis XIV. par Edit de Janvier 1654. ordonna la [50] levée de 4. liv. par marc d'argent et de 24. liv. par marc d'or sur l'or et l'argent tiré, battu et employé en dentelle, et autres choses superflues.

Par déclaration du 7. avril 1672. le même Roy imposa encore trente sols par once d'or, et vingt sols par marc d'argent; et par autre Déclaration du 26. du même mois et an, il régla la qualité et le poids de la vaisselle d'or et d'argent, afin d'en empêcher la multiplication.

Ayant reconnu que ces différens impôts n'étoient pas encore suffisans pour arrêter la fabrication des ouvrages d'orfévrerie, le Roy chargea de nouveau le marc d'or de trente sols, et celui d'argent de vingt sols, par Déclaration du 17. Février 1674. Il fut sursis à la perception de ce doublement, par Arrêt du 22. May de la même année; mais cette surséance fut levée par autre Arrêt du 30. Septembre 1677.

Le 20. Décembre 1679, il fut fait un grand Réglement sur le fait de l'orfévrerie, et sur le Commerce des matieres d'or et d'argent, pour la manutention duquel l'Arrêt du 8. Février 1681. permit au Fermier de la marque de faire des visites chez tous les Ouvriers, en se faisant assister d'un Officier de l'Election; et par autre Arrêt du 13. Janvier 1685. ce droit de visite fut étendu jusqu'aux Maisons Royales et privilégiées, où il y auroit des Orfévres et autres Ouvriers en or et argent.

Rien ne paroissant trop fort pour réprimer le luxe, le Roy estima que ce seroit un bien d'ordonner que le droit de marque seroit payé par les Orfévres, non seulement pour la vaisselle, et gros ouvrages neufs, mais encore pour la vieille vaisselle qu'ils vendroient, et autant de fois qu'ils en feroient la revente; c'est ce qui fut exé-[51]cuté par la Déclaration du 3. Février 1685. qui prescrit à cet effet d'enregistrer par jour, par poids et espéces, toute la vaisselle qu'ils acheteroient, avec celle qui leur seroit donnée à raccommoder, et en nantissement, avec injonction aux termes de l'Arrêt du 14. Mars 1694. de faire mention des noms, qualités et demeures de ceux à qui elle appartiendroit, à quoi les Graveurs furent aussi assujettis par Arrêt du 21. avril 1717.

Les fonds, pour subvenir aux frais de la guerre, devenant rares, le Roy, par Edit du mois d'Août 1696. créa en titre d'Offices formés et héréditaires des Controlleurs anciens, alternatifs et triennaux, de la marque et visite de toutes sortes d'ouvrages d'or et d'argent, avec attribution pour tous gages du droit de 3. livres par once d'or, et de 40. sols par marc d'argent que S. M. aliéna à cet effet, par Déclaration expresse du 29. Septembre audit an.

Mais la Paix ayant été faite avec toutes les Puissances en 1698, ces mêmes Offices furent supprimés, et les droits qui leur avoient été attribués furent réunis au Domaine de S. M.

Par Déclaration du 21. May 1705. confirmée par celle du 7. May 1715. et Arrêts postérieurs, le Roy ordonna la perception de quatre sols pour livre sur tous les droits de ses Fermes, dans le nombre desquels celui-ci se trouve compris.

Pour que le Public fût assuré, en achetant des ouvrages d'orfévrerie, d'avoir des matieres au titre prescrit les Ordonnances, le Roy créa par Edit du mois de Janvier 1705. des Offices d'Essayeurs, qui faute d'être levés, furent réunis au Corps des Orfèvres.

[52] Ils furent supprimés par Edit du mois de Novembre 1707. et par le même Edit, il en fut créé d'autres sous le même titre, dans toutes les principales Villes du Royaume, ensemble des Controlleurs desdits Essayeurs aux gages de 36000. liv. à repartir entr'eux, et en outre 16. sols d'augmentation par marc d'argent, au lieu de 5. s. et 24. s. par once d'or, au lieu de 10. s. qui avoient été attribués aux premiers.

La Compagnie des Indes s'étant emparée de tout le Commerce et de toutes les finances du Royaume, fit supprimer les Offices d'Affineurs d'or et d'argent, par Arrêt du 9. Décembre 1719. et les droits et émolumens qui leur avoient été attribués, lui furent réunis, avec faculté de faire fondre et fabriquer toutes sortes d'especes et matieres d'or et d'argent.

Mais le peu de succès de toutes ses entreprises, engagea le Roy à retirer, par Edit du mois de Décembre 1721. une grande partie des priviléges qui lui avoient été accordés, et entr'autres celui des affinages, pour la conservation desquels il fut établi, au lieu des anciens Offices, six Offices de Départeurs d'or et d'argent, dont la finance fut fixée pour chacun à 41666. liv. 13 s. 4. d.

Enfin, la multitude d'Offices ausquels les besoins de la guerre avoient donnés l'être, ne paroissant plus nécessaires après dix années de paix, ils furent tous supprimés, à la reserve desdits Départeurs, et leurs droits réunis à la Ferme de la Marque d'or et d'argent.

Cette partie est comprise dans le Bail général des Fermes-Unies.

La connoissance de cette matiere est du ressort des Elections, en premiere instance, et par appel, à la Cour des Aydes.

[53] Il paroît utile à l'Etat de laisser subsister ce droit sur la Vaisselle, Bijoux, Galons et Dentelles d'or et d'argent, destinés à l'usage et consommation de l'intérieur ; parce qu'étant imposé sur des

choses purement de luxe et de superfluité, il ne peut tomber que sur ceux qui s'y soumettent volontairement, et sont supposés en état de le payer sans en ressentir aucune incommodité dans leurs affaires et commerce. Et que dans le cas où il seroit capable d'empêcher une partie de l'emploi de ces matieres en marchandises de luxe, la fabrication des especes monnoyés en augmenteroit d'autant. Mais il n'en est pas de même pour ce qui sort à l'étranger; ce droit avec celui de sortie, empêche que l'extraction de l'Orfévrerie ne soit aussi abondante qu'elle pourroit l'être, et cause par conséquent un préjudice notable aux produits de l'industrie et à l'entrée des matieres. En effet, il y a telle piéce dont le prix du travail surpasse infiniment celui de la matiere, ensorte que si cette piéce vaut le double de la matiere brute qui y a été employée, l'étranger est obligé de nous payer deux marcs pour un qu'il reçoit, et ainsi du plus ou du moins de perfection dans les ouvrages; d'où il résulte un bénéfice si considérable pour la Nation, et d'une évidence si palpable, qu'il est inconcevable comment on a pû vivre jusqu'à présent dans une erreur si grossiére, que de croire que la sortie de l'or et de l'argent travaillé étoit préjudiciable à la multiplication de l'argent monnoyé, et que pour en arrêter le progrès, il falloit la charger de droits.

Il y a de certains abus que l'ignorance a revêtus du masque de la sagesse et d'une fausse apparence d'utilité, tellement devenus respectables par l'habitude, que l'on[54]refuse d'entendre, que l'on méprise même tous les discours qui pourroient dissiper l'erreur et l'illusion. Celui dont il s'agit ici, est de cette espece, et malheureusement il n'est pas le seul.

Il y a sept à huit ans que feu Milord Walpole, Ambassadeur d'Angleterre en France, à qui on demandoit 6. à 7000 liv. de droits de marque de sortie pour deux oilles, de la façon de Germain, dit au Ministre, à qui il s'étoit adressé pour avoir une diminution, et qui s'efforçoit de lui prouver que l'on n'en pouvoit rien rabatre: *que nous sommes heureux que vous sçachiez si bien vous défendre, et que vous employiez avec tant de bonne foi d'aussi mauvais principes.*

PAPIER ET PARCHEMIN TIMBRÉ.

Les besoins pressans de l'Etat, l'exemple de l'Espagne et de la Hollande, et la nécessité d'assurer la vérité et la validité des Actes, par des précautions à l'épreuve de la mauvaise foi, déterminerent le roi Louis XIV. à établir par Edit du mois de Mars 1655, une marque sur les Papiers et Parchemins qui devroient à l'avenir être employés dans l'étendue du Royaume, à tous Actes obligatoires et judiciaires.

Les usages particuliers de chaque tribunal et siége de Justice, et les incertitudes continuelles sur la quotité du droit, furent les principaux obstacles qui s'opposerent à cet établissement; mais S. M. pourvût successivement à l'un et à l'autre.

Par ses Ordonnances du mois d'Avril 1667. et Aoust 1669. Elle prescrit la forme générale de la procedure [56] civile et criminelle, et par la Déclaration du 19. Mars 1673. Elle ordonna que les Papiers et Parchemins destinés aux originaux et expéditions de ces actes, seroient marqués en tête d'une Fleur-de-lys, avec mention du droit de timbre ou marque proportionnement à l'importance de la destination; et défense à tous Officiers et Ministres de Justice d'en employer d'autres, aux peines portées par la Déclaration, en conséquence de laquelle il fut arrêté un Tarif, et passé Bail à Michel de Prasly le 12. Avril audit an 1673.

Les contraventions journalieres des Greffiers, et les remontrances et les oppositions fréquentes des Cours, ausquelles ce droit étoit fort à charge, déterminerent le Roi à le refondre entierement par Edit du mois d'Avril 1674. qui ordonne qu'il en seroit levé un autre sur tout le Papier et Parchemin qui seroit consommé dans l'étendue du Royaume; lequel droit fut reglé pour le Papier, à raison du poids de la rame, et pour le Parchemin ou Vélin, à raison de la grandeur de la peau.

Cette nouvelle disposition ayant totalement dérangé l'ancienne perception, le Bail de Prasly fut résilié; et par Réfutat du 9. juin 1674. le Droit fut joint et incorporé au Bail général des Aydes, auquel depuis ce tems il est demeuré constamment uni.

Enfin, par Edit du mois d'Aoust audit an, il fut reglé que tous Officiers et Ministres de Justice, et autres assujettis par les précédens Réglemens à l'usage du Papier et Parchemin timbrés, continueroient à s'en servir ; que la marque seroit une Fleur-de-lys avec le nom de la Généralité, et que les droits seroient payés, non suivant la qualité et la nature des actes, mais selon la hauteur et la [56] largeur du papier. Les Changemens qui ont été faits depuis ne sont pas considérables, et ne méritent pas une plus ample recherche.

Comme cette partie est jointe aux Aydes, et que les Aydes sont comprises dans le Bail général des Fermes-Unies, il s'ensuit qu'elle en fait partie.

---

[57]

PROPOSITION

D'aliéner irrevocablement le Domaine, tant celui étant actuellement dans la main du Roy, que celui anciennement aliéné, dans le cas où le besoin de l'Etat le requéreroit.

NOUS venons de voir que suivant la maxime de notre Gouvernement, le Domaine de la Couronne est inaliénable.

Cette maxime étoit très-sage, et l'observation en étoit très-nécessaire. Lorsque le Domaine pouvoit suffire à la dépense ordinaire du Souverain, il importoit alors de ne pas s'exposer à la nécessité d'avoir recours à des moyens extraordinaires, toujours onéreux aux Peuples par le fardeau actuel qui leur est imposé, et plus dangereux encore par les conséquences d'une continuation au-delà du terme et des besoins : Mais à présent que ce Domaine a été presque tout, ou usurpé pendant les troubles, ou aliéné pour subvenir aux dépenses des guerres, ou donné par récompense à des sujets qui avoient utilement servi la Patrie ; à présent qu'il est réduit à un objet si modique, qu'il est à peine compris au rang des revenus de la Couronne ; enfin, à présent que l'on a été forcé de faire différentes Impositions sur les Peuples, pour tenir lieu de ce Domaine, il semble que cette maxime d'inaliénabilité devroit changer, puisque le fondement sur lequel elle [58] étoit établie, n'existe plus. La prudence diversifie sa conduite selon la diversité des accidens : le Pilote change les voiles selon la nature des vents.

Les Athéniens avoient décerné peine de mort contre quiconque oseroit proposer de toucher, même dans le plus pressant besoin, aux 1.000. talens qu'ils avoient déposés dans le Trésor public. Cependant ayant perdu deux batailles navales, et se voyant assaillis par les Lacédémoniens jusques dans le Port de Pyrée, tous d'un consentement unanime, furent d'avis de rompre cette Loi : les

Romains changeoient les leurs sans scrupule, suivant les tems et les circonstances ; et Philippe V. dit le Long, par son Ordonnance du 23. Janvier 1318. abolit la Servitude aussi ancienne que la Monarchie.

Il ne faut, dit on, rien changer aux Loix et aux Usages ; je suis grand Partisan de ce principe, excepté les cas où l'utilité, et encore plus la nécessité, demandent que l'on y déroge ; c'est une reflexion de M. de Sully, tom. 3. in-12. page 102.

En partageant les terres du Domaine en plusieurs parties, et transportant à prix d'argent la propriété de ces terres, à plusieurs chefs de famille, à la charge de certaines redevances annuelles, et des droits de relief suivant les Coutumes, le Roy conserveroit une partie du revenu actuel, recevroit une finance considérable, et augmenteroit la richesse des Particuliers, et par conséquent la sienne, puisqu'il n'est, et ne peut être riche, qu'autant que les Sujets sont opulens.

Un héritage divisé, et donné en propriété à plusieurs, est bien mieux cultivé, et rapporte plus que quand il est dans une masse, et qu'il appartient à un seul proprié[59]taire, sur tout si ce propriétaire est le Souverain ; et plus ce Souverain est grand et puissant, moins il tire d'utilité de cet héritage, parce que n'étant pas possible qu'il régisse par lui-même, il est obligé d'en charger des personnages constitués dans des dignités, dont l'élévation est proportionnée à la puissance et à l'étendue de la Monarchie, lesquels de leur part en employent d'autres qui leur sont subordonnés ; et ainsi par grades d'infériorité, d'où en supposant dans ces différens Agens, la plus scrupuleuse fidélité, et la plus subtile intelligence, il en résultera toujours des lenteurs, des frais et des inattentions très-dommageables à cet espéce d'administration.

Dans le cas opposé, les nouveaux acquéreurs certains d'une jouissance perpétuelle, tireroient de ces héritages tout ce qu'ils seroient capables de fournir : une multitude de familles s'appliqueroient à cette exploitation, et le prix provenant des aliénations libéreroit l'Etat de plusieurs charges onéreuses.

Ceux qui possédent le Domaine aliéné, n'en recueillent pas à beaucoup près tout le fruit qu'ils seroient en état de lui faire produire ; sans cette tache de rachat, et de réversibilité éternelle, loin de se donner les soins et les mouvemens que l'on remarque dans les détempteurs ordinaires, ils sont toujours en garde contre eux-mêmes ; ils craignent que les améliorations qu'ils pourroient faire, n'inspirent l'envie de les dépouiller par des encheres ; ils négligent les cultures, et ils étouffent, pour ainsi dire, les germes de la terre, afin d'empêcher que le revenu n'excéde trop sensiblement le prix principal de l'aliénation.

En vertu du rachat perpétuel que le Roy s'est réservé [60] lors des aliénations, il est en droit de retirer tous les Domaines, et de les revendre ; les acquéreurs ont traité sur ce pied, nulle difficulté, nulle injustice à cet égard : mais pour remplir notre objet, ces ventes devroient être faites avec renonciation solemnelle à tous droits de réversion.

La certitude d'une propriété incommutable, imprimeroit à ces héritages une valeur qui excéderoit de beaucoup le prix pour lequel ils ont été originairement vendus : le produit de cette Finance seroit employé jusqu'à dûe concurrence à rembourser les Engagistes, et l'excédent seroit porté au Trésor Royal, pour servir aux besoins qui auroient été l'occasion de cette nouvelle aliénation.

A l'égard de ceux qui possedent à titre de récompense, il a été fait dans le tems des évaluations des Domaines qui leur ont été abandonnés, ou il n'en a point été fait ; s'il en a été fait, il seroit juste de leur payer en argent le prix de cette évaluation ; s'il n'en a point été fait, on pourroit les laisser jouir, comme ils ont fait jusqu'à présent, mais incommutablement et sans retour. Par ce moyen l'équité seroit religieusement observée, à l'égard des premiers, et les seconds auroient de nouvelles graces à rendre.

Je ne doute pas que cette proposition ne paroisse très-extraordinaire à beaucoup de personnes : Comment, dira-t-on, aliéner irrévocablement le sacré Domaine de la Couronne, déclaré inaliénable par tant d'Ordonnances ; aller contre une Loi fondamentale de l'Etat ; loin que qui que ce soit ait jamais eu une pareille idée, loin que l'on ait jamais pensé à donner atteinte à des maximes si respectables, l'on s'est efforcé, dans tous les tems, [61] de dégager ce même Domaine, et de le ramener à sa source ; et cette libération a paru si importante, et si intéressante, que le Trésor Royal n'étant pas en état de faire une pareille acquisition, on a été à la veille d'y suppléer par une Imposition générale sur les Peuples, ou par remboursement en contrats de rentes perpétuelles sur la Ville.

Je sçai que le préjugé d'inaliénabilité est fort invétéré ; je sçai que faute de fonds dans le Trésor, on a proposé de retirer les engagemens par Imposition, ou par constitution ; mais je sçai en même tems que cette Loi qui interdit les aliénations, est fort éloignée des avantages que l'on lui attribue, que le remboursement par impôt seroit une injustice criante à l'égard des Peuples, et que celui par constitution seroit ruineux à l'Etat, et même diamétralement opposé au système de l'aliénabilité ; c'est ce que nous allons tâcher de prouver.

Si on impose en une seule fois la somme totale du remboursement, elle formera un objet si considérable, qu'il sera au-dessus des forces du Peuple déja extrêmement chargé : si c'est dans des termes proportionnés à la possibilité des moyens de ce Peuple, ce sera faire languir les acquéreurs, et les priver d'un argent qu'eux ou leurs auteurs ont payé comptant ; ce sera les mettre dans l'impossibilité de soutenir leur état et profession, d'entretenir et élever leurs familles ; ce sera les forcer à demeurer oisifs et inutiles à la République, faute de moyens pour employer leurs talens et leur industrie ; ce sera les priver de la ressource du remplacement, parce que des fonds sur lesquels la confiance aura peine à s'établir, et qui rentreront lentement, ne pourront jamais être employés [62] avec avantage ; l'acquéreur ne voudra pas être garant des faits du Prince, le Vendeur ne voudra pas en courir les risques, tout demeurera dans une inaction ruineuse : et dans l'un ou l'autre cas d'imposition totale, ou par parties, ce sera une injustice extrême, d'obliger des gens à payer ce qu'ils ne doivent pas, pendant qu'ils peuvent à peine suffire à payer ce qu'ils doivent.

Si pour ce remboursement on constitue des rentes sur la Ville, le Roy est trop juste pour les mettre à un denier plus bas que cinq pour cent. Or il est très-certain que le Domaine que S. M. retireroit, ne lui produiroit pas de quoi l'indemniser de cette charge, parce que les réparations, les autres frais, et les vices de la Régie, qui ne peut jamais atteindre à la précision de celle des Particuliers, absorberoient une grande partie des produits, ensorte que la dépense annuelle excéderoit de beaucoup la recette ; et quand la balance seroit en équilibre, ce qu'il n'est pas permis d'espérer, quel avantage en résulteroit-il ? Aucun du côté du revenu, puisqu'il seroit égal, au lieu qu'il y auroit du côté des Sujets une perte véritable et intéressante, un grand nombre d'entr'eux passant de l'état de cultivateurs à celui de Rentiers, cesseroient de travailler pour l'utilité commune, étant reconnu que le Rentier n'est dans la société qu'un membre oisif qui mange le pain qu'il ne gagne pas.

Mais, dira-t-on, il importe à l'état de retirer le Domaine, et de faire cesser les aliénations. A la bonne heure si vous pouvez trouver des moyens équitables et faciles; mais celui que vous proposez n'a pas ce mérite, et de plus il est inconséquent. En effet, vous voulez racheter une aliénation par une autre aliénation; car des rentes [63] constituées sur les Tailles, sur les Aydes et Gabelles, sur les Postes, sont une aliénation aussi véritable et aussi réelle que celle du Domaine, puisque toutes ces parties sont actuellement le vrai Domaine du Roy: Et aliénation pour aliénation, ne vaut-il pas encore mieux laisser subsister les anciennes, que d'y en substituer d'autres plus onéreuses au Prince et à ses Sujets.

Les régles qui s'observoient dans l'Empire Romain, dont le riche et vaste Domaine méritoit toute la considération du Gouvernement, étoient bien différentes des nôtres; les voici avec les motifs qui les avoient déterminées, telles qu'on les lit avec le parallele des maximes françoises sur cette matiere, dans un Livre intitulé, *Traité de la Finance des Romains*, imprimé en 1740. chez Briasson, à Paris, sans nom d'Auteur, et composé par ordre de feu M. de Colbert; à ce que l'anonyme dit dans sa Préface.

« Les Romains croyoient qu'il pourroit y avoir un Commerce « effectif entre la République et les Citoyens, entre le Public et le « Particulier, aussi-bien pour les fonds que pour les fruits, pour « les immeubles que pour le mobilier.

« Ils avoient éprouvé que dans certaines conjectures l'Etat n'a- « voit pas moins besoin de vendre, que d'intérêt d'acheter.

« Dans les acquisitions de particuliers à particuliers, le retrait « perpétuel étoit quelquefois stipulé, mais jamais dans celle entre « le fisc et les Particuliers.

« Ils pensoient que c'étoit aller contre la nature des choses, que « de vouloir perpétuer la propriété de certains fonds à un même « maître.

[64] « Ils tenoient que l'on pouvoit vendre les choses consacrées « aux dieux, à plus forte raison celles qui appartenoient au Public.

« Enfin ils étoient convaincus que la faculté du retrait diminueroit le prix des acquisitions.

Telles étoient les raisons des Romains que l'Auteur appuye de l'autorité des Ecrivains qui en ont parlé, et particulierement de Tite-Live, Tacite, Horace, Virgile, Appien, et des Loix Romaines: voici suivant ce même Livre, celles des François contre l'aliénation, en marge desquelles nous mettons nos reflexions.

REFLEXIONS
Sur ces Raisons.

Je ne dis pas le contraire ; mais celui dont il s'agit est-il de cette espéce? N'est-il pas presque anéanti par les aliénations ? Dans l'état où nous nous trouvons actuellement, le fonds certain est dans la bourse des Sujets, et dans la confiance que le Gouvernement leur inspirera.

Il ne fait aucun tort aux Particuliers qui achetent; mais il en fait un considérable à ceux qui vendent, et à l'État. Il avilit l'héritage, il en empêche [65] *le commerce, les améliorations, les embellissemens ; et par conséquent, la circulation de l'espece, et les bénéfices de l'industrie.*

Le retrait n'est point avantageux au Roi; avec de l'argent, il achetera des terres de ses Sujets, sans qu'il soit nécessaire de retirer celles qu'il aura vendues : l'un est même préférable à l'autre, parce que ce Commerce de vente et d'achat, avec certitude de propriété incommutable, maintient les héritages dans leur juste valeur.

Les Contrats où cette condition est stipulée, sont rares; et il est connu que les héritages qui en sont chargés, perdent infiniment de leur valeur, par

RAISONS DES FRANÇOIS
Contre l'aliénation.

Il faut toujours avoir un fonds fixe et certain dans un Etat; c'est de-là que dépend sa sûreté et son repos.

Le retrait ne fait aucun tort aux Particuliers : cette Loi est publique, on achete à cette condition.

Le retrait est fort avantageux au Roy, étant une ressource assurée contre la nécessité de l'aliénation.

Les Particuliers insérent souvent cette condition dans leurs Contrats de vente; et au Parlement de Toulouse, on juge qu'elle est imprescriptible, quoiqu'en

RÉFLEXIONS, etc.

les raisons ci-devant alléguées : ainsi cette objection est plûtôt favorable que contraire à la proposition dont il s'agit.

Le Roy pourroit réserver celles qu'il jugeroit à propos pour des appanages ou autres [68] emplois. Au surplus, nul inconvénient que des Particuliers possedent des terres, qui ont eu titre de Duché : Rôny, Saint-Fargeau, et tant d'autres en sont la preuve ; et quand les Romains auroient connu ces titres, il est certain que ces vains noms n'auroient pas été capables d'en imposer à leur sage politique.

L'état des Particuliers, et celui des Souverains, ne se comparent point. Ce n'est pas le retrait perpétuel qui fait la Majesté de la Couronne ; et sans le retrait, elle ne seroit pas moins l'appui et la protection des familles. D'ailleurs, la faculté du retrait féodal et lignager n'est que passagere et momentanée, et l'autre est constante, perpétuelle et imprescriptible.

Les Empereurs ayant vendu les terres de la Couronne, pouvoient en trouver d'autres pour leur argent ; mais ils n'auroient [67] pas trouvé des Palais capables de les loger avec leur suite ;

RAISONS, etc.

Pays coutumier elle se prescrive par 30. ans.

Les terres du Domaine consistent ordinairement en Duchés, et autres appanages distingués par des titres éclatans qui étoient inconnus à l'Empire Romain.

Si en France on a reçu ou introduit le droit d'aînesse, le retrait féodal et lignager, pour la conservation des familles, pourquoi ne garderoit-on pas le retrait perpétuel pour la conservation de la Couronne, sous la grandeur de laquelle les familles se reposent, et sont à couvert ?

Les Empereurs défendoient expressément la vente de leurs Palais, en quelques lieux et en quelques Provinces qu'ils fussent situés. Les nôtres ont souvent tiré des leurs des secours

RÉFLEXIONS, etc.	*RAISONS*, etc.
c'est sans doute la raison pour laquelle ils en avoient défendu la vente. Au reste, on n'a jamais oüi dire que nos Rois eussent vendu les leurs, et qu'ils en eussent tiré des secours considérables dans la nécessité de leurs affaires. Ils peuvent avoir vendu quelques anciens Palais ruinés, de même que d'autres portions de leur Domaine, mais plûtôt pour se débarrasser d'un entretien onéreux, que dans la vûe d'une ressource pour le rétablissement de leurs affaires.	considérables dans la nécessité de leurs affaires.

Pour appuyer les raisons que l'Auteur rapporte contre l'aliénation, il cite Suétone, Tacite, Dion, le Bret, Olive, Chopin, Dumoulin, Grimaudet, Sleidan, et le Lévitique; mais, ni le mérite des raisons, ni l'autorité des citations ne me paroissent pas capables de détruire ma proposition, et les motifs sur lesquels elle est fondée.

Mais à quoi bon tant d'efforts pour démontrer l'avantage et la possibilité de l'aliénation du Domaine, à titre de propriété incommutable. Malgré les sermens que les Rois font à leur Sacre, malgré la Loi promulguée en 1539. par François I. le Roy Louis XIV. n'a-t-il pas exécuté en partie ce que nous proposons aujourd'hui?

[68] Ce Prince, par Edit de 1695. avoit assuré cette propriété incommutable à l'égard de tous les Domaines aliénés depuis l'Ordonnance de 1566. la Paix conclue par le Traité de Riswick, l'ayant mis en état de se passer de secours extraordinaires, il fit surseoir à l'exécution de cet Edit; mais les dépenses inévitables ausquelles il se trouva engagé, pour soutenir les droits de son Petit-fils à la Couronne d'Espagne, l'obligerent à recourir de nouveau à ce même expédient; et par Edit du mois d'Avril 1702. il déclara aliénable à titre d'inféodation et de propriété incommutable, non seulement les Hautes-Justices par démembremens des Justices Royales, mais encore toutes les parties du Domaine, connues sous le nom de petit Domaine, qui consistent en cens, rentes, moulins, fours, pres-

soirs, halles, maisons, boutiques, échopes, terres vaines et vagues, landes, bruyeres, palus, marais, bacs, péages, chasses, pêches, banvin, dans les lieux où les Aydes n'ont pas cours, etc. lesquels biens et droits, ou du moins la plus grande partie d'iceux avoient déja été reconnus aliénables à perpétuité, et sans faculté de rachat, par Déclaration du 8. Avril 1672. et en outre ce même Edit de 1702. confirma les possesseurs des Domaines, et droits aliénés depuis l'année 1566. dans la jouissance perpétuelle et propriété incommutable desdits Domaines et Droits.

On dira sans doute que la raison qui a déterminé le ministre à consentir à l'aliénation perpétuelle et irrévocable de ces différentes parties, est la modicité de l'objet de chacune prise en particulier, et la dépense qu'elles exigeoient pour leur entretien; mais qu'il n'en est pas de même pour les corps de Terres et Seigneuries. [69] Ce sont en effet les motifs qui furent allégués dans le tems.

Mais, qu'est-ce que c'est que toutes les Terres et Seigneuries du Royaume, tant du Roy que des Particuliers? En quoi consistent-elles? En Justices, Châteaux, Maisons, cens, rentes, moulins, fours, pressoirs, terres, prés, vignes, landes, bruyeres, marais, étangs, bacs, péages, passages, chasses, pêches, etc. c'est-à-dire, dans un assemblage plus ou moins considérable des parties qui forment ce qu'on appelle le petit Domaine.

Or si l'on prétend que l'entretien et la régie des parties détachées de ce petit Domaine est onéreuse ou peu utile, comment pourra-t-on dire que ces mêmes parties réunies et cumulées, pour former un corps de terre, ne soient pas sujettes au mêmes inconvéniens? Et pourquoi les motifs qui ont déterminé à l'aliénation irrévocable de l'un, n'auroient-ils pas la même influence sur l'autre, puisque le tout est constamment et nécessairement assujetti au sort de ses parties intégrantes?

Cette comparaison ne seroit peut-être pas juste, s'il s'agissoit d'un Particulier. Quand ses biens sont réunis en corps, il voit tout d'un coup d'œil, par lui ou par ses gens d'affaires : si au contraire ils sont divisés et éloignés, il lui en coûte beaucoup de peines et de frais pour se porter par tout où les besoins exigent sa présence; et s'il veut se dispenser d'agir par lui-même, il est obligé de multiplier ses Agens, dont les appointemens consomment le produit de ses héritages; mais il n'en est pas de même du Roy : il a partout des Officiers entretenus pour veiller à ses intérêts. Ses Fermiers le sont de tout le Domaine du Royaume, leurs préposés sont répandus dans toutes [70] les Provinces, et les biens de cette espéce dans la main du Souverain, susceptibles d'ailleurs de plusieurs autres inconvéniens, ne le sont pas de celui-ci.

La Loi fondamentale de l'Etat, et le serment des Rois à leur Sacre, ne permet pas, ajoutera-t-on, d'aliéner le Domaine; mais les parties dont la Déclaration de 1672. et les Edits de 1695. et 1702. ont ordonné l'aliénation à titre de propriété incommutable, n'appartenoient-elles pas aussi bien au Domaine de la Couronne, que celles qui n'y sont pas comprises? Et l'Edit de François I. de 1539. et le serment des Rois à leur Sacre, ont-ils fait des exceptions qui ayent autorisé la perpétuité des aliénations qui ont été faites? nullement.

Ainsi, quant à la transgression de la Loi et du serment, il ne doit pas plus subsister de difficultés pour l'un, que l'on en a trouvé pour l'autre; et à l'égard des motifs qui ont déterminé l'aliénation, ils n'ont pas plus de force pour le petit, que pour le grand Domaine.

Quand un préjugé a été adopté par une Nation entiere, on ne doit pas le heurter de front : la prudence exige que l'on passe insensiblement d'un terme à l'autre, et que l'on ménage jusqu'aux erreurs de la multitude; mais ceux qui tiennent les rênes du Gouvernement, n'ont jamais crû, surtout en matiere de Finance, que ces considérations politiques fussent assez puissantes, pour leur faire rejetter les avantages qu'une nouvelle route pouvoit leur offrir.

Les premiers pas ont déja été faits vers l'aliénation perpétuelle du Domaine, par les Réglemens que nous venons de citer. Pour aller plus loin, il ne s'agit plus que d'un prétexte raisonnable, tel que peuvent être les be[71]soins d'une guerre aussi intéressante que celle d'aujourd'hui, où nos ennemis, après avoir rejetté avec hauteur des propositions que notre amour pour la Paix avoit dictées à leur avantage, ont eu assez bonne opinion de leur supériorité, pour demander et espérer la cession de cinq ou six de nos Provinces frontieres, les plus riches et les plus importantes à notre sûreté.

Par toutes ces raisons, je persiste à dire que dans l'état où se trouve actuellement le Domaine de la Couronne, et en supposant un besoin de Finance, il seroit plus avantageux à l'égard de celui non encore aliéné; 1°. De le vendre, que de le garder; 2°. De stipuler cette vente perpétuelle, plûtôt que réversible, en réservant tel nombre de Forêts, Châteaux et Seigneuries que le Conseil du Roy aviseroit bon être ; et à l'égard du Domaine déja aliéné, sauf celui qui est entre les mains des Princes et Princesses du Sang, que j'exclus de cette proposition, d'en faire un rachat général, et ensuite une revente perpétuelle et irrévocable aux plus offrans, sans préférence pour les possesseurs actuels, à la charge par les nouveaux acquéreurs, de rembourser les anciens, et de porter le surplus au Trésor Royal.

[73]

SUR LE COMMERCE

LE COMMERCE est aussi ancien que le monde; la nécessité le fit naître; le désir de la commodité l'augmenta; l'avarice et le luxe l'ont perfectionné.

Il semble que la nature ait affecté de distribuer ses faveurs d'une maniere à rendre la communication nécessaire entre les hommes, par le besoin qu'ils ont des choses données exclusivement, pour ainsi dire, à chaque climat; la même terre ne porte pas toutes sortes de fruits : ici le bled croît en abondance : là ce sont les vignes qui sont la richesse des habitans.

Nec verò terræ ferre omnes omnia possunt. Virg. Georg. L. 2.
Hic segetes, illic veniunt feliciùs uvæ. Idem L. 1.

Le Commerce se fit d'abord par échange, et cette maniere de commercer subsiste encore en beaucoup d'endroits. Plusieurs Nations d'Afrique, presque toutes celles d'Amérique, et quelques-unes d'Asie, donnent en nature ce qu'elles ont de trop pour ce qui leur manque.

On ne sçait précisément quand l'argent monnoyé a commencé à servir aux opérations du Commerce; quelques-uns prétendent qu'il n'étoit pas connu du tems du [74] Siége de Troye, parce qu'Homere n'en fait aucune mention. Pausanias nous assure que sous Polidore, Roy de Lacédémone, qui vivoit 340. ans après la destruction de Troye, il n'y avoit point encore de monnoye marquée au coin public; mais Mr Huet observe que cela ne pouvoit avoir de rapport qu'à sa Nation en particulier, et que c'est ainsi qu'il faut entendre le Géographe Méla, et l'Auteur du Périple de la mer rouge. Quoiqu'il en soit, l'argent n'est une véritable richesse que dans les Pays qui le produisent : dans les autres, il n'est que le lien du Commerce, et le gage incorruptible des échanges.

Les revenus du Prince consistent dans la richesse des Sujets; et la richesse des Sujets consiste dans la tradition, ou l'échange continuel d'une partie qui leur est superflue, avec une autre dont ils manquent. C'est la répétition fréquente de ces échanges, que l'on appelle Commerce, et c'est le Commerce qui fait l'opulence des Etats.

Trois choses contribuent à la richesse de l'Etat; l'Agriculture, les Arts, et le Commerce. L'Agriculture recueille los dons de la nature, et la force, pour ainsi dire, à nous les prodiguer; l'Art les met en œuvre, le Commerce les transporte où il en manque; et par son moyen, le laboureur et l'artisan se débarrassent facilement d'une partie superflue, pour s'en procurer une autre qui leur est nécessaire.

« Le Commerce ne sçauroit être florissant, que lorsque chacun se « sert à son plus grand avantage de tout ce qui lui appartient, « terres, maisons, denrées, rentes, marchandises, effets publics; « autrement il ennait [75] une infinité de non-valeurs tant publiques « que particulieres. Il y a une liaison si intime dsns les parties de « la société, que l'on ne sçauroit en fraper uno, que le contre « coup ne tombe sur les autres. *MELON*, *Essay Polit.*

Le Commerce se fait en trois manieres. La premiere, par l'échange immédiat d'une denrée avec une autre. La seconde, par billets, lorsque les facultés de l'acquéreur, et la constitution du Gouvernement, donnent assez de confiance au vendeur; et la troisiéme, au moyen de l'or et de l'argent qui se livrent pour le prix convenu de la chose vendue.

Les propriétés singulieres à chaque Province du Royaume, devroient y rendre le Commerce extrêmement vif et abondant, parce qu'il n'y a gueres de Provinces qui n'ayent besoin des Provinces voisines; mais dans celles où la Taille est arbitraire, la crainte y retient presque toujours l'industrie et le travail, le paysan et l'artisan aiment mieux demeurer oisifs, que de faire produire la terre, pour être exposés au caprice et, à la vengeance d'un Collecteur.

Le nombre des habitans, l'étendue et la fertilité du terrain sont inutiles dans les lieux où la terre demeure inculte. La base de la bonne finance est le maintien des Peuples dans l'abondance nécessaire pour l'Imposition : altérer le Commerce, ou ce qui lui sert d'aliment, c'est altérer cette abondance, c'est ruiner les revenus du Souverain.

Les avantages naturels de la France devroient la rendre maitresse du Commerce, et par conséquent. l'arbitre de l'Europe. Claudien, dans son Panégyrique pour [76] Stilicon, dit que *les Gaulois ont dans leurs propres terres les sources inépuisables de tous les biens dont ils arrosent presque tout le monde.* Mais nous n'avons pas encore sçu jouir de toute l'étendue de notre fortune.

Pour faire comprendre la différence de notre Gouvernement œconomique, avec celui de la Hollande, M. Law disoit que la France étoit à l'égard de la Hollande, ce qu'un Seigneur riche et puissant, mais dérangé, est à l'égard du Marchand de qui il emprunte. Cependant, malgré notre peu d'attention et nos fautes, notre climat est si abondant, que par la balance de notre Commerce, l'Etranger est toujours annuellement notre débiteur de quatorze à quinze millions au moins, quand il n'y a point de dérangement.

On compte qu'il y a actuellement en France environ treize cens millions de livres en espéce monnoyée à 48. l. 10. s. le marc, et pour autant de pierreries et d'argenterie : nous n'avons cependant point de mines d'où nous puissions tirer la matiere de nos monnoyes : elle provient des fruits de la terre et de l'industrie, qui périssent, qui se consomment, et qui croissent et renaissent sans cesse ; ce qui les représente est durable, et procure journellement de nouveaux avantages ; on ne sçauroit donc protéger avec trop de soin ce qui fait naître des denrées si utiles, l'Agriculture et les Arts, source de toute nos richesses.

Ceux qui ont pénétré le plus intérieurement dans les opérations du Commerce, prétendent que tout celui qui se fait tant au-dedans qu'au-dehors du Royaume, est de dix fois supérieur à l'argent monnoyé qu'il est possible d'y employer ; ensorte que si, par le défaut de confiance, [77] les crédits cessent, l'espéce se trouvant alors surchargée d'une fonction, neuf fois au-delà de ses forces, le Commerce diminue nécessairement de neuf parties sur dix.

M. Melon fait la même remarque dans son Essai sur le Commerce : « L'or et l'argent, dit-il, sont devenus insuffisants par l'augmenta-« tion de notre Commerce. Ils ont besoin d'être multipliés par les « billets, lettres de change, et autres représentations ; et de la quan-« tité suffisante de ces représentations, dépend la faculté et le pro-« grès du Commerce. »

Ce sont ces principes qui ont donné l'être à la Banque générale de Law, dont nous parlerons à la suite de ce Mémoire, et c'est l'abus de ces principes qui a causé sa ruine et sa destruction.

Le Commerce se divise en commerce de terre et en commerce de mer. Celui de terre se fait de Ville en Ville, de Province en Province, de Royaume en Royaume, par la commodité des charettes, chariots, rivieres, canaux, lacs, etc.

La France a en main, dit M. de Sully, tome 5. page 275. « un « moyen sûr de s'attirer tout le Commerce de l'Océan et de la Médi- « terranée, et de le voir tout d'un coup sans grands frais, jusqu'au « centre de ses Provinces. Il lui en coûtera pour cela de joindre, « par des canaux, la Seine avec la Loire ; celle-ci avec la Saône, et « la Saône avec la Meuse ; mais aussi le premier coup d'œil n'offre « pas moins de deux millions tous les ans, dont nous nous enrichi- « rions sur l'Espagne : richesses réelles et solides, comme sont « toutes celles que produit le Commerce.

Avant le ministere du Duc de Sully, on n'avoit pas [78] encore songé en France à tirer partie des rivieres ; il commença par le canal de Briare ; les circonstances l'empêcherent d'aller plus loin ; mais il nous a indiqué ce que nous avons à faire.

La jonction des rivieres, le rétablissement et entretien des chemins, et la suppression de tous les péages qui ne sont pas à titre onéreux, et chargés d'un entretien proportionné à leurs produits, sont peut-être les trois plus importans objets, dont un sage Gouvernement puisse s'occuper, en y employant en tems de paix les troupes inutiles ailleurs ; et cette foule de mandians valides, que le libertinage et le défaut de police ont livrée à une oisiveté perpétuelle, scandaleuse, onéreuse et dangereuse à l'Etat. Ces sages réflexions appartiennent à l'Editeur des dits Mémoires.

Le Commerce de terre, et par les canaux et rivieres, est très-utile, très-nécessaire, très-avantageux ; mais le Commerce maritime lui est bien supérieur.

Le Royaume est si abondant en fruits et en manufactures, qu'il fournira toujours à ses habitans de quoi vivre plus commodément que toutes les autres Nations de l'Europe, qui ne vivroient que des productions de leur propre Pays ; mais il ne sçauroit jamais acquérir par-là ces grandes richesses, qui rendent un Etat florissant et redoutable à ses voisins. Il faut les aller puiser par la voye de la mer dans les sources étrangeres.

La mer est le lien de la société des hommes, et la ligne de communication qui les attache si avantageusement les uns aux autres. Cette liaison a perfectionné les Arts et les Sciences ; sans elle, nous ignorerions ce qu'il y a de plus beau et de plus curieux dans la nature ; il n'y [79] a que la mer qui puisse donner le nécessaire avec facilité et avec abondance ; c'est d'elle dont nous tenons le superflu et la profusion : elle prodigue ses richesses à des Peuples, qui, sans son secours, travailleroient beaucoup pour acquérir peu. Enfin, la navigation est le plus noble effort de l'industrie des hommes, et la plus illustre marque de la fermeté de leur courage.

Les Phéniciens sont réputés les premiers à qui la curiosité et l'appas du gain ont fait entreprendre de s'exposer aux dangers de la mer. Industrieux, patiens, laborieux, sobres, ménagers, parfaitement unis entr'eux, sinceres, fidéles, surs, commodes à tous les Etrangers, ils acquirent des richesses immenses ; la mer sembloit leur apporter le tribut de toutes les Nations. Tyr se regarde dit le Prophète Ezéchiel, avec complaisance, comme la Reine des Villes, qui a pour correspondans les plus illustres Princes, dont les riches Négocians disputent le rang aux Têtes couronnées, qui voit dans son alliance et sous sa dépendance, toutes les Puissances maritimes, et qui s'est rendue nécessaire ou redoutable à tous les Peuples.

Aristote, dans ses Politiques, se moque des Loix de la République de Platon, qui rendoient toutes choses communes. La société civile ne peut, dit-il, subsister sans des différences et des distinctions entre les personnes. Les richesses produisent ces distinctions, et le Commerce produit les richesses. C'est aussi l'esprit de la Politique Chinoise, comme on le voit dans les maximes ou régles de conduite de cette sage Nation, traduites par le P. Perrennin, rapportées dans le 26ᵉ Recueil des lettres édifiantes et curieuses : « *L'égalité de condition*, dit-il, *seroit dans la société* « *une source de fainéantise et de misère*.

[80] C'est un principe indubitable dans la Politique, que rien ne peut si puissamment contribuer à la grandeur d'un Etat, que la mer et les forces navales ; c'est ce que l'on connoit sans peine par le progrès et la décadence des plus grandes Monarchies. Les Peuples de la Grèce et de l'Asie, gagnerent les uns sur les autres l'empire d'Orient durant 800. ans, vainqueurs ou vaincus, à mesure qu'ils se trouvoient ou plus forts ou plus foibles sur la mer. Ce fut au moyen de grandes richesses acquises par le Commerce que les Carthaginois ayant fait alliance avec Xerxès Roy de Perse, contre la Gréce, envoyerent sous la conduite d'Hamilcar, une armée de terre de trois cens mille hommes, et une flotte composée de deux mille vaisseaux, et de plus de trois mille bâtimens de charge : aussi Rome ne crut-elle avoir véritablement subjugué Carthage, qu'après

lui avoir ôté les ressources qu'elle auroit pu trouver dans le Commerce.

Les Anglois et les Hollandois s'unissent avec la Maison d'Autriche contre la France pour la succession d'Espagne. Mais si-tôt que cette maison forme le projet d'établir à Ostende une Compagnie de Commerce, ils ne reconnoissent plus cet ancien ami ; ils sont prêts à tourner toutes leurs forces contre lui. Ils soutiennent pour sa cause une guerre furieuse de 12. années ; ils épuisent leurs trésors : ils prodiguent le sang de leurs Sujets pour empêcher la destruction d'un équilibre, peut-être chimérique ; ils sont prêts à faire les mêmes efforts contre lui, s'il persiste dans le dessein de participer à leur Commerce ; ils ne craignent pas de lui donner des Provinces et des Royaumes ; ils frémissent si-tôt qu'il veut mettre un vaisseau en mer : Qu'elle est donc l'idée que ces sages[81] Nations ont du Commerce et de la Marine ?

Le Commerce et la circulation sont le sang et la vie d'un Etat. Ces mêmes Hollandois ne se sont rendus si puissans que par une attention continuelle à ces principes. Possesseurs d'un pays borné, usurpé sur la mer, dont les attaques demandent une vigilance continuelle, et des dépenses excessives, ils ont cependant étendu leur domaine jusqu'aux extrémités de la terre ; ils vont de pair avec les Rois de l'Europe, et en ont de Tributaires en Asie.

Saint Ambroise a dit quelque part, que l'Etat de marchandise étoit un état damnable, à cause de la cupidité du gain qui est en ceux qui l'exercent. Ce saint Docteur, plus occupé des choses célestes, que de celles de ce bas monde, rapportoit tout à son objet. La cupidité excessive du gain est blâmable dans toutes les conditions, et plus dans celles du Commerce, que dans toute autre, parce qu'elle en détruit le plus solide appui, qui consiste dans la fidélité et dans la bonne foi incompatibles avec cette cupidité excessive ; mais le Commerce exercé suivant les loix de la probité, devient une profession recommandable qui mérite toute la protection du Souverain, et les égards de tous les autres ordres de l'Etat, par les avantages et les commodités qu'il leur procure. Philippes de Comines raconte que de son tems, « deux facteurs de Cosme de Médi-
« cis, l'un en Angleterre, et l'autre en Flandre, maintainrent le
« Roy d'Angleterre dans son Royaume, par le moyen des grands
« deniers qui passoient par leurs mains, desquels ils aidoient le
« Roy Edouard, lequel depuis recommanda à ses amis de tenir
« bons termes aux Marchands. »

[82] « Ne vous laissez jamais entraîner par l'avarice, dit M. de « Cambray, dans ses Maximes Politiques ; le vrai moyen de gagner « beaucoup est de ne vouloir jamais trop gagner : soyez constans « dans les régles du Commerce, et que ces règles soient simples et « faciles ; surtout, n'entreprenez point de le gêner, et que l'auto- « rité souveraine ne s'en mêle que pour le protéger. A quoi il pouvoit ajouter : Procurez aux denrées fondamentales de votre Etat une valeur capable de payer grassement la culture, et d'animer le laboureur à étendre son travail sur les terres médiocres de son héritage, comme sur les bonnes. Favorisez la sortie et la consommation des denrées de votre crû, et de vos fabriques, et faites vos efforts pour éloigner l'entrée de tout ce que l'art ou la nature vous donnent en quantité suffisante.

Il est démontré que toute marchandise ou denrée étrangère qui pénètre dans un Royaume, qui en produit ou fabrique de semblable, ou capable d'y suppléer, préjudicie au Commerce de ce Royaume, à proportion de la quantité de l'introduction étrangère.

C'est cet axiôme de Commerce et de Politique qui a déterminé le Conseil à défendre les toiles peintes, et les étoffes de soye des Indes : mais comme cette défense reçoit journellement et publiquement des infractions, dans le lieu même d'où elle est émanée, que nous sommes environnés de Pays où ce Commerce est libre, et que l'intérêt de ces Pays est de verser sur nous, la qualité de cette marchandise, à laquelle la prohibition ajoute un nouveau mérite, détermine l'acheteur, et le profit considérable détermine le vendeur à risquer les peines pécuniaires et afflictives qui sont prononcées contre l'un et [83] contre l'autre ; ensorte que le Royaume est rempli de marchandises des Indes, ce qui fait sortir clandestinement, et sans équivalent, plus de quatre millions de livres de nos espéces, dont la balance du Commerce est d'autant surchargée, et ruine les manufactures de soye et petites étoffes de laine.

Dans cet état, il est nécessaire d'opter : l'alternative est évidente, dit M. Melon dans son Essai Politique, « ou elles sont utiles, ou « elles sont pernicieuses. Dans le premier cas, permettez-les ; dans « l'autre, exécutez rigoureusement l'Ordonnance ; dire que l'exécu- « tion en est impossible, c'est ne pas connoître la force des Loix.

Mais si l'on ne vouloit absolument ni l'un ni l'autre, il y auroit un tiers parti à proposer, duquel nous tirerions du moins quelque utilité : ce seroit de faire venir le coton brut des Indes, de la

Calabre, de la Poüille, de Chypre, et autres endroits où il croit, de le faire filer et tisser en France, et de permettre ensuite que les toiles qui en seroient faites, dûement reconnues par des marques évidentes pour fabrique de l'Etat, pussent être peintes façon des Indes, avec liberté de les vendre tant au-dedans qu'au-dehors.

La Hollande et l'Angleterre ayant reconnu qu'elles ne pouvoient empêcher la fraude de cette espéce de marchandise, sans de grandes dépenses pour y veiller, et sans exposer leurs Sujets à des contraventions journalieres, dont les poursuites et les condamnations auroient ruiné les uns, et fait deserter les autres, ont agi chacune à leur égard de la maniere la plus convenable à la constitution de leur Pays.

La Hollande, où rien ne croît, et qui ne craignoit [84] par conséquent aucun préjudice de l'usage des toiles, les a permises sans restriction.

L'Angleterre qui produit de la laine et du lin, les a défendues avec sévérité, et la loi s'observe; mais on y imprime des toiles originaires d'Ecosse et d'Irlande, dont le Peuple fait une grande consommation ; et pour tirer avantage de tout, le Gouvernement a permis d'imiter les toiles des Indes, sur les toiles de coton, qui en sont apportées toutes fabriquées, à la charge de les faire sortir à l'Etranger, ce qui s'exécute, et fait maintenant avec ces modifications, une branche considérable du Commerce de la Nation.

Dans tous les tems, et dans tous les Royaumes, il y a eu des révolutions, des changemens, et des parties de Commerce interrompue. Quelquefois même on a vû la masse totale du Commerce passer d'une Province, ou d'un Etat à un autre : certains événemens, certaines circonstances, qui sont au-dessus des forces et de la prudence des hommes, occasionnent ces changemens : c'est ainsi que la découverte des Indes a transporté à la Hollande le commerce des Epiceries, que Venise, avant elle, faisoit exclusivement à toute l'Europe.

Mais, quoique ces événemens soient au-dessus de la force des hommes, la Providence leur a laissé des moyens pour parer aux maux qui en sont la suite nécessaire. M. de Colbert, guidé par son heureux génie, et par les Mémoires de M. de Sully, ayant considéré l'état de notre Commerce, et celui des Royaumes voisins, comprit que la nature nous ayant donné toutes les choses nécessaires, il ne s'agissoit que d'animer les Arts et les Manufactures. Avant ce sage Ministre, nous faisions venir de la Hollande pres[**85**]que tout ce qui sert à la Marine, et presque aucune espéce de fabrique ne nous étoit connue. Il tira toutes sortes d'ouvriers de chez l'Etranger, qui formerent une quantité d'éleves ; il nous fit employer les matieres premieres, et gagner la main d'œuvre qui fait la principale valeur des Manufactures, et dont nos voisins profitoient seuls auparavant; et aidé du génie de la Nation, il perfectionna tellement nos ouvrages par la qualité du travail et la bonté des matieres, que bien-tôt nous surpassames nos maîtres, dont le Commerce déchût à proportion que le nôtre augmenta ; c'est ce qu'on a vû dans la Manufacture des Glaces établie à Paris, qui a fait tomber celle de Venise ; dans les tapisseries de Haute-Lisse, qui ont fait tomber celles de Flandres ; dans les riches étoffes de Lyon, qui ont fait tomber celles d'Italie, etc.

Le Prince doit rechercher avec soin, et récompenser avec libéralité, ces ouvriers habiles, ces artistes fameux, quelque contrée qu'ils habitent; ce sont des flambeaux allumés qui communiquent, sans diminution et sans altération, leurs lumieres et leurs talens à une multitude d'éleves. Un grand Roy ne jouit de son bien, que quand il l'a donné ; sa libéralité l'enrichit, et lui fait des acquisitions d'une valeur inestimable ; la supériorité des Arts et des Manufactures, l'accroissement du Commerce et des richesses de l'Etat, l'admiration de son Peuple, et le respect de ses voisins.

Depuis cet établissement, la mauvaise foi, et l'avidité des Inspecteurs des Manufactures, la tolérance sur l'introduction des étoffes étrangeres, l'expulsion des Religionnaires que la Politique a crû un mal nécessaire, les droits dont les marchandises et fabriques de notre crû [**86**] sont chargées à la sortie, contre l'évidence du préjudice qui en résulte, et contre l'exemple de nos voisins ; toutes ces causes réunies, ont rendu nos ouvriers plus nombreux, que notre Commerce et notre consommation ne le comportoient ; faute d'une subsistance commode dans leur patrie, il en a passé des essains dans differens Pays de l'Europe, où ils ont porté leur industrie, et formé des établissemens nouveaux, qui ont contribué à la diminution de notre Commerce, comme nous avions contribué à la diminution de celui de nos voisins.

Dans une telle situation, la raison veut que l'on se fraye une autre route, et que l'on substitue de nouvelles fabriques à celles qui nous abandonnent.

Nous achetons la plus grande partie de la matiere de nos étoffes de soye ; nous achetons aussi beaucoup de laine pour mélanger avec celle du crû. L'or et l'argent de nos galons ne croissent point dans le Royaume. Cependant, quoique la matiere premiere soit tirée du dehors, l'industrie nous procure le bénéfice de toutes les préparations, qui est immense. Il y a, par exemple, plus de 600. pour 100. de différence d'une toison de laine prise sur la bête, jusqu'à la perfection de la quantité de drap fin, dont cette toison est capable. Pourquoi ne tenterions-nous pas de faire sur le coton, et même sur les toiles de notre crû, un gain proportionné ?

Nous n'avons pas des ouvriers accoutumés à ces sortes d'ouvrages, dira-t-on ; M. de Colbert n'en avoit pas non plus, quand il a fait ses établissemens ; ils se sont formés peu à peu. Nous avons des filleuses de lin et de laine ; on file même du coton dans certaines Provinces du Royaume. Nous avons des Tissérans habiles et en grand [87] nombre : ainsi nulle difficulté sur ces deux chefs ; reste les Déssinateurs, les Graveurs en bois, et les couleurs. Nos Académies de peinture et de sculpture nous fourniront les meilleurs déssinateurs de l'Europe. Le goût de la Nation, la variété de ses idées l'emportera toujours sur les Anglois et les Hollandois, qui ne nous ont jamais disputé cette partie. Nos graveurs en bois sont parvenus à un point de précision, qu'à peine distingue-t-on leurs ouvrages d'avec ceux du cuivre : quant aux couleurs et à la maniere de les préparer, de les appliquer et de les fixer, nous les trouverons chez les Anglois, chez les Hollandois, chez nous-mêmes ; et particulierement dans le 26e recueil des lettres édifiantes et curieuses, dans lequel le P. Cœurdoux explique avec un grand détail ce qui concerne la peinture des toiles, les ingrédiens que les Indiens y employent, leur méthode pour en extraire les couleurs ; et les drogues de l'Europe qui pourroient servir et suppléer à celle de l'Inde qui nous manqueroient.

Dans les tems que l'Europe entiere suivoit la même Religion, il étoit inutile, ou plutôt il ne paroissoit pas comme aujourd'hui d'une nécessité absolue, de faire des changemens dans le culte extérieur. Le nombre de Fêtes étoit égal dans tous les Royaumes. Les Ouvriers anglois, hollandois, suedois, danois, allemands, suisses demeuroient oisifs autant de jours dans l'année que les Ouvriers françois ; Et comme les forces et les richesses ne sont grandes ou petites, fortes ou foibles, que par comparaison, toute l'Europe étoit au pair pour le temps qui s'employoit à l'industrie et à la main d'œuvre, et les richesses qui en procédent étoient par conséquent en égalité de proportion.

[88] Mais depuis l'établissement de la Religion Prétendue Réformée, cette égalité se trouve détruite et la balance affoiblie de plus d'un septiéme, à notre préjudice : car elle permet dans l'année au moins cinquante jours de travail plus que la Catholique.

Or comme la marchandise doit supporter tous les frais de la matiere et de l'industrie, elle supporte par conséquent la subsistance de l'Ouvrier pendant ces jours d'inaction : d'où il suit que lorsque nous vendons une aune de drap 21. liv. les protestans, toutes choses égales, peuvent la donner à 18. liv. avec profit égal pour l'Ouvrier; ce qui fait une différence de plus de 14. pour 0/0. Un commerçant qui a un avantage si exorbitant sur son concurrent, ne doit-il pas l'écraser ?

Quelques Evêques pensant sainement, et informés que pendant ces Fêtes, l'oisiveté sert plus au libertinage qu'à la Religion, en ont supprimé quelques-unes dans leurs Diocèses; mais ils sont encore demeurés bien loin de ce que l'utilité publique exigeroit à cet égard.

Pendant que nos boutiques sont fermées, que les atteliers sont abandonnés, que le jeu ou le vin consomment le salaire de nos Ouvriers, et souvent le nécessaire de leurs nombreuses familles qui périssent de misere, qu'ils se querellent, qu'ils se battent, et que par leurs excès ils se mettent hors d'état de travailler le lendemain, le protestant s'occupe avec assiduité et utilité pour l'Etat et pour lui aux ouvrages de sa profession; ensorte que supposant seulement dans le Royaume cinq millions d'artisans, ouvriers, manœuvres et cultivateurs de tout âge et tout sexe, sans compter les Notaires, Procureurs et autres Gens de Justice et professions non mécaniques, [89] inutiles pendant cinquante jours à raison de cinq sols la journée seulement, le fort pour le foible, il en résulte une perte de douze cens cinquante mille livres par jour, qui multipliés par 50. reviennent à soixante-quinze millions par an.

Si la Religion n'est pas intéressée à cette oisiveté, comme il y a lieu de le croire par les suppressions de quelques Fêtes ordonnées par les Chefs de l'Eglise, pourquoi sur-tout en admettre de nouvelles ?

Un spectacle quoique très-ordinaire, auquel la raison ne peut s'accoutumer, c'est de voir dans une même Ville, dont les habitans professent le même culte, une partie de cette ville, ou un côté de rue seulement, fermer ses boutiques, et courir au temple ou au cabaret, pendant que de l'autre les marchandises sont étalées, et que chacun s'empresse au travail de sa profession.

Il ne nous appartient pas d'examiner l'origine et le mérite de ces institutions pieuses, il nous suffit d'avoir donné une idée du préjudice qu'elles causent maintenant au commerce général de l'État, et aux familles en particulier. Passons à un autre objet.

Des différentes branches de commerce la plus riche et la plus considérable est celle des Indes orientales : c'est de là que l'on tire les pierreries, la sôie, la canelle, le poivre, le gingembre, la muscade, le coton, les porcelaines, les différens bois de teinture, et mille autres commodité autrefois inconnues et maintenant nécessaires. Ce commerce a toujours enrichi ceux qui l'ont exercé. Ce fut la premiere source des trésors incroyables que Salomon amassa. David en subjuguant l'Idumée étoit devenu maître d'Elath et d'Asiangobar. C'est de là que [90] Salomon envoya ses flottes vers Ophir et Tarsis [1], d'où elles revenoient toujours chargées de richesses immenses. Ce commerce, après avoir été quelque tems entre les mains des Rois de Syrie, qui reconquirent l'Idumée, passa en celle des Tyriens [1]; mais lorsque les Ptolomés se furent rendus maîtres de l'Egypte, ils attirerent bientôt ce trafic, en bâtissant Berenice et d'autres ports sur la côte occidentale de la Mer rouge, qui dépendoit de l'Egypte ; C'est par cette voye que s'est fait pendant plusieurs siécles le commerce de l'Orient avec l'Occident : mais depuis environ deux cens ans qu'on a découvert une route pour aller aux Indes, en doublant le Cap de Bonne-Espérance, les Portugais sont devenus les maîtres de ce commerce, qui maintenant est tombé presque entier entre les mains des Hollandois, des François et des Anglois.

Les Négocians Romains faisoient tous les ans un voyage d'Egypte aux Indes; leur cargaison étoit d'environ cinq cens mille sesterces, ce qui revient à peu près à six millions de notre monnoye, dont le retour leur rapportoit cent pour un, c'est-à-dire, six cens millions : *Digna res Imperii nostri H. S. quingenties exhauriente Indiâ, et*

1. *Tarsis maintenant inconnu, on croit que c'étoit un terme général que les Hébreux employoient pour désigner les pays éloignés de la mer.*

Ophir est selon S. Hierôme la partie de l'Inde au delà du Gange. On y trouve en effet toutes les especes de marchandises que les flottes de Salomon rapportoient.

merces remittente, quæ apud nos centuplicata veniant. Je ne doute pas du grand avantage que ce Commerce leur rapportoit; cependant je serois fort tenté de regarder ce passage, comme une exagération que l'on peut, sans scrupule, réduire à cinq ou six pour cent, au lieu de cent pour un.

Vasco de Gama Portugais, est le premier qui ait pénétré de nos jours dans ces riches et vastes contrées, et qui ait doublé la pointe d'Afrique, ou Cap de Bonne-[91]Espérance. Je dis de nos jours; car l'Auteur anonyme de l'Histoire du Commerce, et plusieurs autres, sont persuadés non-seulement que le Cap étoit fréquenté du tems de Salomon, mais encore qu'il le fût long-tems après. C'est aussi le sentiment de M. Terrasson, qui, dans son septiéme Livre de Séthos, rapporte plusieurs témoignages de l'Antiquité, qui prouvent que le tour entier de l'Afrique avoit été fait dans le siécle qui a précédé le Siége de Troyes, c'est-à-dire, environ l'an du monde 2700.

Quoiqu'il en soit, Vasco de Gama arriva au mois de May de l'an 1497. avec quatre Vaisseaux devant Calicut, Ville capitale du Royaume de ce nom sur la côte de Malabar, dans la presqu'Isle de l'Inde, au-delà du Golfe de Bengale; l'année d'après, le Roi Jean II. y en envoya 14. autres sous le commandent de Pedro Alvarès. Il soutint ces Flottes par des armemens successifs, et parvint enfin à faire des établissemens solides sur une grande partie des côtes maritimes de l'Asie, dont Goa dans le Royaume de Décan, en la presqu'Isle de l'Inde de deçà le Gange, devint la capitale; cette Ville avoit été prise en 1510. pour les Portugais, par Alphonse d'Albuquerque.

Lorsque les Hollandois eurent trouvé le moyen de se soustraire à la domination des Espagnols, ceux-ci qui s'étoient rendus maîtres du Portugal et des Indes, et qui regardoient les Hollandois comme des rebelles, leur fermerent tous leurs Ports en Europe, en Amérique et en Asie. Quelques Particuliers de Zélande, animés par ces difficultés, chercherent de nouvelles routes par le Nord-Est, en côtoyant la Norvege, la Moscovie et la [92] Tartarie; mais les froids extrêmes de la nouvelle Zemble, et les glaces impénétrables du détroit de Weigats, ayant ruiné et rebuté leurs équipages, il se forma une Compagnie à Amsterdam, qui résolut de tenir la route ordinaire des Portugais, et fit partir en 1595. une flotte de quatre Vaisseaux sous la conduite de Corneille Houtman; à la vérité il rapporta peu de gain ; mais il rapporta des instructions qui firent naître de grandes espérances.

Le Gouvernement ayant remarqué que diverses Compagnies armoient pour les Indes, et que cette concurrence ne pouvoit manquer d'être préjudiciable au Commerce de la Nation, il les engagea à se réduire en une seule, par un traité qui fut conclu le 20. Mars 1602. époque considérable, puisqu'elle est celle du plus solide et du plus célébre établissement de Commerce qui ait jamais été fait. Le premier fonds fut de six millions six cens mille florins.

Cette Compagnie trouva bien des oppositions. Les Espagnols qui ne formoient plus qu'une même Nation avec les Portugais, fortifiés par une longue possession, et les Anglois, jaloux de l'opulence naissante des Hollandois, les traverserent de tout leur pouvoir. Les commencemens furent foibles, les armemens souvent onéreux, le succès parut plus d'une fois incertain ; d'autres se seroient rebutés, mais la constance des Hollandois surmonta toutes les difficultés ; ensorte que l'inventaire des effets de cette Compagnie fait en 1661. et dans lequel on ne comprit point les fonds de terre qu'elle possede aux Indes, se trouva monter à une somme si excessive, qu'elle surpassoit toute croyance : elle a établi la [93] Capitale de son Empire dans les Indes à Batavia dans l'Isle de Java.

Les Anglois n'ayant pû venir à bout de ruiner l'établissement que les Hollandois avoient commencé dès l'année 1595. crurent qu'ils n'avoient rien de mieux à faire, que de suivre leur exemple : ainsi ils formerent une Compagnie pour le commerce des Indes, l'an 1599. qui eut un succès si rapide, qu'elle équipa en fort peu de tems jusqu'à vingt Flottes. Alors les Hollandois se réunirent aux Portugais pour s'opposer à l'établissement des Anglois, par la même raison que les Anglois et les Portugais s'étoient ci-devant opposés au leur. Mais vivement protégés par la Reine Elisabeth, et par Jacques I. jaloux du commerce de la Hollande, ils s'y sont maintenus, de maniere que le Bilan de la Compagnie fait en 1685. montoit à un million sept cens trois mille quatre cens vingt-deux livres sterling, ce qui feroit de notre monnoye courante environ trente-sept millions ; ensorte que non-compris la propriété des Places et des Forts évalués à plus de douze millions de France, les Intéressés avoient augmenté leur fonds d'environ 230. pour 100. leur Ville principale est Bombaye, Isle et Port sur la côte du Royaume de Décan, près le Golfe de Cambaye.

Les Danois et les Suédois ont aussi voulu prendre part à ces voyages célèbres ; mais ce n'a été ni avec le même succès, ni avec des Flottes aussi nombreuses, ni par conséquent avec le même avantage, et l'on ne voit ordinairement par année que deux ou trois de leurs Vaisseaux dans les Indes. Ils ont leur principal Comptoir à Tranquebar, petite Ville de la presqu'Isle de l'Inde, deçà le [94] Gange, sur la côte de Coromandel, dans la Principauté de Tanjaor; elle a une forteresse appelée Dannebourg.

La situation avantageuse de la Gaule avoit autrefois déterminé ses habitans au commerce maritime. César nous apprend lib. 6, qu'ils adoroient Mercure comme Dieu protecteur du commerce et des Arts, et que les marchandises qu'ils tiroient de l'Etranger, produisoient chez eux l'abondance ; l'on ne peut en effet rapporter qu'au Commerce la grande puissance de ceux de Vannes, et leurs navigations fréquentes en Angleterre. Les Marseillois, imitateurs des Phocéens, leurs Fondateurs, pour le goût de la navigation, et des Rhodiens pour la discipline maritime, acquirent beaucoup de gloire et de richesses par leur trafic et par leur industrie.

Les François ayant subjugué les Gaules, y apporterent une pareille inclination pour la navigation : car l'Histoire nous apprend qu'ayant été soumis par l'Empereur Probus, et obtenu de lui des terres pour habiter, une partie d'entr'eux, ennemis du repos, se saisit de plusieurs Vaisseaux qu'ils trouverent sur les côtes du Pont-Euxin, d'où ils vinrent ravager celles de l'Asie et de la Gréce ; qu'ayant été repoussés de celles d'Afrique, ils se rabattirent sur la Sicile, se rendirent maîtres de Syracuse ; et qu'enfin, après être sortis par le détroit de Gades (maintenant Gibraltar) ils passérent dans l'Océan, attaquerent les côtes d'Espagne, et retournerent chez eux sans avoir reçu aucun échec.

Les François de nos jours ne sont ni moins amateurs de la navigation, ni moins industrieux, ni moins entreprenans que leurs ancêtres. Dès l'année 1402, ou selon d'autres 1417, Jean de Bethencourt, Gentilhomme Nor[95]mand, avoit fait la conquête des Isles Canaries, en 1484, un Pilote de Biscaïe avoit reconnu les Isles de l'Amérique, et ce n'est, à ce que plusieurs assurent, que sur son Journal et sur ses instructions, que Christophe Colomb a formé le plan de ses voyages, et fait ses grandes découvertes.

Les François, animés par ses heureux succès, coururent les mers à son exemple. Les Bretons, les Basques et les Normands découvrirent le Grand Banc en 1504. et il passe pour constant qu'ils avoient touché le Bresil avant Améric Vespuce ; le Cap-Breton, et l'Isle de Fernambouc, furent découverts l'an 1520. par les trois freres Parmentier, la Virginie et le Maragnan, en 1524. par d'autres Particuliers.

Charles IX. désirant augmenter la navigation et le Commerce, envoya à la Floride le Chevalier de Villegagnon, qui s'acquitta mal de cette commission ; il y renvoya Jean Ribaut en 1562. Ce Navigateur aborda heureusement ; il reconnut le Pays, traita avec les petits Princes, et bâtit au bout du détroit de Sainte-Héleine un Fort qu'il nomma Charles ; mais faute de secours et de vivres, la garnison qu'il y avoit laissée, déserta et périt. Le Gouvernement qui n'en étoit pas informé, envoya en 1564. René Laudonniere, avec trois Vaisseaux pour rafraîchir les premiers : mais pendant qu'il étoit malade, ses gens ayant voulu piller un Vaisseau Espagnol, furent enveloppés et pris.

Cette piraterie donna un spécieux prétexte aux Espagnols, jaloux de l'Etablissement des François, de leur courre sus sans miséricorde, ensorte que l'année d'après, ils égorgerent avec des cruautés inouïes les gens d'une autre Escadre Françoise, dont les Vaisseaux s'étoient [96] brisés par un gros tems contre les écueils du détroit de Sainte-Héleine.

Dominique de Gourgues du Mont de Marsan en Gascogne, animé d'une générosité singuliere, se mit dans l'esprit de venger cette injure ; il vendit son bien, emprunta de l'argent de ses parens et de ses amis, équipa quelques Vaisseaux, descendit à la Floride, se joignit avec les Sauvages, prit d'insulte le Fort Charles, dans lequel il y avoit plus de 800. hommes. Les Sauvages assommerent ceux qui voulurent fuir, et de Gourgues fit pendre tous les autres : mais comme il avoit agi sans commission, il lui en auroit coûté la vie sans les sollicitations de l'Amiral, qui fut appuyé de toute la Cour, et pour ainsi dire, de tous les François.

Jean de Vérassant découvrit le Canada (à son malheur, dit la Hontan, car les Sauvages le mangerent.) Jean Cartier y alla après lui en 1534. et monta plus haut que Québec ; ensuite on y envoya d'autres Navigateurs, qui reconnurent encore mieux le fleuve Saint-Laurent ; et enfin vers la fin de 1500. il partit de Rouen une Colonie qui s'y établit, qui s'est soutenue, et est devenue riche et nombreuse.

A l'égard des grandes Indes, François I. avoit essayé d'animer ce Commerce par ses Edits de 1537. et 1543. cependant il n'y a point eu d'armements considérables avant ceux des Capitaines le Liévre et Beaulieu, qui y conduisirent chacun une Escadre de trois gros Vaisseaux dans les années 1616. et 1619.

Toutes ces entreprises qui n'avoient été que des entreprises particulieres, furent considérées par M. le Cardinal de Richelieu, avec plus d'attention que par ses [97] prédécesseurs. Il conçut que l'Etat devoit nécessairement faire le Commerce par lui-même, s'il ne vouloit pas être exposé à se voir tributaire des Nations voisines, qui nous avoient déja rendues nécessaires les superfluités de l'Inde.

Son dessein fut donc d'abord d'armer pour l'Asie : cependant, comme la France avoit des établissemens en Amérique, il crut qu'il valoit mieux édifier sur son propre terrain, que sur celui d'autrui. C'est pourquoi il commença par former une Compagnie des Indes Occidentales, dont il fit expédier les Lettres patentes l'an 1628. au sieur Desnambuc Gentilhomme Normand.

Ce ne fut qu'en 1642. que la Compagnie des Indes Orientales fut établie sous le nom du Capitaine Ricaut, qui s'étoit emparé de l'Isle de Madagascar ; mais les troubles de la minorité de Louis XIV. la jalousie des Hollandois, l'infidélité de Pronis, premier Gouverneur de cette Isle, que le Roy avoit abandonnée à la Compagnie ; l'ambition du Maréchal de la Meillerayo, qui troubla le Commerce, sous prétexte de quelques prétentions sur cette Isle, de laquelle il s'empara, peut-être l'impatience et l'inconstance de la Nation, peut-être, comme plusieurs l'assurent, le zéle indiscret d'un Missionnaire Lazariste, qui voulut convertir par force un des Grands de l'Isle ; peut-être enfin certaines influences du Gouvernement, dans lesquelles il ne nous appartient pas de pénétrer, tout contribua à ruiner cet établissement, des débris duquel M. de Colbert en forma un nouveau le 26. May de l'an 1664.

Outre les fonds de l'ancienne Compagnie, il devoit être fait par la nouvelle un fonds extraordinaire de quinze millions, dont le Roy s'étoit obligé d'avancer la plus [98] grande partie. La beauté des réglemens, la grandeur de l'entreprise, la protection que le Roy lui accordoit, le goût du Ministre pour le Commerce, les gros fonds destinés à le soutenir, l'union et l'assiduité laborieuse des Directeurs et des Intéressés, tout sembloit annoncer un succès indubitable; mais le mauvais air de l'Isle de Madagascar, la férocité vraie ou prétendue de ses habitans, la mort des plus habiles Directeurs, la division des autres, l'infidélité de Caron Hollandois, mis très-inconsidérément à la tête de cette affaire dans les Indes, les guerres de 1667. et de 1672. la perte de la Flotte du Roy près l'Isle de Ceylan, et devant Saint-Thomé en 1673. toutes ces circonstances fâcheuses réduisirent cette Compagnie dans une telle situation, que sans quelques Vaisseaux particuliers qui se firent voir de tems en tems dans les Indes, le Pavillon François y auroit été totalement ignoré.

Le 15. Décembre 1669. le Roy crut qu'il étoit à propos de nommer plusieurs Conseillers d'Etat et Maîtres des Requêtes, pour assister aux comptes en qualité de Commissaires, et les arrêter. On se flattoit que la confiance des Intéressés et du Public, et le crédit de la Compagnie, seroient puissamment ranimés par cette nouvelle marque de protection et d'attention, et par la sagesse du gouvernement de ces Magistrats.

En effet, rien ne paroissoit plus capable de contribuer au rétablissement de cette entreprise : cependant le caprice du Commerce en décida autrement. Jaloux de sa liberté, il s'effaroucha dès qu'il vit de trop près l'autorité souveraine ; ensorte que depuis ce tems, il déchût autant qu'il auroit dû augmenter : on chercha envain des
[99] expédiens, pour empêcher sa ruine entiere ; en vain on changea l'ancienne forme dans l'assemblée du 29. Avril 1684. tenue par ordre du Roy ; l'examen dans lequel il fallut entrer, pour parvenir à ce nouvel arrangement, ne servit qu'à faire paroître le mal dans toute son étendue. Il fut bien-tôt public ; les Actions tomberent au quart de leur valeur, faute d'une meilleure ressource ; on força les Actionnaires à remplir leurs engagemens, ou à perdre leur premiere mise, et ce fut le coup mortel de cette entreprise.

Le Roy ayant ordonné par sa Déclaration de 1685, que les Directeurs auroient seuls à l'avenir la direction du Commerce, et affaires de la Compagnie ; et ces mêmes Directeurs ayant fait un nouveau fonds de deux millions, ils accorderent deux répartitions aux Actionnaires en 1687. et 1691. ce qui ranima extrêmement le courage et les espérances, quoique plusieurs prétendissent que, faute de bénéfice, ces répartitions étoient nécessairement faites aux dépens du capital ; mais la guerre de 1691. arrêta tout court ces progrès et ces espérances ; et celle de 1700. à cause de la succession d'Espagne, suivit de si près le Traité de Riswick, que la Compagnie n'ayant pas eu le tems de respirer, et ne pouvant resister à tant de fâcheux événemens, laissa voir des marques indubitables d'une chûte prochaine.

Cependant, le Roy toujours persuadé de l'utilité de son Commerce, lui prêta huit cens cinquante mille livres en 1701. les Directeurs et les Actionnaires firent aussi quelques nouveaux fonds ; mais le tout fut si mal régi, l'œconomie fut si mal observée, les retours furent si malheureux, les ennemis fatiguerent si fort les Arma[100]teurs, qu'enfin elle fit réellement banqueroute en 1708. car on peut appeler banqueroute l'Arrêt qu'elle obtint, portant surséance à toutes poursuites, contraintes et exécutions sur les effets de la Compagnie, et sur les biens et les personnes des Directeurs ; et pour que le Commerce ne périt pas totalement, la Cour permit aux Directeurs de traiter avec les Negocians de Saint-Malo, et de leur céder l'exercice de son privilége.

Le commerce de la France recommençoit à fleurir aux Indes entre les mains de ces Négocians ; lorsque le Roy jugea à propos de l'en retirer, et de le réunir à la Compagnie d'Occident, qui fut elle-même réunie en 1719. à la Compagnie générale des Indes, laquelle engloutit toutes les autres Compagnies, et en même tems les Fermes du Roy, le Domaine, les Recettes générales des Finances, les Monnoyes, etc. Ainsi, au lieu de se borner au Commerce, qui étoit l'objet de son institution, elle s'est livrée à une multitude d'entreprises, qui lui étoient étrangeres, et dont la vaste étendue ne pouvoit manquer de la conduire à sa ruine.

Nous ne dirons rien des autres Compagnies de Commerce : c'est un détail qui passeroit les bornes que nous nous sommes prescrites. Ce que nous avons rapporté sur celle des Indes orientales, est une image des autres ; elles ont éprouvé à peu près les mêmes altérations, parce que ces altérations provenoient de causes générales dont l'influence leur étoit commune.

Le Commerce actuel de la Compagnie a été fixé à ce qui est au-delà de l'Equateur, c'est-à-dire, à commencer depuis le cap de Bonne-Espérance, jusques dans toutes les Mers des Indes orientales, l'Isle de Madagascar, [101] la côte de Soffola en Afrique, la Mer Rouge, la Perse, le Mogol, le Royaume de Siam, la Chine, le Japon ; tel enfin qu'il avoit été accordé à la Compagnie d'Occident par l'Article 2. des Lettres patentes du mois d'Août 1717. et en même tems, par une sage précaution, S. M. l'a renfermée dans les bornes de son Commerce, « lui défendant très-expressément de s'immis« cer dans aucun tems, directement ni indirectement dans les « affaires de Finance, voulant qu'elle soit et demeure conformé« ment à son institution, Compagnie purement de Commerce, « appliquée uniquement à soutenir celui qui lui est confié, et à faire « valoir avec sagesse et œconomie le bien des Sujets qui y sont « intéressés, sans que les fonds puissent être, en aucun cas, « employés à d'autre usage qu'à son Commerce.

Son principal comptoir et le centre de son Commerce, est Pondichéry Ville d'Asie, avec un Fort sur la côte de Coromandel, dans les Etats du Prince Gingy, les Hollandois en firent le Siége avec toutes leurs forces, et la prirent le 3. Septembre 1693. mais elle est retournée au pouvoir de la France par le Traité de Riswick, de l'an 1697.

On doit établir pour maxime, de rejetter toute proposition qui tiendra à détruire le privilége exclusif de la Compagnie des Indes. Un Commerce si éloigné ne doit point être livré à des Particuliers, tant à cause des grandes dépenses qu'il exige, que parce que la jalousie, la concurrence et l'intérêt personnel le ruineroient infailliblement.

Quoique je dise que le privilége exelusif de la Compagnie des Indes ne doive pas être détruit, je ne prétens pas dire cependant qu'il soit nécessaire qu'une même [102] Compagnie réunisse toutes les branches du Commerce éloigné ; j'entens seulement que toute concession de Commerce, au-delà de l'Equateur, telle qu'elle soit, doit être exclusive, mais rien n'empêche que la Compagnie des Indes, en commerçant exclusivement dans les mers des Indes orientales, ne puisse céder exclusivement à d'autres Compagnies des portions de son privilége, dans des Pays où la nature et l'art ne fournissent rien de semblable à ce qui fait l'objet de son negoce. Par exemple, Madagascar, cette Isle la plus grande du monde connu, est très-propre pour faire un établissement solide et avantageux. Cela a été reconnu il y a long-tems : et si les tentatives ont échoué, ce n'est que par les circonstances que nous avons ci-devant rapportées, mais peut-être qu'instruits par les fautes passées, nous cesserons d'en faire à l'avenir suivant un Mémoire qui fut présenté au Conseil il y a huit à dix ans. Ce Pays est peuplé, les habitans connoissent les Arts, et en cultivent plusieurs ; ils ont des poids et mesures ; ils n'ignorent pas l'écriture et le calcul ; on y trouve de la cire, des cuirs verts, du sucre, du tabac, du poivre, du coton, de l'indigo, de l'ambre gris, de l'encens, du Benjoin, différens baumes, du souffre, du selpêtre, de la canelle blanche, de la civette, plusieurs bois pour la peinture et la médecine ; du bois propre à la marqueterie, à la menuiserie, à la charpente, et à la construction des Vaisseaux ; du fer, de l'acier, du chanvre, du goudron, enfin tout ce qui est nécessaire pour l'établissement d'un grand et utile Commerce ; et tout cet exposé supposé aussi véritable que l'on assure, il y a lieu de croire qu'une Compagnie composée de Négocians riches et entendus, qui n'auroient que cet objet en vûë, en retireroit de bien plus grands [103] avantages pour elle et pour l'Etat, que ne peut faire la Compagnie des Indes, qui se contente de reconnoître cette Isle en passant, parce qu'elle a un établissement plus considérable, et tout formé, qui la met dans la nécessité d'abandonner celui-ci.

La Compagnie des Indes peut avoir besoin, dira-t-on, de l'Isle de Madagascar pour y faire ses relâches, et s'y pourvoir de rafraîchissemens : Qui l'empêche, en ce cas, de se réserver cette faculté dans le Traité de cession qu'elle en fera? Le même port, la même rade, la même baye qui servira à la Compagnie particuliere, servira aux Vaisseaux de la Compagnie des Indes, comme le cap de Bonne-Espérance sert à ceux des Hollandois qui vont à Batavia, et des autres Nations qui vont dans l'Inde ; et plus cet établissement deviendra considérable et florissant, plus les Vaisseaux François trouveront de secours et de commodités.

Ce que nous venons de dire pour le Commerce de Madagascar, peut être appliqué aux autres parties susceptibles de distraction ; ce qui feroit cesser l'inaction ruineuse d'un grand nombre de Négocians, qui se plaignent de ce que les occasions leur manquent pour mettre leur industrie en œuvre : plusieurs Particuliers unis en société, sont en état de soutenir de plus grandes entreprises, que le triple de ces mêmes Particuliers, également riches, sans union ; l'un détruit ce que l'autre avoit heureusement commencé, par l'effet de la jalousie ou de la simple concurrence ; c'est le fondement des privilèges exclusifs.

Mais aussi, le surplus du Commerce doit être abandonné à la discrétion des Négocians ordinaires. Le nombre est considérable, et il le seroit encore davantage sans la crainte des événemens. Les retours heureux exci[104]tent l'émulation et les désirs de ceux qui ne se sont point encore livrés à ce Commerce ; ils voyent, ils comptent le profit de leur voisin, de leur ami; ils se proposent de suivre leur exemple; ils commencent déjà à s'ébranler: un retour malheureux détruit leurs projets; la crainte les saisit; ils ne veulent plus confier leur fortune à l'inconstance de la Mer.

S'il y avoit suffisamment de bons Assureurs dans le Royaume, les Négocians timides s'étayeroient de leurs cautionnemens: à la vérité, ils gagneroient moins pour eux; mais ils ne gagneroient pas moins pour le corps de l'État: les périls même de la Navigation tourneroient au profit de la Nation.

Quoiqu'il n'y ait à Amsterdam que 50. ou 60. Assureurs, il n'y a point de Ville au monde, où il se fasse tant d'assurances: une réputation de probité, et de solvabilité justement établie, engage les Etrangers à les préférer à leurs propres citoyens; et dans tous les tems, et pour tous les Pays de l'Univers, on a toujours trouvé à traiter avec eux surement et raisonnablement, quelques riches qu'ayent été les armemens, et quelques dangers qu'ils ayent eu à courir.

Suivant Savary, les Juifs imaginerent les assurances pour la sureté du transports de leurs effets, lorsqu'ils furent chassés du Royaume en 1182. sous le régne de Philippes-Auguste.

L'assurance de mer, telle qu'elle est aujourd'hui en usage, est une convention, par laquelle un Particulier, ou une Compagnie se chargent moyennant une somme plus ou moins forte, suivant les circonstances de tous les risques de la mer, soit par tempête, naufrage, échoûment, abordage, jet en mer, feu, prise, pillage, arrêt de [105] Prince, déclaration de guerre, représailles, imprudence de Capitaine, révolte de matelots, et généralement de toute fortune de mer.

On peut aussi faire assurer la vie, et la liberté des personnes. Le prix convenu pour la vie se paye aux ayans cause du décédé; et celui de la liberté, sur les demandes ou quittances de rançon.

Il fut établi en la Ville de Paris, par Edit de May 1686. une Compagnie générale d'assurances à grosses avantures; mais cet établissement n'eut point de suite. « Il est à croire, dit M. Melon, qui cite cet « Edit dans son Essai Politique sur le Commerce, que le nôtre « n'étoit pas alors assés considérable pour soutenir les frais de cet « établissement, soit qu'il y eût assez d'Assureurs dans nos Ports, « soit que les Hollandois assurassent à meilleur marché: mais ces « raisons ne subsistent plus par l'augmentation continuelle de notre « Commerce maritime, et par ses richesses qui fournissent de quoi « assurer à aussi bas prix que les autres Nations; nous pouvons « donc retenir ces profits par le renouvellement de cette entreprise.

Une autre compagnie avoit proposé il y a une vingtaine d'années, d'établir à Paris un Hôtel ou Chambre d'assurance pour toutes les maisons du Royaume, tant des villes que de la Campagne, même des meubles et bestiaux. Le plan en paroissoit bien concerté, mais le prix des assurances avoit été porté trop haut; c'est peut-être la raison pour laquelle il n'a pas eu d'exécution; il seroit à souhaiter que quelque Compagnie intelligente et solvable voulût suivre cette idée.

Non-seulement les assurances contribuent à faire fleurir le Commerce Hollandois, en excitant ceux de la Na[106]tion, qui n'oseroient sans cette précaution se livrer aux hazards de la Mer; mais encore la réputation, que ces Assureurs se sont acquise dans le monde, lui rend Tributaire en quelque sorte le Commerce des Peuples voisins; c'est ainsi que cette Nation fidelle, sage et laborieuse, sçait donner la vie au Commerce, et profiter de tous ses rameaux, et de toutes les parties qui lui sont accessoires.

En multipliant le nombre des Armateurs, on multiplie celui des Matelots; source de la richesse et de la sureté des Etats; les denrées se consomment; le produit des droits augmente; les Manufactures fleurissent, et l'ouvrier chassé par l'inaction et par la misere, ne va point à notre détriment enrichir l'Etranger de ses talens.

Les Romains avoient senti toute la consequence de cette politique et de cette attention, comme on le voit par les Loix des Empereurs Constans, Julien, Valentinien, Gratien, Honorius et Arcadius, Constantin, etc. toutes rapportées dans le Code Théodosien, lib. 11. et 13. Ils traiterent, avec honneur ceux qui réussissoient dans le Commerce et la Navigation: ils récompenserent les bons Pilotes et les bons Matelots; moyen infaillible de faire promptement de bons éléves à peu de frais.

Louis XIV. suivit leurs traces: il fit lever en l'année 1680. soixante mille Matelots, dont vingt mille furent destinés à servir sur les Vaisseaux de guerre, vingt mille sur ceux des Marchands, et pareil nombre à se reposer et à relever les autres dans le besoin; et pour exciter leur émulation, il fit frapper en 1693. des médailles, pour être distribuées à ceux d'entr'eux, qui se seroient distingué dans leur Art. Etablissement sage, et qui auroit dû fructifier davantage dans un Royaume si spécialement favorisé de la nature par sa position avantageuse, par la fer[107]tilité de ses Provinces, et par le génie d'une Nation courageuse et entreprenante, si, comme la Mer, elle n'étoit pas retenue dans des bornes prescrites par cette main qui fixe le sort et l'étendue des Empires.

C'est peut-être cette main invisible, qui n'a pas permis que nous ayons entretenu des forces navales suffisantes pour protéger nos établissements, nos Colonies et notre Commerce, et faire respecter le Pavillon François dans toutes les Mers du monde; c'est peut-être elle qui nous a empechée de nous convaincre qu'il n'y a point de véritable Puissance sans marine, et qui nous a fait oublier cet ancien axiôme de Politique, que, *qui est maître de la Mer, est maître de la Terre.*

La guerre et le Commerce, disoit M. de Louvois, sont deux colonnes qui soutiennent mutuellement l'édifice de l'Etat; *l'une ne peut tomber, sans entraîner la chûte de l'autre.* Le Commerce apporte à l'Etat les moyens de faire la guerre, et le Commerce ne se maintient que par le pouvoir où le Souverain se trouve d'inspirer la terreur à ceux qui seroient tentés de troubler ou de détruire cette source féconde de la grandeur et de la prospérité des Empires.

En tems de Paix, le commerce des Anglois et des Hollandois est supérieur à celui des François; mais pendant la guerre, il y a presque autant de François, que d'Anglois et d'Hollandois, répandus dans toutes les Mers du monde, parce qu'alors, la plus grande partie des Sujets de ces deux Nations sont employés dans les Armées. En France, le soldat n'est point marin, et le marin n'est point soldat. Il y a assez de monde pour fournir à tout, quand le Gouvernement juge à propos d'en faire usage.

[108] La marine négligée fait disparoître tous ces avantages: nous n'osons sortir de nos Ports; le Commerce périt par sa propre inaction; les prises riches et fréquentes ausquelles il est exposé, achevent sa ruine; et quoique ces pertes soient immenses dans la réalité, elles sont encore bien plus considérables par les conséquences, car si on nous enleve huit millions, nous en ressentons le même préjudice que s'il y en avoit 16, parce que nous les avons de moins, et que nos ennemis les ont de plus, et cela indépendamment des bénéfices que ces huit millions auroient procuré, s'ils avoient continué à travailler dans le Commerce.

Pendant la guerre le Commerce de nos ennemis peut souffrir quelque altération par l'occupation presque générale de leurs gens de mer au service des Flotes de guerre et dans les armées de terre; mais son activité n'est que suspendue, le fond se maintient à l'appui de leurs forces maritimes : à la Publication de la Paix tout se ranime, et paroît plus florissant que jamais. Il n'en est pas de même de nous, notre foiblesse nout attire des maux presque sans remede ; nous perdons nos Vaisseaux, nos marchandises, nos espéces, nos établissemens même, et il faut à la fin de chaque guerre, reprendre l'édifice du Commerce dès le fondement, ce qui ne peut se faire qu'avec une lenteur, des peines et des frais capables de lasser la patience des plus zélés Citoyens, et d'épuiser les ressources des plus riches.

Si nous jouissions de cette supériorité maritime si utile et si désirable, aidés de nos victoires de terre, nous serions actuellement les arbitres de l'Europe ; nous serions en état de vaincre l'opiniâtreté de nos ennemis, et de les forcer à une paix solide et durable.

[109] SUR LES DROITS
D'ENTRÉE ET DE SORTIE DU ROYAUME

LE Droit qui se perçoit sur les Denrées et Marchandises à l'entrée et à la sortie du Royaume, est un Impôt qui se lève au nom du Roi, suivant les Tarifs qu'il fait dresser en son Conseil, et qu'il autorise par ses Lettres.

L'origine de ces droits est si reculée, que l'on n'y peut remonter que par conjecture. En effet, rien n'étant plus capable de rendre un Etat florissant que le Commerce, il est à croire que les Souverains l'ont toujours singulierement protégé. Mais comme cette protection exigeoit des dépenses considérables, soit pour rendre les chemins sûrs et praticables, soit pour faciliter la navigation des rivieres et tenir la mer libre; soit enfin, pour reprimer au-dedans des Sujets inquiets; ou au-dehors des voisins jaloux. Il est probable et naturel de penser que les denrées et marchandises qui étoient [110] l'occasion de ces dépenses, en supportoient les charges.

C'est sur ce principe que Salomon levoit les droits sur les chevaux et sur les toiles qui passoient par l'Isthme de Syrie, maintenant Suès, et que le Roi des Gabanites en exigeoit un sur l'encens qui traversoit ses Etats.

Il n'y a point de Souverains qui n'en ayent établi dans les païs de leur Domination : il n'appartient qu'à eux de les imposer. C'est une des prérogatives la plus immédiate de la Souveraineté. Et si quelques Seigneurs en levent à leur profit, ce ne peut être que par une émanation de la Souveraine Puissance, accordée ou usurpée. *Jus vectigalia concedendi, nova creandi, vetera augendi, seu prorogandi, ad reservata Imperatoris pertinent. Linck. Jus pub. Roman. Germ.*

Le premier droit de cette espece qui ait été levé par les Romains, fut pour soudoyer l'Armée contre les Pirates qui infestoient la mer

Rouge, et empêchoient le commerce de l'Arabie, de l'Ethiopie et des Indes.

Telle étoit encore la contribution qu'ils exigeoient sur la mer Erytherée ; tel étoit le droit que les Byzantins levoient à l'entrée du Pont-Euxin, et que long-tems auparavant, les Atheniens s'étant rendus maîtres de Chrysopolis, avoient imposé sur la même mer, au rapport de Polybe, qui parle de l'un et de l'autre ; et tel enfin, étoit le droit que les mêmes Atheniens avoient anciennement exigé sur l'Helespont, selon le témoignage de Demosthênes contre Leptines, et que Procope dans son histoire secrette dit, que les Romains levoient de son tems.

Strabon nous apprend que les Corinthiens levoient [111] de tems immémorial, des droits sur les marchandises que l'on transportoit par terre, d'une mer à l'autre, pour éviter le grand tour par le Cap de Malca ; et nous lisons dans l'Histoire de la Gaule-Narbonnoise, par Mr de Mandajors, page 549. que les Romains levoient à Cordinum et à Valchalone, un droit sur le vin qui étoit transporté dans la Celtique.

Cassiodore, semble nous assurer que de son tems la perception de ce droit étoit presque arbitraire, et à la discretion de ceux à qui elle étoit confiée. Une main avare (dit-il) ferme les Ports, et fait plier les voiles ; ce Port est fort commode, mais il y régne un mauvais vent, qui le fait abandonner : C'est l'avarice.

Malgré l'ancienneté de ces droits, dont l'évidence est démontrée, nous ne trouvons cependant rien de suivi avant les Déclarations de Charles V. des années 1369. et 1376. qui parlent comme d'un droit d'une grande ancienneté, de celui de Resve ou Domaine forain, et d'un autre appellé, Imposition foraine, qui est la Traitte Foraine d'aujourd'hui.

Cette Traitte Foraine se leve sur les marchandises qui entrent et sortent du Royaume, et s'étend même sur les Provinces reputées étrangeres ; elle contient quatre differens droits, qui ont été réunis en differens tems.

Le droit de Resve passe pour le plus ancien, et est appelé *Jus regni*. Les droits de Passage et Imposition Foraine sont aussi très-anciens ; mais celui de Traitte Domaniale n'est que du régne d'Henry III. qui l'établit en 1577. Il ne se leve qu'à la forme, sur quatre especes de marchandises seulement, qui sont, le bled, le vin, la toile et le pastel.

[112] La suite de ces droits est assez bien établie depuis Charles V. les Edits et Déclarations de 1378, 82, 88, 1540, 43, 49, 53, 54, 99, 1600, 32, 38, 43, 47, 54, 57, 64, 67, 81 et 87. en font connoître les différentes dénominations, leurs progrès, leurs augmentations et réductions, et, comme on remarque, beaucoup de variations dans la quotité. Il est bon d'observer d'où proviennent ces changemens, qui se rapportent toujours à l'un de ces trois motifs suivans.

Le premier, est à cause de la plus grande facilité du Commerce. Telles furent les raisons qui engagerent le Ministére à refondre dans le Tarif de 1664. une infinité de petits droits sous des dénominations barbares, dont la forme de la perception et la multitude fatiguoient également le Commerce.

Le deuxiéme, est la considération des Traités de Paix ou d'Alliance, ainsi que nous l'avons vû par celui de Riswick entre la France et la Hollande, qui produisit le Tarif de 1699. lequel n'a subsisté que jusqu'en 1701. à cause de la guerre d'Espagne, et a repris sa force par le Traité d'Utrech, etc.

Le troisiéme motif, est la faveur que l'on veut procurer à quelque Manufacture ; alors on diminue les droits de sortie, et l'on charge l'entrée, afin d'éloigner les marchandises étrangeres de pareille nature. Ce fut l'occasion du Tarif de 1667. parce que Mr de Colbert, qui donnoit toute son attention au progrès des Manufactures qu'il avoit établies, et dont il connoissoit toute l'importance, vouloit procurer la consommation des denrées du crû du Royaume, et le débit au dehors de ce qui provenoit de nos Fabriques.

[113] Mais il paroît que ces derniers motifs n'ont pas produit, en faveur du Commerce, tous les avantages qu'il en devoit esperer, et que nous sommes encore fort loin du bon usage que nos voisins en ont fait, qui consiste à réduire à une somme presque imperceptible, les droits de sortie sur nos denrées primitives superflues, et sur l'excédent de nos Manufactures, à éloigner du Royaume par une forte imposition de droits, tout ce que l'art ou la nature nous donnent en quantité suffisante, et à favoriser par toutes sortes de moyens, l'entrée des matieres premieres dont nous pouvons manquer.

Il y a beaucoup d'ouvrages d'Orfévrerie dont le travail surpasse infiniment la matiere ; ainsi pour un marc qui sort, il en rentre quelquefois trois ou quatre, mais toujours certainement plus qu'il n'en est sorti. Cependant, par un aveuglement qui a subsisté sept à huit siécles, nous avions chargé la sortie de six pour cent, non compris le droit de marque et de controlle. Mais enfin, le premier Aoust 1733. est intervenu Arrêt, qui a réduit tous ces droits au tiers ; c'est-à-dire, que nous avons déja fait les deux tiers du chemin pour nous approcher de la bonne route : Car nous n'y serons véritablement que quand la totalité de droit aura été suprimée. Mais ce premier pas est très-important; c'est l'aurore du jour qui va dissiper les ténébres de l'ignorance et du préjugé, c'est un gage indubitable du progrès que nous allons faire incessamment dans les mystéres politiques du Commerce, et déjà par l'Arrêt du 13. Octobre 1743. le Roi a exempté de tous droits de sortie, les étoffes de tapisseries des Manufactures du Royaume de toute espece, les ouvrages de bonneterie et les toiles du crû du [114] Royaume qui seront envoyées à l'étranger.

Cet Arrêt ne devoit avoir son exécution qu'au premier Octobre 1744. tems auquel le Bail des Fermes Générales devoit être renouvellé ; mais les Fermiers Généraux qui sçavent que le Commerce est l'âme des produits, et la source de toute richesse, remontrerent au Roi que les Fabricans et Négocians du Royaume, ne pouvoient jouir trop tôt d'une grace aussi intéressante pour le Commerce, et que dans cette vûe, ils consentoient que cette exemption eût lieu dès le premier Novembre 1743. sans demander aucune indemnité : Ce qui fut accordé par autre Arrêt du 15. dudit mois et an. Mais il reste bien d'autres parties de denrées et marchandises, sur lesquelles il seroit nécessaire de statuer, tant à l'entrée qu'à la sortie pour donner au Commerce le même degré d'activité qu'il a reçu à l'égard de ces derniers changemens.

Aux termes de l'art. III. du titre 8. de l'Ordonnance de 1687. l'or et l'argent monnoyé et les pierreries, sont déclarées marchandises du contrebande à la sortie, et par conséquent sujettes à confiscation, avec amende contre ceux qui en seront trouvés porteurs. Cette disposition tirée des anciens Réglemens, et notamment de celui de Philippe le Bel de 1305. est presque aussi ancienne que la Monarchie : mais elle n'en est pas plus raisonnable pour cela.

Comme on ne donne rien pour rien, *do ut des, facio ut facias*, disent les Jurisconsultes : Jamais personne n'a tiré de l'argent d'un Etat, sans lui en avoir fourni la valeur en denrées ou en marchandises ; et il est à croire que cette marchandise étoit nécessaire à celui qui l'a [115] achetée, par la seule raison qu'il l'a achetée : Pourquoi donc empêcher ce Créancier légitime d'emporter son payement? C'est une injustice manifeste! Que dirions-nous, si après avoir vendus nos toiles à la Veracrux, à Portobello, à Cartagêne, les Gouvernements saisissoient les piastres qui en proviennent, comme marchandise déclarée de contrebande à la sortie par les Ordonnances du Roi d'Espagne?

L'argent doit être considéré comme marchandise, on ne doit jamais arrêter sa course, plus elle est rapide, plus elle rapporte; celui qui sort, en fait rentrer; celui qui rentre en fait sortir. Telle est la méchanique du Commerce, s'y opposer, c'est en ignorer les principes, c'est le détruire.

Chaque Etat a des avantages particuliers, ou par sa situation, ou par l'industrie de ses habitans, ou par la distribution primitive de la nature, au moyen desquels il peut fournir quelque chose à ses voisins. Si les païs, se prévalant de leurs avantages, imposoient des droits trop forts sur le superflu que la terre leur donne, ou que l'industrie leur procure, ils mettroient l'étranger dans la nécessité de s'en passer, et ils se priveroient en même tems, ou de l'argent, ou des choses que l'on leur donne en échange; ainsi ces Etats ne doivent point chercher à se donner, à cet égard, la loi les uns aux autres, ce seroit courir à leur ruine certaine et respective.

Il est de l'intérêt d'un Etat, que les Etats voisins soient riches; s'ils sont pauvres, ils ne viendront point acheter le superflu de leurs voisins: Un Marchand qui ouvriroit boutique dans une ville de Mendians ne vendroit rien. C'est une grande erreur, une erreur invétérée dans le [116] Commerce, peut-être même dans l'esprit de ceux qui tiennent les premieres places, que nous pouvons nous passer de nos voisins, et qu'ils ne sçauroient se passer de nous; plus notre climat est favorisé du Ciel, plus nous avons besoin d'eux, pour consommer ce que nous avons de trop. Si la nature nous a refusé quelque chose; si le dérangement des saisons nous prive des productions ordinaires, ces mêmes voisins viennent à notre secours.

Quand les droits que l'on a jugé devoir raisonnablement établir sur les denrées et marchandises, le sont une fois, il est intéressant de les faire exactement acquitter, et d'empêcher la fraude, parce que le fraudeur seroit en état de donner sa marchandise à meilleur compte que le marchand de bonne foi; ensorte que le fripon gagneroit, pendant que l'honnête-homme seroit ruiné; ce qui est contraire à l'équité et à la saine politique.

Les loix générales de la perception de ces droits sont, qu'aucunes personnes de quelque qualité et condition qu'elles soient, ne peuvent en ordonner ni accorder aucune exemption ni modération, pour quelque cause et sur quelque marchandise et denrée que ce puisse être.

Le Fermier a droit, *ex lege publicanorum*; et ainsi jugé par Arrêt des généraux des Finances du 10. Juin 1540. de faire saisir et arrêter, faute d'acquittement de droits, toutes denrées et marchandises passantes et voiturées au détroit de la Ferme : Cette disposition est confirmée par l'Ordonnance de 1687.

Les droits se payent, non-seulement lorsque les marchandises vont à l'étranger ou en viennent, mais encore lorsqu'elles passent dans les Provinces du Royaume re[117]putées étrangeres. On expliquera ci-après ce que c'est que les Provinces reputées étrangeres.

Toutes les marchandises ne peuvent pas entrer par tous les Bureaux indifféremment, même en payant les droits ; mais seulement par ceux indiqués par les Ordonnances et Arrêts.

Les droits se payent sur les marchandises bruttes, sans déduction des caisses, tonneaux, serpillieres, cartons, toile, paille, et autres embalages, à la reserve des marchandises d'or et d'argent et de soie, et des drogueries et épiceries.

Les peines contre ceux qui seroient surpris, entrant des marchandises en fraude, sont la confiscation desd. marchandises, chevaux, harnois, équipages, et les amendes statuées par les Réglemens ; ce qui est conforme au droit Romain. *dig.* § *ult.* et suivant les loix *14. et 16. L. 4.* §, *C. eodem*, il y avoit peine de mort contre ceux qui laissoient passer les marchandises défendues, outre la confiscation desdites marchandises, et 30. liv. d'or d'amende contre les Gouverneurs des lieux, qui les avoient laissé passer. Nos loix ne sont pas si séveres, et peut-être ne le sont-elles pas assez ; puisque chacun, loin d'y tenir la main, comme il le devroit, ne fait aucune difficulté de favoriser la contrebande, et souvent même d'y participer, au grand préjudice du Commerce et de l'Etat.

Quoique ce que nous venons de dire, à l'égard de ces Impots, soit conforme au droit qui appartient aux Princes, en vertu de leur Souveraineté, et même à la bonne Police, qui veut qu'ils connoissent les denrées et marchandises entrant et sortant de leurs Etats pour [118] étendre ou resserrer la main, suivant les besoins du Commerce. Cependant, on ne peut s'empêcher de convenir que la multiplicité de ces Impôts, et les formalités de la perception, sont très-génantes pour le Commerce, et ne peuvent manquer d'en altérer la vivacité, particulierement ceux qui se levent dans l'intérieur.

Lorsque les différentes Provinces qui avoient été démembrées de la Couronne y ont été réunies, il a été stipulé que les priviléges dont elles jouissoient, leur seroient conservés ; et comme il n'étoit pas juste qu'elles jouissent en même temps de ceux de l'ancienne France, toutes les marchandises qui viennent de ces Provinces, ou qui y sont transportées, sont assujetties aux droits de l'étranger. C'est pourquoi on distingue le Royaume en Province de l'ancienne France, et en *Provinces réputées étrangères* ; mais ces Provinces, en persistant dans leur séparation ne connoissent pas leur véritable intérêt ; Le centre de l'Etat est toujours le mobile de la circonférence ; c'est de là d'où part la consommation, c'est-à-dire la cause et la source du Commerce.

Mr le Maréchal de Vauban qui avoit porté ses vûes sur toutes les parties de l'œconomique, avoit proposé par ses Mémoires de supprimer tous les Bureaux de l'intérieur, pour les rejeter sur les frontieres.

La Rochelle et le païs d'Aunis ayant reconnu l'avantage qui pouvoit leur en revenir, ont demandé à être réunis au Corps de l'Etat et à être traités comme les Provinces appelées de *l'ancienne France* ; ce qui leur a été accordé.

La Bretagne paroît être la plus éloignée de la conviction de cette vérité ; elle ne paye qu'un droit modique [119] appelé *des Ports et Havres* ; mais en revanche tout ce qu'elle reçoit des Provinces du Royaume, et tout ce qui sort de chez elle pour y être transporté, est assujetti aux droits de l'étranger. Si elle faisoit la balance de son bénéfice avec ce qu'il lui en coûte, elle connoîtroit combien elle est lézée. Cependant, la prévention est telle, qu'elle a toujours constamment rejeté les propositions de réunion qui lui ont été faites. Il seroit plus facile de faire entendre raison aux autres Provinces. Mais quoiqu'il en soit, il demeure pour constant que l'Etat en général sera toujours lézé de cette séparation, parce que la bonne politique, et l'intérêt réel d'une Nation, est de ne pas permettre que l'on tire de l'étranger ce qu'elle peut fournir par le crû de son sol, et par son industrie.

Ces réflexions avoient fait imaginer le Tarif du Droit Unique, auquel on a travaillé, à grands frais, pendant plus de 20 ans. Au moyen de cette opération, qui réduit tous les anciens droits à un seul, sous le titre de droit unique, (que l'on doit croire proportionné et approprié aux besoins et à l'avantage du Commerce par les examens réitérés qui en ont été faits aux Bureaux du Commerce,) le Roi supprimoit tous les Bureaux de l'intérieur, et les rejettoit sur les extrémités du Royaume; Ensorte qu'un Marchand qui est exposé aujourd'hui à voir confisquer ses marchandises à chaque pas, faute de sçavoir toutes les formalités usitées dans les différents Bureaux, et les droits qu'il y faut payer, pourroit parcourir la France d'une extrémité à l'autre, après avoir acquitté le droit unique à l'entrée, sans être obligé de faire aucunes nouvelles déclarations, sans payer aucuns autres droits, et sans trouver, dans toute cette traverse, le moindre obstacle à son com[120]merce et à sa tranquillité. Mais par des raisons qu'il ne nous appartient pas de scruter, le ministére n'a pas encore jugé à propos de mettre à exécution cet utile projet.

Cette suppression de Bureaux ouvriroit la barriere au Commerce dans une très-grande partie du Royaume, et lui rendroit cette précieuse liberté, sans laquelle il ne fait que languir; et il ne seroit plus question de ces Provinces reputées étrangeres, négligées, abandonnées et traitées, en effet, comme étrangeres, quoique sous la même domination: ce qui paroît si fort opposé à la raison, à la politique et à l'avantage respectif des Provinces, que quelque effort que l'on se fasse, on a peine à se rendre aux motifs qui en ont perpétué la séparation.

[121] SUR LES PÉAGES

LE terme de *Péage*, signifioit autrefois toutes sortes d'Impôts, qui se payoient sur les marchandises que l'on transportoit d'un lieu à un autre ; maintenant il ne se dit que d'un droit qui se prend sur les marchandises pour l'entretien des grands chemins. Il ne faut pas le confondre avec celui des Traittes et Imposition Foraine qui se paye sur les denrées fabriquées et marchandises qui entrent et qui sortent du Royaume, et dont nous venons de parler dans le Chapitre précédent.

Diverses Coutumes accordent le droit de Péage aux Seigneurs Châtelains ; et elles appellent *Chemins Péageux*, ceux dont la réparation doit être faite par les Châtelains, ou autres ayant droit de Péage. Ils sont appellés de différens noms dans les Coutumes et Ordonnances : on les nomme *Barrages*, aux entrées des Villes ; *Pontenages*, aux passages des Ponts ; *Billettes* ou *Branchieres*, aux passages de Campagne, où l'on a mis pour signal, un petit billot de bois, attaché à une branche ; on l'appelle quelquefois *Coutume*, quelquefois *Prévôté*, et quelquefois *Travers*, qui est un droit qui ne se paye que sur les frontieres, etc.

Tous les grands Péages appartenans au Roi, sont maintenant réunis au Bail général des Fermes de Sa Majesté. Les principaux sont connus sous les noms de Péages de Perrone, Tablier et Prévôté de la Rochelle, Douanne de Lyon, Douanne de Valence, Denier Saint-André, [122] Droits de Poids et Casse, Table de Mer, Vingtain de Carene, Deux pour Cent d'Arles, Liard du Baron, Foraine Domaniale, Patente de Languedoc, Foraine d'Arzaç, Coutume de Bayonne, Convoy, Comptablie et Courtage de Bourdeaux, Traitte de Charante, Prévôté de Nantes, Ports et Havres et Brieux de Bretagne, etc. indépendamment desquels, il y a encore tous les Péages particuliers appartenans aux Terres et Seigneuries du Domaine.

Les Fleuves étant mis par les Jurisconsultes *inter jura regalia* ;

il s'ensuit, que le Souverain doit empêcher qu'il ne se fasse sur iceux, aucune exaction, à moins qu'il n'en résulte un bien public équivalant. On doit dire la même chose des chemins ; Cependant, la plûpart de nos Rivieres sont chargées de Péages si exorbitans, que les Commerçans sont forcés de les abandonner, et de prendre les routes de terre.

Quiconque est chargé, dit Grotius, d'assurer et de favoriser la navigation, en allumant des feux la nuit et mettant des balizes sur les bancs de sable, n'agira point contre le droit de la Nature et des Gens, s'il impose une contribution raisonnable à ceux qui naviguent.

Seneque, remarque que les Livres des Jurisconsultes Romains traitent en une infinité d'endroits la nature des Péages qui se payoient sur les Ponts, les Rivieres et les Havres. Les Droits qui se leverent sur le Canal du Rhône, à présent la Camargue, eurent pour principe l'indemnité des travaux faits par le Consul Marius ; les Marseillois s'emparerent de ce Canal et des droits qui s'y percevoient, à la chûte de l'Empire ; et ce fut, selon Strabon, une des ressources qui contribua le plus à la [123] grande richesse de ce peuple : ce qui prouve qu'alors le Commerce étoit très-florissant.

Les Romains ne connurent l'usage du Pavé que 188. ans après les Rois. Claudius Appius, à l'imitation des Cartaginois, fit paver la voie Appienne. Les Légions Romaines et les Peuples des Provinces, travailloient ensemble aux ouvrages des grands chemins, ausquels les Empereurs donnoient une si singuliere attention, que la plûpart, même Heliogabale la honte du Trône, y employerent leurs propres deniers.

Après la construction des chemins, les Romains imposerent des droits sur les marchandises qui y étoient voiturées ; ils établirent plusieurs Officiers pour veiller à leur entretien, et à la perception du droit.

Les Receveurs particuliers de ce droit appellés *Mancipes*, furent distribués à différentes distances ; les Receveurs généraux appellés *Quaestores*, recevoient d'eux les deniers qui provenoient de l'Impôt. Ils étoient chargés de faire le payement aux Entrepreneurs, c'est-à-dire, qu'ils avoient alors à peu-près les mêmes fonctions dans cette partie, que les Trésoriers des Ponts et Chaussées d'aujourd'hui, ont parmi nous ; et pour la Police et la Justice, ils avoient des Commissaires sous le nom de *Curatores viarum*, qui étoient les Ordonnateurs, et connaissoient des matieres contentieuses, comme sont à présent les Trésoriers de France.

Les Romains avoient deux sortes de Péages ; le premier étoit appellé *Vectigal peregrinum five Portorium*, lequel a beaucoup de rapport avec le Resve, Haut Passage, Entrées des Villes, Droit de Chaussées, de Pontenage, etc. Il ne se levoit que sur ce qui étoit destiné à être [**124**] vendu, *Portorium enim Vectigal fuit quod importatione et exportatione rerum venalium capiebatur*.

La deuxiéme sorte, étoit le droit qui se levoit sur les Esclaves affranchis ; il fut établi par C. Manlius l'an 398. de la Fondation de Rome. Ils étoient estimés une certaine somme, dont les Fermiers publics prenoient la vingtiéme partie, à raison de quoi elle fut appellée *Vigesima*. Nous n'avons rien qui ressemble à celui-ci, si ce n'est le Péage Corporel, que les Juifs d'Alsace étoient obligés de payer, suivant un Tarif arrêté en 1663. lequel a été converti en un droit Annuel que chaque chef de famille paye au Roi par forme d'abonnement : Droit que l'on prétend, en Alsace, purement Seigneurial et Territorial, et non Souverain. En effet, tous les Seigneurs particuliers le perçoivent à titre de Propriétaires de leurs Seigneuries dans tous les lieux où il y a des Juifs domiciliés, le Roi n'en jouissant que dans les Terres de l'ancienne Domination de la Maison d'Autriche, acquises de l'Archiduc Sigismond, moyennant trois millions de livres, par Traité de 1663.

L'origine de tous les Péages particuliers qui se levent en France sur les marchandises passantes, vient du tems où les Seigneurs avoient le droit de Guerre ; moyennant le Péage acquitté, le Seigneur, sur le terrain du quel passoit la marchandise, la prenoit sous sa protection et sauvegarde, pour la conduire en sureté jusqu'au détroit du Seigneur voisin, qui en faisoit autant.

Dans ce tems si quelqu'un étoit volé sur le grand chemin, le Seigneur Péager étoit tenu de l'indemnité à qui elle appartenoit, en prouvant seulement que le meurtre ou le vol avoit été fait entre deux Soleils. Ce qui [**125**] s'observe encore dans plusieurs païs, et notamment en Italie, où il y a des Gardes que l'on nomme *Stationnaires*, établis pour la sureté des Marchands, et entr'autres à Terraine sur le chemin de Naples à Rome : Police très-ancienne, puisque Aristote en fait mention ; et que Joseph nous apprend qu'elle avoit lieu en Judée.

Après l'abolition du droit de guerre, les Rois ont ordonné qu'au lieu de cette conduite, protection et garantie, les Seigneurs Péagers seroient obligés d'entretenir, en bon état, les Chemins, Ponts et Chaussées situés au-dedans de leurs Péageries ; au moyen de quoi, les Seigneurs Péagers sont tenus des frais des Chemins de leurs Territoires, tant grands que petits, voisins, voisinaux, et de traverse, étant dans l'étendue de leur Jurisdiction : ainsi réglé et jugé par plusieurs Arrêts et Réglemens, et notamment par la Déclaration du 31. Janvier 1663. qui permet de saisir, non-seulement le revenu des Péages, mais encore celui des terres des Seigneurs, pour être employés aux réparations des Chemins, suivant les marchés qui en seront faits par les Trésoriers de France. Il faut cependant excepter les grandes Chaussées Royales qui sont à la Charge du Roi.

Quel avantage pour le Commerce ! si cette loi étoit observée avec la rigueur que le Legislateur a prescrite, tant pour les Péages appartenans au Legislateur même, que pour ceux appartenans aux Provinces, Villes, Communautés et Seigneuries Ecclésiastiques et Laïques. Mais loin de favoriser le transport des Denrées et marchandises, source de l'opulence et de la richesse, tout semble conspirer à s'y opposer. Pourroit-on imaginer que dans un Royaume policé, où l'autorité Souveraine ne [126] trouve aucune espece de résistance à ses volontés, on souffre qu'il y ait des Rivieres navigables, telles que la Saone, par exemple, dont les droits de Péage sont si exorbitans, que les Commercans de Lyon trouvent mieux leur compte à tirer leurs marchandises par terre que par eau ? C'est cependant un fait ; et ce n'est pas malheureusement le seul exemple de cette espece.

Il a été défendu dans tous les tems d'établir de nouveaux Péages, et d'exiger des droits plus forts que ceux portés par les Tarifs. Les Papes, dans la vûe d'étendre leur autorité, ont voulu joindre les Censures Ecclésiastiques aux Ordonnances de nos Rois : comme on le voit par la Bulle *in Cœna Domini*. *Item Excommunicamus et anathematisamus omnes qui in terris suis nova Pedagia, vel prohibita exigunt* ; mais l'Autorité Royale n'ayant pas besoin de celle de Rome pour obliger les Sujets à l'obéissance, elle ne fut point reçue ; et le Parlement rendit un Arrêt contre cette Bulle en 1580.

Les Péages sont Domaniaux, et non d'Aydes et de Subsides ; et il ne doit y en avoir aucuns sans charge et entretien. L'article V. du titre des droits de Péages, Travers, etc. du Réglement général des Eaux et Forêts, entend qu'aucun ne soit réservé, même avec titre et possession, s'il n'y a Chaussées, Bacs, Ecluses ou Ponts à entretenir à la charge du Seigneur.

Suivant l'article VII. du même Réglement, et par les Ordonnances de Blois et d'Orléans, il est ordonné qu'il sera mis et apposé par les Péagers, tant sur les rivieres que sur terre, dans deux lieux éminens et accessibles, un Tableau ou Pancarte, contenant par détail le montant de leurs droits, vérifié et signé par Juge compétent, [127] sans le pouvoir autrement lever ni excéder, sous aucun prétexte, nonobstant tout usage contraire, à peine de punition exemplaire contre les contrevenans, de restitution du quatruple envers les Marchands, outre l'amende arbitraire envers le Roi.

On voit par les Ordonnances, dont nous venons de rapporter quelques dispositions, et l'on peut voir par une infinité d'autres Réglemens, que les Rois, bien informés du préjudice que la multiplicité de ces Péages causoit au Commerce, ont eu dans tous les tems une attention singuliere à empêcher qu'il n'en fût établi de nouveaux, et à supprimer les anciens autant qu'il leur a été possible ; et il y a même actuellement une Commission subsistante établie par Arrêt du 29. Aoust 1724. pour procéder à l'examen et vérification de tous les Titres des Droits de Péages, Passages, Pontenages, Travers, et autres qui se perçoivent sur les Ponts, Chaussées, Chemins et Rivieres navigables, et Ruisseaux y affluans dans toute l'étendue du Royaume ; lequel Arrêt ordonne aux Propriétaires desdits droits, de remettre dans quatre mois au Greffe de la Commission, des copies collationnées et légalisées des Titres et Pancartes en vertu desquels, ils perçoivent lesdits droits ; et faute par eux d'y satisfaire dans ledit tems, il leur est fait défenses de les percevoir, à peine de concussion : Enjoint aux S^rs. Intendans d'y tenir la main.

Mais il s'en manque beaucoup que l'on ne retire de cette révision tout le fruit que l'on s'en étoit proposé. Les Intendans ont mis leur attache sur cet Arrêt, ils en ont fait l'envoi à leurs Subdélégués, et ils ont cru avoir satisfait à tout ce qui, en cette partie, appartenoit à leur [128] ministere. Les Subdélégués ont fait publier et afficher l'Arrêt, et ils ont pensé que leurs fonctions ne s'étendoient pas plus loin. Plusieurs des Seigneurs Péagers sont demeurés dans le silence, et ont continué de percevoir, comme du passé, les droits de leurs Pancartes. Ceux qui se sont approchés volontairement de la Commission, ou qui y ont été traduits ou dénoncés, ont employé leur propre crédit, ou celui de leurs amis, pour se maintenir en jouissance. Ensorte que les Jugemens de suppression ou de réduction qui sont intervenus, ne sont tombés que sur ceux dont les causes étoient visiblement insoutenables: Peut-être, par des raisons de ménagement convenables aux circonstances, le Conseil n'a-t-il pas jugé à propos de prononcer à toute rigueur sur tout ce qui a été soumis à son Tribunal. Quoiqu'il en soit, le mal subsiste presque dans son entier ; et il sera difficile de le déraciner, tant que l'on ne prendra point le parti de supprimer tous ces droits, dans quelque main qu'ils se trouvent, sans exception. Il y a pour cela un moyen sûr et équitable, et qui renferme deux parties dans son exécution.

1° De faire exécuter l'article V. du Réglement général des Eaux et Forêts, que nous venons de rapporter, par lequel il est défendu de laisser subsister aucun Péage, même avec Titre et possession, s'il n'y a Chaussées, Bacs, Ecluses, ou Ponts à entretenir; et rapporter, par ceux qui seroient en état de justifier que leur Péage est à titre onéreux et chargé d'entretien, les pièces justificatives en bonne forme de la dépense causée par cet entretien, pendant 30. ans, pour la comparer avec le produit ; afin de supprimer entierement le Péage, si depuis [129] 30. ans il n'avoit occasionné aucuns frais, ou d'en réduire la perception à la juste proportion de l'entretien auquel le Propriétaire auroit été assujetti pendant le susdit tems de 30. ans. On ne pense pas que la centiéme partie des Péages, actuellement existans, pussent soutenir cette épreuve, si elle étoit bien faite, et la suppression qui en résulteroit seroit juste, fondée sur le principe même de l'établissement des Péages, et autorisée par les anciennes loix de l'Etat.

2° De rembourser actuellement, si cela se peut, ou payer jusqu'au remboursement, la rente de tous les Péages conservés, reconnus chargés de dépenses et entretiens, suivant la liquidation qui en seroit faite, défalcation desdites dépenses et entretiens.

Ces liquidations, du moins pour la plus grande partie, se trouveroient faites dès à présent d'une maniere contre laquelle les Propriétaires n'auroient pas à réclamer, puisque c'est leur propre ouvrage: Je veux dire, les Déclarations qu'ils ont fournies à l'occasion de l'imposition du Dixiéme. En conséquence, le Roi mettroit dans sa main les Péages conservés ; seroit tenu des frais de réparation ; leveroit les droits à son profit, et seroit maître de les modérer à tel point, qu'ils ne pussent être à charge au Commerce.

Je n'ignore pas qu'il y a deux objections considérables à faire sur les deux moyens qui viennent d'être proposées. La premiere, que quoique la plûpart des Peages, qui ne sont assujettis à aucunes charges, ou qui n'en ont que de médiocres à supporter, eu égard à leur produit, puissent être regardés comme de véritables usurpations et un fardeau de l'Etat, duquel, au fond, il seroit juste de le [130] délivrer. Cependant il y a si long-tems qu'ils subsistent; que la possession immémoriale emporte prescription contre le vice de leur origine; ensorte que l'on peut regarder les possesseurs actuels comme de possesseurs légitimes et de bonne foi, soit qu'ils tiennent ces sortes de biens à titre d'acquisitions, soit à titre de succession à la suite de leurs ayeuls, et que ces biens constituant une partie de leur fortune et de leur patrimoine, il ne seroit pas juste de les en dépouiller sans indemnité.

Il est difficile de résister à la force de cet argument. Ainsi on pourroit, en supprimant les Péages de la premiere espece, ordonner le remboursement du fond, suivant les liquidations qui en seroient faites sur le pied de dix fois leur valeur seulement; attendu le vice de leur origine et leur prescription prononcée de tout tems par les Réglemens. Et quant aux sommes nécessaires pour parvenir aux remboursemens, les imposer en une ou plusieurs années, sur les Provinces dans l'étendue desquelles lesdits Péages se levent; étant juste que le public contribue à l'acquisition de la liberté générale, et particulierement les Provinces dans lesquelles ces droits ont lieu, comme en étant les plus fatiguées, et devant jouir de la plus grande partie du bénéfice qui en résulteroit.

La seconde objection que l'on peut faire est, que le Roi remboursant les Péages assujettis à des frais d'entretien, et se chargeant de cet entretien moyennant la perception des droits à son profit, cette acquisition paroîtroit onéreuse à son Domaine; parce que, supposant que les Seigneurs particuliers trouvent dans le produit de leurs Péages l'indemnité de leurs frais et même au-delà, [131] il n'en sera pas ainsi du Souverain, qui n'est jamais si bien servi dans ces sortes de perceptions et dépenses, qu'un particulier, qui, faisant son objet capital de la régie de son héritage, en tire tous les avantages, et pratique toutes les œconomies dont il peut être susceptible.

On peut répondre à ce second argument.

1° Que, défalcation faite des charges, sur le produit des Péages qui y sont assujettis, prises sur les déclarations du Dixiéme, ou sur trente années communes, dans le cas où la déclaration n'auroit pas articulé ces charges, le net ne seroit pas fort considérable, et par conséquent, le fond de l'amortissement.

2° Que le Roi étant déja chargé de tous les grands objets de dépense des Ponts et Chaussées, il n'en coûtera pas un sixiéme de plus pour celles résultant des Péages particuliers supprimés, et que le bien qui en reviendra au Commerce général, indemnisera avantageusement les Peuples de l'imposition de ce sixiéme.

3° Que le Souverain n'est, et ne peut être riche, qu'autant que ses Sujets le sont ; et que ses Sujets ne peuvent être riches que par le Commerce. D'où il suit, qu'il doit employer tous les moyens imaginables pour débarrasser ce Commerce de tout ce qui lui est contraire, et lui procurer cette liberté, sans laquelle il ne peut, ni s'étendre, ni se multiplier : qu'ainsi ce qui paroît onéreux au premier coup d'œil, devient un avantage réel, après en avoir mûrement pesé, examiné et combiné les conséquences.

[133]SUR LES GRANDS CHEMINS

L'Utilité et la commodité que le Commerce et la société retirent de la construction et entretien des chemins, est si généralement connue, que tout ce que l'on pourroit dire pour appuyer cette vérité, seroit inutile et superflu.

Nous avons des Réglemens très-sages et très-détaillés sur cette partie, comme sur toutes les autres. Ils ont presque tout prévû et ordonné ; mais nous pêchons par l'exécution : cependant capable de mettre seule une partie des chemins en état, et de les entretenir à peu de frais pour le Roy, si elle étoit suivie, je ne dis pas avec cette exactitude et cette précision, de laquelle on ne doit pas se flatter, mais seulement avec une attention ordinaire et commune.

Les revenus de l'Etat sont grands, mais un grand Etat a de grandes dépenses à supporter ; chaque partie a des besoins indispensables, et des fonds qui lui sont destinés : ceux des Ponts et Chaussées n'ayant pas été jugés suffisans, on leur en a assigné d'extraordinaires. Mais si l'on vouloit entreprendre toutes les routes sur le pied de quelques-unes qui sont déja commencées, ces fonds extraordinaires seroient encore insuffisans, et ne serviroient qu'à [134] faire désirer qu'ils eussent été employés avec plus de discernement.

Que les chemins soient praticables en hyver comme en été, c'est avoir parfaitement satisfait à l'utilité publique : ces grandes entreprises ont-elles rempli cet objet? Non ; ce sont des portions de monumens admirables, où l'on n'arrive que par un bourbier, et d'où l'on ne sort que pour tomber dans un autre.

Le Commerce exige plus de suite, et moins de magnificence ; simple et utile dans ses opérations, il ne cherche qu'à cheminer, par la voye la plus courte, la plus sûre et la moins couteuse, tout ce qui ne conduit pas à ce but est à son détriment, parce qu'il est pris sur les deniers affectés à son entretien.

Quoique le nombre des routes soit infini, et que les détails d'une partie si vaste et si étendue soient immenses ; cependant on peut les ranger sous les quatre Classes suivantes.

1°. Les nouvelles routes à construire aux frais du Roy.

2°. Les réparations et entretiens actuellement instans des anciennes routes.

3°. Les routes négligées, encombrées, usurpées, et cependant utiles.

4°. L'entretien annuel de ces dernieres routes, et de celles à la charge du Roy.

REFLEXIONS GÉNÉRALES

SUR CES QUATRE CHEFS.

Il seroit préalable, avant de commencer une route ; d'examiner très-attentivement si elle est véritablement [135] nécessaire. On demandera peut-être à quoi bon un avis qui suppose gratuitement des fautes que l'on ne peut présumer ; telle est l'apparence, j'en conviens : cependant il est très-vrai qu'il a été entrepris des routes dont on pouvoit fort bien se passer, et que d'autres ont été commencées, et presqu'aussi-tôt abandonnées, après avoir causé beaucoup de dépense au Roy, et de dégât et de préjudice aux héritages des Particuliers ; témoin celle d'Amboise à Poitiers, par Bleré, Loches et la Haye, Généralité de Tours ; celles de Château-Châlons, et des Confitemini en Franche-Comté ; celles de Reims à Réthel, et de Châlon-sur-Marne à Sainte-Menehould, Généralité de Champagne, et tant d'autres qu'il est inutile de rappeller ici.

Il conviendroit d'examiner s'il n'y auroit point d'autres routes existantes qui pussent suppléer à celles proposées : si quelques réparations faites aux anciennes ne suffiroient pas au Commerce et aux Voyageurs, s'il ne seroit pas plus avantageux de s'assujettir à des parties solides par la nature du terrain, ou par des travaux que l'on y auroit déja faits, que de s'obstiner à traverser les montagnes, les marais et les rivieres, pour former de beaux alignemens, avec des dépenses immenses prises sur le nécessaire.

Et si après ces examens, il est décidé que les routes doivent être entreprises, il importe à l'œconomie et à la durée des travaux de les diriger par les meilleurs terrains, d'éviter les Ponts et la proximité des grandes rivieres autant qu'il sera possible, tant à cause de la dépense que des dangers, et des inconvéniens, ausquels ces positions sont nécessairement sujettes ; enfin, pratiquer des bermes ou accotemens aux côtés du pavé, et les tenir libres et [136] en état, parce que les Voituriers y passent de préférence dans la belle saison, ce qui double le tems de la durée des Chaussées ferrées ou pavées ; il s'en manque bien que ces précautions soient observées.

Je demanderois encore que dans les réparations actuelles des anciennes routes, on se bornât à ce qui seroit absolument indispensable, que l'on portât tous les fonds restans de l'ordinaire avec ceux de l'extraordinaire, sur une seule route capitale quelconque, et que l'on ne l'a quittât pas, qu'elle ne fût parfaite.

Jusqu'à présent on n'a fait, pour ainsi dire, que sauter d'une branche à l'autre, et plusieurs de ces travaux semblent n'avoir été entrepris que pour développer l'art des Ingénieurs aux yeux des passans. Mais que sert à ce Voiturier d'avoir roulé pendant quelques lieues légerement, et à son aise, si les intervalles du mauvais chemin que l'on a laissé subsister, exigent des attelages aussi forts et aussi nombreux, que si ces belles parties n'étoient pas faites? S'il n'est pas sûr de conduire ses marchandises à leur destination au jour nommé, qu'en revient-il à ce Négociant et à l'acheteur, si les frais de transport des marchandises et denrées sont toujours aussi chers, s'il manque de les vendre faute d'être arrivées à tems, si elles sont avariées et gâtées par les hazards du mauvais chemin, et par un trop long séjour en route.

Si après qu'une route a été construite ou réparée ; il n'est pas pourvû à son entretien, elle sera bien-tôt ruinée et impraticable, ce qui causera une interruption dans le Commerce général, non seulement à cause de l'enchaînement indissoluble que ses parties ont entr'elles, mais encore parce qu'il faut pour la rétablir, employer des [137] fonds nécessaires ailleurs ; ensorte que plusieurs dépenses de cette espéce venant à s'accumuler, elles excédent la possibilité des ressources, et tout retombe dans le premier état de dépérissement.

Cette négligence qui est très-commune, et ne souffre que quelques exceptions, et la tolérance des usurpations des Riverains, ont ruiné et fait abandonner plusieurs routes, cependant fort utiles ; [ces riverains][1] y ont poussé leurs labours, ou les ont anticipé par des fossés et

1. Les mots « ces riverains » sont en surcharge et manuscrits dans le texte de l'exemplaire de la Nationale. L'impression porte « ils » (N. de l'Edr.)

par des hayes; ils y ont fait des fossés et des rigolles pour y faire pourir leurs engrais; il y ont arrêté les eaux, ou ne les ont pas détournées; enfin ils les ont détruites.

Sans l'assemblage des ruisseaux, nous n'aurions point de grandes rivieres, sans les rameaux et les petites routes qui aboutissent aux routes principales, celles-ci seroient désertes; ces branches et ces rameaux donnent la vie et le mouvement aux grandes routes: elles fournissent l'aliment du Commerce, et la subsistance des grandes Villes: cependant elles sont oubliées et ignorées par les Ingénieurs, qui accoutumés aux grandes entreprises, ne les croyent pas dignes de leurs regards et de leurs attentions.

L'intérieur des Bourgs et des Villages est entr'autres si généralement mauvais, même sur les grandes et belles routes faites et perfectionnées par le Roy, qu'à peine les voitures y peuvent passer, et qu'il s'y forme des amas d'eaux, et des cloaques nuisibles à la salubrité de l'air, dont les habitans ne peuvent manquer de ressentir les effets; rien cependant de plus modique, et par conséquent de plus facile que ces réparations, dont le mauvais état ne peut être attribué qu'à une négligence im[138]pardonnable à ceux qui sont chargés de cette police: il n'y a point de Villages dont les habitans guidés par un Inspecteur tant soit peu raisonnable et intelligent, ne puissent en deux ou trois jours au plus, pris dans l'intervalle des récoltes, conduire assés de pierrailles et de gravier pour combler les trous, unir la voye, la rendre praticable, et se délivrer des inconvéniens dont la malpropreté et le mauvais air sont nécessairement susceptibles. Le Païsan occupé du poids de son état, enséveli dans son ignorance et sa rusticité, ne pense qu'au journalier; il ne sent, il ne voit aucune conséquence: c'est cependant la partie la plus nombreuse et la plus intéressante de l'Etat. Il faut donc que le Souverain, ou ceux à qui il a confié son autorité, pensent, réfléchissent et veillent pour elle.

Les portes de la plûpart des petites Villes du Royaume, autrefois nécessaires pour leur défense, et maintenant abandonnées comme inutiles, menacent une ruine évidente, et la vie des passans; il conviendroit de faire jetter à bas aux frais de chacune de ces Villes, toutes celles que les Inspecteurs ne jugeroient pas avoir une solidité suffisante. Ces Villes, quoique sans revenus patrimoniaux, ne pourroient s'excuser sur le défaut de moyens 1°. A cause de la moditité de la dépense. 2°. Parce que les matériaux indemniseroient et au-delà des frais de démolition, et du peu de main d'œuvre, qui seroit peut-être nécessaire en quelques endroits, pour relever ou assurer les jambages ou pieds-droits desdites portes jusqu'aux impostes, ou retombées des arcs.

Les routes, quoique usurpées, appartiennent toujours au Public, et sont imprescriptibles, parce que la pres[139]cription ne court point contre le Public : *Viam publicam populus amittere non potest;* et c'est en conséquence de ce principe constant, que nul ne peut apporter du changement aux chemins, les supprimer ou y en substituer d'autres, sans l'intervention de l'autorité souveraine. L'Ordonnance de Blois porte, « que les grands chemins seront remis à leur « ancienne largeur, nonobstant les usurpations qui peuvent avoir « été faites.

Suivant le Droit Romain, le soin de réparer et d'entretenir les chemins, étoit une charge des héritages adjacens, dont nul n'étoit exempt, pas même les personnes privilégiées de quelque état qu'elles fussent : *Non sunt enim immunes ab institutione itinerum, seu viarum munitione* ; ce qui est conforme au Droit François exprimé dans les Capitulaires chap. 107. L. 6. et à notre Jurisprudence actuelle sur la Voyerie. Les Ordonnances de Henry II. Charles IX. Henri III. Henry IV. Louis XIII. et Louis XIV. y ont puisé leurs dispositions. L'Arrêt du 18. Juillet 1670. sur les chemins de Normandie, porte « qu'ils auront 24. pieds de large, sans que cette largeur « puisse être occupée par des fossés, hayes ou arbres; et que s'il « s'en trouve, ils seront remplis, coupés et arrachés huitaine, après « la signification de l'Arrêt, par les Propriétaires, ou à leurs frais « et dépens, avec défenses à tous Propriétaires et Riverains de « planter aucuns arbres le long des grands chemins qu'à dix pieds « de distance du bord; ordonne que lesdits chemins et ceux de tra- « verse, seront incessamment réparés et entretenus aux frais et « dépens des Propriétaires de terres où se trouvent les mauvais che- « mins, avec des cailloux, graviers ou fascines, suivant les Ordon- « nances, à la dili[140]gence des Procureurs du Roy des Vicomtés, « et autres de ladite Province.

La plûpart des Coutumes du royaume obligent les Propriétaires et Détempteurs des terres voisines des chemins, de couper les branches des arbres qui empêchent le soleil de les sécher, et causent de l'embarras aux passans ; elles veulent que si le grand chemin se trouve impraticable par les bourbiers, glaces, innondations ou autrement ; s'il est embarrassé par des matériaux destinés à quelques ouvrages, ces mêmes Propriétaires et Détempteurs soient obligés de donner sur leurs terres un passage provisionnel. *Si via publica destruatur, vicinus viam præstare debet.* Elles les obligent de recevoir les eaux qui s'écoulent des chemins, de les border de fossés, et de nétoyer ceux qui ont été faits ; *fundus inferior tenetur recipere aquam provenientem ex fundo superiori, etiam si fundo inferiori noceat.* Enfin, que s'ils négligent d'ôter les encombremens, et qu'à cette occasion il arrive quelque accident ou quelque perte, ils soient tenus des dommages et intérêts de ceux qui l'ont souffert.

Outre ces divers Réglemens, les Coutumes de la plûpart des Provinces ont statué sur les réparations et entretien des chemins. Les Trésoriers de France ont rendu une multitude d'Ordonnances sur la Voyerie, et Messieurs les Intendans sont chargés des routes entreprises ou finies par corvées, et aux frais du Roy ; mais d'une part, tous les Intendans ne donnent pas leur attention à cette partie avec une égale utilité ; et de l'autre, ce qui est prescrit par les Coutumes, est sans aucune sorte d'exécution, parce que les Trésoriers de France ont totalement envahi la Voyerie, que ces Coutumes attribuent [**141**] aux Seigneurs Hauts-Justiciers dans l'étendue de leurs Juridictions.

Quelques-uns de ces Seigneurs pourroient la négliger, cela est sans contredit, attendu leur grand nombre, attendu que plusieurs ne voyent jamais leurs terres, et que d'autres manquent ou d'intelligence, ou de cet esprit d'ordre, d'arrangement et d'émulation, qui conduit à bien faire ; mais aussi plusieurs y tiendroient la main, soit par l'intérêt de déboucher plus facilement leurs denrées, et celles de leurs habitans, soit pour parcourir leurs terres avec plus de facilité et d'agrément : le motif est indifférent, parce que ce qu'ils feroient pour eux, ils le feroient pour le Public ; et quelque peu qu'ils fissent, ils surpasseroient toujours de beaucoup les Trésoriers de France des Provinces, qui tout-au-plus veillent légerement à ce qui concerne la Ville de leur résidence, mais causent la ruine des chemins de la Campagne par leur inaction, par celle à laquelle ils contraignent les autres, et par les exactions qu'ils tolerent à leurs petits Voyers, et autres subalternes.

Cet état de confusion et de conflits que l'on ne doit pas espérer de voir cesser, par les remontrances et les exhortations, ne peut être plus heureusement et plus promptement arrêtée que par ce changement et transport d'autorité, dont le Gouvernement a souvent fait utilement usage en différens cas.

Dans celui-ci, il semble que le plus expédient seroit de charger uniquement les Intendans de la police et entretien des chemins, non par aucun titre public qui mettroit aux champs tous les Bureaux des Finances, et accableroit le Conseil de sollicitations et d'importunités, [142] mais seulement par des lettres et ordres particuliers qui leur enjoindroient de tenir en vigueur les Réglemens de la Voyerie, et les autoriseroient à tendre la main aux Seigneurs de bonne volonté qui s'animeroient les uns les autres; et pour l'exécution, de leur donner par augmentation de ceux qui existent actuellement, des Inspecteurs et sous-Inspecteurs fidéles et intelligents sous les ordres d'un nombre suffisant de Supérieurs bien choisis, lesquels Inspecteurs et sous-Inspecteurs prêteroient serment pardevant l'Intendant, pour être en état de dresser des procès verbaux, sans Papier marqué ni controllé.

La dépense de cet établissement, que l'on pourroit se contenter d'essayer d'abord dans une seule Généralité, procureroit un bien qui ne tarderoit pas à se faire sentir, et seroit avantageusement compensé par la diminution des dépenses des Ponts et Chaussées à la charge du Roy.

Avec ces précautions les routes se multiplieroient, le Commerce s'animeroit, et les deniers destinés à l'entretien et construction des chemins, seroient plus utilement employés.

146 SUR LA BANQUE DE LAW, ET LE CRÉDIT PUBLIC.

LES opérations de la Compagnie des Indes étoient trop intimément liées au Commerce, pour que nous pûssions nous dispenser d'en parcourir les principaux événemens ; mais nous n'avons rien dit de la Banque générale, qui lui a, pour ainsi dire, donné l'être.

Selon quelqu'uns, c'étoit un établissement ruineux, capable d'anéantir les richesses de la Nation ; selon d'autres rien de plus utile, rien même de plus indispensable pour l'augmentation de ces richesses ; problême fameux et intéressant, dont il seroit heureux de pouvoir trouver la solution.

Il a été fait plusieurs dissertations sur cette grande question ; mais elles sont presque toutes restées dans les cabinets des Auteurs, et presque tous ces Auteurs livrés à l'esprit de parti, ou guidés par la bonne ou la mauvaise fortune, qu'ils ont éprouvée pendant le système, en ont parlé suivant ces différentes impressions, et non d'après les principes qui découvrent la vérité ; il faut donc la chercher ailleurs.

[144] Il n'y a que trois écrits qui ayent été donnés au Public, ce sont par conséquent les seuls que le Public puisse consulter. Celui qui a paru le premier en un seul volume, est intitulé : *Essay politique sur le Commerce*. M. Melon en est reconnu l'Auteur ; ce Livre contient peu de paroles, mais beaucoup de très-bonnes choses. L'Auteur ne paroît pas passionné, et s'il panche du côté du système, c'est-à-dire du côté de la multiplication des effets répré sentatifs de l'espéce, c'est qu'il croit en avoir démontré les avantages.

Le second contient deux volumes ; il est de M. Dutot, et porte

1. Le numéro [144] de la page est en surcharge, et ainsi dans les pages qui vont suivre, le numéro surchargé est ici 146 qui est un numéro inexact (N. de l'édr.)

pour titre, *Réfléxions politiques sur les Finances et le Commerce*. C'est une critique du premier, surtout à l'égard de la proposition avancée par M. Melon ; que le sur-haussement des Monnoyes n'est point nuisible à un Etat ; c'est un grand calculateur, et un grand partisan des opérations de M. Law.

Le troisiéme contient pareillement deux volumes, et son titre est l'*Examen du Livre ci-dessus*. L'Auteur n'en est pas connu ; il critique et poursuit vivement son adversaire, et il paroît aussi opposé aux opérations de M. Law, que l'autre en paroît sectateur.

Je n'entreprendrai pas de faire l'analyse de ces cinq volumes, d'opposer raisons à raisons, d'y faire des réfléxions, et d'en tirer des conséquences ; ce seroit un travail de trop longue haleine, et qui peut-être ne me conduiroit pas à mon but.

J'exposerai seulement les principaux motifs, venus à ma connoissance, qui ont déterminé l'établissement de la Banque générale, le bien et le mal que l'on lui impute, et les sentimens de ceux qui, selon moi, ont parlé ou [145] écrit le plus raisonnablement sur cette matiere, dans lesquels seront compris les trois Auteurs que je viens de citer, ce qui à ce que je pense, suffira au Lecteur pour juger du mérite de cet établissement, observant avant toutes choses, qu'à mon égard, banque, systême ou crédit public, sont des termes synonimes.

Charles II. ayant déclaré héritier de toute la Monarchie d'Espagne, Philippes de France duc d'Anjou, second fils de M. le Dauphin, il s'ensuivit une guerre dont les événemens furent si souvent malheureux, que l'Etat se trouva chargé de plus de dix-neuf cens millions de dettes à la mort de Louis XIV. La maniere dont le Roy à présent régnant s'exprime dans le préambule de la Déclaration du 7. Décembre 1715. pour la vérification et liquidation des billets Royaux, fera connoître en peu de mots la situation fâcheuse de nos affaires.

« Il n'y a pas, dit S. M. le moindre fonds dans le Trésor Royal, « ni dans nos recettes, pour satisfaire aux dépenses les plus urgentes : « Nous avons trouvé le Domaine de notre Couronne aliéné, les « revenus de l'Etat presque anéantis par une infinité de charges et « de constitutions, les impositions ordinaires consommées par « avance, les arrérages de toute espéce accumulés depuis plusieurs « années, le cours des recettes interverti, une multitude de billets, « d'ordonnances et d'assignations anticipées de tant de natures

« différentes, et qui montent à des sommes si considérables, qu'à « peine en peut-on faire la supputation, etc.

Il fallut chercher des moyens pour satisfaire à ces prodigieux engagemens, qui suspendoient la confiance publique, et la circulation de l'espéce; mais de tous ceux [146] qui pouvoient être mis en œuvre, il n'y en avoit point de plus contraire aux fins de cette entreprise que celui que l'on employa : ce fut l'établissement d'une Chambre de Justice.

Le préambule de l'Edit du mois de Mars 1716, rendu à cet effet, porte « que les restitutions et condamnations que ce Tribunal pro- « noncera, suffiront à l'acquittement des dettes de l'Etat, et met- « tront S. M. en situation de supprimer les nouvelles impositions, « et de rouvrir aux Peuples les plus riches sources de l'abondance, « le commerce et l'agriculture, et de les faire jouir de tous les fruits « de la paix » mais l'événement fut bien contraire à ces douces espérances.

La proscription d'une infinité de personnes suivit de près la publication de cet Edit. On citoit, on arrêtoit tous les jours de nouveaux accusés : ceux mêmes qui avoient applaudi à l'établissement de ce Tribunal, commencerent à craindre d'y être appellés, leur innocence n'étoit pas capable de les rassurer; et ce formidable appareil, loin de libérer l'Etat, et de lui procurer aucun avantage réel, loin de *rouvrir aux Peuples de ces riches sources de l'abondance*, se réduisit à la dispersion de plusieurs familles, à la perte du reste de confiance, à une disette prodigieuse d'espéces, et à la chute totale du commerce.

Les Marchands appuyés du Prevôt des Marchands, s'en plaignirent, et prierent M. le Régent de mettre fin à ces recherches. La Chambre des Comptes fit des remontrances dans le même esprit. Les Parlemens de Provence et de Toulouse, indignés de la rigueur des Arrêts de ce Tribunal, en firent publier d'autres dans le [147] ressort de leurs Cours, par lesquels il étoit défendu de mettre à exécution ceux de cette Chambre : les Parlemens de Dijon et de Grenoble se déclarerent contre elle avec la même fermeté.

Enfin, M. le Régent reconnoissant par une expérience fatale, que le reméde qu'il avoit voulu apporter étoit devenu un nouveau mal; il engagea le Roy à la suppression de ce Tribunal, qui l'ordonna par Edit du mois de Mars 1717, une année après son établissement. M. le Chancelier eut ordre d'aller lui notifier sa séparation; et dans le discours qu'il prononça à ce sujet, il dit « Que le Public « effrayé étoit tombé dans une espéce de consternation et d'abatte- « ment, qui retardoit les opérations, et faisoit languir tous les « mouvemens du corps politique ; que la rigueur devoit contenir « les hommes dans les bornes du devoir ; et la douceur, rétablir « dans les esprits cette confiance encore plus nécessaire que la « crainte, pour la gloire et la félicité des Gouvernemens, etc. Discours prononcé publiquement par le premier Magistrat du Royaume, à la vûë des désordres causés par cet établissement, et qui devroit être éternellement gravé dans la mémoire des Ministres futurs, pour ne jamais retomber dans de pareilles fautes. « Ce ne fut, dit M. de Sully, tom. 6. pag. 413. que dans « cette seule occasion où je me trouvai d'avis contraire à S. M. On « lui avoit persuadé d'établir une nouvelle Chambre de Justice, opération décidée, inutile et abusive par mille expériences.

Il y a des peines prononcées contre ces ames basses qui font trafic d'iniquités et des afflictions d'autrui ; à mesure qu'il se trouve des coupables, livrez-les aux Ma[148]gistrats ordinaires, et qu'ils exercent contr'eux toute la sévérité de la Loi, sans attendre les funestes effets d'une justice générale et périodique ; c'est une clémence que de faire à propos des exemples qui puissent arrêter le progrès du mal, *Non irasci ubi irascendum sit, nolle emendare peccatum*. S. Bern. C'est ainsi que pensoit et agissoit M. de Sully, qui est le meilleur modéle qu'un bon Ministre puisse suivre : On eut, dit-il, *tome 5. pag. 281.* « un remede de moins dans les tems « qui suivirent ma gestion, j'avois grand soin que l'on fit porter « sur le champ aux coupables la peine de leur friponnerie.

Punir le vol par des amendes, ce n'est pas punir, c'est donner un tau à la permission de voler ; comprendre des ordres entiers dans une même accusation, sans autre crime que celui de la qualité, c'est pécher contre l'équité et contre la politique ; *c'est apprendre à l'homme à renoncer à l'émulation et à la vertu* ; c'est confondre l'honneur et l'infamie, c'est anéantir le plus solide fondement des sociétés.

M. le Régent n'ayant pas été long-tems sans reconnoître que la Chambre de Justice étoit incapable de produire les avantages dont on l'avoit flatté, fut obligé d'avoir recours à d'autres expédiens.

M. Law, fort versé dans les calculs, combinaisons et opérations de change, banque et commerce, lui présenta le projet d'une banque générale, au moyen de laquelle il prétendoit rétablir le Commerce, les Finances, et conséquemment la confiance publique; telles étoient à peu près les raisons avec lesquelles il appuyoit les avantages de son projet.

[149] Tout ce qui tend à simplifier les opérations du Commerce, tend en même tems à en accélérer le mouvement; et comme il n'est utile et avantageux qu'à proportion de la vivacité de ce mouvement, il s'ensuit que l'on doit rechercher avec soin tout ce qui peut la lui procurer.

Quoique la Suéde ne soit pas un Païs extrémement commerçant, cependant la circonstance dans laquelle elle se trouvoit, lui a fait imaginer il y a long-tems cette simplification, que Génes, Venise, la Hollande, l'Angleterre, etc. ont depuis adoptée.

La monnoye de Suéde n'étant que de cuivre; il falloit un tems considérable pour en faire le compte; un chariot suffisoit à peine pour transporter d'une maison à l'autre le plus médiocre payement. Pour remédier à cet inconvénient, on établit un dépôt public, où les Négocians consignérent leurs espéces de cuivre, au moyen de quoi les payemens se firent par transports ou virements de parties, ce qui apporta de grandes facilités au commerce et à la circulation.

Les Hollandois ayant reconnu l'avantage de cet établissement, ne tardérent pas à l'imiter, quoique leurs payemens se fissent en espéces d'or et d'argent; leur commerce étoit si étendu, que les différentes opérations ne laissoient pas d'en être fort à charge, par la lenteur et les frais. Secourus du dépôt public, ils expédient maintenant plus d'affaires en une heure, qu'ils n'auroient fait en un jour : les plus forts payemens ne consomment pas plus de tems que les plus petits; ils peuvent commercer à peu de profit, parce qu'ils ne leur faut ni Caissiers, ni porteurs d'argent; qu'ils ne sont exposés ni aux mécomptes, ni aux [150] erreurs; qu'ils n'ont point de tares de sacs à supporter, et qu'ils ne craignent ni les voleurs, ni les billionneurs, ni les faux-monnoyeurs.

Non-seulement ces dépôts diligentent les opérations des Négocians, mais encore ils augmentent prodigieusement la circulation, puisqu'en Angleterre, cinquante millions d'espéces dans la caisse du dépôt, sont plus que suffisans pour soutenir un crédit de cent millions de billets. Et comme les billets peuvent faire trois fois plus de mouvement que l'espéce, parce qu'ils sont beaucoup plus appropriés à la diligence que le commerce exige, on estime que ces cent millions de billets procurent autant de circulation que trois cens millions d'espéces : les biens fonds, et les fruits qui proviennent de ces fonds, augmentent en dûë proportion, et l'intérêt de l'argent diminuë de même ; ensorte que le Négociant, empruntant pour animer son commerce et ses manufactures, et le propriétaire d'héritages pour la culture etamélioration de ses terres, ils peuvent, intérêt prélevé, trouver un bénéfice qui les met en état d'éteindre le capital, et de subsister.

Il est aussi nécessaire pour le Souverain et pour les Sujets, d'entretenir l'intérêt de l'argent à un tau bas et constant, qu'il l'est de maintenir le grain à un prix dans lequel le cultivateur puisse trouver l'indemnité de son travail, et le peuple une subsistance aisée.

Pour parvenir à ce dernier point, on établit des magasins et des greniers publics suffisans que l'on ouvre dans les tems de disette, pour suppléer au défaut des récoltes, et s'opposer à l'avidité des Monopoleurs.

Il arrive aussi certains événemens par rapport aux [**151**] espéces, qui jettent l'allarme et la défiance dans les esprits ; l'usurier n'oublie rien pour l'augmenter, l'espéce n'en existe pas moins à la verité ; mais la crainte l'empêche de se montrer, et c'est comme si elle n'existoit pas, l'intérêt devient alors insoutenable. Le Roy impose sur ses peuples celui qu'il est obligé de payer ; il cesse de satisfaire aux anciens engagemens de la Couronne, et les peuples languissent dans l'inaction, faute d'argent, pour les tenir en mouvement ; car il y a une proportion et une liaison immédiate et indivisible entre le nombre de Sujets d'un Etat, et la quantité d'espéces ou de représentations d'espéces nécessaires à son commerce, laquelle cessant, porte préjudice à cet Etat, à raison de son insuffisance.

Dans ces circonstances, le dépôt public doit s'opposer aux progrès du désordre, et il ne le tente jamais en vain, étant aussi sûr de maintenir ou de réduire l'intérêt au tau qui convient au commerce, et de rappeller le crédit et la confiance ; qu'il est sûr que l'ouverture des Greniers publics maintient ou réduit le prix du grain, parce que dans l'un comme dans l'autre cas, les besoins sont remplis, n'y ayant que le nombre des demandeurs disproportionné à la chose demandée, qui en cause la rareté et la chereté.

A mesure que le prix de l'argent hausse, celui des autres biens baisse, parce que tout prêt dont l'intérêt excéde le revenu du fonds sur lequel il est assigné, ruine nécessairement le débiteur, et avilit son héritage. Dans plusieurs parties de l'Europe les fonds se vendent sur le pied de deux pour cent, et l'occasion d'acquérir est rare. En France, les terres titrées sont à quatre pour cent, [152] et les acquéreurs manquent : d'où vient cette différence? du crédit.

Il n'arrive aucune diminution dans les différentes professions de l'État, qu'elle ne retombe immédiatement sur le Souverain; il est le propriétaire éminent de tous les fonds ; il n'est riche qu'à proportion de leur valeur et de leur produit : la part que l'on lui donne des fruits et des denrées, sert au soutient de sa grandeur, et à l'entretien de ses armées ; lorsque l'argent est en mouvement, la culture, les arts et le commerce ne sçauroient demeurer dans l'inaction, les dégrés de l'abondance et de la disette sont toujours déterminés par ceux du mouvement et du repos de l'argent.

Les Négocians d'Angleterre, et des autres Païs qui jouissent des dépôts publics, y ont tant de confiance, qu'ils ne veulent pas que leurs correspondans dans les Païs étrangers, leur fassent des remises payables autrement qu'en assignation de ce dépôt. En effet, rien n'est plus commode, c'est une Lettre de change universelle, illimitée pour le tems, pour la personne et pour le lieu, que l'on porte par tout sans risque, et de laquelle on peut faire usage par tout sans frais, sans courtage, sans escompte et sans crainte de variations d'espéces.

Ces différens avantages représentés à M. le Duc d'Orleans, lui firent écouter favorablement les propositions de M. Law, pour l'établissement d'une Banque générale : son projet fut amplement discuté dans plusieurs conseils ; on y forma toutes les objections possibles, auxquelles l'Auteur répondit par écrit : celle qui parut la plus forte, et sur laquelle on insista le plus, fut la crainte de l'abus que les Ministres pourroient faire quelque jour de cet établissement; que par cette raison, on prétendoit n'être pas compatible avec la forme de notre Gouvernement; à quoi il répondit :

Que la Banque étant l'ame du crédit, et en même tems la caisse du Roy, il étoit visiblement de l'intérêt du Prince, comme de son Ministre, de la soutenir, parce qu'en puisant indiscretement dans cette caisse, ce serait faire main basse sur son propre fonds, et se priver de tout secours pour l'avenir, ce qui ne pouvoit ni ne devoit se présumer.

Que si l'administration de quelque Ministre avoit été vicieuse, on ne devoit l'attribuer qu'à la fausseté des principes qui leur avoient été suggérés ; mais qu'ils ne pourroient errer dans l'espêce présente, parce que la bonté et la solidité de son projet étoient démontrées, non-seulement par les mémoires fournis, mais encore par l'exemple et la constance des Nations commerçantes de l'Europe, par l'activité de leur commerce, et la langueur du nôtre, et par la comparaison de l'Espagne et du Portugal, avec l'Angleterre et la Hollande.

Qu'aucune Banque établie n'avoit jamais été supprimée par l'autorité d'aucun Gouvernement ; qu'au contraire, quand elles avoient souffert quelque ébranlement par la force majeure, ou par des événemens extraordinaires, comme il étoit arrivé une fois à celle de Londres, par la négligence ou l'infidélité des Directeurs, et à celles d'Edimbourg, sur un faux bruit d'augmentation d'espéces, qui causa une altération dans le crédit de vingt pour cent, l'Etat n'avoit pas manqué de les rétablir, comme indispensables au soutien du commerce de la Nation.

[154] Que l'Angleterre n'avoit jamais paru avec tant d'éclat ; que depuis l'établissement de la Banque, que trois années de guerre ayant ruiné le commerce et le crédit, la nécessité força le Roy Guillaume de Nassau, à avoir recours à cet expédient, qui rétablit l'un et l'autre, et que le Parlement, après en avoir reconnu l'utilité, l'avoit protégé et étendu, en établissant une seconde Banque à Edimbourg, comme les Hollandois en avoient établi une seconde à Rotterdam, qu'il y en avoit plusieurs en Allemagne et en Italie ; que celle de Gênes subsistoit depuis plus de trois cens ans, et qu'elle faisoit la richesse et la force de cette République.

Que pendant la guerre de 1701. la banque d'Angleterre avoit fourni des remises à l'Etranger, suppléé au transport des espéces, augmenté les manufactures et le commerce, mis les peuples en état de subvenir à de grosses impositions, donné la valeur et le mouvement aux billets de l'Echiquier, et maintenu l'argent à un intérêt convenable pour le Roy, le Commerce, et les Particuliers.

Qu'il y avoit en France pour dix-neuf cens millions d'effets Royaux, réduits par le discrédit au-dessous de la moitié de leur valeur primitive, que la faveur du crédit public la leur rendroit tout entiere, ce qui augmenteroit de mille millions la richesse de l'Etat, d'une maniere aussi réelle et aussi utile, que s'il étoit arrivé du Perou et du Potosi, pour pareille somme de matiere d'or et d'argent, et que cette augmentation, jointe à la propriété que le papier a de circuler plus vite que l'espéce de plus des deux tiers, fourniroit à l'agriculture, et aux opérations du commerce intérieur et extérieur, [155] un fonds, ou une représentation de fonds, de plus de quinze cens millions, somme capable de lui communiquer un mouvement extrémement rapide et avantageux.

Mais que pour le soutien perpétuel de cet établissement, il étoit nécessaire de fixer invariablement trois points essentiels ; sçavoir. 1° La quantité des billets de Banque, qui ne devoient jamais excéder cent millions. 2° De stipuler les billets de Banque en espéces fixes sans qu'ils pussent jamais être susceptibles d'aucune variation, quand même il en arriveroit sur la monnoye. 3° Enfin de ne jamais toucher à cette monnoye. Et pour appuyer cet article qu'il regarde comme trés-intéressant, il dit que sous le Roy Guillaume de Nassau, toutes les espéces ayant été rognées de plus d'un tiers par les billionneurs, il fut agité dans le Parlement de faire une refonte générale, et d'augmenter la valeur numéraire pour remplacer la perte de la matiere ; que le Parlement fut sur le point d'y consentir, sur des écrits plausibles qui lui furent présentés ; mais que le sieur Loch, connu par des ouvrages d'un genre tout différent, en publia un contre ce projet, dont il fit sentir tout le danger ; ensorte que le Roy et le Parlement revenus de leurs erreurs, ordonnerent que la refonte fût faite aux dépens de l'Etat, et les espéces renduës aux Propriétaires sans frais ni surhaussemens : conduite bien éloignée de la nôtre, dit-il, et qui sauva l'Angleterre.

Que la France faisoit des fautes grossieres sur cette matiere ; que les monnoyes varioient sans cesse ; que les Commerçans étrangers ne sçavoient à quoi s'en tenir ; qu'ils n'avoient point de confiance dans le papier françois ; que le risque et l'incommodité des voitures d'espé[156]ces dégoutoient les Marchands ; et que tel d'entr'eux qui tiroit ci-devant annuellement vingt mille piéces de vin, ou autres marchandises, n'en tiroit pas présentement la quinziéme partie par cette raison.

Quant à l'autre partie de l'objection, que cet établissement n'étoit pas compatible avec la forme du Gouvernement François. Il répondit que la Suéde, Rome, Naples et Milan étoient monarchiques, et que cependant les Banques y subsistoient depuis long-tems ; que lorsqu'une chose étoit bonne par soi, elle étoit bonne en tout tems et en tout lieu ; qu'il ne disconviendroit pas que le Monarque pouvoit violer le dépôt dans un extrême besoin de ses affaires, mais que les Banques des Républiques, comme celles des Monarchies, étoient exposées à ce danger, l'extrémité et la nécessité ne reconnoissant en aucun lieu, ni dans aucun Gouvernement, ni régles ni loix.

Qu'au surplus, la Banque de France seroit moins exposée à cet événement, que celles des autres Païs, parce que les billets de Banque seroient reçus en payement des produits du Domaine, droits et impositions ; que si le Souverain s'emparoit des espéces du dépôt, ce ne seroit qu'anticiper sur la rentrée de son revenu, pour recevoir ensuite des billets qui n'auroient plus de cours, parce que cette violation de la foi publique auroit détruit leur crédit et leur valeur, et qu'aucun Roi de France n'avoit imaginé jusqu'à présent qu'un moyen de bonifier ses affaires, fût de piller le Trésor Royal.

Que depuis plus de trois cens ans que la banque de Gênes subsiste, cette République avoit été exposée à des guerres civiles et étrangeres, et éprouvé toutes sortes [157] d'événemens fâcheux, mais que la Banque étoit restée inébranlable au milieu de ces orages : que les Sénateurs réunissent en eux la Souveraineté, au même dégré que le Monarque ; qu'ils auroient pû tout oser et tout entreprendre, mais que leur intérêt, ou la vûë du bien public, il n'importe lequel, les avoit retenus. et que ces deux considérations devroient encore avoir plus de force et plus d'empire sur le Monarque, puisqu'il seroit seul à supporter les pertes et les dommages de son imprudence.

Les avantages dont M. Law décore son projet, paroîtront peut-être suspects, parce qu'il étoit partie intéressée. Ecoutons M.Melon, à qui on ne sçauroit refuser des connoissances politiques, et qui étoit bien instruit du mérite et des opérations du systême, puisqu'il y avoit été employé : s'il soutient qu'un pareil établissement est utile en France, on ne peut pas dire que ce soit par reconnoissance des gains qu'il y a faits ; il méprisoit trop la fortune, et ceux qui l'ont connu, ne pourront attribuer le sentiment pour lequel il se déclare, qu'à l'évidence et à la démonstration qu'il a crû trouver dans ses propres raisonnemens, et l'on peut dire que c'est un homme instruit et de bonne foi, qui parle sans passion et sans charlatannerie.

« Avant François I. dit-il, nos Rois n'étoient chargés que de « payer les appointemens de leur maison, et quelques troupes : ce « fut lui qui, pour soutenir les guerres d'Italie, fit en 1522. la pre-

« miere création de rente sur la Ville au denier douze; il y en a « actuellement vingt-cinq millions de constituées en rentes perpé- « tuelles.

« Or cette dette est si haute numérairement, que pour s'acquit- « ter numérairement au prix de l'argent du tems [158] de S. Louis, « il faudroit annuellement près de trois milliards de nos espéces « et douze milliards du tems de Charlemagne.

« D'où il suit qu'il doit y avoir une abondance de valeur numé- « raire, telle que les peuples puissent facilement par la vente de « leurs denrées, payer l'imposition nécessaire au Roy, pour acquit- « ter sans retranchement ni retardement toutes les charges de l'Etat, « d'où il résultera la confiance dans les effets Royaux, et par con- « séquent, celle des particuliers pour le commerce, qui, sans cela, « languira toujours; car tout tient à la masse générale.

« Personne n'ignore qu'au commencement de la Régence il fut « vendu à vil prix trente millions de billets de l'Etat, pour payer « un quartier de rentes sur la Ville. Quelles pernicieuses res- « sources, qui rendent l'année suivante plus pesante de trente mil- « lions portant intérêt et d'un discrédit encore plus dommageable ?

« M. de Colbert et les Ministres qui l'ont suivis, ont connu la « nécessité d'un crédit public, et ils s'en sont toujours servis; mais « ils en ont mal connus les principes. La caisse des Emprunts, les « billets de Monnoye, les promesses des Gabelles, les billets de « l'Etat, étoient de faux crédit, que l'usure trop onéreuse au Roy, « devoit prescrire dans leur origine.

« Les billets de Monnoye, formés par le hasard, firent craindre à « nos ennemis, que ce crédit quoiqu'usuraire, ne fût un ferme sou- « tien de la Finance ; mais ils furent rassurés, si-tôt qu'il fut ordonné « que les particuliers les prendroient, et que le Roy les refuseroient; « cette Déclaration les fit tomber, et l'on fut obligé de les suppri- « mer, et de perdre ce crédit.

[159] « Enfin la Banque parut un vrai crédit également utile au « Roy et à ses Sujets; mais l'abus énorme qui l'a suivie, en a juste- « ment rebuté la Nation.

« Les valeurs numéraires, l'argent étant extrêmement augmenté, « deviennent dans de certaines circonstances un vrai crédit, d'au- « tant plus utile, qu'il porte la vraie valeur pour les stipulations, et « non une valeur de représentation comme les billets.

« La convention a donné au crédit public, c'est-à-dire au papier

« de Banque, la valeur de la monnoye, dont ils ne sont que repré-
« sentatifs, ensorte qu'une écriture en banque d'Amsterdam, ou un
« billet de banque d'Angleterre, fournit un gage assuré, pour tous
« les besoins, et devient une des plus grandes richesses des Etats qui
« sçavent s'en servir : voilà un progrès dû à la police Européenne,
« inconnu à l'Antiquité.

« Les dettes d'une Nation policée sont une suite nécessaire des
« guerres ou des événemens extraordinaires. De ce que le Portugal
« ou la Pologne n'ont point de dettes nationales, leur puissance n'en
« est pas plus grande. Les dettes actuelles de l'Angleterre et de la Hol-
« lande n'ont point altéré leurs richesses ni leur commerce ; parce
« que, pour faciliter aux peuples les moyens de payer les impositions,
« ils ont augmenté les crédits circulans, ce qui grossit en quelque
« façon la masse de l'argent, et augmente le prix des denrées. Notre
« Finance qui n'admet point de crédit, a augmenté la valeur des
« monnoyes, et ce qui n'a été imaginé peut-être que pour des secours
« pressans, se trouve nécessaire aux secours annuels et ordinaires.

« Il parut en 1731, un Mémoire Anglois, pour prouver [160] qu'un
« Etat devenoit plus florissant par ses dettes. Il s'autorisoit de
« l'exemple de la grande Bretagne, dont les dettes immenses forment,
« dit-il, la grande puissance actuelle, par l'abondante circulation.

Sçavoir, si plus un Etat doit, plus il est riche, c'est une question que je n'entreprendrai pas de décider ; mais je crois pouvoir dire avec certitude, que plus un Etat doit, plus le Gouvernement doit s'efforcer à maintenir la valeur des effets publics fournis pour raison de ces dettes, afin que les Sujets, dont ils constituënt souvent toute la fortune et le patrimoine, puissent s'en aider, et les faire circuler à leur plus grand avantage, et à celui du commerce général de la Nation.

« Les guerres du dernier régne ont été le tems de l'usure, con-
« tinue M. Melon, les Ministres pressés d'argent, acceptoient de
« fausses valeurs ; et les Etrangers, riches de leur crédit et de nos
« fautes, fournissoient aux entreprises des Traitans.

« Quelle pouvoit être alors la ressource du Négociant, dont le com-
« merce doit porter encore plus sur son crédit que sur ses fonds, et
« qui sçait que ses profits ne peuvent pas supporter un intérêt de
« dix pour cent ? il cherche le bas intérêt, et le trouve chez l'Etran-
« ger, qui gagne plus sur nous que sur son commerce, et dont nous
« devenons tributaires ; d'où il résulte, qu'il est essentiel à la
« balance du commerce, que l'intérêt ne soit pas à un plus haut

« prix chez nous, que chez l'Etranger; parce que le Négociant à « qui l'argent coute le moins, peut toujours vendre par préférence « à ses concurrens.

« Soutenir la cherté de l'argent aux dépens de celle des terres, « c'est préférer un à mille, c'est préférer l'usurier [161] au citoyen, « au laboureur, à l'ouvrier; c'est l'enrichir aux dépens des autres « parties de l'Etat, qui ne sont en valeur qu'autant que l'abondance « des circulations les anime : enfin, c'est détruire le commerce inté- « rieur, et abandonner le commerce étranger.

« La base du crédit est l'assurance sur les conventions publiques; « alors l'argent et ses équivalens abondent, et les effets presque « éteints deviennent équivalens.

« La circulation abondante, c'est-à-dire la quantité suffisante du « gage des échanges, détruit nécessairement l'usure.

« La banque d'Amsterdam a dû tourner en écritures, parce qu'elle « reçoit par ses Vaisseaux de grosses parties pour être envoyées de « même. Londres consomme ses propres denrées, et la Banque doit « être en billets exigibles, celle de France doit être de même.

« Un moment de discrédit dans la banque d'Amsterdam perdroit « tout, parce que son commerce étranger qui la nourrit, cesseroit; « Londres se rétabliroit, parce qu'il a chez lui une partie de ses den- « rées, mais plus difficilement que l'Etat qui trouve tout chez soi « comme la France.

« D'où l'on peut conclure que les dettes Républicaines ne sont « pas plus assurées que les autres; mais en attendant le calcul des « raisons sur les différents Gouvernemens, on peut calculer les « expériences de cent et deux cens ans de suite.

« Ce sont les Républiques qui ont commencé les Banques, où « elles subsistent encore intactes. La banque ou banco de Venise, « est la seule dont le Public sçache le fonds, qui est de cinq cens « mille ducats, environ trente [162] millions de notre monnoye : celle « d'Amsterdam est la plus grande et la plus fameuse, on la croit de « quatre cens millions de florins, huit à neuf cens millions de notre « monnoye.

« C'est à ce crédit que les Républiques doivent leurs richesses et « leur puissance.

« Dans le tems que la Banque cessa de payer, il parut différens « écrits, dans l'un desquels il étoit dit, *que la bonne Banque étoit* « *celle qui ne payoit rien*. La circonstance fit tourner ce principe

« en plaisanterie, qui bien entendu, est solidement vrai. La banque « d'Amsterdam ne paye point, parce que ses billets ont un emploi « plus avantageux; ses écritures sont préférées à l'argent; le Porteur « n'a garde d'aller chercher son remboursement. Le ducat à la « banque de Venise, est de vingt pour cent au-dessus des ducats « courans : voilà la maxime justifiée.

M. du Tot n'a pas moins bonne opinion de l'utilité de la multiplication des valeurs représentatives de l'espéce, que M. Melon : les détails dans lesquels il se jette sur les opérations de la Banque, et sur les effets des augmentations et diminutions d'espéces, sont étrangers à notre sujet, qui se borne aux avantages que l'on peut retirer du crédit public : ainsi nous ne rapporterons de lui, que ce qui peut faire connoître sa façon de penser sur cet article. Voici comment il s'explique.

« Un crédit bien gouverné monte au décuple du fonds d'un Mar« chand, et il gagne autant avec le crédit, que s'il avoit dix fois son « fonds; cette maxime est généralement reçüë chez tous les Négo« cians.

« Parmi les hommes, il n'y a que deux sortes de richesses, « [163] les réelles et celles de confiance ou d'opinion. Les réelles « sont les fonds et les fruits de la terre; celles de confiance ou d'opi« nion ne sont que représentatives, comme l'argent, les billets, etc., « qui servent à évaluer et mesurer les richesses réelles.

« Ces richesses représentatives forment le crédit; mais pour « acquérir la confiance, elles doivent être appuyées et proportion« nées aux richesses réelles, sans quoi elles porteroient à faux, et « perdroient leur confiance; il s'agit donc de les unir, et de les for« tifier les unes par les autres.

« La force et la richesse d'un Etat dépendent du nombre de ses « habitans, et le nombre des habitans est toujours proportionné à la « quantité d'espéces qui est dans cet Etat, 100. liv. ne peuvent « employer qu'un certain nombre d'hommes; s'il en reste à employer, « et qu'il n'y ait point d'espéces pour les payer, ces hommes meurent « de faim, ou vont offrir leur travail à l'étranger, ce qui affoiblit l'Etat, « et fortifie l'étranger à nos dépens.

« On auroit trouvé dans les billets de Monnoye établis par l'Arrêt « du 19. Septembre 1701. une véritable ressource et un crédit salu« taire, si on ne leur avoit pas attaché un intérêt qui leur fit « perdre la confiance. La Déclaration du 6. Octobre 1704. le fixa à

« sept et demi pour cent; les billets de la Caisse de le Gendre établis « au commencement de 1710, ceux de la Marine, de l'Extraordi- « naire des Guerres, les assignations, étoient encore des effets repré- « sentatifs de l'espéce, capables d'animer le crédit, si les fonds « avoient été certains.

« Suivant qu'il est facile de le recueillir d'une infinité de [164] pas- « sages de cet Auteur, la Banque étoit en état de procurer tous les « avantages que l'on avoit inutilement cherchés jusqu'alors, si on « n'eût point excédé les bornes que M. Law avoient prescrites par « le plan de cette entreprise.

L'Auteur anonyme, de l'examen des Réfléxions politiques de M. du Tot, qui n'a composé son Livre que pour rejetter sur les opérations du systême, les fautes que ce dernier met sur le compte du ministére, « dit que les commencemens de la Banque furent favo- « rables; que le Public y prit confiance; que les billets s'accrédi- « terent en peu de tems, et qu'il ne sçauroit disconvenir qu'elle ne « se fût rendue plus utile encore, si elle étoit restée dans les termes « de son établissement; et si M. Law eût réglé sa conduite, sur les « maximes dont ses mémoires fastueux étoient remplis, et sur les « discours qu'il tenoit sans cesse dans le Public, qu'un Banquier « seroit digne de mort, s'il délivroit un billet ou lettre de change, « sans en avoir la valeur effective dans sa caisse.

« Tant que la Banque a été générale, continue l'Anonyme, « M. Law avoit eu l'attention de laisser au Public une entiere « liberté d'en faire usage, ou non; et ce ménagement joint à la « facilité des remises qui s'y rencontroit, à la régularité des paye- « mens, et à la faculté d'acquitter les impositions en billets, leur « donna du crédit. Mais à peine la Banque fut-elle déclarée Banque « Royale, qu'il employa l'autorité pour les faire recevoir dans les « payemens ? Et dès-lors ne donna-t-il pas lui-même atteinte à la « confiance qui ne peut jamais être l'effet de la contrainte, et ne « l'est que de la volonté.

« Après les gains prodigieux des Actionnaires, il étoit naturel « qu'ils songeassent à réaliser les présens de la for[165]tune, rien « de plus facile à appercevoir; et M. Law ne l'avoit pas prévû : « en voici toute la gradation.

« Du désir de réaliser, est venu la vente des actions.

« De la vente des actions, la diminution de leur prix, et la traite « de l'or et de l'argent, des caisses de la Banque.

« De la diminution du prix des actions, la multiplication infinie « des billets de Banque, pour soutenir l'action.

« Du vuide de la Banque, les opérations forcées que fit M. Law « pour le réparer, et pour faire circuler la monnoye de papier.

« Et de ces opérations forcées, aussi-bien que de la multiplicité « des actions et des billets de Banque, le discrédit général des uns « et des autres.

« Donc il suit que le système étoit vicieux dans ses fondemens, « dans son application, dans son but et dans ses effets ; donc il por« toit en lui-même le principe de sa destruction.

« La proportion des billets destinés à former le crédit public, ne « doit pas excéder le montant des espéces du Royaume ; mais il faut « observer que l'or et l'argent qui sont dans un Etat, n'appar« tiennent pas au Public, mais aux Particuliers, et que l'Etat n'en « sçauroit disposer pour aider le crédit public, et pour payer les « billets, qui, faute d'assignat certain, ne peuvent acquérir la répu« tation nécessaire, pour les faire recevoir librement dans la cir« culation.

« Ainsi il faut réduire le montant des billets à l'argent, dont le « Roy peut disposer, et au plus à cent millions de livres.

[166] « Un principe plus certain, que toutes les idées des spécu« latifs, c'est qu'il n'y aura jamais de crédit, sans garantie d'un « fonds certain, et sans possibilité connue de solvabilité.

Si M. du Tot avoit survécu à la critique de son Livre, il est à présumer que zélé défenseur, comme il l'étoit, du plan primitif de M. Law, il ne seroit pas demeuré dans le silence, j'ignore les moyens qu'il auroit employés ; mais sans prétendre justifier M. Law, qui m'est très indifférent à tous égards, il paroît, en ne consultant que le bon sens, que ses intentions devoient être droites, et que sa Banque, telle qu'elle avoit été présentée, adoptée et publiée par les Lettres patentes du 2. May 1716. n'offroit rien que d'avantageux au Public, et dont l'Auteur ne fut lui-même persuadé.

M. Law passoit pour avoir beaucoup d'esprit et de connoissances, il avoit à lui des fonds assez considérables, quand il vint en France : sa Banque générale conduite avec sagesse, devoit nécessairement augmenter sa fortune ; il avoit sçu s'acquérir la bienveillance de M. le Régent. Doit-on raisonnablement penser qu'un homme dans cette situation, à moins qu'il n'eût perdu l'esprit (ce que l'on n'a pas remarqué,) eût employé le crédit qu'il avoit auprès de ce Prince, pour l'engager à faire intervenir l'autorité souveraine, afin de ruiner la confiance qu'il s'étoit acquise, renverser ses projets et sa fortune, réduire sa famille à la mandicité, et s'exposer à périr sur un échaffaut ?

J'admets la gradation que l'anonyme fait des actions et du système : quand le désordre s'y fût une fois introduit, il falloit bien, en le laissant subsister, passer indis[167]pensablement par tous les degrés qui conduisoient à la destruction de l'édifice ; mais j'ai peine à conclure avec lui, que cette destruction ait été l'ouvrage prémédité de l'Architecte, parce qu'il me paroît bien plus naturel de l'attribuer à quelque force majeure, à laquelle il n'aura pû résister; le Public est même en droit de le penser ainsi, par ce qui s'est passé à sa retraite, et par sa négligence, à s'assurer des fonds dans le Païs étranger, ce n'étoit pas qu'il n'en eût les moyens et les facilités : cependant lui et sa famille ont presque manqué du nécessaire dans leur retraite.

M. du Tot attribue au ministére toutes les fausses opérations qui ont été faites ; l'anonyme au contraire en charge le système ; et deplus il prétend par ses conséquences, que l'Auteur étoit ou imbécile, ou de mauvaise foi, peut-être tombent-ils tous deux dans l'excès. Quoiqu'il en soit, il me suffit que les sentimens de trois bons Ecrivains en ce genre, et qui semblent s'être déclarés la guerre sur tous les autres chefs, se trouvent réunis pour l'affirmative, sur la question de sçavoir si l'établissement d'un crédit public est nécessaire en France.

L'Anonyme qui paroît le moins prévenu sur cet article, ne peut, dit-il, s'empêcher de convenir de son utilité; il en fixe même le fonds à cent millions, quoique plusieurs estiment que cinquante suffiroient; mais en même tems il semble annoncer l'impossibilité du succès, en ajoutant, « qu'un principe plus certain que toutes les idées des « spéculatifs, c'est qu'il n'y aura jamais de crédit sans garantie « d'un fonds certain, et sans possibilité connue de solvabilité : car « je crois qu'il veut dire par-là qu'il n'y a ni fonds certain, ni possibilité connue de [168] solvabilité, dans un Etat monarchique ; et en ce cas, c'est dire, que tout établissement du crédit public y est impraticable.

Quoiqu'il soit vrai que les Païs où le pouvoir absolu est dans la main d'un seul, paroissent moins propres que les Etats Républicains à fixer la confiance, cependant nous voyons qu'elle n'en est pas bannie : les rentes sur les postes, les tontines, les loteries à lots comptans et à rentes, les actions de la Compagnie des Indes en fournissent des preuves vivantes, et ces preuves se renouvelleront toutes les fois qu'il sera question de faire usage de pareilles ressources, pourvû que l'on n'en excéde pas la possibilité.

Ces différens emplois de deniers ont la confiance pour principe, malgré la nature de notre Gouvernement ; sans elle personne ne se désaisiroit de son argent ; car personne n'ignore que le Roy peut tout ce qu'il veut, mais aussi nous sçavons qu'il ne veut pas tout ce qu'il peut.

Et au surplus, où est la garantie d'un fonds certain, et la possibilité connue de solvabilité de la banque de Hollande, dans laquelle on dit qu'il doit y avoir un fonds d'environ neuf cens millions ? Où est la garantie et la solvabilité de quarante-huit millions sterlings de papiers publics en Angleterre, faisant autour de onze cens millions de notre monnoye ? S'il arrivoit quelques événemens fâcheux dans ces Païs, si chaque Particulier se présentoit pour retirer la valeur de l'effet dont il est porteur, l'Anonyme prétend-il bien sérieusement que les caisses seroient en état d'y faire honneur ? Si le fonds manquoit, quel recours, quel assignat, quelles contraintes à exercer par les Sujets contre la Souveraineté ! Les Républi[169]ques, les Gouvernemens mixtes, les Monarchies sont donc à peu près dans le même cas, quant au fonds certain, et à la possibilité connue de solvabilité. Toute la différence que j'y trouve, c'est qu'il y a plus de constance dans les opérations républicaines, par la forme du Gouvernement qui exige la réunion de plus d'un suffrage, lorsqu'il s'agit de changemens, et que cette constance inspire la confiance ; mais comme nous ne pouvons pas faire, ni souhaiter que notre Gouvernement soit autre qu'il est, il faut s'efforcer d'approprier nos établissemens à la forme qu'il comporte, moyennant quoi ils deviendront compatibles, durables, et nous en tirerons les mêmes avantages que nos voisins en tirent.

Quoique M. Law appuyât son projet des raisonnemens que nous avons rapportés ; quoique la nécessité et les avantages en paraissent démontrés à plusieurs : cependant on fut sur le point de prendre un parti tout-à-fait opposé ; c'étoit de faire faire à l'Etat une banqueroute générale. Il est impossible, disoit on, que le Roy puisse jamais satisfaire à de si prodigieux engagemens, c'est l'Etat qui doit à l'Etat ; il ne peut se libérer que par lui-même, il faut en sacrifier une partie pour sauver l'autre : la partie créanciere est moins à la partie débitrice, qu'un n'est à six cens : ainsi le plus grand nombre mérite la préférence.

On leur objectoit, que si les riches étoient écrasés, toutes les professions qui subsistent par eux, tomberoient du même coup ; que c'étoit à la vérité le plus petit nombre, mais que c'étoit comme la clef d'une voûte à l'égard des autres pierres qui la composent : ils ne se rendoient point. M. le Régent les mit d'accord ; il crut trou[170]ver du faux et de l'injustice dans la banqueroute proposée ; il se détermina pour un projet qui n'annonçoit que des avantages pour tout le monde ; et en conséquence, le 2. May 1716. il fit expédier le privilége exclusif pendant vingt ans du jour de l'enregistrement, d'une Banque générale dans le Royaume, sous le nom du sieur Jean Law et Compagnie, dont les billets devoient être en écus d'espéces sous le nom d'écus de Banque, au poids et titre dudit jour 2. May, et le fonds en fut fixé par Lettres patentes du 20. May à douze cens mille actions de mille écus de Banque chacune, c'est-à-dire, à six millions argent comptant.

Par les articles 15. et 16. de ces mêmes Lettres patentes, il étoit libre à toutes personnes d'y porter leurs deniers, pour lesquels il devoit leur être délivré des billets payables à vûe ; et pour faciliter le commerce, la Banque pouvoit escompter tout papier et lettres de change, se charger de la caisse des Particuliers, tant en recette qu'en dépense, et faire à leur choix des payemens comptans, ou des viremens de partie, moyennant cinq sols de banque pour mille écus de banque, le sol de banque faisant cinq sols monnoye courante ; c'est ainsi que la banque de Gênes le pratique depuis plus de 200. ans, à la grande satisfaction et utilité du Public.

Nous n'entrerons point dans le détail des diverses opérations de cette Banque, ce sont des événemens récens connus de tout le monde. D'ailleurs, nous les avons rapportés sommairement à l'article du commerce, qui nous a fourni l'occasion de parler de la Compagnie des Indes, si étroitement unie avec la Banque, qu'elles peuvent être regardées comme un seul et même corps. En effet, la [171] banque générale de Law fut reconnue banque Royale, par Déclaration du 4. Décembre 1718, et par Arrêt du Conseil du 24. Février 1720. elle fut unie et incorporée à la Compagnie des Indes : autre cause de la ruine, parce que outre son propre fardeau de dix-neuf-cens quarante-neuf millions huit cens vingt-cinq mille cent trente livres de billets, mis actuellement hors de la main, elle eut encore à fournir sans fonds réel, le poids énorme de six cens mille actions à dix mille livres, faisant six milliards.

Mais en considérant seulement le projet de la banque générale, dans l'Etat, et la simplicité du premier plan, on trouve suivant les principes ci-devant établis, qu'elle portoit en soi le germe de la vie, et de l'accroissement de tout ce qui peut rendre un Etat florissant, le commerce et la navigation, l'amélioration des héritages, l'émulation du travail et de l'industrie, la facilité du recouvrement des droits et impositions, la circulation et la multiplication de l'espéce, le rétablissement de la valeur des effets Royaux, et des fonds de terre, la balance, ou plutôt la supériorité des changes, et le maintien perpétuel de l'intérêt de l'argent, à un tau capable de donner le jeu à ces différentes parties.

Nous l'avons déjà dit; lorsque l'argent produit plus que les fonds de terre et l'industrie, ceux qui possédent l'argent abandonnent l'un et l'autre, et ceux qui n'en ont point, négligent les arts et l'agriculture, parce que le fruit de leur travail suffiroit à peine au payement des intérêts.

Si l'intérêt de l'argent étoit réduit au denier trente, les possesseurs de l'espéce, par besoin ou par impatience de [172] son inaction le placeroient sur ce pied ; et s'ils en trouvoient l'intérêt trop modique, ils s'appliqueroient nécessairement à l'une de ces trois choses également avantageuses au bien de l'Etat, ou aux arts, ou à l'agriculture, ou au commerce : c'est ainsi que les Hollandois, les Gênois et les Anglois, ont rendu Marchands la plus grande partie de leurs Sujets.

La richesse primitive de l'Etat sont les fonds de terre ; rien n'est plus capable de les tirer de l'oppression sous laquelle ils gémissent, que l'établissement d'un crédit bien entendu et sagement gouverné.

Suivant le compte du sieur Bourgeois, Cassier général de la Banque, il avoit été fabriqué pour deux milliards huit cens vingt-trois millions neuf cens dix mille livres de billets, dont il n'avoit été retiré que huit cens soixante-quatorze millions quatre-vingt-quatre mille huit cens soixante-dix livres, ensorte qu'il en restoit dans le Public pour dix-neuf cens quarante-neuf millions huit cens vingt-cinq mille cent trente livres, pour lesquels il fut indiqué différens débouchés ; et en consequence, il en fut placé sur la Ville en rentes

perpétuelles	600000000.
Rentes viageres sur idem	100000000.
Rentes perpétuelles sur les Tailles	400000000.
Rentes viageres sur idem	200000000.
	1300000000.

En perte pour le Public. . 649825130.

Au sentiment d'un grand nombre de spéculateurs tant nationaux qu'étrangers, les succès de la Banque étoient infaillibles, malgré les changemens essentiels faits au [173] projet, si on eût conduit, disent-ils, les opérations de ce qui restoit, avec le tems et la prudence requise. La prudence et l'industrie peuvent bien retenir un fardeau qui tend à s'échaper; mais quand les liens sont une fois rompus, il se porte avec violence où sa masse l'entraîne; plus elle est lourde, plus la chûte est rapide, et moins il est au pouvoir de la sagesse des hommes de l'arrêter dans sa course, il falloit s'en tenir à la Banque générale; la Banque Royale avec tous ses accessoires, accablée de son propre poids, devoit nécessairement succomber.

Les fautes qui avoient été faites, et auxquelles il n'étoit plus tems de remédier, firent craindre de plus grands désordres, et conclure à la suppression de la Banque, qui fut ordonnée par l'Arrêt du Conseil du 10. Octobre 1720.

M. Law fit ses efforts pour sauver du naufrage général les comptes courans en banque et viremens de parties : ils avoient été établis à Paris, et dans les autres Villes du Royaume où il y a monnoye, par Arrêt du Conseil du 13. Juillet 1720. le fonds en avoit été fixé à six cens millions, exempt de toutes variations d'espéces, les Lettres de change de 500. liv. et au-dessus, devoient être acquittées en écritures, à peine de nullité.

Si ce crédit avoit été établi dans des tems moins orageux, il auroit pû être solide et inaltérable, parce qu'il facilitoit la circulation, sans ôter l'usage de l'espéce, comme le systême; que le papier étoit fixe et invariable; qu'il n'étoit appliqué qu'au commerce, comme en Hollande; qu'il n'étoit pas exigible, et que l'on ne pouvoit attaquer les caisses.

J'aurois seulement voulu que le fonds eût été beau[174]coup moindre, il auroit suffi, et n'auroit point effrayé; mais c'étoit un reste de ces idées gigantesques du systême, avec lesquelles nos folies nous avoient familiarisés, cet établissement fut supprimé au mois de Décembre de la même année 1720.

Le crédit fait augmenter la valeur des denrées et manufactures ; les uns disent qus c'est un mal, les autres disent que c'est un bien, quand cette cherté n'est pas causée par la disette, le luxe scandalise, mais il ne ne nuit pas, c'est le fils de l'abondance, et le nouricier des arts.

Si les marchandises et manufactures qui servent au luxe, font sortir les espéces de l'Etat, alors ce luxe est un grand mal ; mais quand elles croissent, ou qu'elles sont fabriquées dans l'Etat même, et sur tout quand le superflu passe à l'Etranger, comme parmi nous, alors ce luxe, loin d'être nuisible, contribuë à la richesse de l'Etat.

Le luxe épuisa la République Romaine, les Magistrats furent obligés de faire des loix somptuaires, parce que les marchandises de luxe venoient de l'Etranger.

Les draps fins étrangers auroient été défendus autrefois en France : depuis que ces fabriques ont été établies à Abbeville, à Sedan, aux Andelis, le Gouvernement les protege, et les aide même par des fonds.

Si les Incas avoient eu le tems de faire des loix somptuaires, avant que les Espagnols les eussent subjugués, ils auroient peut-être défendu à leurs Sujets d'acheter des colliers et des brasselets de verre, mais ils n'auroient pas regardé comme luxe, leurs chenets, leurs marmites et autres ustenciles d'or et d'argent.

L'idée que plusieurs se forment des désordres du luxe, [175] n'est qu'un reste de préjugé des anciens Réglemens et anciennes déclamations : ces loix étoient utiles alors, et ces déclamations étoient fondées sur des circonstances qui ne subsistent plus.

Guillard, quoiqu'ancien Auteur, a parlé très raisonnablement sur cet article. « On ne doit pas, *dit-il dans ses avis*, faire des loix somp-
« tuaires qui soient de durée, il faut de toutes dépenses et super-
« fluités laisser faire la décision au tems.

« Le luxe, selon M. Melon, est en quelque façon le destructeur
« de la paresse et de l'oisiveté : l'homme somptueux verroit bien-tôt
« la fin de ses richesses, s'il ne travailloit pour les conserver, et
« pour en acquérir de nouvelles.

« Le luxe d'une Nation est restraint au vingtiéme d'une nation :
« si le laboureur ou l'artisan donne dans le luxe, ce ne peut être que
« par le travail du laboureur ou de l'artisan multipliés, et l'Etat jouit
« du fruit de ce travail.

« On ne parle point de ces cas singuliers, tels que les trop nom-

« breux équipages dans une armée, ou d'une dépense superflue dans « une Ville assiégée.

« Le terme de luxe est un vain nom, qu'il faut bannir de toutes les opérations de la police, parce qu'il ne porte que des idées vagues, confuses, fausses, dont l'abus peut arrêter l'industrie même dans sa source.

« Lorsque dans les dernieres guerres, les Armateurs des Villes maritimes revenoient chargés des dépouilles ennemies, étaler leur opulence par des profusions extraordinaires, c'étoit le lendemain à qui feroit de nouveaux armemens, dans l'esperance de gagner de [176] « quoi faire les mêmes dépenses ; c'est à ce motif que nous « devons les grands services qu'ils ont rendus à l'Etat, et les actions « étonnantes des Flibustiers.

Je laisse à décider la question ; de sçavoir si le luxe est un bien ou un mal ; mais je dis affirmativement, que quand il s'est une fois introduit dans un grand Etat, on ne peut l'en bannir, sans en bannir en même tems le commerce, les arts et les manufactures, c'est-à-dire, sans détruire le corps de l'Etat même.

L'établissement de la Banque. devenu vicieux dans plusieurs de ses parties, parce que l'on s'étoit écarté du plan sur lequel il avoit été formé, a causé des maux particuliers ; mais, disent ceux qui en prennent la défense, on ne peut lui nier les avantages généraux qu'il a procurés ; il a libéré une grande partie de la noblesse accablée de dettes pour le service du Roy, anéanti une multitude de contrats de constitution à gros intérêt, qui faisoit vivre le prêteur dans l'inaction, et l'emprunteur dans la misere et dans l'esclavage ; il a réduit l'intérêt de plusieurs autres ; il a animé le commerce et les manufactures, occasionné la restauration des anciens édifices, et la construction de plusieurs nouveaux ; le défrichement d'une grande quantité de terres, et l'amélioration des autres, l'augmentation de la consommation de toutes sortes de denrées et marchandises, la réparation des grands chemins. le retour de beaucoup d'ouvriers qui avoient passé à l'Etranger. Nous lui devons l'établissement de la Compagnie des Indes ; et suivant l'état imprimé répandu par ordre de la Cour sur la fin de l'année 1720. les Etats du Roy ont été par son moyen déchargés chaque année de vingt-cinq millions cent [177] quatre-vingt cinq mille six cens soixante-dix-huit livres, les droits et impôts sur le peuple ont été diminués de trente-cinq millions six cens quatre-vingt deux mille deux cens quatre-vingt-quatorze livres, le revenu annuel des fermes Royales a été augmenté de douze millions quatre cens cinquante mille livres; le Roy a acquitté pour neuf millions neuf cens vingt-sept mille neuf cens quarante livres d'arrérages de rentes viageres, perpétuelles et tontines dûës à la mort de Louis XIV pour cinq millions cent mille livres de dépenses secrettes, cinquante millions de dépenses extraordinaires de la Maison du Roy, dûs à la même époque; vingt millions d'intérêt de billets d'Etat échûs en 1718. enfin, cinquante-deux millions cent soixante-dix-huit mille cinq cens quarante-six livres remis aux peuples, sur les Impositions antérieures à 1719.

Tel est à peu près le langage de ceux qui ont soutenu que la Banque étoit un établissement avantageux; c'étoit, disoient-ils, un très-bel édifice, dont les plans partoient de la main d'un habile Architecte, mais dont les fondemens n'avoient pas été faits pour porter trois étages, et tel a été leur pronostic, quand ils en ont vû la destruction. L'usure va reparoître incessamment, ont-ils dit, les impôts ne se payeront plus sans contrainte ; on fera des créations de rentes et d'offices onéreuses au Roy, au commerce et aux peuples ; le Gouvernement sera obligé d'avoir recours aux emprunts, et de retarder les payemens ; il ordonnera des suppressions et réductions de rentes et d'offices, pour faire place à de nouveaux Edits bursaux : on verra l'affoiblissement du commerce, et la diminution des sujets. Voilà, disent [178] quelques écrits qui parurent en 1721. où la différence des principes conduira inévitablement.

Laissant à part l'apologie et le pronostic, nous nous contenterons pour nous résumer, de dire que nous ne croyons pas que personne puisse nier les avantages dont le crédit sagement conduit et gouverné est susceptible ; et qu'en imposant à ce crédit des bornes et des loix appropriées à la constitution de tout état quelconque, il ne puisse être aussi durable et aussi exempt de dangers dans un Pays que dans un autre.

A l'imitation de nos voisins, nous avons formé une Compagnie exclusive pour le commerce des grandes Indes : si nous apercevons chez eux quelque fabrique nouvelle, nous tâchons aussi-tôt à la contrefaire. Questionnés sur cette conduite, nous n'hésitons pas à répondre que c'est pour n'être pas leurs tributaires, pour gagner les préparations et la main d'œuvre, pour soutenir nos manufactures, et empêcher la sortie de notre argent : ces principes sont admirables ; mais nous n'agissons pas conséquemment, le commerce, la navigation, l'émulation qui excite l'industrie ; l'industrie excitée qui produit la nouveauté, et la perfection dans les fabriques et dans les arts, sans le crédit public, resteront éternellement dans une médiocrité pernicieuse ; c'est lui qui fournit à l'Angleterre ces flottes innombrables ; c'est lui qui malgré la guerre, les subsides qu'elle paye, et les pertes immeuses que les Espagnols lui ont causée, non-seulement a soutenu, mais encore fait augmenter ses effets publics ; c'est lui qui vient de fournir trente-six millions monnoye de France au Gouvernement Anglois, pour le renouvellement de son privilége pendant quelques [179] années ; c'est lui que nous devrions imiter et contrefaire ; c'est la cause de tous ces effets, c'est le tronc, sans le secours duquel ces branches ne peuvent recevoir de nourriture, ou du moins sans lequel elles ne peuvent porter des fruits, dont la qualité soit salutaire, et la quantité suffisante. Le Roy d'Angleterre vient d'affirmer ces vérités à toute l'Europe, dans son discours du 27. Juillet 1742. aux deux Chambres de son Parlement.

Il n'y a rien qui diminuë tant le crédit au-dedans et au-dehors de l'Etat, que quand le sort des Peuples n'est point fixé, quand leurs biens n'ont point de valeurs assurées, et que leur fortune est, pour ainsi dire en l'air : aujourd'hui riches, demain pauvres, effets terribles de la rareté des bleds et de l'argent, qui détruisent la valeur de tous les biens.

Les magasins de bled, et les fonds publics, peuvent seuls entretenir cette valeur fixe et constante, et prévenir des extrémités si dangereuses ; plus cette situation approchera de sa perfection, plus le crédit deviendra étendu : tout autre crédit qui n'aura pas cette proportion pour base, sera incapable de produire cette fixation désirable, qui consiste dans un éminent dégré de certitude, que chacun jouira toujours aisément et sans crainte d'interruption de tout ce qui contribue aux nécessités de la vie, dans la même proportion et dans le même dégré, qu'il contribuera à celles de l'Etat, qu'il sera assuré d'une valeur certaine et constante des fruits de son travail et de son industrie ; qu'il en pourra toujours jouir et disposer suivant l'ordre général de la société, et qu'il n'y aura que sa propre volonté, ou le vice de sa raison qui pourront l'arrêter dans l'augmentation de ses richesses.

[180] Suivant M. de Vauban, le revenu de tous les biens montoit en 1699. à environ trois milliards quatre cens millions, le marc d'argent à 30. livres 12. sols, ce qui fait pour vingt millions de personnes qu'il suppose dans le Royaume 150. liv. pour chacun par an, le fort pour le foible.

En estimant tous ces fonds sur le pied du denier vingt, il en résulte un capital de soixante milliards ; et comme M. de Vauban supposoit six cens millions d'espéces dans le Royaume, en partant de ces estimations, la proportion de l'argent avec les fonds se trouve être d'un à cent.

Tant que l'argent reste à cinq pour cent, les biens se soutiennent dans cette proportion, c'est-à-dire, qu'un héritage de mille livres de revenu sera vendu vingt mille livres, et ainsi du reste : mais si l'argent acquiert un dégré de valeur, et qu'il monte à six, alors l'Etat perd cent, d'où il faut conclure que le Ministre doit tout mettre en œuvre pour diminuer la valeur de l'argent, et augmenter son mouvement et sa circulation.

Par le crédit, non-seulement un Souverain se rend maître de la bourse de ses Sujets, mais encore des richesses de ses voisins, la bourse des Sujets est un trésor limité qui peut tarir même chez les plus grandes puissances, comme nous ne l'avons que trop éprouvé pendant la guerre d'Espagne ; le crédit général au contraire est une source inépuisable, comme l'ont éprouvé les Anglois et les Hollandois pendant la même guerre, et rien ne contribuë plus efficacement à faire naître et fortifier ce crédit, que l'exactitude du Gouvernement à satisfaire à ses engagemens.

[181] Les Rois sont au-dessus des loix ; mais la conservation de leurs Etats est fondée sur la bonne foi des conventions. Gelon, tyran de Siracuse, qui fut le premier que la Puissance souveraine rendit meilleure, se piquoit d'une bonne foi à toute épreuve : qualité essentielle dans un Prince, seule capable de lui attirer la confiance de ses Sujets et des Etrangers, et qui doit être regardée, dit M. Rollin, comme la base de toute bonne politique, et de tout bon gouvernement. Quelle ressource pour l'Etat ! quel aveuglement d'y donner atteinte ! Platon disoit un jour à Denis, qui avoit succédé à la domination de Gelon, et non à ses vertus, vous régnez, et l'on se fie à vous à cause de Gelon ; mais à cause de vous, on ne se fiera plus à personne.

Ludovic Sforce, Duc de Milan, perdit son Etat en quinze jours, tout se livra aux armes de Louis XII. et des Vénitiens; tout lui manqua de foi, parce qu'il en avoit manqué à tout le monde.

Tout homme sage, dit Xenophon, sur tout s'il est en place, et qu'il commande, doit regarder la justice, la probité et la bonne foi, comme le plus précieux trésor qu'il puisse posséder, comme une ressource assurée, et un appui inébranlable dans tous les événemens de la vie.

L'argent que le sujet confie et prête à la République, doit être dans la main du Prince comme un dépôt sacré, et il doit mettre le sujet en état de se servir de la reconnoissance qu'il lui donne pour la valeur de cet argent, comme le Marchand se sert de la lettre de change qui lui est fournie, pour la valeur qu'il en a délivrée.

Les créations de rentes, ressource ordinaire de nos [**182**] besoins, sont dangereuses et pernicieuses : si le fonds de la constitution restoit dans la main des Particuliers, il animeroit le crédit, il seroit employé au trafic, au commerce et en achat d'héritages, qu'ils s'occuperoient à faire valoir : devenus rentiers, ils mangent le pain qu'ils ne gagnent pas, ils sont inutiles à la société, ils cessent d'être concourans à la richesse publique. D'ailleurs, si la nécessité des guerres, ou d'autres malheurs forcent à suspendre ces rentes, une infinité de familles inévitablement ruinées, deviennent à charge à la République, parce qu'il ne leur reste ni ressource ni industrie, pour gagner leur vie et pour subsister : ces réfléxions sont connuës de tout le monde; mais Guy Coquille y a particulierement insisté, *tome 1er page 233.*

Les contrats sur la Ville ne pouvant circuler comme la monnoye, ou la représentation de la monnoye, sont à charge et inutiles à l'Etat; les annuités d'Angleterre remplissent ces différens objets, elles participent également du contrat, de l'action et de la rente tournante; elles ont, comme le contrat, un revenu fixe sur des droits aliénés; elles ont, comme l'action, la faculté d'être négociées de la main à la main, parce qu'elles sont au porteur; elles ont comme la rente tournante un remboursement annuel sur le capital, jusqu'à extinction. Si nos contrats sur la Ville étoient au porteur avec des coupons pour le payement de la rente annuelle, ce seroit des annuités : Pourquoi ne le faisons-nous pas, si ce n'est du tout, du moins de ceux dont les propriétaires y consentiroient volontairement, ce seroit un effet de plus dans le commerce?

La France est un Etat puissant par son étendue, par [**183**] l'union et la contiguité de ses parties, par sa position, par sa fertilité, par l'industrie de ses habitans ; elle rassemble en elle tous les avantages des autres Pays : cependant ces autres Pays paroissent plus riches, le peuple y vit plus commodément, il paye plus de subsides, l'Etat y fait sans effort des dépenses qui excédent de beaucoup la proportion de son territoire, et de ses sujets avec le nôtre. Les trois Royaumes de la grande Bretagne, par exemple, ne sont à l'égard de la France que comme 2. est à 5. et cependant suivant les bils du Parlement, les dépenses de cette présente année 1743. montent à neuf millions sterling, qui sont deux cens sept millions de notre monnoye ; sur quoi il est à observer que l'Ecosse, quoique réunie à l'Angleterre depuis 1708. ne fournit dans cette somme qu'un contingent de trois millions sept à huit cens mille livres, et que l'Irlande fait un Gouvernement à part, qui ne paye que ses propres charges ; l'entretien de douze mille hommes pour la défense, et deux cens soixante-seize mille livres de notre monnoye au Viceroy, sans entrer pour rien dans la cause commune : ainsi l'Angleterre proprement dite, qui n'est pas le quart de la France, paye seule plus de deux cens millions, sans que pour cela on ait été obligé d'avoir recours à la capitation extraordinaire, qui ne s'impose que dans les cas urgents, laquelle est de soixante-dix mille livres sterling par mois, qui font pour treize mois, dont l'année angloise est composée, environ vingt-deux millions de notre monnoye.

L'imposition ordinaire du dixiéme du revenu des terres, est en tems de paix de douze cens mille livres sterling, qui font vingt-sept millions six cens mille livres de [184] notre monnoye ; ensorte que suivant la proportion du territoire et des sujets, toutes choses égales d'ailleurs, la France devroit fournir dans la présente guerre, sans s'incommoder, huit cens millions par an, et sans outrer le dixiéme cent dix millions quatre cens mille livres.

Cette différence énorme et fâcheuse procede certainement d'un vice qui est en nous-mêmes, sur lequel nous sommes d'autant moins excusables, qu'en général notre Pays vaut mieux, est plus abondant, et plus heureusement situé que l'Angleterre. Nous ne devons pas nous flater de nous mettre au niveau, la distance est trop grande ; mais est-il impossible de nous rapprocher ? ne devons-nous pas du moins le tenter ? Je ne vois que le crédit et les valeurs représentatives qui puissent procurer un effet si salutaire.

Si les Nations voisines ne se servoient pas de ces moyens, nous pourrions nous en passer ; mais comme on n'est fort ou foible, riche ou pauvre que par comparaison, tout le bien qu'elles en reçoivent est un mal réel pour nous, et l'augmentation de leur richesse est la diminution de la nôtre.

Les Allemands prétendent que le Moine Berthold Schwarts, de Fribourg en Brisgaw, a inventé la poudre à canon en 1380. les François leur disputent cet honneur, (supposé toutefois que c'en soit un) et disent que l'on voit par les Registres de la Chambre des Comptes de Paris, qu'elle étoit en usage en France dès l'année 1338. Quoiqu'il en soit, si les Allemands ou les François fussent restés exclusivement possesseurs de ce fatal secret, ils auroient subjugué l'Europe avec la même rapidité que les Espagnols ont subjugué l'Amérique ; mais [185] étant devenu commun à toutes les Nations, elles se le sont réciproquement opposés, et les forces à cet égard sont demeurées dans l'équilibre. Il en est de même du crédit public par rapport aux richesses : si une Nation en fait usage à l'exclusion de l'autre, elle acquiert un avantage et une supériorité proportionnée à l'étendue de ce crédit dans toutes les parties où il a influence, et il l'a sur toutes.

Dans l'état de prévention où sont actuellement les esprits, je cours risque de n'être pas écouté, quelque évidente que soit la nécessité de s'opposer à la supériorité que nos voisins prennent sur nous : le seul nom de billets de Banque, le terme d'agio, révolte l'idée d'un François : le souvenir nous en est odieux, parce que nous ne connoissons pas le mérite et l'importance de ce commerce. A Gênes, à Venise, à Londres, à Amsterdam, il est considéré comme utile et indispensable, il y est soutenu et protégé par les Souverains.

Les erreurs ont quelquefois un aussi long cours dans le monde, que les opinions les plus véritables ; parce qu'en prenant des erreurs pour des vérités, on embrasse aveuglément tout ce qui les entretient, et l'on rejette ou néglige tout ce qui pourroit les détruire. La trop grande soumission aux opinions des anciens gâte bien des têtes.

Il faut un génie supérieur, et des forces au-dessus du commun, pour guérir une Nation de ses préjugés, et pour mettre à exécution ces grandes entreprises utiles à la société. Diriger avec fermeté toutes ses actions vers un même but. Ne se point écarter du plan que l'on s'est formé, quelque obstacle que l'on trouve en chemin ;

ce sont des vertus qui se rencontrent rarement dans les hommes. S'ils parviennent à connoître le vrai bonheur [186] de l'Etat, et les moyens qui conduisent à une richesse solide, l'impatience, la brigue, la clameur, les oppositions d'une multitude de gens, malicieux, jaloux, ignorans, troublent leurs opérations, et les dégoutent; quelquefois même à la vûë de cette multitude qui s'éleve contr'eux, ils craignent d'être dans l'erreur, ou que le succès ne soit impossible : ils suspendent leurs projets, et le tems, où des changemens qui surviennent dans quelques parties de l'administration générale, les font évanouir; c'est ce qui fait que l'on voit souvent échouer des choses raisonnables et utiles, et que d'autres qui ne le sont pas, réussissent.

Si avant le terme fatal fixé, pour ainsi dire par les destins, on s'opiniâtre à recueillir le fruit des projets les mieux concertés, ils s'éloignent, ils échapent, le tems les prépare et les mûrit, quand il est venu, on les cueille presque sans peine, et ces changemens heureux sont plutôt l'ouvrage de la patience et du hazard, que d'une sage et laborieuse prévoyance. Peut-être en arrivera-t-il ainsi de l'établissement du crédit public. Il y a des affaires et des maladies que les remédes aigrissent dans certaines circonstances; la grande habileté consiste à connoître quand il est à propos de les appliquer. Je souhaite que le tems et le médecin arrivent promptement; et je termine ce Mémoire, en répétant que je ne crois pas que personne puisse nier les avantages dont le crédit sagement gouverné est susceptible; et qu'en imposant à ce crédit des bornes et des loix appropriées à la constitution de notre Etat, il ne puisse être aussi durable et aussi exempt de danger que celui des autres Pays. Je cherchois la solution de ce problême, je ne sçai si je l'aurai trouvée.

ANNUITÉS
OU RENTES TOURNANTES

Quelques Personnes ayant entendu la lecture du Mémoire précédent, intitulé BANQUE DE LAW, *etc. elles ont remarqué que ce qui est dit à la page concernant la conversion des Contrats sur la Ville en annuités, n'étoit qu'une indication trop simple et trop peu détaillée, pour exciter l'attention et le zele des Ministres; qu'il étoit nécessaire de l'étendre, de la développer, d'en mettre au jour les avantages, et même d'en dresser le projet d'Édit, afin que rien ne pût retarder l'exécution d'une opération qui ne présentoit que des avantages sans aucun inconvénient. C'est ce qui a donné lieu au Mémoire que l'on a tiré, pour lequel l'Auteur a crû pouvoir se servir d'une partie des matériaux employés dans le précédent, parce qu'ils se sont trouvés sous la main, prêts à mettre en œuvre, sans peine et sans recherche, et d'ailleurs très-convenables au sujet.*

L'ŒCONOMIQUE reconnoît deux principes fondamentaux, pour rendre un Etat florissant, sçavoir; qu'il y ait dans cet Etat une quantité suffisante d'especes, ou de valeurs représentatives de l'espece, et que l'intérêt ou loyer de ces especes ou valeurs représentatives n'excede pas le tau proportionné aux bénéfices du commerce, et aux produits des fonds de terre et de l'industrie.

[188] A mesure que le prix des denrées et des autres choses nécessaires à la vie augmente, le Souverain doit pourvoir à une augmentation du gage des échanges, telle que les peuples puissent facilement vivre, et payer leurs impositions.

La force et la richesse des Empires policés ne consiste essentiellement que dans le nombre des sujets, et le nombre des sujets est nécessairement proportionné à la quantité d'especes circulantes dans ces empires : 100. liv. ne sçauroient employer qu'un certain nombre d'hommes. Si l'argent manque pour mettre en mouvement le surplus de ces hommes, chassés par l'inaction et par la misere, ils vont à notre détriment enrichir l'étranger de leurs talens, et du bénéfice de leur consommation et de leur postérité.

Du tems de S. Louis, la paye d'un soldat étoit de cinq deniers ; cette paye a dûe suivre exactement le progrès des valeurs numéraires, parcequ'elle est l'unique ressource du soldat, et nous voyons en effet que ces cinq deniers font six sols de notre monnoye actuelle, et que six sols sont précisément aujourd'hui la paye d'un soldat : scit que cette proportion ait été maintenue en vigueur par des combinaisons réfléchies, ce qui n'est gueres à présumer, soit qu'elle ait été produite par les seuls effets naturels des changements survenus ; il en résultera toujours un argument invincible, de la nécessité de son existance.

Il a paru en 1731. un écrit dans lequel l'auteur prétend, que plus un Etat doit, plus il devient florissant, pourvû qu'il sache faire un bon usage du gage et de la matiere de ses dettes ; et il s'autorise de l'exemple de [189] l'Angleterre, dont les dettes immenses forment, dit-il, sa grande puissance actuelle, comparée avec le Portugal et la Pologne, libres de toutes dettes : et cependant les plus pauvres Etats de l'Europe, et les plus incapables de ressources.

Sans entrer dans l'examen de cette espece de paradoxe, on peut dire affirmativement, que plus un Etat est chargé de dettes, plus le Gouvernement doit s'efforcer de maintenir la valeur des effets fournis, pour raison de ces dettes ; afin que les sujets dont ils constituent souvent toute la fortune et tout le patrimoine, puissent s'en aider et les faire circuler à leur plus grande utilité, à laquelle l'utilité publique est inséparablement attachée ; cependant malgré les avantages résultans de cette vérité, nous avons pour 16. à 1700. millions d'effets royaux, réduits à beaucoup au-dessous de la moitié de leur valeur primitive, et leur partie de valeur subsistante reste sans vie et sans mouvement.

La circulation abondante détruit nécessairement l'usure : soutenir la cherté de l'argent aux dépens de celle des terres, c'est préférer 1. à 100. parce que le prix des terres est de cent fois supérieur à tout l'argent qui existe dans le Royaume ; * C'est préférer l'usurier au citoyen ; c'est détruire le commerce du dedans, et abandonner celui du dehors.

Le négociant dont le commerce doit plus porter sur son crédit que sur ses fonds, cherche le bas intérêt, et il le trouve chez l'étranger, duquel ils nous rend tributaires à cet égard ; et l'étran-

* Voyez la preuve dans le mémoire sur la Banque de Law p. 185. (Note de l'auteur en marge.)

ger à qui l'argent coute moins qu'à nous, peut, toutes choses égales d'ailleurs, vendre à meilleur marché que nous, ce qui à la longue seroit [190] capable de réduire notre commerce aux seules matieres premieres de notre crû, dont il ne pourroit se passer : Il est donc très-important à la nation que l'intérêt de l'argent ne soit pas plus haut chez elle que chez ses voisins.

A mesure que le prix de l'argent hausse, celui des autres biens baisse, parce que tout prêt dont l'intérêt n'est pas proportionné au produit des fonds, et de l'industrie, ruine nécessairement le débiteur et avillit son héritage; en plusieurs endroits de l'Europe, les terres se vendent sur le pied de deux pour cent, et l'occasion d'acquérir est rare.

Il n'arrive aucune diminution dans les différentes possessions de l'Etat, qu'elle ne retombe immédiatement sur le Souverain ; il est le propriétaire éminent de tous les fonds, il n'est riche qu'à proportion de leur valeur.

Lorsque l'argent produit plus que les fonds de terre et l'industrie, ceux qui le possedent abandonnent l'un et l'autre : et ceux qui n'en ont point négligent les arts et l'agriculture, parce que le fruit de leur travail suffiroit à peine au payement des intérêts.

Les diverses parties d'un corps doivent avoir entre-elles un tel assortiment et une telle convenance, qu'il en résulte un tout raisonnablement proportionné : sans quoi ce seroit un monstre ; cependant nos especes, produisent un intérêt de cinq pour cent, pendant que celles de nos voisins ne produisent que deux et demi à trois au plus ; les actions de la Compagnie des Indes produisent environ sept et demi ; les terres ne rendent gueres plus de trois, défalcation faite des charges et réparations, et les rentes de la Ville sont à deux et demi.

[191] Il est impossible que la différence qu'il y a entre ces parties, ne cause quelque désordre dans notre administration, si on ne se met en devoir de les raprocher, et de les faire marcher plus paralellement, afin qu'elles s'étayent et se prêtent un secours mutuel ; pourquoi il paroîtroit nécessaire d'augmenter la valeur numéraire de nos especes, jusqu'à 54. liv. le marc, de réduire le dividende de l'action à trois pour cent, ou de faire monter le capital à 5000. liv. et de fixer par une loi l'intérêt de l'argent à deux et demi, ou tout au plus à trois pour cent.

Cette proposition peut être susceptible d'objections, mais il s'agit d'examiner si le fonds en est vrai, si nous sommes assez à notre aise pour n'avoir besoin d'aucun expédient, si le bon de celui-ci l'emporte sur le mauvais; et lorsqu'il ne sera plus question que de la forme, il ne sera pas difficile d'en trouver une convenable aux circonstances.

Si l'abus énorme que l'on a fait de la banque générale de Law, n'en avoit pas justement rebuté la nation, il n'y auroit rien de plus utile au Roy et à ses sujets que de la rétablir, sur le pied du privilége qui en fut accordé par les Lettres Patentes des 2. et 20. May 1716. c'est à cette espece de crédit que l'Angleterre, la Hollande, Hambourg, Venise, Genes doivent leur richesse et leur puissance.

Les Pays où le pouvoir absolu est dans la main d'un seul, quoique ce soit le plus parfait des Gouvernemens, paroissent moins propres que les Etats républiquains à fixer la confiance. Il y a plus de constance dans leurs entreprises, parce que les changemens exigent le con[192]cours et l'union de plusieurs avis, et cette constance inspire la confiance; mais comme nous ne pouvons pas faire ni souhaiter que notre Gouvernement soit autre qu'il est, nous devons nous efforcer à approprier nos établissemens, à la forme qu'il comporte, moyennant quoi ils deviendront compatibles, et durables, et nous en tirerons les mêmes avantages que nos voisins en tirent.

Si ces voisins s'en tenoient aux simples productions de la nature et aux travaux ordinaires de l'industrie, nous pourrions nous passer mieux qu'eux de tous moyens auxiliaires, parce que la nature a plus favorablement traité notre terrein que le leur; mais comme on n'est fort ou foible, pauvre ou riche, que par comparaison, tout le bien qu'ils en reçoivent est un mal pour nous, et leurs richesses est une diminution réelle de la notre. Si les Allemands ou les François étoient restés exclusivement possesseurs de l'invention fatale de la poudre à canon, ils auroient subjugué l'Europe, avec la même rapidité que les Espagnols ont subjugué l'Amérique : mais ce secret étant devenu commun, à toutes les nations, elles se le sont respectivement opposé : et les forces à cet égard sont demeurées dans l'équilibre ; il en est de même du crédit public, si une nation en fait usage à l'exclusion de l'autre, elle acquiert une supériorité proportionnée à l'étendue de ce crédit, dans toutes les parties où il a une influence, et il l'a sur toutes.

La France est un Etat puissant par son étendue, par l'union et la contiguité de ses parties, par sa position, par l'industrie et le nombre de ses habitans. Elle rassemble en elle tous les avantages des autres Pays : ce[193]pendant ces autres Pays paroissent plus riches; Le peuple y vit plus commodément, il y paye plus de subsides, l'Etat y fait sans efforts des dépenses qui excedent de beaucoup la proportion de ses sujets, et de son territoire avec le notre ; Les trois Royaumes de la grande Bretagne par exemple, ne sont à l'égard de la France, que comme deux sont à cinq ; cependant, suivant les bills du Parlement, les dépenses de la présente année 1743. montent à environ neuf millions sterling, qui font autour de deux cens sept millions de notre monnoye, dans lesquels l'Angleterre proprement dite, qui n'est que le quart de la France, contribue seule pour plus de deux cens millions, ensorte que suivant cette proportion, et toutes choses égales d'ailleurs, la France devroit fournir dans cette même année, sans s'incommoder, plus de huit cens millions de subsides.

Cette différence immense, procede certainement de quelque vice qui est en nous, que nous pourrions d'autant mieux corriger qu'en général notre Pays vaut mieux que l'Angleterre.

Nous ne devons pas nous flatter de nous mettre sitôt de niveau, la distance est trop grande, mais nous devons du moins essayer d'en approcher. L'heureuse température de notre climat a tourné notre génie à la confiance, mais il seroit dangereux de la pousser trop loin. L'art œconomique de nos voisins ajoute infiniment chez eux aux dons de la nature. Ils acquierent sans cesse de nouvelles forces, pendant que les notres restent constamment les mêmes, et bientôt il faudroit plier, et céder à la supériorité de leurs ressources.

Les mouvemens violens que le sistême a fait ressentir au [194] corps politique, doivent engager à beaucoup de ménagemens et de circonspection, dans les entreprises de crédit, que l'on voudroit tenter; la confiance n'a pas suffisamment pris le dessus, les seuls noms de banque et d'agio, amis des autres Nations, soutenus, protégés de toute l'autorité souveraine, sont odieux aux François : il seroit dangereux de leur présenter des objets capables de réveiller leurs inquiétudes et leurs soupçons ; les rentes perpétuelles sur la Ville et sur les Tailles, paroissent exemptes de ces dangers, et une matiere très-propres à répondre aux circonstances avec succès.

Selon plusieurs Politiques, les créations de rentes ressource ordinaire de nos besoins, sont dangereuses et pernicieuses ; si le fonds de la constitution restoit, disent-ils, dans la main des Particuliers, il animeroit le credit, il seroit employé au commerce, et en achats d'héritages que les accquereurs s'occuperoient à faire valoir; devenus rentiers, ils mangent le pain qu'ils ne gagnent pas, ils sont inutiles à la société, ils cessent d'être concourans à la richesse publique ; d'ailleurs si la nécessité des guerres ou d'autres malheurs forcent à suspendre le payement de ces rentes, une infinité de familles inévitablement ruinées deviennent à charge à l'Etat, parce qu'il ne leur reste ni moyens ni industrie, pour gagner leur vie et pour subsister.

Les contrats sur la ville ne pouvant circuler comme la monnoye, surchargent inutilement l'Etat, la forme des annuités d'Angleterre lui est au contraire avantageuse : Le Ministere par un juste tempérammeut leur a pour ainsi dire imprimé celle du Gouvernement politique, en les faisant dériver de trois sources, dont le [**195**] mélange les soutient et les fortifie mutuellement ; en effet, elles participent également du contrat, de l'action, et de la rente tournante ; elles ont comme le contrat un revenu fixe sur des droits aliénés ; elles ont comme l'action la faculté d'être négociées de la main à la main, parce qu'elles sont au porteur, elles ont comme la rente tournante, un remboursement annuel sur le capital jusqu'à extinction ; si nos contrats sur la Ville et sur les Tailles étoient au porteur avec des coupons, pour le payement de la rente annuelle, ils auroient l'effet des annuités.

C'est de la partie de ces contrats qui ne sont point chargés de douaires, substitutions, priviléges, hypotéques, etc. dont il conviendroit faire usage, pour multiplier les effets circulans ; c'est cette richesse morte que l'on pourroit vivifier et rendre utile au corps de l'Etat et aux particuliers propriétaires.

Pour imprimer exactement à ces effets le caractere d'annuités, il seroit nécessaire d'établir un fonds d'amortissement, pour subvenir jusqu'à extinction à des remboursemens annuels; mais on peut renvoyer à un tems plus favorable cette partie de l'opération, sans préjudicier à l'utilité des autres. Les Anglois suspendent ces remboursemens à leur gré, suivant que les circonstances l'exigent, sans qu'il en résulte aucun inconvénient.

Je suppose que le capital des rentes perpétuelles sur la Ville est d'un milliard, et qu'il ne s'en trouvera de libre que la dixiéme partie, c'est-à-dire cent millions, lesquels, suivant le cours de la place, sont à environ quarante pour cent, ce seroit donc un aliment de quarante millions que l'on donneroit de plus au commerce.

[**196**] Mais à la faveur de leur faculté circulante, ils parviendroient incessamment à cinquante pour cent, quand même les choses

resteroient dans l'état où elles sont actuellement, c'est-à-dire le marc d'argent à 48. l. 10. s. le dividende des actions à 150. l. et le tau de l'intérêt à cinq pour cent, cette augmentation enrichiroit très-réellement l'Etat de dix millions, et influëroit de trois à quatre pour cent au moins sur les parties non-libres, ce qui sur neuf cens millions formeroit encore un nouvel objet de richesse réelle de trente à trente-cinq millions.

Suivant des Etats qui ont parû dans le public, il y a quatre cens millions de rentes sur les Tailles, reduites à un pour cent, dont le capital ne vaut au cours de la place, que treize à quatorze pour cent, je n'en suppose qu'un quart de libre, quoique sûrement il y en ait davantage, parce que ces fonds étant tombés dans le discredit presqu'en naissant, on les a rebutés comme des garants insuffisans. Ce sera donc treize à quatorze millions d'effets représentatifs qui viendront encore au secours du commerce ; et comme ils parviendront certainement jusqu'à vingt, parce que c'est le tau de l'intérêt à cinq pour cent, n'y ayant que l'impossibilité de se servir de ces contrats, et de ceux de la Ville, qui les ait retenus au-dessous des valeurs relatives à leurs produits, il convient d'ajouter sept millions aux treize cy-dessus dits, ce qui fera vingt.

Donc la conversion des rentes sur la Ville et sur les Tailles, en effets circulans, que l'on appellera *Annuités*, *Contrats libres*, *Rentes courantes*, ou de tel autre nom que l'on jugera à propos de lui imposer, fourniroit au commerce, et en augmentation de richesses réelles ;

[197] SÇAVOIR ;

Capitaux de cent millions sur la Ville à 40. p. $\frac{o}{o}$		40000000.
Augmentation sur cette partie, jusqu'à 50 p. $\frac{o}{o}$		10000000.
Augmentation sur les parties non-libres, de 3. pour $\frac{o}{o}$ seulement		27000000.
		77000000.
Capitaux de cent millions sur les Tailles, à 13. pour $\frac{o}{o}$	13000000.	
Augmentation jusqu'à 20 p. $\frac{o}{o}$	7000000.	26000000.
Augmentation de 2. p. $\frac{o}{o}$ sur les parties non-libres	6000000.	
TOTAL		103000000.

sans qu'il en coutât au Roy que la publication de l'Edit dont le projet suit.

LOUIS, etc. Rien n'étant plus capable d'animer le commerce intérieur et extérieur du Royaume, et de maintenir l'intérêt de l'argent à un tau proportionné aux bénéfices de ce même commerce, et aux produits des fonds de terre et de l'industrie ; que de rendre circulantes et commerçables autant qu'il sera possible les différens effets publics, afin que chaque propriétaire puisse les employer en tous tems à sa plus grande utilité, comme especes ou valeurs représentatives de l'espece, nous avons cru que le moyen le plus capable de produire ces deux effets, étoit de donner une nouvelle forme, sous le nom de rentes courantes, à ceux des contrats des rentes perpétuelles sur [198] notre bonne ville de Paris et sur les Tailles, qui en seront susceptibles, en faisant continuer avec la même attention et la même exactitude que nous avons eu jusqu'à présent, le payement de l'intérêt des capitaux sur le pied actuel, en attendant que l'Etat de nos finances nous permette de le rétablir, comme il étoit avant les dernieres réductions, ou que nous puissions en ordonner le remboursement ; et encore en maintenant ceux de nos sujets auxquels lesdits capitaux ont été affectés et hypothéqués à quelque titre que ce soit, dans tous leurs noms, raisons et actions, sans aucunement préjudicier ni donner atteinte, aux stipulations consenties à leur profit, A CES CAUSES, etc. Voulons et Nous plait :

ARTICLE PREMIER

QUE les différentes parties de nos revenus, affectées et hypotequées par les Edits et autres titres de création à la garantie des capitaux et payement des rentes constituées, tant par nous que par les Rois nos Prédecesseurs, sur notre bonne ville de Paris, et sur les Tailles, continuent à y être et demeurer affectées et hypotequées, comme du passé sans aucune innovation ni changement à cet égard ; et en conséquence que les rentes procedant desdits capitaux continuent à être payées aux propriétaires d'iceux, sur le pied actuel, sçavoir celles sur la Ville à deux et demi pour cent, et celles sur les Tailles à un pour cent, jusqu'à ce qu'à l'état de nos finances nous permette de les rétablir sur le pied qu'elles étoient avant la derniere réduction, ou que nous puissions en ordonner le remboursement.

[199] II.

Tous propriétaires dont les contrats tant sur la Ville que sur les Tailles seront libres de douaires, substitutions, priviléges, hypoteques et toutes autres charges et affectations, pourront s'ils le jugent à propos, les faire couper, sçavoir ; ceux sur la Ville en parties de 2000. liv. chacune, et ceux sur les Tailles de 5000. liv. et non au-dessous, pour lesquels il leur sera fourni autant de nouveaux contrats, sous le noms de rentes courantes, dont ils pourront disposer sans aucune formalité.

III.

Les noms des propriétaires desdits contrats, desdites rentes courantes, seront en blanc, afin qu'ils puissent passer indifféremment dans toutes sortes de mains, sans qu'il soit besoin de justifier d'aucun titre de propriété, et ils conserveront les N[os] et autres réenseignements qui seront jugés nécessaires, des contrats généraux et primordiaux, pour en reconnoître l'origine et la souche quand besoin sera : sans que pour quelque raison et cause que soit, ils puissent jamais être saisis et arrêtés en nos mains, lesquelles saisies nous déclarons dès-à-présent nulles et de nul effet, avec défenses à tous Huissiers d'en faire, à peine de privation d'office, et de 1000. liv. d'amende, et à tous Juges d'y avoir égard.

IV.

Il sera délivré des coupons payables au porteur, pour les arrérages de la rente desdits contrats, de la même maniere qu'il en est usé pour le payement du dividende des actions de la Compagnie des Indes, les[200]quels porteront aussi le même N° que les contrats généraux et primordiaux, et seront lesdits coupons de 50. liv, pour les parties de 2000. liv. provenant des contrats sur la Ville, et de pareille somme de 50. liv. pour ceux de 5000. liv. sur les Tailles.

V.

Lesdits contrats coupés tant sur la Ville que sur les Tailles pourront entrer de gré à gré dans toutes sortes de payemens, de particulier à particulier, et pour telles valeurs qu'ils jugeront à propos de stipuler, et nous autorisons en tems que besoin seroit, toutes et telles stipulations ; et à l'égard des coupons d'arrérages, voulons qu'aussitôt leur échéance ils soient payés à Paris, par les Payeurs des rentes qui en auront les Nos dans leurs Etats de distribution : et dans les Provinces, par tous Receveurs de nos impositions, droits, fermes et revenus, soit en payement et compensation desdites impositions et droits, soit autrement.

VI.

Les Receveurs particuliers qui auront fait lesdites compensations ou payemens, remettront lesdits coupons comme deniers comptans aux Receveurs généraux de leurs exercices, Départements ou Directions, lesquels seront tenus de les recevoir et de leur en fournir tous récépissés, quittances et décharges valables, dont lesdits Receveurs généraux se feront rembourser à la fin de chaque mois par les Payeurs des Rentes, ausquels ordonnons le faire ainsi, sans retard ni difficulté.

VII.

En rapportant sur leurs comptes par lesdits Payeurs [201] des rentes, lesdits coupons d'arrérages, voulons et ordonnons qu'ils leurs soient passés et alloués sans difficulté, de même et ainsi que l'ont été jusqu'à présent les quittances qui leur étoient fournies par les parties prenantes.

VIII.

Avant que les contrats prétendus libres par les propriétaires, puissent être admis à la conversion en rentes courantes, ils seront obligés de rapporter certificats tant des Payeurs de leurs parties que du Greffier des hypoteques, comme il n'y a aucunes saisies et arrêts, ni oppositions entre leurs mains : et au cas que leurs créanciers et autres prétendans droit, eussent négligé de faire sur cela leurs diligences, nous leurs accordons le tems et espace de trois mois, à compter de la publication du présent Edit : et ne pourront en aucun cas, lesdites conversions être faites, sans la représentation desdits certificats, qui demeureront annexés à la minute des contrats convertis, dans lesquels il en sera fait mention. A l'égard des contrats qui seront affectés à quelque privilége, hypoteque, sureté et garantie à quelque titre que ce soit, voulons qu'ils ne puissent être coupés et convertis jusqu'à ce qu'ils soient devenus libres de toutes charges; et lorsqu'ils auront acquis cette liberté, les propriétaires, dans les cas où ils voudroient les convertir en rentes courantes, seront obligés de la justifier par main-levée, transactions, désistemens, ou autres actes en bonne forme, et de pareils certificats comme dessus.

IX.

Les nouveaux contrats de rentes courantes, et les [202] grosses en parchemin qui seront délivrées aux propriétaires, seront à nos frais, et seront lesdits contrats de même que les coupons d'arrérages, fait et libellés conformément aux modeles attachés sous le contrescel du présent Edit. Si donnons en Mandement, etc.

[203] SUR LES BLEDS.

LA richesse est un des principaux attributs de la perfection des Empires; ceux qui les composent, n'ayant eu d'autre but, que d'être heureux, c'est-à-dire riches, et ne s'étant unis qu'à cette fin, le Prince et ses Ministres doivent concourir de tout leur pouvoir à leur procurer cette félicité, dont le premier dégré est le nécessaire ; et le second, le superflu.

Il n'y a dans l'Etat que deux sortes de revenus qui puissent donner l'un et l'autre, les fruits de la terre, et l'argent qui les représente, et il doit nécessairement et perpétuellement subsister entr'eux une juste proportion de valeur, sans quoi l'une devenant supérieure à l'autre, l'harmonie du Corps politique est totalement détruite.

Quelle raison y a-t-il pour que le possesseur du bled ruine le possesseur de l'argent, et qu'à son tour, le possesseur de l'argent ruine celui du bled ? ce sont les membres qui se déclarent respectivement la guerre, à laquelle le Souverain ne sçauroit ni trop tôt, ni trop sérieusement s'opposer pour la conservation du corps dont il est le chef.

L'abondance produit l'abondance ; un Laboureur aisé [204] a beaucoup de bestiaux ; il fait beaucoup d'engrais ; il fume bien ses terres; il recueille beaucoup de bled et de paille, qui par une circulation constante et perpétuelle, retourne en fumier, qui produit de nouveau grain et de nouvelles richesses.

L'opulence vient des fruits de la terre ; l'opulence multiplie les besoins et les consommations ; les consommations font la richesse de l'Etat, et tout cet enchaînement se rompt et se dissout par la cessation du produit des fruits de la terre.

L'avilissement des grains est pernicieux à tous les membres de la société, et par conséquent au Souverain. Le pauvre n'a pas de quoi acheter du pain; le riche n'a pas de quoi lui faire gagner sa vie ; le laboureur ne peut payer son maître et les impôts ; il cesse de cultiver la terre difficile, et fournit à peine les engrais nécessaires aux bonnes.

Si le bled est cher, si le produit du travail n'est pas proportionné aux besoins du Peuple, s'il n'est pas assuré de gagner de quoi sustenter sa famille, il résiste à ce désir naturel de se multiplier ; il passe où il croit être moins misérable ; et l'Etat, outre le fruit de son industrie, perd sa personne et sa postérité : source de toute richesse, et sans laquelle il n'en existe aucune. Si le bled avoit un prix constant et raisonnable, verroit-on tant de terres en friches ?

Suivant le calcul de M. de Vauban, fait en 1707, la France contient environ 34. mille lieues carrées de 25. au dégré ; la lieue 2282. toises 3. pieds, chaque lieue 4688. arpens 82. perches et demie, l'arpent 100. perches carrées, et la perche 20. pieds de long, ou 400. pieds carrés : ces 4688. arpens 82 perches et demie, di[205]visés en terrain de toutes espéces, continue M. de Vauban, et la fertilité du Pays supposée un peu au-dessous de la médiocre, doivent produire année commune de quoi nourrir 7. à 800. personnes sur le pied de trois septiers de bled, mesure de Paris, par tête ; ensorte que si le Royaume étoit peuplé d'autant de personnes qu'il en peut nourrir, il devroit y avoir vingt-sept millions d'ames, au lieu de vingt, que le même M. de Vauban y suppose, ce qui feroit sept millions, ou un peu plus du tiers en sus.

Selon les Auteurs les plus accrédités, qui ont traité de l'Œconomique, un des principaux moyens d'entretenir la culture des terres et l'abondance, est de procurer la sortie des grains hors du Royaume, toutes les fois que la récolte en donne une assez grande quantité ; mais par une erreur invétérée, disent-ils, on a toujours regardé cette liberté comme la cause des famines.

Quand le bled est cher, on prodigue l'argent pour en tirer du-dehors. N'est-ce pas une faute impardonnable, que d'en empêcher la sortie, quand il est à vil prix ?

En 1600. le Parlement de Toulouse ayant, par un zéle indiscret, défendu la sortie des grains, M. de Sully manda au Roy, que s'il ne leur imposoit pas silence sans différer, il ne devoit pas compter que les peuples pussent acquitter les subsides de cette année, sur quoi il fut ordonné à ces Officiers de révoquer leur Arrêt, et d'employer leur zéle à des Réglemens moins préjudiciables à l'Etat.

Si l'on demandoit, dit l'Auteur du détail de la France, à ces gens charitables, qui veulent que le bled soit à bas prix, afin que le peuple subsiste plus aisément, de fixer [206] eux-mêmes ce prix, ils y seroient fort embarrassés. Seroit-ce à 20. s. le septier, comme il étoit à Paris en 1550? Ils ne seroient pas assez déraisonnables, et en ce cas, ce seroit convenir qu'il faut une proportion, qui n'existera jamais, tant que les fruits de la terre ne pourront supporter les frais de la culture, et l'entretien du cultivateur.

En 1650. le prix commun du septier de bled à Paris étoit de 10. à 11. livres, le marc d'argent étant à 26. liv. Il vaut aujourd'hui 48. liv. 10. s. donc pour suivre la proportion, le prix commun du septier de bled devroit être à Paris de 18. à 19. livres.

La plûpart des autres Nations de l'Europe se sont mises en garde contre les événemens fâcheux de la disette, et de la trop grande abondance, par des magasins qui font disparoître les bleds, quand il y en a trop, et d'où ils ressortent, quand il en manque, comme l'Italie, la Hollande, etc. ou par une police sur l'entrée et la sortie, comme l'Angleterre ; nous seuls qui avons la gloire d'avoir les plus sages Réglemens de l'Univers sur les autres parties, sommes demeurés fort loin de nos voisins, sur celle-ci, cependant la plus intéressante, puisque la richesse ou la pauvreté, et même la vie de tous les Sujets en dépend.

C'est, dit-on, une maxime généralement reçuë, que la grande abondance d'une denrée est nuisible. « On peut en conclure une « seconde, qui ne le sera pas moins, dit M. Melon dans son Essai « sur le commerce ; c'est que le Pays où elle a pris naissance est « mal policé : car, comme il n'est pas possible que la terre produise « par tout, il n'est pas possible que d'autres Pays ne soient dans le « [207] besoin de cette denrée ; il n'y a qu'à y transporter ce qui « est surabondant et superflu.

Plusieurs personnes prétendent que le commerce de bleds devroit être perpétuellement libre, tant au-dedans qu'au-dehors du Royaume. La sévérité de la Loi mal entendue, disent-ils, cause la ruine de l'Etat : de pareilles précautions sont bonnes dans un Royaume qui ne produit pas assez de grains pour la subsistance de ses habitans, mais non dans celui qui en fournit plus que l'on en peut consommer.

Il est connu qu'en France une année abondante produit du bled pour trois ; et que s'il est quelquefois consommé avant ce tems, c'est que l'avilissement résultant de la trop grande quantité, et du défaut de débouché, en fait négliger la conservation et le ménagement. Les médiocres années en produisent pour deux ans, et les mauvaises pour une.

En supposant, comme l'expérience le prouve assez régulierement, que dans neuf années, il y en a trois bonnes, trois médiocres, et trois mauvaises; il s'ensuit que neuf années produisent du bled pour dix-huit.

En donnant, comme M. de Vauban, trois septiers de bled à chaque personne, le fort pour le foible, à raison de vingt millions d'ames, supposées dans le Royaume, c'est pour neuf ans 540. millions de septiers ; mais comme ces neuf ans en ont produit pour 18. faisant un milliard 80. millions de septiers, reste non-consommé 540. millions de septiers, d'où résulte une superfluité ruineuse.

Si cette évaluation paroît trop forte, quoique fondée sur des opérations suivies, on peut en retrancher la moi[208]tié ; il restera encore 270. millions de septiers, accumulés aprés l'expiration de neuf années, capables de produire égalemenl ce pernicieux avilissement.

Quand les choses sont parvenues à ce point, le Gouvernement importuné par les cris des Propriétaires des terres, et embarrassé par la difficulté des recouvremens, se détermine à ouvrir toutes les portes: l'Etranger, attentif à profiter de ces circonstances, fait à vil prix des amas de nos propres grains, chacun pressé par le besoin, court les lui offrir à l'envi : il les garde, et nous les vend au décuple à la premiere stérilité, qui souvent suit de très-près l'abondance ; ensorte que ces permissions qui n'arrivent jamais que lorsque nous avons gémi et souffert plusieurs années sous le poids d'une richesse inutile, ne produisent aucun bien à l'Etat par la modicité du prix qu'il en retire, et sont au contraire la cause d'un nouveau mal, par la rigueur que nous tiennent ceux à qui nous avons transmis ces mêmes richesses.

Si le commerce des grains étoit constamment libre, ils ne manqueroient jamais ; plusieurs bons Négocians en feroient leur principal objet ; ils acheteroient et porteroient au-dehors ceux du crû, quand ils seroient à bon compte; ils en ameneroient de l'Etranger, quand ils seroient chers: mais il ne faudroit pas, comme on l'a ci-devant pratiqué, accorder cette faculté exclusivement à quelques particuliers ; c'est une occasion de monopole ou d'infidélité, à laquelle il sera toujours difficile de résister: il ne faudroit pas non plus favoriser certains Marchands, en leur permettant d'exposer leurs bleds en vente, pendant que l'on empêche les Bâtiments des autres d'approcher, que les premiers ne soient vuides. Le commerce doit être [209] libre, sans égards, sans considérations, sans préférences, et à la plus grande utilité publique.

Et si l'on craignoit que cette liberté indéfinie pût avoir quelques conséquences fâcheuses, l'Angleterre nous offre par une expérience confirmée, la maniere d'entretenir toujours le prix du bled dans une proportion convenable aux dépenses de la culture, et à la subsistance du menu peuple ; nous en donnerons l'explication à la suite de ce Mémoire.

Il n'est pas difficile de conclure, dit M. Melon déjà cité, « que « soit dans la disette, soit dans l'abondance, la liberté des transports « d'une Province à l'autre, est le fondement d'une bonne régie, et « que de-là, doit suivre en bonne finance, c'est-à-dire en finance « subordonnée au commerce, la suppression de tous péages et « droits de l'intérieur sur les bleds, et il est si aisé de calculer « l'avantage qui résulteroit de cette suppression et de cette liberté, « que l'on a peine à concevoir comment une vérité si démontrée a « a été si négligée dans tous les tems.

Nous sommes cependant encore si éloignés de la pratique de cette utile maxime, que nous avons vû il n'y a pas long-tems des Magistrats chargés de l'administration des Provinces, par une crainte pusillanime, ou faute d'être instruits de l'état de leurs récoltes, également blâmables dans l'un et l'autre cas, défendre la sortie des grains de leurs Généralités, avec autant de précautions et de sévérité, que si elles eussent été dans le besoin, et environnées d'ennemis. Tous les Sujets d'un Etat ne sont-ils pas une même famille ? Pourquoi refuser à l'un des enfans le superflu de l'autre ?

[210] Ce n'est pas toujours le manque de grains qui en cause la disette et la cherté, c'est souvent l'avarice des usuriers et des monopoleurs, qui sacrifient à un gain criminel et sordide, la vie des citoyens et le salut de l'Etat. Les Loix se sont armées contr'eux dans tous les tems de toute la sévérité dont elles sont capables ; mais la malice des hommes, la négligence et la collusion de ceux qui devroient les maintenir, en ont presque toujours éludé les dispositions.

Je ne prétens pas mettre au rang des monopoleurs ceux qui se livrent au commerce des grains dans la vûe d'un gain légitime ; au contraire, ce commerce est si intéressant à la vie des Particuliers, que le Gouvernement lui doit une protection singuliere : mais je parle de ceux qui achetent prématurément les bleds sur terre, dans les granges ou dans les greniers; qui les gardent dans des magasins pour affamer les Villes; qui observent le dérangement des saisons, pour mettre à profit la calamité publique; qui font courir des faux bruits de disette, qui contractent des sociétés pour se rendre maîtres de tout le commerce, et cent autres moyens odieux, contre lesquels on ne sçauroit sévir avec trop de rigueur et de fermeté.

Il est inutile de rapporter ici les malédictions que l'Ecriture donne à ceux qui se livrent à cet infâme négoce, ni les peines capitales que les Loix grecques et romaines ont prononcées contr'eux. Il est facile d'imaginer que la vie des Citoyens y étant intéressée, cette police a été le premier soin des Législateurs anciens, dont les modernes ont adopté les Réglemens; et il ne faut pas s'étonner si les Loix de toutes lesNations ont été si séveres [211] contre les prévaricateurs; puisque la famine est le plus grand de tous les maux, et le dernier supplice du genre humain. *Fames quàm pestilentia, tristior, ultimum supplicium humanorum, fames.*

Elle n'est pas seulement le plus insupportable de tous les maux, elle est encore le plus dangereux; c'est l'occasion prochaine des soulevemens et de la sédition, par l'impossibilité de contenir dans les bornes du devoir, un peuple qui meurt de faim : *Nec rationem patitur, nec æquitate mitigatur nec prece flectitur populus esuriens;* mais il est inutile d'appuyer par des autorités, une vérité que l'expérience n'a jamais démentie.

De Lamare, dans son Traité de la Police, remarque que dans les tems de disette, Charlemagne et ses successeurs, jusqu'à nos jours, ont ordonné assez uniformément des recherches de grains, et qu'ils en ont fixé le prix à un tau raisonnable pour le vendeur et l'acheteur; mais il observe en même tems, qu'il est dangereux d'user de ces ressources, et que l'événement a été constamment une augmentation du mal; il cite, entr'autres, une Ordonnance de Philippes le Bel de 1304, qui causa une privation si subite, qu'il fut obligé de la révoquer sur le champ.

Plus les précautions que l'on prend en pareil cas sont exactes et séveres, plus elles peuvent devenir dangereuses. Le peuple s'apperçoit bien par le prix que le bled est rare; mais il espere dans le secours du Pays voisin, dont il ignore l'état, et qu'il croit meilleur que le sien. Cette idée entretient sa confiance et ses espérances;

mais si-tôt qu'il voit paroître les soins empressés du Gouvernement, il conclut que mieux instruit que lui de la [212] situation générale et du danger, il n'intervient que parce qu'il a reconnu toute l'étendue du mal; et alors, celui qui a des grains les resserre pour les vendre plus cher, ou pour n'être pas exposé à manquer lui-même. Ceux qui sont en état, se munissent d'une double et triple provision, à quelque prix que ce soit; car la conservation de la vie fait mépriser tous les autres biens; et ceux qui sont sans moyens, tombent dans l'abattement et le désespoir.

On ne sçauroit disconvenir que ces précautions ne soient sages, et ne partent d'un principe qui a en vûe l'utilité publique : mais quelle autorité est capable de les faire exécuter? Elle y a échoué; toutes les fois qu'elle l'a tenté, l'esprit de l'homme a plus de ressources quand il est question de faillir, que la Loi n'a de prudence pour l'empêcher de mal faire. Il s'agit donc de trouver des moyens simples que la malice des hommes ne puisse éluder, qui n'exigent point ces attentions suivies que l'on ne suit presque jamais; des moyens enfin sur le succès desquels on puisse raisonnablement compter, sans employer la force, la contrainte et les peines. Il s'en présente deux.

Le premier, de construire dans toutes les principales Villes du Royaume des magasins ou greniers publics, capables de contenir la quantité de bled nécessaire aux besoins du Pays, qui y seroit affecté par un arrondissement, qui se trouve déjà tout formé par la division des différentes Provinces en Elections, ou autres Bureaux de recette dans les Généralités qui ne font pas partie des Pays d'Elections.

Le second, d'établir une police générale sur l'entrée et la sortie des grains à l'instar de ce qui se pratique en Angleterre.

[213] Il s'agit d'examiner lequel des deux conviendroit le mieux au Royaume, et qui pourroit être mis en œuvre avec plus de facilité et moins de dépense. Nous allons rapporter l'un et l'autre avec tout le détail et les réflexions nécessaires pour les bien entendre, et se déterminer avec connoissance.

Si le Magistrat suprême a crû nécessaire de rassembler et d'exercer des corps de troupes, de construire des forteresses pour la sureté et la défense des sujets confiés à ses soins, il n'a pas crû moins indispensable de se précautionner contre les événemens fâcheux de la famine, qui est le plus redoutable fleau du genre humain.

Plusieurs personnes ont donné en différens tems des projets pour former des magasins publics; ils ont administré les devis et plans des bâtimens, la maniere de faire les approvisionnemens des grains, de les régir après le dépôt dans les magasins, de les renouveller, et d'en faire la vente au Public dans les temps de disette; mais l'immensité de l'entreprise, et l'objet de la premiere dépense ont effrayé les Ministres, et fait abandonner ces projets.

Un Magistrat éclairé, qui a sçu employer à des recherches et à des réfléxions utiles, les momens qu'il a pû dérober au courant des affaires pendant 17. ans d'Intendance, avoir fait un établissement dans sa Province, qui a subsisté pendant trois ans avec succès. Il embrasse différentes parties d'œconomie rélatives aux magasins publics; et quoiqu'il n'ait pas été continué, nous le proposerons cependant comme le meilleur en ce genre, et le plus utile qui ait été pratiqué en France.

Ce qui paroît avoir dégoûté de l'établissement des greniers publics, a été principalement, comme nous [214] venons de le dire, la grande dépense pour la construction des magasins, et pour le premier achat des grains, dont l'objet en effet est très-considérable: non seulement les fonds de celui-ci, dit l'Auteur, se trouveront avec facilité, et sans diminution de revenus courans, mais encore il en résultera plusieurs avantages perpétuels pour une charge qui ne sera que passagere: voici en quoi il consiste.

Les revenus de la Couronne n'étant plus assez considérables pour fournir à la dépense qu'exige la Majesté du Trône, la tranquillité de l'intérieur et la sureté des frontieres, il a fallu y suppléer par des Impositions sur les Peuples.

Celle qui porte le nom de Taille est la plus ancienne; la somme de la contribution générale ordonnée par le Prince, doit toujours être remplie, attendu l'importance de sa destination: mais comme il n'y a point d'années qu'il n'arrive quelques accidens généraux ou particuliers aux Provinces ou héritages sujets à cette Imposition, on impose une somme en sus de ce qui doit être remis au Trésor Royal, pour subvenir aux non-valeurs; ensorte que si le fonds de la Taille est de quarante millions, on en impose quarante-quatre, et cet excédent est réparti en diminution sur les Généralités qui ont souffert, et par subdivision sur les Elections sur les Paroisses et sur les Particuliers.

C'est une partie de ce même fonds que l'Auteur propose de

prendre, pendant autant d'années, qu'il sera nécessaire pour former et entretenir son établissement. Il est vrai que cette Imposition, qui n'est que fictive aujourd'hui, deviendra réelle, pendant le tems nécessaire, à [215] remplir les magasins; mais n'y ayant point d'autres richesses dans l'Etat, que celles de l'Etat même, il faut bien que ce soit le Corps politique qui leve ce fonds sur lui-meme, pour être appliqué au soulagement des membres qui le composent.

A l'exception d'une très-petite portion de domaine, c'est une grande erreur de croire que le Roy ait d'autres richesses et d'autres revenus que ceux que ses Sujets lui forment d'une partie du leur ; toutes les dépenses publiques doivent nécessairement être prises sur le Public, le Souverain n'en est que l'ordonnateur et le modérateur : Et quelle dépense plus utile pour ce Public, que celle d'assurer sa propre subsistance contre l'avarice, le monopole et l'intempérie des saisons ?

Suivant l'Auteur dont nous venons de parler, la surimposition actuelle ne procure presque aucun avantage. Il dit,

1°. Qu'elle n'est jamais proportionnée à l'étendue des besoins ; que quatre millions ne sçauroient suffire à réparer les désordres de la grele, du feu, et des inondations qui arrivent annuellement, et qu'un laboureur qui a perdu la valeur de 300. liv. par quelques-uns de ces accidens, est fort heureux, s'il peut obtenir 15. ou 20. liv. de diminution.

2°. Que non-seulement ces diminutions ne sont pas proportionnées aux pertes, mais que souvent le malheureux n'en ressent l'effet, que quand il n'en a plus besoin. Si l'accident, dit-il, est arrivé en 1743. la diminution qui lui est accordée ne pourra être appliquée que sur son dernier payement de 1744. parce que la partie du Roy doit être acquittée avant toutes choses ; faute d'un secours [216] à propos, il n'a pas ensemencé son héritage, et s'il l'a ensemencé, le secours devient inutile, parce que le besoin pressant n'existe plus.

3° Que rien n'est plus susceptible d'injustice que cette distribution, qu'elle est accordée pour rétablir l'égalité, et qu'elle la détruit ; que la Religion des Intendans est presque toujours surprise par le grand nombre de gens intéressés à la surprendre ; que le crédit et la faveur achevent ce qui a échappé aux sollicitations et aux insinuations, et que ce qui se rejette sur le corps des Communautés, produit encore un plus mauvais effet, parce qu'il est réparti au sol la livre sur tous les Contribuables, qui n'ayant pas également souffert, quelques-uns même point du tout, participent cependant à la grace avec égalité.

L'Auteur ne se propose pas d'acheter les grains pour former ses magasins, de la même manière que font les Entrepreneurs et Munitionnaires, mais il entend employer deux millions des quatre ci-dessus dits, à faire des prêts aux Particuliers dans l'instant de leurs pertes, pour les mettre en état de les réparer, et de n'en recevoir le remboursement qu'en grains, sans intérêt, et après qu'une récolte heureuse les aura mis en état de s'acquitter.

Ce prêt fait à propos, sera, dit-il, plus utile, que si on donnoit la même valeur gratuitement après coup, et ce sera en même tems faire un amas considérable de grains, sans crainte d'en faire augmenter le prix dans le Public, et par ce moyen se procurer une ressource certaine contre la disette.

Que plus l'exécution de ce projet avancera, plus son utilité deviendra sensible, parce que chaque année ajoutera deux millions de plus à la source des bienfaits, c'est[217]à-dire, aux magasins; ensorte qu'un prêt qui n'auroit pû être que de 20. liv. la premiere année, pourra être de 40. la seconde, et ainsi en augmentant.

Il observe que pendant la premiere année, le Roy ne prêtera en argent, que pour éviter le détail et l'embarras des achats de grains; que pendant les années subséquentes, il sera libre aux emprunteurs de prendre du bled ou de l'argent; et que s'il reste des deniers à la fin de chaque année, ils seront employés en grains. Mais que comme le projet se trouvera consommé et les magasins remplis après dix années révolues, tous les prêts ne se feront plus par la suite qu'en bleds, dont la sortie et la rentrée par les prêts, et le remboursement de ces prêts, seront le renouvellement perpétuel.

Les vingt millions employés en grains pendant dix années, donneront suivant le calcul de l'Auteur, deux millions quatre cens mille quintaux de bled à 8. liv. le quintal; mais ce prix est trop fort, et l'on peut avancer sans crainte, qu'avec ce fonds on pourra mettre en magasin jusqu'à quatre millions de quintaux de bled froment, parce que dans les années communes, il ne vaut pas plus de vingt sols le boisseau, mesure de Paris pesant 20. livres.

Avec une pareille ressource, on sera en état de parer à toutes les disettes réelles; et la confiance du Peuple, à la vûe de cette même ressource, dissipera cette terreur panique, capable de produire le même effet qu'une véritable disette.

Les frontières se trouveront approvisionnées pour les premiers besoins, et les Munitionnaires ne seront plus dans le cas de ces achats précipités, à charge au Roy par les prix excessifs, et au Public par celui où ils font monter les grains.

[218] Lorsque ces magasins seront formés, c'est-à-dire, après les dix années révolues, la surimposition de quatre millions destinés au remplacement des non-valeurs, sera réduite à deux, et le Peuple déchargé d'autant.

Comme tous les Pays ne produisent pas des grains, et que les prêts ne pourroient être rendus en nature, ainsi qu'il est nécessaire que cela soit, l'Auteur entend que les deux autres millions continueront à être imposés, pour aider les Pays de vignobles et autres, dans les accidents qui leur surviendront ; et comme il y a, selon lui, au moins les trois quarts de terre à bled, contre un quart d'autre espèce, on sera en état, dit-il, de procurer à cette partie un secours double, de celui qu'elle recevoit auparavant.

Cette réfléxion est très bonne, en supposant l'acceptation du projet; mais j'estimerois qu'il seroit encore plus avantageux de se servir de ce fonds réservé, pour former le double de magasins, que de continuer à l'employer en décharges et modérations, comme il s'est pratiqué jusqu'à present. 1°. Les vices de la distribution exposés par l'Auteur, continueroient dans leur entier sur cette partie. 2°. Les Pays de Vignobles et de bleds sont si mêlés ou si voisins, que l'on ne pourroit en faire la division, de maniere à éviter la confusion et les plaintes. 3°. Le Vigneron ne travaille la vigne que pour avoir du grain; il n'est pas moins membre de l'Etat que le Laboureur, et ne mérite pas moins les attentions du Souverain. 4° Avec l'argent qui proviendra de la vente ou échange de son vin, contre du grain, il ne lui sera pas difficile de remplacer en bled le prêt qui lui aura été fait en argent, parce qu'il n'y a point de Pays où il n'y ait des Laboureurs, ou du moins des marchés.

[219] Ceux qui voudront emprunter, continue l'Auteur, n'y seront admis que sur des certificats en bonne forme, de leurs Communautés, ou de personnes de la Ville connues et solvables, de la quantité de grains dont ils auront besoin, visés par le Subdélégué.

Si le prêt est fait en argent, le Subdélégué en fera l'évaluation en grains au dos du certificat, sur le pied du dernier marché; on pourra prêter en argent, comme il a été dit, jusqu'à la consommation du projet ; mais le remplacement devra toujours se faire en grains.

En recevant le grain ou l'argent, les emprunteurs reconnoîtront pardevant Notaires, sans controlle, et moyennant 5. sols pour tous frais, que c'est à l'effet d'ensemencer telle portion de leurs héritages, et s'obligeront comme pour les propres deniers et affaires de Sa Majesté, d'en faire le remplacement en grains, à leurs frais, de la même qualité et poids, dans le magasin du ressort, au mois d'Octobre suivant, duquel remplacement, la Communauté ou autres qui auront consenti les certificats, seront et demeureront garans et responsables, ce qui est juste, puisque le prêt doit être employé à l'utilité respective de la caution, et du principal obligé.

Le recouvrement des prêts se fera à la diligence des Gardes-magasins.

S'il arrive deux années malheureuses de suite, à ceux qui auront emprunté, la restitution du prêt sera prorogée pour une autre année, du consentement des Certificateurs, et de l'Ordonnance des Intendans; mais jamais au-delà, parce qu'il faut assurer la rentrée du prêt, à moins qu'il ne plût à S. M. d'en faire la remise entiere dans les cas de misere et disette extraordinaire.

[**220**] S'il se trouve une suite d'années assez favorables pour que le paysan ne soit pas dans le cas d'emprunter, le Roy fera consommer les grains par ses troupes, les Munitionnaires en feront le remplacement en argent, les Gardes-magasins employeront cet argent en achats de grains, et cette consommation pourra se faire par transport effectif, dans les cas qui le permettront, ou en envoyant des troupes sur les lieux; et si l'on trouvoit trop de difficultés à l'un ou à l'autre de ces moyens, on pourroit en user comme dans les villes de Lyon, Strasbourg et autres, où la vuidange et le renouvellement des magasins se fait par les Boulangers.

Comme le grain souffre des déchets considérables de la garde à la vente, que l'Auteur évalue à un sixiéme au total, il sera nécessaire de rétablir tous les six ans, et pour un an seulement, l'Imposition des deux millions supprimés.

Il compte sur trois cens magasins dans le Royaume, Paris exclus, attendu que sa grandeur et sa puissance doivent engager et déterminer ceux qui le gouvernent, à pourvoir à sa subsistance d'une maniere particuliere, et sans être à charge aux Provinces: dans plusieurs endroits, il y a, dit-il, des bâtiments appartenans au Roy, ou aux Villes; mais sans s'arrêter à cette ressource, il louera à prix d'argent les greniers des Particuliers ou Couvents, et il estime qu'un magasin capable de contenir sept ou huit mille quintaux de bled, ne doit pas couter le fort pour le foible plus de 300. liv. pour trois cens magasins, cy................ 90000. »

Frais de Gardes-magasins, remuages, et autres, trois fois par quintal, faisant six sols [221] par sac, prix commun des marchés de guerre, ce qui revient à 1200. liv. par magasin, et pour 300. cy...................... 360000. »

Frais extraordinaires.......................... 50000.

Dépense annuelle.............................. 500000.

Ces magasins étant faits pour l'utilité du Public, seront censés lui appartenir ; et par cette raison, il sera chargé de l'entretien : ainsi, au lieu de supprimer entierement l'Imposition des deux millions, après l'exécution du projet, on n'en supprimera que quinze cens mille livres.

Si on jugeoit à propos d'employer à l'exécution du projet, les quatre millions de surimposition, au lieu de deux seulement, il n'y auroit qu'à doubler cette opération, et alors il y auroit en magasin huit millions de quintaux de bled, capables de fournir à la subsistance de plus de quatre millions d'ames pendant trois mois, ce qui suffiroit pour dissiper toutes les craintes, et prévenir les funestes effets qui en résultent.

L'Auteur entre ensuite dans le détail de la nature des grains, dont les magasins seront composés, du tems auquel les prêts seront faits, et de la comptabilité des Gardes-magasins ; après quoi il répond d'une maniere suffisante, à des objections qui lui ont été faites par la Compagnie des Receveurs généraux des Finances, desquels le Ministre avoit voulu avoir l'avis ; et à la suite de ses réponses, il donne les projets de Réglemens pour l'exécution de toutes les parties ; mais nous ne le suivrons pas plus loin : ce que nous avons rapporté, [222] suffit pour donner une idée générale de l'entreprise.

Quelque préférable que soit ce projet à ceux de même nature ci-devant proposés, cependant il entraîne après soi une partie des inconvéniens qui les ont fait rejetter, c'est-à-dire, des magasins à construire, des bleds à y loger, et à rémuer continuellement, des renouvellemens annuels, des déchets considérables, des frais de garde, et par-dessus tout, des infidélités sans nombre, seules capables de ruiner en peu de tems tout le fruit de cet établissement.

Il y en a cependant, dira-t-on, qui subsistent depuis long-tems dans quelques grandes Villes du Royaume, et presque dans toutes celles d'Italie, j'en conviens ; mais ce ne sont que des Villes ou de petits Etats, qui voyent tout, qui examinent tout, qui ont tout sous la main et sous les yeux, et non un grand Royaume, dans l'immensité duquel le désordre se nourrit sans être apperçû, que lorsqu'il n'est plus tems de s'y opposer.

Si les Villes de France où il seroit nécessaire d'établir les magasins, étoient en état d'en faire les frais, comme Lyon, Strasbourg, et quelques autres, on pourroit espérer de parer aux infidélités qui en sont un des plus grands inconvéniens. Les Officiers municipaux n'y employeroient que des Citoyens d'une probité reconnue ; ils iroient eux-mêmes y faire de fréquentes visites, comme ils le pratiquent ailleurs ; ils regarderoient ces magasins comme un bien qui seroit propre et patrimonial à leurs Villes. Mais, toutes les fois qu'ils seront dans la main du Roy, la vaste étendue de l'Etat, l'indifférence fâcheuse que chacun témoigne pour la chose publique, les mauvais sujets que la protection et l'importunité met[223]troient en place, causeroient surement la ruine de cet établissement, qui d'ailleurs n'auroit gueres que le mérite de pouvoir prévenir les malheurs de la stérilité, sans remédier à l'avilissement des années abondantes. Je crois donc qu'il seroit beaucoup plus simple, plus certain et moins dispendieux, de suivre la route que les Anglois nous ont tracée.

J'ai demandé sur cela des éclaircissements à un Pair d'Angleterre de ma connoissance, fort au fait des loix et usages de son Pays. Comme la police contenue dans ces éclaircissemens sert de base à celle que je propose d'établir dans le Royaume, il m'a paru nécessaire de les rapporter tels qu'ils m'ont été envoyés. Les voici sans aucun changement.

1ere DEMANDE.

Sçavoir à quel prix, monnoye de France, a été arbitrée la mesure de grain à laquelle est attachée la récompense pour le faire sortir à l'Etranger.

Réponse. Quand les grains sont aux prix mentionnés au 3e article ci-après, ou au-dessous, le Gouvernement donne une récompense telle qu'elle est expliquée audit article, et il n'en accorde point quand il est au-dessus.

2e Demande.

Combien pése le grain contenu dans cette mesure poids de marc ?

Réponse. Cette mesure s'appelle quarteron, et contient huit boisseaux : chaque boisseau contient 32. pintes, mesures de Paris, et un boisseau de froment pése environ 65. lb poids de marc, ce qui fait pour huit boisseaux ou le quarteron 520. lb plus ou moins, suivant la bonté du grain.

[224] 3e Demande.

Quelle est la récompense à la sortie ?

Réponse. Si huit boisseaux de froment valent 54. liv. de France, ou moins, la récompense est de 5. liv. 12. s.

Pour huit boisseaux de seigle valant 36. liv. ou moins, elle est de 3. liv. 19. s.

4e Demande.

Si cette récompense est égale quand le bled est extrêmement abondant, ou extrêmement rare. Il semble qu'elle devroit être graduelle, et proportionnée aux besoins d'entrée et de sortie des grains.

Réponse. Quand les bleds sont aux prix mentionnés, ou au-dessous, la récompense est toujours égale ; s'ils sont chers, on n'accorde rien ; s'ils sont fort chers, le Gouvernement ne permet pas d'en sortir.

Quand les Marchands en font entrer, ils payent un droit plus ou moins fort, à proportion du prix des grains dans nos marchés, c'est-à-dire, que quand ils sont à bas prix dans l'intérieur, le droit est plus grand ; et quand ils sont chers, il est moindre ; par exemple, si huit boisseaux de froment valent 90. liv. de France, ou au-dessus, le droit d'entrée est de 22. liv. et ainsi à proportion des prix intermédiaires.

Ce droit varie aussi suivant les bâtimens qui servent à ce commerce : si ce sont des vaisseaux étrangers, il est plus fort que lorsqu'il est amené sur des vaisseaux de la Nation.

On voit par ce qui vient d'être dit, que quand le grain est à bas prix dans le Royaume, le droit est assez fort pour [225] empêcher qu'il n'en vienne des quantités capables de le faire tomber dans l'avilissement ; et que quand il est cher, le droit est si modique, qu'il n'en empêche pas l'entrée, et même on ne laisse subsister, que pour que le Gouvernement soit informé de la quantité de grains entrant dans le Royaume, afin d'en pouvoir régler les prix avec connoissance.

5e Demande.

Si cette récompense suffit seule pour empêcher que le grain ne soit à trop bas prix dans l'abondance, et à trop haut prix dans la stérilité, ou si dans le besoin on employe quelques moyens auxiliaires, et en ce cas, quels sont ces moyens?

Réponse. Cette gratification est d'un bon service, encourageant l'exportation d'une grande quantité; et quand le bled est à bon marché, les Fermiers en resserrent une partie considérable, dans l'espérance de le vendre plus cher, ce qui fournit toujours suffisamment les marchés.

Si le bled enchérit, la récompense est tout-à-fait arrêtée par défense du Gouvernement; par ce moyen, les grains sont généralement à un prix raisonnable pour le peuple et pour le cultivateur, et je n'ai pas connaissance que l'on en employe d'autres.

6e Demande.

Quelles précautions l'on prend dans ces circonstances, pour assurer la vérité de l'importation et exportation, de maniere que le Gouvernement ne puisse être fraudé par les Négocians de mauvaise foi.

Réponse. Quand un Marchand veut jouir de la récompense, il est obligé de produire à la Doüanne un certi[**226**]ficat des Magistrats du lieu de l'enlevement du grain; comme il n'excéde pas audit lieu les prix mentionnés au 3e article de ces réponses, et de donner un certificat signé de sa main, de la quantité et qualité de son grain, et qu'il sera embarqué sur un Vaisseau de la grande Bretagne, dont les trois quarts de l'équipage doivent être des sujets de l'Etat.

Si l'Inspecteur soupçonne quelque dessein de fraude, ou doute de la vérité du certificat des Magistrats, il peut les faire examiner et prendre le serment d'une ou deux personnes de l'équipage; ensuite le Marchand et une autre personne (ordinairement le maître du Vaisseau) se constituent cautions de 1500 ster. pour chaque cent tonneaux de grains, ce qui revient à environ 22. sols de France par boisseau, portant qu'ils s'obligent de décharger ledit grain dans les Pays étrangers, et non dans la domination d'Angleterre.

Trois Officiers de la Doüanne sont présens au mesurage et à l'embarquement ; ils examinent deux sacs sur vingt, ou plus s'ils soupçonnent qu'il y ait de la fraude : mais si le grain est embarqué en grenier, ils font mesurer le tout ; les Officiers qui sont présens à l'embarquement, certifient la quantité, et le Marchand, outre son cautionnement, prête encore serment que son grain ne sera pas débarqué dans notre Pays, et qu'il ira de bonne foi à la destination qu'il a déclaré ; toutes ces précautions doivent précéder le payement de la récompense.

7e Demande.

A combien peut monter à peu près, année commune, ce qu'il en coûte au Gouvernement pour le payement de ces récompenses ; s'il y a long-tems que cet [227] établissement subsiste ; s'il n'est point susceptible d'inconvéniens, et s'il y a un moyen d'y parer.

Réponse. L'Ordonnance a été rendue il y a 52. ans ; la récompense payée en 1738. monta à 4141440. liv. monnoye de France, mais ce fut une année extraordinaire ; en formant une année commune sur vingt de celles où il y a sortie, cela peut monter autour de 2025000. L. par an.

J'ai tout lieu de croire que ce Réglement est avantageux, puisqu'il subsiste depuis si long-tems, sur une denrée aussi nécessaire, et dans un Pays où vous sçavez que l'on ne néglige pas le commerce : si on y avoit découvert quelque défaut, on n'auroit pas manqué de faire des représentations au Parlement pour y remédier ; n'y en ayant point eu, je me persuade qu'il est content : le Parlement représente le peuple, et c'est par conséquent le peuple qui a décidé sur la subsistance, et qui maintient le Réglement qui a été fait à ce sujet.

Il peut se pratiquer quelques petites fraudes entre les Marchands et les Officiers de la Doüanne ; mais ces fraudes ne sont pas plus grandes dans cette branche de commerce, que dans les autres, et l'on ne peut pas plus se flatter ici qu'ailleurs d'une fidélité incorruptible.

Après ce que nous venons d'entendre, il est facile d'expliquer en deux mots le systême Anglois.

Ils ont examiné avec toute l'attention dont de grands Politiques et d'habiles Négocians sont capables, quel devoit être le terme du prix du bled, eu égard à la situation et à la constitution de leur Etat.

Pour maintenir un équilibre, et une juste proportion entre la valeur de cette denrée, les frais de culture et le [228] salaire de l'ouvrier, ils ont reconnu que c'étoit 54. liv. de notre monnoye, pour 520. lb ou environ pesant de bled ; et partant de cette fixation, ils accordent une récompense à ceux qui en transportent au dehors, lorsqu'il est à ce prix, et au-dessous ; ils la font cesser lorsqu'il l'excede ; ils en défendent entierement la sortie, lorsqu'il passe 90. liv. et ils proportionnent les droits d'entrée à ces différentes valeurs, les tenant forts ou foibles à leur gré pour éloigner ou attirer les bleds, suivant le degré d'abondance ou de stérilité de leurs récoltes.

Puisqu'un grand Royaume se trouve si bien de cette pratique, pourquoi ne la suiverions-nous pas ? Il n'y a point de deshonneur à imiter ce qui est bien ; s'il y a quelque chose à augmenter ou à diminuer dans sa forme, pour approcher de plus près des maximes de notre régie, de notre gouvernement, de notre situation, c'est un cannevas disposé à recevoir tout ce que l'on voudra tracer dessus.

Peut-être trouvera-t-on que la récompense attachée à la sortie des grains deviendroit un objet trop considérable : je ne crois pas qu'en matiere de commerce nous courions grand risque à copier l'Angleterre. Il y a 52. ans qu'elle éprouve que ce n'est pas payer trop cher, que de donner deux millions par an, pour maintenir dans la juste valeur, une denrée qui donne impérativement le ton à toutes les autres, qui ne sont que ses accessoires, et d'ailleurs elle en est bien indemnisée, de cette dépense, par les matieres d'or et d'argent que cette vente fait entrer dans l'Etat. Il y a 52. ans que moyennant cet établissement, elle n'a connu ni les horreurs de la stérilité, ni les inconvénions de la superfluité. Il y a 52. ans qu'aucun Seigneur [229] Anglois n'a reçu de lettres de ses gens d'affaires, qui concluent comme celle que je viens de voir entre les mains d'un Seigneur François. *De mémoire d'homme*, lui mande-t-on, *la récolte n'a été si abondante dans ce Pays ; vos Fermiers ne sçavent déjà plus où loger leurs bleds ; par conséquent, vous devez vous attendre à ne pas toucher un sol de votre terre cette année.*

Peut-être notre Gouvernement ne voudroit-il pas faire cette

dépense ? Peut-être croiroit-il qu'une simple permission de sortir en temps d'abondance, seroit suffisante pour empêcher l'avilissement du prix ? Peut-être enfin craindroit-il que les Négocians, excités par cette récompense, n'épuisassent subitement les grains du Royaume ?

L'Angleterre, qui ne paroît appréhender que la superfluité, n'a rien prononcé en faveur de ceux qui font venir des bleds de l'Etranger dans les années stériles, et elle se contente de réduire infiniment les droits d'entrée, lorsqu'il y a cherté, ayant reconnu par expérience, que ce moyen étoit suffisant pour les attirer du dehors.

Il y a apparence, puisque cette Nation n'a pas jugé à propos de rien accorder pour exciter l'entrée, que son Pays est plus abondant que le nôtre ou du moins que les récoltes n'y sont pas exposées à de si fréquentes extrémités ; car elle n'auroit pas négligé une précaution aussi essentielle ; mais cette sécurité et cette confiance ne conviendront peut-être pas ici.

Une chose certaine, c'est que si les terres n'y sont pas plus fertiles que les nôtres, elles y sont beaucoup mieux cultivées ; les labours y sont profonds ; les engrais y sont abondans, parce que les Propriétaires et Fermiers y [230] nourrissent une plus grande quantité de bêtail, et qu'ils sont plus en état que les nôtres d'avoir et d'entretenir de bons équipages de charue ; l'équilibre des valeurs qu'ils ont sçu se procurer, leur en fournit les moyens ; c'est là leur richesse.

Quant au commerce intérieur, nous avons suffisamment expliqué la nécessité de le laisser libre en tout tems d'une Province à l'autre, L'Angleterre, (et à ce que je crois, tous les Pays de l'Univers,) non-seulement tolerent, mais encore favorisent cette liberté par toutes sortes de moyens, et peut-être sommes-nous le seul corps de République dans lequel il se forme une division et une scission générale d'intérêts, précisément dans les circonstances où tous les membres devroient se réunir, et s'empresser à se donner des secours mutuels : ainsi l'on peut dire que nous agissons manifestement contre les principes sur lesquels la société qui nous a rassemblés, a été établie, et contre les principes de toutes les sociétés politiques.

Pour réunir sous une même discipline, et sous une même police ces deux objets si intéressans ; sçavoir, le commerce intérieur, et le commerce extérieur des grains : voici un projet d'Edit, tracé d'après la Pratique Angloise. J'en ai approprié les dispositions à notre situation, du mieux qu'il m'a été possible ; mais que l'on en fasse usage, ou non, toujours est-il certain qu'il est d'une nécessité démontrée, d'empêcher par un moyen quelconque, les pernicieux effets de la disette et de l'avilissement des grains. Nous en allons chercher dehors à grands frais, quand nous en manquons au-dedans. De-là, n'est-il pas simple et suffisamment indiqué que nous en devons por[**231**]ter au-dehors, quand il y en a trop au-dedans ; cette seule réflexion devroit nous conduire aujourd'hui à ce que les autres Nations pratiquent depuis si long-tems avec tant d'utilité.

Je ne parlerai point de l'usage de la Hollande ; c'est un peuple de Négocians dont le Gouvernement ne sçauroit être comparé au nôtre ; ils ont des magasins remplis de toute sorte de denrées et de marchandises ; plusieurs d'entr'eux se sont particulierement livrés au commerce des grains ; ils en font des provisions immenses, qu'ils achetent dans les bonnes années en Pologne, en Angleterre, en France, en Barbarie, etc. ils le gardent et le conservent avec soin ; ils étudient les besoins de l'Univers, et le transportent dans la partie du monde, où le plus grand gain les appelle. Ils entrent dans leurs Ports, et en sortent en tous tems en pleine liberté, sans que le Magistrat ait aucun égard aux années stériles ou abondantes, de son propre Pays, et sans que cette liberté générale et indéfinie ait jamais causé le moindre inconvénient. Tout le monde a envie de gagner. Laisser agir cette passion, elle suffira seule à enrichir le Prince et ses Sujets, si vous ne lui donnez d'autre bride que celle qu'exige la constitution d'un Etat sagement policé.

Il arrive peu d'années stériles, que la nécessité de prendre des précautions pour l'avenir, ne se présente à l'esprit de ceux qui gouvernent ; mais cette idée s'évanouit avec le retour de l'abondance ; l'heureuse température de notre climat a tourné notre génie à la confiance : il ne voit les maux que dans une perspective éloignée ; et si-tôt qu'ils sont passés, il oublie les précautions. Le présent seul attire les attentions ; il lui semble que l'avenir ne les mérite pas.

[**232**] Cette dangereuse sécurité a pris de si profondes racines qu'il sera difficile de la détruire, et je sens que nous aurons beaucoup de peine à devenir prévoyans : la vivacité naturelle de la Nation, et l'inconstance que l'on lui attribue, ne lui permettent

pas, dit-on, de s'attacher à des entreprises de longue haleine. Nous voudrions que nos desseins fussent aussi-tôt exécutés, que conçus. Nous faisons les premieres démarches avec rapidité ; mais nous restons souvent au milieu, quelquefois même au commencement de notre carriere, jusqu'à ce qu'un objet nouveau, qui éprouve le même sort à son tour, vienne nous rendre le mouvement, et nous porter vers un autre.

Que ce portrait soit fidéle ou chargé, c'est ce que je n'entreprendrai pas de discuter ; nos voisins semblent nous y reconnoître, mais leur témoignage nous paroît suspect, peut-être aussi que l'amour propre nous empêche de nous rendre justice ; c'est encore une question que je laisse à décider à quelqu'un impartial : je suis récusable, et je finis. Heureux si j'ai pû démontrer les dangers de la disette des grains, les inconvéniens de l'abondance, et la nécessité indispensable de remédier à l'une et à l'autre ; en ce cas, rien ne me paroît plus capable de produire l'effet desiré, que la publication de l'Edit dont voici le projet. On ne rend point compte des raisons qui en ont déterminé le Dispositif, parce qu'elles se manifestent suffisamment par la disposition même de chaque article.

PROJET D'ÉDIT,

Pour maintenir, en tout tems, la valeur des grains à un prix convenable au vendeur et à l'acheteur.

LOUIS, etc. Le bled étant la denrée la plus nécessaire, rien ne nous a paru plus intéressant, pour nos Sujets, que de chercher les moyens capables d'en maintenir le prix à un tau proportionné aux frais de la culture, et aux salaires de l'ouvrier. Si le bled est à trop bas prix, le Laboureur ne pouvant acheter tout ce qui convient à son exploitation, se trouve hors d'état de payer sa ferme et ses impôts. Il cesse de cultiver les terres médiocres, et fournit à peine les engrais aux bonnes : s'il est cher, le salaire de l'ouvrier ne sçauroit lui fournir de quoi acheter le grain nécessaire à sa subsistance, et à celle de sa famille, d'où résultent des inconvéniens fâcheux, et une nécessité indispensable d'établir, autant qu'il sera possible, un équilibre et une proportion de valeur qui puisse satisfaire à ces différens objets. De tous les moyens qui nous ont été proposés, nous n'en avons point trouvé d'une exécution plus simple, plus prompte et plus certaine, que celui de permettre, en tout tems, dans toute l'étendue de notre Royaume, le commerce et transport des grains d'une province à l'autre, de laisser la liberté de faire passer lesdits grains à l'Etranger, toutes les fois que par l'abondance des récoltes, ils seront au-dessous du prix nécessaire pour entretenir cette [234] proportion si désirable, et enfin d'interdire cette sortie, et de faciliter l'entrée des bleds étrangers, quand ceux du Royaume seront à un prix auquel le Peuple ne pourroit atteindre qu'avec peine, en attachant une récompense proportionnée à la cherté et rareté desdits bleds, et à la quantité et qualité qui sera apportée du-dehors, dans ces circonstances. A CES CAUSES, etc. Voulons et nous plaît.

ARTICLE PREMIER.

Que le commerce et transport des grains de toutes espéces soient libres en tout tems dans toute l'étendue de notre Royaume, sans aucune distinction des Provinces dites de l'ancienne France, d'avec celles réputées étrangeres, et sans que les Marchands soient obligés de prendre aucuns congés ni permission des Magistrats des lieux ou autres.

II.

Seront tenus seulement les voituriers et conducteurs desdits grains, soit par terre, soit par eau, d'en faire leurs déclarations aux Bureaux qui pourroient se trouver sur leurs routes, de souffrir toutes visites pour reconnoître la nature des chargemens, et d'y prendre des passavans, pour l'expédition desquels, timbre et papier, ils ne payeront que cinq sols pour toutes choses, sans que les Commis desdits Bureaux puissent rien exiger au-delà sous quelque prétexte que ce soit, à peine d'être procédé contr'eux extraordinairement.

III.

Si aucuns des conducteurs ou voituriers par terre ou [235] par eau, venoient à faire de fausses déclarations dans la qualité ou quantité des grains, nous les déclarons acquis et confisqués, ensemble les chevaux, chariots, harnois et équipages, barques et bateaux ; et en outre, voulons qu'ils soient condamnés à l'amende de 3000. liv. qui ne pourra être remise ni modérée sous quelque prétexte que ce soit.

IV.

Ceux qui tiennent à ferme des terres d'Eglise, ou autres, ne pourront par eux ou par personnes interposées, avoir et garder des bleds en grenier pendant plus de deux ans de chaque récolte, si ce n'est pour leur provision, et celle de leur maison, sous peine de confiscation desdits bleds, et de 1000. liv. d'amende, à moins qu'ils n'ayent fait, avant l'expiration desdites deux années, devant les Officiers municipaux de la Ville Royale la plus prochaine, une déclaration exacte de la quantité et qualité des bleds qu'ils entendent conserver dans leurs greniers ; et au cas qu'ils les vendissent ensuite en tout ou en partie, voulons sous la même peine que dessus, qu'ils en fassent déclaration aux susdits Officiers municipaux, ausquels enjoignons, à peine d'interdiction, de tenir Registre en bonne forme desdites déclarations, pour y avoir recours au besoin.

V.

Ceux qui voudront faire trafic et marchandise de grains dans l'intérieur du Royaume, seront tenus de faire enregistrer leurs noms, surnoms, qualités et demeures aux Greffes des Justices Royales les plus prochaines de leurs domiciles, à peine d'amende arbitraire, pour lequel [236] enregistrement ils payeront seulement cinq sols, et autant pour l'expédition, s'ils la requierent.

VI.

Deffendons à tous Gentilshommes, Officiers, tant de Justice, Police, que de Finances, et Receveurs de nos deniers, de s'immiscer directement ou indirectement au trafic et négoce desdits grains, à peine de 3000. l. d'amende.

VII.

Lorsque le beau bled froment sera dans les marchés à 12. liv. le sac de 200 lb poids de marc, le seigle à 8 liv. et l'orge à 4. liv. 10. s. et au-dessous, Nous permettons à tous Marchands et Négocians de notre Royaume d'en faire la traite, et de sortir à l'Etranger, sans avoir besoin d'aucune permission, et sans payer autres et plus grands droits de sortie, que de cinq sols par sac, de quelque espéce que soit le grain, et cinq sols pour l'expédition de chaque acquit de paye, qu'ils seront tenus de prendre dans les Bureaux de sortie, ausquels les voituriers, conducteurs, maîtres des Barques et Navires, ou autres, seront obligés de faire leur déclaration et de souffrir toutes visites et mesurage, s'il est ainsi jugé nécessaire; le tout, ainsi qu'il est prescrit par le Titre 2. de l'Ordonnance des Fermes du mois de Février 1687.

VIII.

Pour justifier que le prix des grains n'excédera pas ceux portés en l'article ci-dessus, lesdits voituriers, conducteurs, maîtres de

Barques, Navires ou autres qui se[237]ront dans le cas d'en faire sortir, seront tenus de représenter aux Commis des Bureaux de sortie les certificats des Officiers municipaux de la Ville Royale la plus prochaine du lieu de l'enlevement, lesquels seront signés de trois desdits Officiers au moins, non compris le Greffier, auquel il sera payé par les Parties requérantes, cinq sols pour chaque certificat pour toutes choses, sans pouvoir rien exiger au-delà sous quelque prétexte que ce soit; seront lesdits certificats conçus dans la forme du modèle attaché sous le contre-scel du présent Edit, et ne pourront valoir que pour le temps y marqué, lequel sera proportionné à la distance du lieu du départ à celui de la sortie, en laissant un délai convenable et très-suffisant pour en faire le trajet.

IX.

S'il arrivoit que dans l'intervalle du transport des Provinces de l'intérieur du Royaume dans les Ports de mer, ou Villes frontieres, lesdits bleds eussent notablement augmenté de prix, en ce cas, il sera libre aux Magistrats desdits Ports de mer, ou villes frontieres, de retenir lesdits bleds, à la charge d'en payer comptant la valeur aux Propriétaires ou à leurs Commissionnaires, au prix courant du lieu où lesdits bleds seront retenus, pourvû toutefois que ce prix excéde d'un tiers en sus ceux fixés par l'Article 7. du présent Edit.

X.

Ne pourront les Marchands, Négocians, et autres qui feront sortir des bleds à l'Etranger, les faire sortir par d'autres Ports, que par ceux de... (*Il conviendra d'indi*[238]*quer pour la sortie, tous les Ports principaux de l'Océan et de la Méditerannée*), et par terre par d'autres Bureaux que par ceux de... (*Indiquer tous les principaux Bureaux des Villes frontieres de terre*) déclarons toutes les autres routes obliques, et voulons que les bleds qui seront trouvés sur icelles, même avec certificats et expéditions des Bureaux de nos Fermes, autres que ceux ci-dessus nommés, soient saisis et confisqués, avec les chevaux, charettes, harnois et équipages, bateaux, barques, navires et leurs agrés et appareaux, et que les voituriers, conducteurs, maîtres desdits bateaux, barques et navires, soient en outre condamnés à l'amende de 300. liv. laquelle ne pourra être remise ni modérée.

XI.

Les certificats dont lesdits Marchands et Négocians, soit par mer, par riviere, ou par terre, devront être porteurs, seront par eux représentés et remis aux Commis des Bureaux de sortie indiqués par le précédent article, et seront lesdits porteurs, tenus d'en certifier les vérités au bas d'iceux, conjointement avec deux des principaux de l'équipage, si c'est par mer; et par les voituriers et conducteurs, si c'est par terre; et au cas que les uns ou les autres ne sçussent écrire, ils seront tenus de fournir sur le lieu une caution resséante et solvable jusqu'à la concurrence de la valeur du prix des grains de leur chargement, pour garantie de la vérité desdits certificats; sans quoi, faisons défense de les laisser sortir.

XII.

Lesdits certificats resteront ès mains desdits Com[239]mis, qui les garderont soigneusement, pour être renvoyés tous les trois mois à notre Hôtel des Fermes à Paris, d'où ils seront immédiatement après renvoyés sur les lieux de la délivrance, pour en faire vérifier et reconnoître les signatures.

XIII.

Tous les bleds qui seront trouvés au-delà des Bureaux de sortie du Royaume, sans que les voituriers, conducteurs, maîtres des barques ou navires, soient munis des expéditions qui auront dû leur être délivrées ausdits Bureaux en échange de leurs certificats, seront arrêtés, saisis et confisqués avec les chevaux, chariots, harnois et équipages, bateaux, barques et navires, et leurs agrès et appareaux, et lesdits conducteurs, Voituriers, maîtres desdites barques ou navires, condamnés en 3000. liv. d'amende.

XIV.

Lorsque le bled froment excédera les prix mentionnés en l'article 7. Nous en déclarons la sortie interdite et défendue par le seul fait; Faisons défenses à tous Officiers municipaux de délivrer, dans ce cas, aucuns certificats, et aux Commis des bureaux, d'admettre ceux qui pourroient leur être présentés, et de laisser sortir aucune partie de grains, et à tous Particuliers de quelque état et condition qu'ils soient, d'entreprendre d'en faire sortir, à peine de confiscation desdits grains, chevaux, chariots, harnois, équipages, barques, bateaux, navires, agrès, appareaux, 10000. liv. d'amende pour la premiere fois, et de plus grande peine en cas de récidive.

[240] XV.

La permission de sortir des grains à l'Etranger étant interdite par le fait de l'augmentation des prix portés en l'article 7. les Marchands et Négocians qui voudront en transporter par mer d'une Province du Royaume à l'autre, seront obligés d'en déclarer au Bureau le plus prochain du lieu de l'enlevement, la quantité et la qualité, dans quel Port ils entendent le débarquer, et de prendre des acquits à caution pour la sureté de la destination, dont le cautionnement ne pourra être pour moindre somme, que du double de la valeur desdits bleds, aux prix actuels dans le lieu de l'embarquement, lesquels acquits à caution ils obligeront de rapporter bien et dûëment déchargés par les Officiers municipaux du lieu de la descente au nombre de trois au moins, et par le Commis de l'Adjudicataire général de nos Fermes; défendons, à peine d'interdiction ausdits Officiers municipaux, et aux Commis de l'Adjudicataire général, à peine de révocation, et de plus grande peine, s'il y échet, de décharger lesdits acquits qu'après avoir vû et visité réellement lesdits bleds, et reconnu qu'ils sont de même qualité, et en même quantité que celle portée par lesdits acquits, pour l'expédition desquels il ne sera payé que cinq sols à chacun des Bureaux du départ et d'arrivée.

XVI.

Lorsque le sac de bled froment sera parvenu dans les marchés des Villes et Ports dénommés en l'article 7. au prix de 18. liv. celui de seigle à 12. liv. et celui d'orge à 7. liv. et au-delà; Permettons à tous les Marchands, [241] et Négocians François et Etrangers, d'en faire entrer dans le Royaume telle quantité qu'ils aviseront, lesquels grains y seront admis après déclaration et visite, en payant seulement cinq sols pour tous droits d'entrée, pour chacun septier de quelque espéce qu'il soit; et en outre, cinq sols pour l'acquit de payement de tout le chargement, quelque considérable qu'il soit.

XVII.

Jusqu'a ce que le prix des grains soit parvenu à ceux portés en l'article ci-dsssus, ordonnons que tous ceux qui vouloient en faire entrer dans le Royaume par mer ou par terre, payeront pour droit d'entrée 3. liv. par chacun septier de froment, mesure de Paris ; 2. liv. par chacun septier de seigle, et 1. liv. par chacun septier d'orge, et en outre le droit d'acquit à l'ordinaire.

XVIII.

Si par le dérangement des saisons, les récoltes étoient assez mauvaises, pour que le sac de beau bled froment, seigle ou orge, parvint au double des prix fixés par l'article 7. c'est-à-dire, le sac de froment à 24. liv. le seigle à 16. et l'orge à 9. et au-dessus : alors, pour exciter lesdits Marchands, tant François qu'Etrangers, à en apporter dans le Royaume, Nous ordonnons qu'il leur sera payé par les Receveurs de nos Fermes, une gratification; sçavoir, pour chacun sac de froment, la somme de 2. liv. pour chacun sac de seigle, 1. liv. 5. 5. et pour chacun sac d'orge 10. s. et ce sur la la représentation des certificats des Officiers municipaux du lieu de l'arrivée, signés de trois au moins, non compris le Greffier, [242] comme lesdits bleds seront dans lesdits lieux aux prix ci-dessus dits, ou au-dessus, lesquels certificats seront dans la forme du modéle attaché sous le contre-scel du présent Edit; et cependant pour être en état de connoître la quantité des grains qui entreront par ce moyen dans le Royaume, les conducteurs ou propriétaires d'iceux, payeront cinq sols par sac pour droits d'entrée de quelque nature que soit le grain, et cinq sols pour l'expédition de l'acquit; défendons d'exiger autre et plus grande somme.

XIX.

Lesdits bleds ne pourront entrer par d'autres Ports de mer, et par d'autres Bureaux de terre, que par ceux par lesquels la sortie est permise par l'article 10. du présent Edit, et la récompense accordée par le précédent, ne pourra avoir lieu qu'autant que le prix des grains excédera dans lesdits Ports de mer et Bureaux de terre, et non d'autres, le double des prix fixés par l'article 7. Et où il seroit fait par lesdits Receveurs quelques payemens contre la présente disposition ; ordonnons que la dépense en soit rejettée, sauf leur recours contre qui, et ainsi qu'ils aviseront bon être.

XX.

Avant que lesdits conducteurs ou propriétaires des grains puissent recevoir la gratification accordée par l'article 18. lesdits grains seront mesurés à leurs frais, pour en constater la quantité en présence des Officiers municipaux, et des Commis de l'Adjudicataire général de nos Fermes, dont sera dressé procès-verbal, lequel sera signé [243] de toutes les Parties, et ensuite remis dûement quittancé aux Receveurs de nos Fermes, ausquels Nous ordonnons de payer, sans difficulté ni diminution, lesdites gratifications relativement aux quantités et qualités mentionnées ausdits procès-verbaux, lesquels Nous ordonnons être reçus comme deniers comptans de l'Adjudicataire général de nos Fermes, en déduction du prix du quartier de son bail, sur lequel il les rapportera ; à l'effet de quoi il lui en sera expédié, sans différer, des quittances par le Garde de notre Trésor Royal en exercice.

XXI.

Ordonnons à tous les Officiers municipaux qui seront dans le cas de fournir des certificats, et d'assister aux mesurages des grains et rédactions des procès-verbaux qui doivent être faits en conséquence, et relativement aux dispositions du présent Edit, de n'y apporter aucune difficulté ni retardement, à peine de 1000. liv. d'amende, et de répondre en leurs propres et privés noms de toutes les pertes, dépens, dommages et intérêts des Marchands et Négocians, tant François qu'Etrangers, leurs voituriers et conducteurs, maîtres de navires, et autres Parties intéressées à la conduite et transports des grains.

XXII.

Les bleds étant ainsi entrés, soit par terre, soit par riviere ou par mer, les propriétaires, conducteurs ou commissionnaires, seront tenus, lors de la déclaration qu'ils en doivent faire audit Bureau d'entrée, de déclarer s'ils entendent les vendre dans le lieu même, ou les transporter [244] dans l'intérieur, ce qui sera absolument à leur choix ; Défendons à tous Magistrats, Officiers de Police, municipaux ou autres, de leur faire sur cela aucune violemce, et de les troubler dans leur commerce en quelque sorte et maniere que ce soit, à peine d'interdiction, et de 500. liv. d'amende applicable au profit desdits propriétaires ou conducteurs.

XXIII.

Lorsque lesdits bleds seront arrivés aux lieux que les propriétaires ou conducteurs auront choisis, pour en faire la vente, ils seront obligés de les exposer en vente quatre jours au-plûtard après leur arrivée, sans pouvoir les mettre dans des greniers ou magasins, sous quelque prétexte que ce soit ; et en cas de refus de leur part, les Officiers de Police en fixeront le prix, suivant le cours actuel des grains de pareille qualité, et les feront vendre d'autorité au profit desdits Marchands, ausquels les deniers en seront remis au fur et à mesure de la vente ; et s'ils faisoient difficulté de les recevoir, ils seront consignés entre les mains d'un Bourgeois solvable, sans droits, et remis ausdits Marchands sur leurs quittances, à leur premiere réquisition.

XXIV.

S'il arrive plusieurs vaisseaux, barques, bateaux ou voitures de grains dans le même lieu, les Marchands à qui lesdits grains appartiendront, seront les maîtres de les vendre à tel prix qu'ils jugeront à propos, sans que les Magistrats, Officiers de Police, ou autres, puissent les taxer sous quelque prétexte que ce soit, si ce n'est dans le cas de l'article précédent, et nous voulons que tous ces [245] différens Marchands tiennent leurs grains concurremment en vente, sans que lesdits Magistrats, Officiers de Police ou autres, puissent les obliger à attendre leur tour d'arrivée ou d'emplacement sur les Ports ou Marchés, à peine de répondre en leurs propres et privés noms de toutes pertes, dépens, dommages et intérêts desdits Marchands.

XXV.

S'il se trouvoit de faux certificats, tant pour l'entrée que pour la sortie desdits grains, Nous voulons et ordonnons que ceux qui en auront fait usage, et ceux qui les auront fabriqués, leurs complices et adhérans, soient punis comme faussaires, suivant toute la Rigueur des Réglemens concernant le crime de faux.

XXVI.

Toutes les confiscations et amendes, qu'il écherra de prononcer pour les contraventions qui pourroient être commises contre les dispositions du présent Edit, appartiendront en entier à l'Adjudicataire général de nos Fermes, sauf le tiers du total que nous voulons être donné aux dénonciateurs, lorsqu'il y en aura.

Si donnons en mandement, etc.

MODÈLE DE CERTIFICAT à fournir par les Officiers municipaux, au désir de l'article 8, de ce projet d'Edit, pour justifier que le prix des grains n'excède pas ceux portés par le susdit article.

Nous, Maire, Echevins, etc. de la Ville de...... (*ou telles autres qualités qu'ils sont dans l'usage de prendre* ;) Certifions à tous qu'il appartiendra, pour satisfaire à l'article 8, de l'Edit du Roy du.... que le sac du beau bled froment du poids de 200 lb poids de marc, n'excéde pas cejourd'hui..... 174... le prix de 12 liv. (*et ainsi du seigle et orge, s'il en est question*,) et qu'il n'a été vendu au dernier marché de cette dite Ville que la somme de..... en foi de quoi Nous avons délivré le présent..... à..... demeurant à.... distant de..... lieues de cette Ville, Siége Royale plus prochain de sa demeure, pour lui servir et valoir ce que de raison ; et Nous a ledit..... déclaré vouloir faire sortir du Royaume la quantité de..... sacs de..... pourquoi il employeroit..... jours de la date du présent, après lequel temps il sera nul. Fait.

AUTRE MODÈLE DE CERTIFICAT à fournir par les Officiers municipaux, au désir de l'article 18, pour obtenir la gratification, à cause de l'entrée des grains dans le Royaume.

Nous Maire et Echevins, etc. de la Ville de..... (*ou telles autres qualités qu'ils sont dans l'usage de prendre* ;) Certifions à tous qu'il appartiendra, pour satisfaire à l'article 18. de l'Edit du Roy du.... que le sac de beau bled froment de 200 lb poids de marc, excéde le prix de 24. liv. (*et ainsi du seigle et orge, s'il en est question*) et qu'il a été vendu au dernier marché de cettedite Ville la somme de..... en foi de quoi Nous avons signé le présent pour servir ce que de raison à ... (*mettre le nom, demeure et qualité de la Partie requerante.*) Fait audit, etc. le..... 174...

Ces Certificats devront être imprimés sur papier marqué, et dans les endroits où il n'y aura pas lieu, il en sera fait mention.

[247] SUR LES MENDIANS

ET LES ENFANS TROUVÉS.

Si le Crédit Public étoit solidement établi; si l'on pouvoi- parvenir à maintenir, dans la disette comme dans l'abondance, la valeur du prix des grains dans une proportion convenable aux dépenses de la culture des terres, et à la subsistance du Peuple, il est certain que la misere diminueroit, et par conséquent le nombre des véritables Mendians.

A l'égard de ceux qui le sont de profession et par état, on ne peut espérer d'en purger la société que par une Police sévere. Il y a des hommes assez mauvais pour se livrer à la fainéantise, par goût, par choix et par libertinage ; et d'autres, assez bons et assez simples pour se laisser surprendre à l'art que ces misérables sçavent employer pour les toucher et les attendrir. C'est cette espece de mendicité qui défigurera perpétuellement la société, quelque soit la richesse de l'Etat, si l'on ne se met en devoir de l'empêcher.

Il n'y a point de vice contre lequel les Auteurs sacrés et profanes, se soient plus élevés que contre celui de **[248]** l'oisiveté : Salomon, l'Eccles. Ezechiel, S. Paul aux Tess. nous représentent sous différens emblêmes, le fainéant et le paresseux, comme l'homme du monde le plus indigne, le plus vil et le plus méprisable, dont la nature du crime indique la punition ; *qui non laborat non manducet.*

Suivant Platon, ces hommes inutiles sont les frêlons et les guêpes de la République ; non-seulement ils nuisent par leurs aiguillons, mais encore ils troublent les abeilles dans leurs travaux, et dévorent leur subsistance.

L'oisiveté est la plus grande ennemie de la discipline ; c'est une prévarication continuelle à la Loy de Dieu et à celle de la nature : Le fainéant est plutôt un cadavre qu'un homme vivant, c'est un flambeau qui s'éteint dans le repos, et qu'il faut agiter pour le rallumer : *Vade ad formicam, ô piger, et considera vias ejus et disce sapientiam, etc. et veniet quasi viator egestas, et pauperies quasi vir armatus ; si vero impiger sueris, veniet ut font messis tua, et egestas longè fugiet à te. Prov. 6. v. 24. 33. id.*

Dans un Etat bien policé, un des meilleurs moyens d'entretenir la multiplication des personnes, nécessaires aux travaux des la campagne et des arts, est de châtier ceux qui, par leur naissance et leur condition, étant destinés à ces professions s'adonnent à la fainéantise, qui conduit à la mendicité ou au crime, et souvent à l'un et à l'autre ; aussi les Loix Divines et celles des Gouvernemens anciens et modernes, y ont-elles pourvû, dès les premiers tems de la création du monde, et de la fondation des Empires.

Si notre premier Pere fut placé dans le Paradis-Terrestre, ce ne fut que sous la condition qu'il y travailleroit ; *Posuit eum in Paradiso voluptatis, ut operatur. Gen. 2. 15.*

[**249**] Menès, premier Roi d'Egypte, que l'on croit être Misraïm fils de Cham pere des Egyptiens, n'oublia pas dans les belles Loix qu'il donna à ses peuples, de faire des Réglemens pour prévenir la mendicité; il ordonna à chacun d'aller chez les Magistrats qu'il avoit établis à cet effet, pour y faire déclaration de sa profession, et d'où il tiroit sa subsistance, et si quelqu'un étoit convaincu d'avoir déclaré faux, il étoit puni de mort.

Les Loix de Menès passerent aux Grecs ; Draco premier Legislateur des Atheniens, leur défendit l'oisiveté à peine de la vie ; Solon les abolit à cause de leur extrême séverité, mais il laissa subsister dans sa force, celle qui regardoit l'oisiveté.

Les Romains ne furent pas plus indulgens pour ce vice ; Romulus, fondateur de leur fameux Empire, fit une loi expresse, qui enjoignit au Peuple de s'appliquer à l'agriculture et aux arts profitables ; et les Empereurs Gratien, Valentinien et Théodore, mirent au rang des oisifs punissables, les mendians valides, qui aiment mieux demander l'aumône, et mener une vie libertine et vagabonde, que de travailler ; privans, par cette espece de vol, les véritables pauvres du pain et de la subsistance dûe à leur âge, à leur impuissance et à leurs infirmités ; et ils ordonnerent aux Présidens des Provinces, de les purger de ces dangereux Citoyens, pour y maintenir la paix et la tranquillité. Des gens, qui n'ont rien à perdre, n'ont rien à ménager, et sont toujours prêts à se porter à toutes sortes d'excès.

Il devroit être interdit à tout particulier de faire l'aumône ; et ceux qui transgresseroient cette loi, devroient être punis comme fauteurs et complices de tous les crimes et désordres, dont les mendians valides seroient [250] trouvés coupables, puisque par leurs charités indiscretes, ils fournissent à ces misérables les moyens de perpétuer le dommage qu'ils causent à la société.

Si les revenus publics sont suffisans pour nourrir les Pauvres, l'aumône est inutile ; s'ils ne le sont pas, c'est au Souverain à y pourvoir, en y faisant contribuer les riches et aisés, suivant leurs moyens et facultés, comme on le fait à Paris, où chaque maison paye à proportion de son loyer ; en sorte que sans les Pauvres du dehors, et avec un peu plus de police pour ceux du dedans, il y auroit de quoi fournir abondamment à leur subsistance.

« Un particulier sans autorité, par son infatigable vigilance, sçait « occuper, avec succès, à tous momens, les Pauvres que la Provi- « dence a confiés à ses soins : homme charitable, il fait l'aumône ; « homme d'état, il donne à travailler. C'est l'éloge que l'Auteur de « l'Essai sur le commerce et la marine, fait de M. le Curé de S. Sul- « pice : Eloge mérité, exemple peu suivi.

Il y a une espece de cruauté à faire des aumônes gratuites aux mendians valides ; c'est les accoutumer à l'oisiveté, et à tous les vices dont elle est la mere : « Interrogez, dit l'Auteur ci-dessus cité, les scé- « lerats que la Justice est obligée de faire expirer dans les suplices, « ce ne sont point des Artisans ou des Laboureurs, les travailleurs pensent au travail qui les nourrit ; ce sont des oisifs que la débauche et le jeu, enfans de l'oisiveté, ont portés à toutes sortes de crimes.

La maniere la plus utile de soulager ceux qui sont de bonne volonté, est de leur fournir du travail, de leur acheter les outils de leur métier, et d'en faire apprendre à leurs enfans, pour les mettre en état de gagner [251] leur vie : Toute autre maniere de faire l'aumône est indiscrete, imprudente, blâmable et préjudiciable à la société. *Beatus qui intelligit super egenum et Pauperem*. Pf.

Les Gens d'Eglise conseillent aux Riches de faire des aumônes de leur superflu, mais ces aumônes produisent un effet opposé aux motifs qui dirigent le conseil et l'action ; l'un et l'autre sont contraires à la saine politique et au bien de l'Etat ; ils nourrissent la fainéantise et la paresse, et ils accoutument le peuple à l'oisiveté et à la mendicité.

Les Princes, les Seigneurs et les Particuliers mûs par ces conseils, ont fait anciennement diverses fondations, et attaché des biens considérables à des Prieurés, Bénéfices et Monasteres, pour faire, pendant certains tems de l'année, des aumônes aux Pauvres, d'une ou de plusieurs Paroisses voisines. Il y en a même qui ont ordonné que tous les mendians qui se présenteroient y eussent part, sans distinction de lieux : il y a des endroits où ces aumônes durent deux ou trois mois et plus ; ces établissemens, ouvrages respectables d'une piété mal conduite, sont devenus, pour la plûpart, une occasion de désordre, de scandale et de fainéantise ; les habitans de ces lieux, assurés de leur subsitance, sans y contribuer par leur travail, ont négligé l'agriculture et les arts, et l'on voit que plus ces aumônes sont considérables, par le tems qu'elles durent, et la qualité de ce que l'on y distribue, plus le voisinage est pauvre, et le labourage abandonné. D'ailleurs les Mendians de profession, instruits par une espece de journal qu'ils se traduisent de main en main, des époques de ces distributions, fatiguent la campagne par des courses continuelles, privent le païs d'Ouvriers, et deviennent le fardeau de **[252]** l'Etat, pendant qu'ils devroient aider à le soutenir. Comme ces abus sont diametralement opposés aux principes d'un bon Gouvernement, et à tous les Réglemens faits pour bannir la mendicité, seroit-ce un mal, et aller contre l'intention des Fondateurs, d'empêcher la mauvaise dispensation de leurs bienfaits, et d'en faire une application plus conforme à la raison et à l'utilité publique ?

Indépendamment de cette utilité, quelle difformité dans l'Etat, de voir une multitude de fainéans et de vagabonds, courir de ville en ville et inonder les campagnes, qu'ils pillent, ou mettent à contribution, par leurs quêtes, par leurs gîtes, et autres commodités qu'ils exigent insolemment, et que la crainte et les menaces d'être incendiés ne permet pas de refuser ? Quel spectacle pour les étrangers ! quelles idées ne sont-ils pas en droit de se former à la vûe d'un peuple de mendians ? Ils nous ont déjà laissé voir par différens écrits, combien la réputation de l'Etat y est intéressée. Quelle incommodité pour les Citoyens, de ne pouvoir vaquer en liberté à leur salut, à leurs affaires, ou à leur délassement ; s'ils paroissent dans les Eglises, dans les rues, aux promenades, ils sont environnés d'une multitude de mendians qui se succedent sans interruption, qui les poursuivent et les forcent à la retraite par leurs importunités. Les Palais du Souverain et les lieux les plus reculés, ne sont pas à l'abri de cette persécution ; les cris les plus perçants et les plus lamentables, l'odeur la plus insoutenable, que la malpropreté puisse causer, l'étalage le plus dégoûtant de maux feints ou véritables ; enfin, tout ce que le tableau le mieux composé de la misere et de la douleur peut présenter de plus affligeant, forme maintenant un art et une [253] profession nombreuse dans l'Etat. Si quelques-uns sont véritablement disgraciés de la nature, ils y ajoutent tout ce que l'imagination peut leur suggerer, pour se rendre encore plus hideux ; d'autres, sont chargés ou entourés d'enfans qui leur appartiennent, ou qu'ils ont empruntés ou volés, et ils croyent avoir suffisamment pourvû à leurs dottes et à leur établissement, en les estropiant ; ensorte que le plus contrefait est celui dont la fortune est la plus assurée : un cul de jatte est parmi eux un riche parti

L'incommodité et le dégoût ne sont pas les plus grands maux que cette misérable et nombreuse profession cause à la société. Je ne parle point de leurs mœurs abominables, c'est l'affaire des Pasteurs ; je ne parle pas non plus de leurs vols et de leurs assassinats, ces malheurs ne tombent que sur quelques particuliers ; mais ce qui regarde tout le monde,. c'est la salubrité de l'air, qu'un si grand nombre de gens, tels qu'on vient de les dépeindre, est capable de corrompre et d'infecter ; ils ont porté ou fait naître la peste par tout où on les a soufferts. En 1596. ils en causerent une si terrible à Paris, qu'elle enlevoit les Citoyens par centaines ; le Parlement leur ordonna par Arrêt du 29. Aoust, d'en sortir dans vingt-quatre heures, et de se retirer dans les lieux de leur naissance, à peine d'être pendus sans autre forme ni figure de procès. Ils en causerent une autre à Rouen en 1622. qui ne fut pas moins meurtriere ; le Parlement de cette Ville rendit un semblable Arrêt, excepté qu'il ne prononçoit que la peine des galeres. Ces deux exemples sont les plus marqués, mais l'histoire nous apprend qu'ils ne sont pas les seuls ; quand ce mal terrible s'est une fois déclaré, il est presque sans remede ; il faut qu'il exerce sa fureur dans toute son étendue : [254] n'est-il pas plus sage de le prévenir que de l'attendre ?

L'Empereur Galerien fit une fois rassembler tout ce qu'il pût de ces mendians de profession, il les fit mettre dans des barques et tous jetter à la mer : C'est un exemple cruel que je ne cite pas pour être suivi, nous pouvons les conserver et en tirer de l'utilité, soit en les assujettissant à des travaux publics, soit en les employant à des ouvrages de Manufacture, dans des maisons de force, soit enfin, par d'autres expédiens compatibles avec l'humanité et la douceur de nos mœurs ; mais la séverité excessive de cet Empereur, fait connoître combien dans tous les têms les Gouvernemens policés ont eu en horreur la mendicité volontaire, puisqu'ils ont employé des moyens si violens pour en arrêter le cours.

En voyant le désordre qui subsiste actuellement, on imagineroit qu'il n'est pas connu du Gouvernement et de ceux qui sont préposés au maintien de cette partie intéressante de la police de l'Etat ; cependant rien n'est moins ignoré ni plus différemment exprimé dans les Déclarations qui ont été rendues à ce sujet, celle du 21. Octobre **1686**. en fait un ample récit, et condamne les mendians valides aux galeres pour cinq ans ; celle du 28. Janvier 1687. expose un pareil tableau, et prononce des peines contre l'un et l'autre sexe ; sçavoir, les galeres perpétuelles pour les hommes, le fouet, la flétrissure et le bannissement pour les femmes, lorsque les uns ni les autres n'auront point de domiciles ; et pour ceux qui seront domiciliés, les mêmes peines à la troisiéme récidive seulement. Nous passerons sous silence cette multitude d'autres Réglemens et Ordonnances antérieurs et postérieurs, dont les Recueils d'Arrêts sont remplis pour venir à la Déclaration du 18. Juillet 1724.

[**255**] Jamais il n'avoit paru de Réglement qui fît mieux connoître, combien le ministére étoit convaincu de tous les maux que la mendicité entraine après elle, ni qui donnât plus d'espérance de la voir finir.

L'article premier ordonne aux Mendians valides, tant hommes que femmes, de prendre dans quinze jours, pour tout délai, un emploi pour subsister de leur travail, soit en se mettant en condition pour servir, soit en travaillant à la culture des terres, ou autres ouvrages dont ils peuvent être capables ; et enjoint aux Mendians invalides, même aux enfans, nourrices et femmes grosses, de se présenter dans le susdit tems aux Hôpitaux les plus prochains de leurs demeures, où ils seront reçûs gratuitement, et employés au profit desdits Hôpitaux à des ouvrages proportionnés à leurs âges et à leurs forces ; et que dans le cas où les revenus des Hôpitaux ne seroient pas suffisans, Sa Majesté y pourvoiroit de ses propres deniers. Les autres articles contiennent des dispositions de Police qui sont également sages; cependant le tout est demeuré sans exécution, ou du moins ne l'a été que très-imparfaitement par plusieurs raisons.

1° Le nombre des Mendians étoit si grand, que les Hôpitaux n'ont pû les soutenir; ce qui a forcé d'en ouvrir les portes.

2° La plûpart des Administrateurs ne recherchant cette qualité que par honneur, et les autres en étant incapables, les premiers n'ont pas voulu, et les seconds n'ont pû entretenir l'ordre et la correspondance.

3° Les peines prescrites pour la discipline intérieure des Hôpitaux n'ont point été infligées, les Administrateurs de l'une et l'autre espece, ayant dit qu'il n'étoient pas des géoliers, et même ils ont fait ouvrir les portes à des [256] Mendians condamnés à un renfermement perpétuel.

4° Les travaux ordonnés au profit des Hôpitaux, n'ont été, ni suivis, ni dirigés convenablement, et il n'en est presque résulté aucun profit.

5° La nourriture et entretien des Mendians étoit trop chere dans les Hôpitaux, et les fonds insuffisans.

6° En quelques endroits il y a eu de l'infidélité dans la gestion des Administrateurs, et presque par tout, jaloux de leur indépendance, ils n'ont pû se soumettre à la subordination, et à l'examen ausquels on a voulu les assujettir.

7° Enfin, les opérations indiquées par cette Déclaration, étoient en général au-dessus de la capacité de ceux à qui l'exécution en avoit été confiée.

Les désordres infinis de la mendicité, non-seulement ont engagé le Gouvernement à faire en différens tems des efforts pour en arrêter le cours, comme on peut le voir par les susdites Ordonnances, mais encore des Citoyens zélés ont recherché avec soin, les moyens qu'ils ont cru les plus capables de suppléer à ce que les Ordonnances pourroient avoir obmis, et aux défauts qui pourroient avoir été la cause de leur peu d'utilité: J'ai vû plusieurs de ces ouvrages; tous partant d'un bon principe, ne peuvent manquer de contenir de bonnes choses; mais il y en a deux entr'autres, dressés par deux Magistrats, qui ont exercé différentes Intendances, lesquels offrent des moyens solides, et dont on pourroit composer un Réglement général, capable de procurer tous les avantages que l'on a recherchés jusqu'à présent sans succès. Je vais donner l'extrait de l'un et de l'autre.

[257] *EXTRAIT DU MÉMOIRE*

DE M. DE F...

IL fait quatre Classes des Mendians, pour chacune desquelles il y a un Réglement particulier; sçavoir, les valides, les invalides, les enfans appartenans à des invalides, hors d'état de les entretenir, et les pauvres honteux.

PREMIÈRE CLASSE.

Mendians Valides.

Ordonne que dans le délai qui sera prescrit, tous Mendians valides seront tenus de se retirer dans le lieu de leur naissance.

Faute de quoi, arrêtés et marqués d'une *M.* sans que cette marque emporte infamie.

En cas de récidive, les galeres perpetuelles pour les hommes, et le renfermement perpétuel pour les femmes.

Na *On pourroit commuer cette peine, en celle des Isles à perpétuité, lorsque les sujets seront d'âge compétent pour les Colonies.*

Pour se retirer, leur sera fourni une route à raison de cinq lieues et trois sols par jour, et le couvert dans les Communautés de la route de passage.

Na *On pourrait augmenter cette solde de quelques sols, ce ne seroit pas un objet; il faut pour ainsi dire faire pont d'or à ces misérables, pour les obliger à se retirer promptement.*

S'ils excedent le terme fixé par la route, ils seront punis comme récidiveurs.

Ceux qui déguiseront leurs noms, le lieu de leur naissance, ou contreferont les estropiés, marqués de la lettre *M.* et punis comme récidiveurs.

[258] DEUXIÈME CLASSE

Mendians Invalides.

Seront tenus dans le délai qui sera fixé, tous Mendians invalides, n'étant point actuellement dans les Hôpitaux, de se présenter à ceux qui seront indiqués, à peine, en cas qu'ils soient arrêtés mendiant, d'être marqués de la lettre *M.* et de renfermement perpétuel.

Ceux dont l'invalidité aura été constatée, resteront en dépôt dans l'Hôpital indiqué, jusqu'à ce que l'on puisse les faire passer dans leurs Provinces.

Ceux ou celles qui feindront des maux, et cacheront leurs noms et le lieu de leur naissance, seront punis comme les Mendians valides récidiveurs,

Leur sera fourni des routes comme aux Mendians valides, pour se retirer dans leurs Provinces.

Ceux qui ne seront point en état de marcher, resteront dans les Hôpitaux du lieu où ils sont actuellement, et il sera pourvû à leur subsistance ou à leur conduite, s'il est jugé convenable.

Les Mendians invalides étrangers, seront tenus d'opter ou de rester dans l'Hôpital, ou de sortir du Royaume; et en ce cas, ils auront route et solde comme les autres.

Tout invalide retourné dans sa Communauté, recevra, de l'Aumône générale de l'Etat, deux sols par jour, à compter de celui de son arrivée.

Ceux qui ne seront pas rendus à leur destination, dans le délai fixé par la route, seront déchûs de l'aumône et punis comme s'ils ne s'étoient pas présentés, s'ils ne justifient pas de bons certificats des causes de leur retard.

Tout invalide qui sortira des limites de sa Communauté, ou qui y mendiera, sera puni comme les récidi[259]veurs. Les Officiers municipaux seront chargés de répondre de sa conduite.

Les Maréchaussées arrêteront tous ceux qui seront trouvés mendiant sur les chemins; et faisant leurs tournées dans les Communautés, ils se feront représenter les Mendians inscrits, pour être confrontés aux signalemens dont ils seront toujours porteurs.

TROISIÈME CLASSE

Enfans appartenans à des invalides hors d'état de leur fournir la subsistance.

Il en sera usé comme du passé pour les Enfants trouvés, lesquels doivent être recueillis par les Hôpitaux, ou fondations à cet effet, ou par les Seigneurs Haut-Justiciers, Villes et Communautés, suivant les us et coutumes des lieux.

Défendu aux Mendians valides, de laisser mendier et vaguer leurs enfans, sous les mêmes peines que s'ils mendioient eux-mêmes.

Et pour ceux des invalides hors d'état de les nourrir, ils auront le même traitement que leurs peres et meres ; s'ils sont dans les Hôpitaux, ils y resteront jusqu'à l'âge de 12. ans, et seront ensuite renvoyés dans leurs Provinces. S'ils sont avec leurs peres et meres retirés dans lesdites Provinces, ils recevront, comme eux, l'aumône de deux sols par jour, jusqu'à 12. ans seulement.

QUATRIÈME CLASSE

Pauvres-Honteux.

Défense sera faite aux Curés et autres Administrateurs [260] de fondation et deniers de charité, d'en distribuer à ceux qui participeront à l'Aumône générale de l'Etat, sur quoi sera pris de justes mesures avec Mrs du Clergé ; au moyen de ce retranchement, on pourra secourir plus aisément ceux que l'honneur force à cacher leur misere.

Tous ceux qui auront mendié une fois seulement, depuis la publication du Réglement, ne seront plus reconnus pour Pauvres-Honteux.

Ce projet exécuté, les Hôpitaux seront déchargés d'un grand nombre de mendians, et plus en état de subvenir aux besoins de ceux qui y resteront, soit comme malades, soit comme condamnés à un renfermement à tems ou à perpétuité.

La Juridiction civile appartiendra aux Intendans ; et la Juridiction criminelle, aux Prévôts des Maréchaux. Une des principales raisons pour lesquelles la Déclaration de 1724. est demeurée sans exécution, est parce que la connoissance en a été attribuée aux Juges ordinaires, trop lents et trop formalistes pour de pareilles expéditions, qui doivent être promptes et séveres. En 1596. le Parlement faisoit pendre les mendians et vagabonds, sans forme ni figure de procès.

Le crime et la contravention dans l'espece présente, seront absolument volontaires et de pure réflexion ; la subsistance étant assurée, rien n'obligera, rien ne forcera, rien de dominant n'excitera à transgresser la Loi. Les méchans ne peuvent être retenus que par la crainte des peines, elle reprime, elle éteint même le penchant que plusieurs auroient au mal, et les sauve du danger auquel ils seroient exposés ; en ce cas, la rigueur est une clémence.

Nous ne suivrons point l'Auteur du projet dans tous [261] ses détails ; il fait de sages réflexions sur la plupart des articles ; il se forme des objections dont il donne des solutions satisfaisantes ; il établit, d'une maniere simple, la correspondance d'Hôpital à Hôpital, dans les Provinces, et des Provinces à Paris : de même que les fonctions des Directeurs et Trésoriers généraux et particuliers. Enfin, il donne un état de la dépense et des fonds qui doivent y être employés.

La connoissance détaillée de tous ces objets, n'est intéressante que pour un ministre qui voudroit mettre la main à l'œuvre, et il pourra se faire représenter les mémoires originaux. Pour nous, nous n'avons eu d'autre intention que d'exposer les inconvéniens et les désordres de la mendicité, et d'indiquer le remede le plus simple et le plus sûr qui ait encore été proposé, afin d'exciter ceux qui, par leurs places, ont le pouvoir d'en faire l'application.

EXTRAIT DU MÉMOIRE DE M. D...

Les Hôpitaux, dit-il, ont été établis pour trois fins principales; la guerison des Pauvres malades ; la subsistance des infirmes et caducs ; la nourriture et éducation des enfants abandonnés.

La parfaite administration consiste à faire subsister le plus grand nombre de Pauvres qu'il est possible, avec les revenus ordinaires des Hôpitaux, et à tirer parti du travail de ceux qui y sont renfermés, autant que leur force, leur santé et leurs dispositions naturelles le peuvent permettre.

[262] Les Hôpitaux ont été fort mal régis jusqu'à présent; mais en supposant que l'on peut atteindre à la perfection, les revenus ordinaires seroient encore insuffisans ; et comme l'Etat est fort chargé, il est nécessaire d'avoir recours à des moyens qui ne lui soient point onéreux.

Dans les premiers tems de l'Eglise, les Aumônes des Fidéles suffisoient à l'entretien des Prêtres, et au soulagement des Pauvres. Par la suite elle sçut se procurer des revenus fixes et certains par les dixmes, et les fonds de terre qui lui furent donnés.

Ces biens originairement communs entre les Evêques et leur

Clergé, furent d'abord divisés en trois parts, dont la premiere fut assignée aux Pauvres, la deuxiéme aux Evêques, et la troisiéme au Presbitere. Le Concile de Tibur partage en quatre parties les revenus de l'Eglise; La premiere pour l'Evêque, la seconde pour le Clergé, la troisiéme pour les pauvres, et la quatriéme pour la réparation des Eglises et bâtimens. Mais l'esprit de charité ayant diminué à mesure que l'autorité des Evêques s'est accrue, la portion des Pauvres a été incorporée à la leur, et ils en ont entierement perdu le souvenir.

Le Clergé Séculier leur doit donc incontestablement le tiers de son revenu, et le Clergé Régulier leur doit pareillement tout ce qui reste du sien, après la réparation des Edifices, la nourriture et le vêtement des Moines, suivant qu'il est facile de le reconnoître par leurs Titres et Chartres de fondation.

Les Souverains sont les Evêques extérieurs, et ont un droit incontestable et imprescriptible au rétablissement de l'ancienne Police et des anciens usages, ou pour les ramener à tel équivalent qu'ils croiront le plus convenable; donc le Roi est autorisé à affecter aux Hôpitaux, le tiers des biens et revenus du Clergé Séculier, et tout ce qui excéde le nécessaire du Clergé Régulier. Mais pour éviter un changement, qu'il seroit sans [263] doute impossible à l'un et à l'autre de suporter, après une si longue jouissance, et possession de richesses et de commodités, on pourroit leur proposer, par forme d'alternative, de consentir à la réunion, aux Hôpitaux, de tous les Bénéfices simples à leur nomination, à la charge, par lesdits Hôpitaux, de faire continuer les services, prieres, etc. dont ces Bénéfices sont tenus.

Le Clergé ne souffriroit, par ce transport de nomination, aucune diminution ni préjudice réel dans ses biens et revenus, et il en résulteroit deux grands avantages pour l'Etat : 1° La conservation d'une infinité de sujets qui périssent faute d'être suffisamment secourus. 2° On ne verroit plus une jeunesse nombreuse se vouer à l'inaction, à l'oisiveté et au célibat; elle embrasseroit des Professions utiles; elle se marieroit, et donneroit des Sujets à l'Etat, qui est la véritable richesse des Empires.

Si, au moyen de l'œconomie et de la bonne administration, jointes à cette augmentation de biens, les Hôpitaux parvenoient à rassembler quelques sommes de deniers, l'Auteur ne veut pas qu'elles puissent être employées en acquisition de fonds, ni en constitution de rentes, parce que tombant en main-morte, ce seroit des richesses perdues pour la société ; mais il veut qu'ils en achetent des bleds pour servir à la subsistance des Pauvres de l'Hôpital, et de ceux de la Ville et des environs, en cas de disette, et des matieres pour être employées aux Manufactures et Fabriques établies dans l'Hôpital, et prêtées aux pauvres ouvriers du dehors, qui, par ce moyen, subsisteroient avec leur famille, sans être à charge à l'Hôpital et au Public.

Aprés avoir ainsi pourvû à l'entretien et soulagement des véritables Pauvres, l'Auteur passe à la maniere d'as[264]surer la conservation et l'éducation des enfans exposés et abandonnés.

Le nombre est si grand, dit-il, les Hôpitaux destinés à leur entretien, sont si peu rentés, et les Seigneurs Haut-Justiciers, ou leurs Fermiers, tenus de leur fournir les alimens, s'acquittent si mal de cette obligation, que de cent, il n'y en a peut-être pas six qui échapent à la misere et aux différens accidens de l'enfance : Ce qui est directement opposé à la saine politique et à l'humanité.

Pour subvenir à cette partie intéressante, il propose de réunir aux Hôpitaux, déjà expressément établis pour recevoir et recueillir ces enfans exposés, une portion suffisante des Bénéfices ci-dessus dits.

Tous les enfans dont les pere et mere auront intérêt de cacher leur naissance, ou qui ne seront pas en état de fournir à leurs subsistance et éducation, seront reçus dans lesdits Hôpitaux à Bureau ouvert, sur la simple représentation de leurs Extraits-Baptistaires, et s'ils n'ont pas encore été baptisés, sur la simple déclaration qui en sera faite, avec défense d'exiger de plus amples informations.

Ces enfans seront acquis à l'Hôpital, jusqu'à l'âge de 20. ans faits ; et lorsqu'ils seront en état de travailler, tout l'ouvrage qu'ils feront sera au profit de l'Hôpital, jusqu'à la concurrence de leur subsistance et entretien, au-delà duquel, le surplus leur appartiendra, et sera mis en réserve par le Receveur de l'Hôpital par forme de pécule, pour leur être délivré à leur sortie ; lors de laquelle, il leur sera en outre donné à chacun la somme de 20. liv. et un habillement neuf complet, de la même étoffe qu'ils le portoient dans l'Hôpital.

[265] Pour débarrasser d'autant lesdits Hôpitaux, et répandre des sujets dans les Villes et les Campagnes, il sera fait de tems en tems dans lesdits Hôpitaux, des adjudications publiques desdits enfans.

Ceux qui se présenteront, ne pourront être admis que sur des certificats des Curés, Syndics et principaux habitans, comme ils ont domicile, qu'ils vivent en bons peres de famille, et qu'ils sont en état, par leur bien, métier, travail, industrie, etc. de fournir à la subsistance, entretien et éducation de l'enfant qui leur sera adjugé ; et lorsqu'il y aura concurrence entre un habitant de ville et un habitant de campagne, ce dernier sera préféré à l'autre à conditions égales.

Les conditions sont, de nourrir et entretenir l'enfant, de lui apprendre un métier quelconque, de le traiter avec douceur et bonté, et de ne le garder que le moins qu'ils pourront depuis l'âge de 15. ans jusqu'à 20. En sorte que si de deux Adjudicataires, l'un s'oblige de le rendre à 19. ½ et l'autre à 19. ce dernier sera préféré.

Après le tems convenu expiré, l'enfant sera et demeurera en pleine liberté, et l'Adjudicataire tenu de lui donner 20. liv. et un habillement neuf complet, d'étoffe commune.

L'Enfant sera obligé de travailler pour son Adjudicataire, pendant tout le tems de son adjudication, sans pouvoir en servir d'autres ; et s'il quitte, il pourra être revendiqué par le susdit Adjudicataire, en quelque endroit qu'il se trouve, avec telle amende, dépens, dommage et intérêts qui conviendront, contre ceux qui les auront débauchés. Ils ne pourront s'engager dans les troupes du Roi, à peine de nullité des engagemens et de 100 liv. d'amende, contre ceux qui les auront en[**266**]gagés, applicables au profit de l'Adjudicataire ; et ils seront dispensés de tirer à la milice ; permis cependant à eux d'y aller de gré à gré, pour le fils de leur Adjudicataire, si le sort lui étoit échû.

Les Adjudicataires seront tenus de représenter lesdits enfans à toutes réquisitions aux Intendans, ou aux Subdélégués du district ; ausquels il sera fourni à cet effet, un rolle des enfans adjugés dans l'étendue de leur Subdélégation ; et les Curés des Paroisses, auront particulierement l'œil à ce qui concernera lesdits enfans.

Si, de la part de l'Adjudicataire, il y avoit violence et mauvais traitemens, et de celle de l'enfant, désobéissance et indocilité, l'enfant pourroit demander à retourner à l'Hôpital, ou l'Adjudicataire l'y ramener, en justifiant, de la part de l'un ou l'autre, de la vérité des faits, par le certificat du Curé et de quatre principaux habitans de la paroisse, et si l'enfant avoit volé dans la maison de son Adjudicataire, il sera puni comme pour vol domestique.

En cas de mort ou de desertion desdits enfans, les Adjudicataires en seront déchargés, en rapportant à l'Hôpital, certificat suffisant.

Enfin, l'Auteur termine son projet en disant : que comme le nombre et le revenu des Bénéfices réunis, pourroit se trouver excéder les besoins des Hôpitaux de Renfermerie, et Enfans-Trouvés, on pourroit en établir une troisième espece en faveur des Curés, qui, par leur grand âge et leurs infirmités, seroient hors d'état de soutenir les fonctions Pastorales.

---

[267]

SUR LES DÉCIMES DU CLERGÉ.

Quelques-uns confondent les Décimes avec les Dixmes : il y a cependant cette différence entre l'un et l'autre, que les Dixmes sont la dixiéme partie des fruits dûe aux Ecclésiastiques, et les Décimes, un droit que le Prince lève *Jure Regni* sur le Clergé de son Etat, d'où l'on peut dire qu'il doit être mis au rang des droits Royaux. Mais avant que d'entrer dans l'examen des Décimes, nous croyons qu'il convient de connoître l'origine des Dixmes, comme étant la matiere premiere des Décimes,

Nous voyons dans le Lévitique, que toutes les Dixmes de la terre, soit de grains, soit de fruits, appartenoient au Seigneur, et lui étoient consacrées, de même que le dixième des bœufs, des brebis et chèvres, et de tout ce qui passe sous la verge du Pasteur.

Comme les Lévites de l'ancienne Loi, (en cela bien différens de ceux de la nouvelle,) ne possédoient aucune sorte de biens, le Seigneur avoit séparé ces dixièmes pour leur usage, et pour tout ce qui leur étoit nécessaire, à la [268] charge de lui offrir le dixiéme de ce dixiéme qu'il donna aux Prêtres, comme le prix du service qu'ils rendoient au Tabernacle du témoignage. *Levitæ de Decemis sibi à populo oblatis Aaron summo Sacerdoti tradebant Decimam Decimarum.*

Les 7e et 8e Traité du premier Ordre de la Misnah, ou Talmud de Babylone, contiennent une Jurisprudence fort détaillée sur les premieres et secondes Décimes, et c'est en outre une maxime des Talmudistes, qu'on ne doit jamais renvoyer le pauvre à vuide, pourquoi ils obligeoient les possesseurs à payer la dixiéme partie de leurs biens.

Saint Augustin se fondant sur ce que les Chrétiens doivent tendre à une plus grande perfection que les Juifs, avoit commencé à porter les fidèles à donner pareillement la dixiéme partie de leurs biens, pour la nourriture des Pauvres.

Les Prélats du second Concile de Tours, exhortoient le Peuple à la payer à Dieu, suivant l'exemple du Patriarche Abraham; le deuxiéme de Mâcon l'ordonna comme un droit établi dans l'Ancien Testament, et qu'il assuroit avoir été long-tems observé par les Chrétiens: ainsi les Seigneurs temporels, ausquels elle apartenoit primitivement touchés par les exhortations, et intimidés par la menace des Censures, en donnerent beaucoup aux Monasteres.

C'est principalement dans le septiéme siècle qu'ont été faits les plus grands dons à l'Eglise. Après la mort de Brunehaut, le génie des François déjà fort religieux, se tourna entierement à la dévotion; ils révérerent les choses saintes; et ceux qu'ils croyoient avoir le plus de com[269]merce avec le Ciel: les Rois et les plus grands Seigneurs s'efforçoient à l'envi à qui feroit le plus de donations et de plus beaux présents aux Eglises; c'étoit à qui bâtiroit le plus d'Eglises et d'Hôpitaux, à qui assembleroit le plus de Moines, et à qui fonderoit le plus de Monasteres.

Les Rois se piquoient d'exempter ceux qu'ils fondoient de toutes charges temporelles, et de leur assurer une libre, pleine et entiere possession, de tout ce qu'on leur donnoit; ils les exemptoient de toutes contributions pour leurs terres, et de tous impôts pour leurs denrées, étrennes, logemens, défrai de Juges Royaux, etc. ausquels ce droit étoit dû par tout où ils alloient tenir leurs Séances.

Dans les onziéme et douziéme siècles les Seigneurs changerent de goût, sans changer d'objet; ils bâtirent des Chapelles dans la Campagne, s'en approprierent les Oblations, les Prémices et les Collectes; car originairement elles n'avoient point les Dixmes des fruits de la terre, elles faisoient partie du Domaine des Seigneurs; mais ayant été persuadés dans la suite, que ces Dixmes appartenoient de droit divin aux Eglises, ils en donnerent la plus grande partie aux Moines Bénédictins, et quelque peu aux Chanoines Réguliers, à la charge de desservir les Chapelles. Comme les Moines se corrompirent hors de leurs Monasteres, les Conciles de Clermont, de Poitiers et de Latran des années 1095. 1109. et 1115. leur ôterent toutes ces Cures par une Constitution générale, en leur laissant cependant le droit d'y présenter, et les Dixmes, excepté une petite partie pour la subsistance des Curés qui leur furent substitués.

Les Chanoines Réguliers conserverent cependant la [270] liberté de desservir ces Cures, à condition qu'ils auroient un Compagnon et comme le Desservant étoit le premier à son égard, on le nomma

Prieur, pourquoi ces Bénéfices furent appelés Prieurés-Cures, quoiqu'en effet ce ne soit que de simples Cures, qui ne different pas des autres.

La plûpart des Auteurs prétendent que les Dixmes sont de droit positif, et non de droit divin : si les Dixmes étoient de droit divin, disent-ils, elles seroient dûes aux Curés, jusqu'à concurrence d'une subsistance et d'un entretien commode et honnête, parce que ce sont les vrais et immédiats Pasteurs du Peuple : d'ailleurs les Papes n'auroient pas dispensé, comme ils l'ont fait, des ordres entiers, tels que sont ceux de Malthe, de Cluny et Cîteaux, de payer la Dixme des fruits de leurs héritages : car si la prestation des Dixmes est de droit divin, le Pape n'en peut dispenser, ni donner des privilèges contraires à la loi de Dieu : ainsi le payement et la quotité de la Dixme sont absolument de droit positif, sujet aux Loix ordinaires des autres biens de l'Eglise, et susceptibles de changemens et d'altération ; aussi en est-il arrivé plusieurs, sans quoi l'Eglise qui ne meurt point, qui n'aliene point, qui acquiert et reçoit sans cesse, posséderoit maintenant tous les biens de l'Etat ; les Dixmes et les terres dont la dévotion l'avoit enrichie, sont quelquefois repassées dans les mains des Laïques.

L'an 733. Charles Martel, après la victoire sur Abderame Général des Sarrasins, qu'il défit près de Tours, ne pouvant faire subsister ses Troupes, parce que l'Eglise possédoit une grande partie des biens de la Couronne, et voulant, pour ainsi dire, indemniser l'Etat de ces dons [271] excessifs, prit les trésors et les revenus des Eglises, et donna pour récompense à ses Capitaines les Abbayes et les Evêchés.

Carloman trouvant la même disette, fit ordonner du consentement des Ecclesiastiques, volontaire ou forcé, qu'il pourroit prendre une partie des terres de l'Eglise, pour les donner à titre d'usufruit aux Officiers de ses Troupes, et les Rois Carliens n'investirent pas seulement les Laïques des terres de l'Eglise, mais aussi des dixmes et de tous les droits et des revenus de l'Autel, des distributions, des Messes, etc.

C'est l'origine du droit de présentation et de patronage des Seigneurs laïcs, et des Dixmes inféodées, qui furent aussi autorisées par le Concile de Latran, tenu sous Aléxandre III.

Les Capitaines, usufruitiers de ces biens, les transmirent à leurs héritiers ; ceux-ci commencerent à les regarder comme leur patrimoine, et leur descendans, qui n'en firent aucun doute, en disperent comme d'un propre par vente, donation, etc. ce qui subsistoit encore en 1579. puisque le Clergé assemblé à Melun cette même année, fit des Remontrances au Roy, par lesquelles il exposa que les Evêchés, les Abbayes, les Collégiales étaient possédées par les Capitaines, et qu'une Abbaye avoit été adjugée par le Conseil du Roy à une Dame, comme lui ayant été constituée en dot par son Contrat de mariage, pour être propre à elle et aux siens; et nous voyons encore qu'en 1613. sous la Régence de Marie de Médicis, la Princesse de Conti obtint la réserve de l'Abbaye de Saint Germain des Prés, c'est-à-dire, la jouissance des revenus de ce riche Bénéfice, au cas que le [272) Prince son époux qui en étoit revêtu, vint à mourir avant elle.

Autrefois la Dixme étoit levée sur toutes sortes de fruits, tant industrieux que naturels, même sur le fruit des arbres, pacages, moulins, trafic des marchandises, pêches des rivières et étangs, mouches à'miel, vignes, veaux, agneaux, et autres animaux domestiques, et les Ecclesiastiques poursuivoient avec rigueur les Particuliers pour les y contraindre; mais le Gouvernement ayant considéré que l'Eglise possédoit des biens fonds, et qu'il s'en falloit bien qu'elle s'en fût tenue à sa premiére simplicité il crut pouvoir retrancher une partie de leurs prétentions. Philippe le Bel, entr'autres, ordonna par sa Constitution de l'an 1294. que les Décîmes seroient payées suivant la Coutume de chaque lieu, afin de faire jouir de la faveur de la prescription, ceux qui seroient assez heureux pour se trouver dans le cas, n'osant en entreprendre davantage.

Tant que l'Eglise n'a possédé que les Dixmes et les anciennes dotations, elle a été exempte de toutes charges; nos Rois n'ayant pas voulu paroître moins religieux que le furent autrefois les Egyptiens, les Juifs, et presque toutes les autres Nations, qui exemptoient leurs Prêtres de toutes sortes de subsides, si ce n'est dans le cas d'urgente nécessité, qui alors n'admet ni régle ni loi.

Mais comme l'Eglise posséde maintenant de grandes richesses, ces mêmes Rois ont estimé que sans blesser leur conscience, ils pouvoient en tirer des secours pour la défense de l'Etat, dont l'Eglise fait partie. « Pourquoi notre Trésor est-il épuisé? Pour« quoi nos richesses ont-[273]elles été transportées aux Eglises? Les « Evêques régnent, la Majesté de l'Etat est avilie, et la splendeur a

« passé à leurs personnes. Ce sont les plaintes d'un de nos Rois, raportées par Grégoire de Tours, liv. 4. chap. 46.

De quelque nature que soient les biens de l'Eglise, ceux qui les ont donnés ou vendus n'ont pû les affranchir de la contribution, et des charges réelles et foncieres à laquelle la loi naturelle, et l'établissement des Empires les a originairement assujettis. Les Oblations et les Dixmes considérées par plusieurs, comme biens spirituels, ne sont pas plus exempts de cette contribution que les autres biens, lorsque les autres Ordres de l'Etat se trouvent surchargés, parce que l'Eglise qui est la premiere partie du Corps politique, doit contribuer à sa conservation, et c'est ce qui a été ordonné par les Décrétales des Papes, par les Empereurs Chrétiens, Constantin, Valentinien, Théodose, Justinien, et par les Capitulaires de Charlemagne, de Louis le Débonnaire, etc.

La Patrie tient le premier rang après la Divinité ; et il y a une si grande liaison entre l'Eglise et l'Etat, que nous ne sçaurions manquer à l'un, sans être coupable envers tous les deux.

Quoique pour l'honneur des Ecclésiastiques, la Loi les ait affranchis des tributs et autres charges publiques, il ne faut pas présumer que l'Etat ait entendu tourner ses Loix contre lui-même, et les interpréter au préjudice du salut public.

Rome se voyant affligée par les armes de Sylla, et sans ressources d'ailleurs, le Sénat permit de prendre jusqu'aux Reliques, et aux dépouilles des Temples, et d'en faire de la monnoye pour subvenir aux frais de la guerre.

[274] Aussi nos Rois ont eu de tout tems le pouvoir et l'autorité de contraindre les Ecclésiastiques à les secourir pour la défense de leur Etat sans attendre leur consentement, ni leur permission ; et l'Historien Aimoin, Liv. 5. chap. 34. nous assure qu'anciennement le tiers des revenus des Abbayes de France étoit réservé pour l'entretien des armées Royales, en cas de nécessité.

Constantin le Grand et ses successeurs, permirent à l'Eglise de posséder des immeubles, et d'amasser des richesses ; mais ils la firent contribuer aux charges ordinaires de la République, même en tems de paix aucuns biens n'en étoient exempts.

Les Rois successeurs n'ont pas fait comme Charlemagne, et Louis le Débonnaire ; ils n'ont jamais restraint la dévotion envers les Eglises ; ils n'ont point fait renoncer les Prêtres à leur patrimoine ; ils ne les ont point déclarés incapables des faveurs testamentaires ;

ils n'ont point assujetti leurs personnes et leurs biens aux Tailles et aux charges ordinaires de l'État ; ils se sont contentés du droit de Décimes qui n'est que fort peu de chose, eu égard aux grandes possessions du Clergé.

Mézeray prétend qu'avant le septième siécle, il ne se prenoit aucuns tributs sur tous les biens et les personnes appartenant à l'Eglise ; mais que les Evêques et les Abbés qui vouloient s'acquérir la protection et les bonnes graces du Roy et des Grands, ayant commencé à leur donner des euloges ou présens, cette Coutume se tourna en un droit nécessaire, qu'on exigeoit d'eux quand ils manquoient à le payer.

Mézeray est assurément dans l'erreur ; je trouve au contraire que sous la première Race de nos Rois, les [275] Ecclésiastiques étoient sujets à deux sortes de contributions envers le Roy ; l'une étoit ordinaire et réglée, les fonds des biens de l'Eglise, comme ceux des séculiers, étoient assujettis à un certain cens, qui se payoit annuellement au Trésor Royal ; l'autre étoit extraordinaire, et se faisoit dans les tems que les Rois jugeoient qu'elle étoit nécessaire pour le bien de l'Etat.

Grégoire de Tours loue la justice et la piété de Théodebert Ier Roy d'Austrasie, qui régnoit en 535. d'avoir remis librement aux Eglises d'Auvergne le tribut qu'elles avoient accoutumé d'apporter dans son Trésor : elles le payoient donc?

C'est un subside que les Rois sont de tems immémoral en droit et en possession de lever sur le Clergé, non seulement par cette puissance, qui permet aux Souverains de faire contribuer tous les Ordres à la défense commune, mais encore parce que possédant une grande quantité de Fiefs, celui-ci doit le service comme les autres feudataires : *Si Ecclesia accipit feudum, tenetur servare quod servant alii feudatorii. Bald. Leg. ult. cod. sine cens. etc.*

Je ne parle point des Décrets des Papes, qui, quoique jaloux de l'indépendance du Clergé, n'ont pû résister à la justice des motifs de cette Imposition ; le Roy n'a pas besoin de cette autorité.

On voit par les fragments des Actes d'un Concile tenu à Tours l'an 549. que Clotaire II. demanda aux Evêque la troisiéme partie des revenus de l'Eglise, ce qui prouve, dit le Pere de Longueval, dans son Histoire de l'Eglise Gallicane ; que ce n'étoit point un impôt, puisque l'on vouloit le consentement des Evêques, mais [276] un don gratuit que plusieurs cependant faisoient malgré eux.

Par le deuxième Canon d'un Concile tenu sous Childeric III. dernier Roi Mérovingien, il est dit que le Roy retiendra durant quelque tems une partie du revenu des Eglises qui lui avoit été accordé par forme de cens ; et que si les besoins continuoient, ou que le Roy le commandât, il seroit fourni une seconde contribution gratuite, à condition toutefois que les Eglises n'en seroient point réduites à une trop grande pauvreté, et que celles qui tomberoient dans ce malheur, rentreroient dans la jouissance de leurs biens.

Charles Martel Maire du Palais, et Prince des François, leva les Décimes en 738. au sentiment de Loyseau, pour faire la guerre aux Lombards en faveur du Pape; et selon d'autres, pour s'opposer à l'invasion des Sarrasins : *Bellorum molle pressus Ecclesus Galliæ decimas imperavit et indixit.*

Ces Impositions étoient ordinairement résolues dans les Assemblées générales que Pepin avoit ordonnées tous les ans au premier de May. Charlemagne confirma ces Assemblées, et ordonna par l'un de ses Capitulaires, que les biens qui avoient coutume d'être chargés du cens Royal, n'en pourroient être exemptés, quand bien même ils seroient donnés aux Eglises.

Ce même Réglement fut confirmé par Louis le Débonnaire, et par Charles le Chauve dans le Synode de Poissy.

Et outre le cens Royal et réel, les Ecclésiastiques étoient encore assujettis à d'autres contributions, qui se levoient quelquefois, de la seule autorité du Souverain, [277] mais le plus souvent par l'avis et les résolutions du Clergé.

Les Ecclésiastiques supplierent le Roy dans le Concile tenu à Trouville en 844. de délivrer l'Eglise de l'oppression qu'elle souffroit pour le payement des impositions, offrant de contribuer tout ce qui paroîtroit juste selon le pouvoir d'un chacun.

Il est fait mention dans une lettre d'Hincmar, Archevêque de Reims, à ses Suffragans, des tributs que les Rois, par un usage observé de toute ancienneté, avoient coutume de prendre sur les Eglises, à proportion des biens qu'elles possédoient, et eu égard à la quotité des Bénéfices.

Charles le Chauve continua ces mêmes levées, nonobstant les remontrances et les prieres qui lui furent faites par les Synodes ou Assemblées tenues à Beauvais et à Meaux.

A la fin de ces Assemblées, Synodes ou Parlemens, nos Rois

recevoient de leurs Sujets, tant Ecclésiastiques que Séculiers, des dons qu'ils appelloient *annua dona* ; c'est sans doute ce que Mézeray appelle *Eulogus* ; mais ils n'empêchoient pas les Impositions extraordinaires que les besoins requéroient : nous pouvons cependant regarder cet usage comme l'origine du don gratuit des Pays d'Etat, et de celui du Clergé à ses Assemblée quinquiennales.

Il paroit que jusqu'à la fin du régne de Charles le Chauve, les levées sur les Ecclésiastiques ont toujours été faites sans le concours des Papes ; mais depuis ce tems jusqu'à la troisième Race, l'Histoire ne nous apprend rien de certain et d'intéressant sur cette matiere, non plus [278] que sur les autres, parce que ç'a été un siécle d'ignorance et de ténébres.

Les Papes ayant profité du trouble et de la confusion que le passage de la seconde à la troisiéme Race, introduisit en France, en Allemagne et en Italie, commencerent à manifester leurs prétentions sur le temporel, et même sur la Couronne des Rois, comme on le voit par le *Dictatus* attribué à Grégoire VII. qui établit que le Pape a le droit de déposer l'Empereur, et de délier les sujets du serment de fidélité, prétention ridicule et chimérique, mais dont l'Empereur Henri IV. fut cependant la victime peu de tems après de même que Frédéric Ier et II. ses Successeurs, Mainfroy et Conradin, Rois de Naple et Sicile ; et ce n'est pas par modération si Philippe le Bel a été plus ménagé.

C'est dans ces tems malheureux que commencerent les Croisades : la foiblesse des Rois ne leur permit pas de s'y opposer, et ils s'en servirent à occuper au loin l'inquiétude et le courage de leurs Vassaux.

La premiere fut entreprise l'an 1095. au Concile de Clermont. La seconde, en 1144. par Louis VII. dit le Jeune. La troisiéme, en 1188. par Philippe-Auguste, et Henri II. Roy d'Angleterre. La quatriéme, en 1195. par le Pape Célestin III. et l'Empereur Henri VI. La cinquiéme fut publiée en 1198. par ordre d'Innocent III. La sixiéme, sous le même Pape en 1213. La septiéme fut résolue au Concile de Lyon en 1245. c'est la premiere de Saint Louis ; et la huitieme, qui est la seconde et la derniere de toutes, fut entreprise en 1268.

Sous prétexte que la Religion étoit l'objet de ces guerres saintes, le Pape Urbain II. prétendit que les [279] levées, contributions et quêtes qui se faisoient à cette occasion, ne pouvoient être ordonnées sans son consentement. Louis le Gros s'en mit cependant peu en peine; mais si on n'est en garde contre la Cour de Rome, ses plus légeres prétentions deviennent avec le tems des titres incontestables, c'est ce que nous verrons bien-tôt.

Louis le Jeune leva un vingtiéme des revenus de l'Eglise, pour subvenir aux frais de la Croisade, qu'il entreprit en 1144. c'est sous le régne de ce Prince que le Concile de Latran tenu en 1180. fit un Réglement sur les Dixmes inféodées.

Philippe-Auguste ayant demandé des subsides aux Eglises du Diocése de Reims, elles s'en excuserent sur leurs libertés. et ne lui offrirentque des vœux et des prieres. Comme les Seigneurs de Rhétel et de Coucy pilloient leurs terres, ils eurent recours à l'autorité et à la protection du Roy, qui leur dit qu'il les assisteroit de ses prieres envers ces Seigneurs. Le Clergé fit de nouvelles instances ausquelles le Roy fit la même réponse : il entendit enfin ce langage; et comme le mal pressoit, il contribua, et le pillage cessa, ce qui justifie la nécessité à laquelle tous les Ordres sont assujettis, de contribuer aux charges publiques, pour subvenir à leur propre défense, et à celle de l'Etat. Ce prince leva sur le Clergé, et sans son consentement, plusieurs grands subsides, tant pour satisfaire ses besoins, que pour se venger de ce que les Prélats assemblés à Dijon, avoient mis le Royaume en interdit à la réquisition du Pape Innocent III. et sur les plaintes d'Ingerbuge sa femme qu'il avoit répudiée, et qu'il fut forcé de reprendre en 1236.

Quoique ce fût à la sollicitation d'Honoré III. que [280] Louis VII. avoit entrepris la guerre contre les Albigeois, cependant il fut obligé d'avoir recours à ce Pontife, pour obtenir du Clergé l'Imposition d'une taxe extraordinaire, preuve de ce que nous avons dit ci-dessus, que la Cour de Rome se fait des titres de ses prétentions les moins fondées.

Saint Louis leur fit aussi la guerre en 1229. il se croisa et passa la mer pour la premiers fois en 1245. et pour la seconde en 1268. il leva des Décîmes pour ces différentes expéditions, mais sans requérir l'autorité des Papes, aux entreprises desquels sa piété ne l'empêcha pas de résister.

Philippe le Hardy leva pareillement des Décîmes, tant pour ses projets de la guerre sainte, que pour la conquête du Royaume d'Arragon.

Philippe le Bel imposa l'an 1292. une demie Dixme sur les

Peuples et sur le Clergé, et plusieurs autres à la suite, tant simples que doubles ; il y a peu de régnes où il s'en soit tant levé que sous le sien, à cause de ses guerres continuelles contre l'Anglois. Le Pape Boniface, dont les différens avec ce Prince sont connus de tout le monde, toujours prêt à traverser ses entreprises, fit défenses aux Ecclésiastiques de payer aucunes décîmes ni contributions : mais voyant la fermeté de Philippe, la disposition de ses Sujets, et craignant quelque révolution peu avantageuse à l'Eglise, et aux revenus du saint Siége, le même Boniface déclara par la suite qu'il n'empêchoit pas les contributions volontaires ; et même que dans les besoins de l'Etat les Ecclésiastiques pouvoient y être contraints spirituellement et temporellement : *Ne videlicet Leviticæ immunitatis obducto velo Sacerdotes etiam* [281] *ipsi, una cum communi periclitantis. Patriæ immergerentur.* Mais nos Rois n'ont pas besoin d'une autorité étrangere ; aussi cet Acte doit-il être plûtôt regardé comme une reconnoissance de la faute de Boniface, et un désaveu de sa Bulle de défense, que comme un titre qui ait pû donner quelque force à la Souveraineté de Philippe, qui le sçachant bien, lui fit tenir ce langage par Nogaret en plein Consistoire : *Rex ab Ecclesus et earum Prælatis etiam invitis eisdem, de bonis eorum potest prout sibi videtur pro necessitate guerrarum suarum et Regni exigere suo jure, et se juvare de bonis eorumdem quamvis hoc idem Domini Rex non fuerit voluntate spontanes Prælatorum.* Ce Prince exempta l'Abbaye de Saint Denis d'un droit ancien, dû à la Couronne par les Ecclésiastiques, lors du mariage des Filles de France.

Louis X. dit Hutin, exigea une Décîme l'an 1315. pour soutenir la guerre malheureuse qu'il eut contre les Flamands.

Philippe le Long ayant résolu de déclarer la guerre aux Sarrasins, demanda au Pape Jean XXII. la permission de lever une Décîme, le Pape la lui accorda : mais ni la guerre ni l'imposition n'eut lieu.

Charles le Bel est le premier qui ait accordé des Décîmes aux Papes, après leur avoir long-tems résisté ; il y consentit à condition de les partager.

Les guerres de Philippe de Valois avec le Roy d'Angleterre, obligerent ce Prince à faire plusieurs Impositions sur le Clergé, pour lesquelles il ne paroît pas qu'il ait eû recours à l'autorité du Pape.

On voit par des Lettres Patentes du Roy Jean, que les Ecclésiastiques et les autres Peuples de l'Anjou et du [282] Maine, payoient 2. sols 6. d. par feu, et que les Evêques d'Angers et du Mans furent commis pour faire porter ces deniers aux coffres du Roy. Avant la Bataille de Poitiers, les Etats assemblés accorderent au Roy la continuation de la Gabelle sur le Sel, des droits d'Aydes sur le vin, et une levée de trente mille hommes soudoyés à leurs dépens : les Ecclésiastiques y furent soumis comme les autres Sujets ; et les Prelats, Abbés, Prieurs, Chanoines et Curés qui possédoient au-dessus de 100. liv. de revenu jusqu'à 5000. liv. contribuoient de 4. liv. pour les premiers 100. liv. et pour les autres 100. liv. jusqu'à 5000. liv. 2. liv. seulement, et rien au-delà du revenu excédant 5000. livres.

Après cette fatale journée, le Dauphin, comme Lieutenant du Royaume, fit une levée d'une Décime et demie.

Le Clergé voyant Charles VI. épuiser ses Peuples par des Impôts immenses, pour être en état, disoit-il, de porter la guerre aux portes de Londres : le Clergé, dis-je, afin d'assurer sa subsistance, divisa ses revenus en trois parts ; une pour l'entretien des Eglises et Maisons ; l'autre pour les Ecclésiastiques, et il abandonna la troisiéme au Roy.

Le même Roy ordonna à la Cour des Aydes établie en 1335. par Charles Dauphin, pendant la prison du Roy son pere, de faire punir les Prélats, Abbés, Prieurs, Religieux mendians, Clercs, mariés ou non, qui se trouveroient avoir commis des fraudes aux droits d'Aydes sur le vin, et sur ce qu'il eut avis que le Pape avoit dessein d'envoyer une Bulle, pour exempter de ces droits quelques Particuliers, Corps et Communautés, il or[283]donna à cette Compagnie de s'y opposer, et le Clergé ne jouit que depuis Louis XII. de l'exemption de ces droits.

Louis XI. fit de son autorité, et sans y apporter aucune formalité, plusieurs levées sur les Ecclésiastiques, lesquels étoient alors qualifiés de noms d'emprunts, et entre'autres, pour rembourser au Duc de Bourgogne les sommes pour lesquelles les Villes de la Somme lui avoient été engagées, et pour s'opposer aux entreprises du Duc de Bretagne.

Charles VIII. tira aussi des secours considérables du Clergé pour ses guerres d'Italie : les lettres qu'il écrivit à ce sujet à l'Evêque de Troyes, sont dans le Trésor des Chartres.

Les Parlemens de Paris, Toulouse, Bordeaux, Rouen, Dijon, Grenoble et Aix, déterminerent sur l'exécution du traité de Madrid, conclu le 14. Janvier 1526. que le Roy pouvoit justement et saintement lever sur les Ecclésiastiques et ses autres Sujets, deux millions d'or pour la délivrance du Dauphin et du Duc d'Orléans ses enfans; et pour faire la guerre à l'Empereur Charles Quint, en conséquence le Cardinal de Bourbon offrit pour le Clergé treize cens mille livres.

Le même Roy, ordonna par ses Lettres patentes aux Baillifs et autres Juges des lieux, de se saisir du temporel des Eglises, dont le tiers seroit laissé aux Chapitres, Colléges et Communautés, la moitié aux Archevêques, Evêques, Abbés et Prieurs, et le surplus porté aux coffres du Roy.

Le même Cardinal de Bourbon offrit de la part du Clergé de France, à Henri II. tenant son Lit de Justice, [284] au sujet de la guerre que Charles-Quint méditoit contre la France, de contribuer de leurs biens, en telle sorte que S. M. auroit lieu d'être satisfaite.

Nous avons vû que Charles le Bel avoit permis (1324.) aux Papes d'imposer des Décîmes; d'autres Souverains avoient eu la foiblesse de leur accorder la même faveur; mais comme celles-ci étoient devenues fort à charge aux Etats de la Chrétienté par l'enlevement de l'espéce; et parce que ces Etats n'avoient ordinairement aucun intérêt dans les motifs de l'Imposition, et dans l'emploi des deniers, les Princes engagerent les Peres du Concile de Constance, assemblé en 1414. à statuer qu'il ne seroit plus levé à l'avenir de Décîmes pour le Pape, que du consentement général de tous les Prélats : cette clause leur parut un moyen sûr et honnête d'éconduire les Papes; ils n'ignoroient pas les difficultés qui se rencontrent toujours pour former ces Assemblées générales de l'Eglise; ils sçavoient aussi combien la Cour de Rome les aime peu.

Le Clergé fut peu chargé de Décîmes pendant quelques tems, parce que les choses étoient tellement balancées par la disposition de cette nouvelle Loi, que les Papes qui en avoient ci-devant levé à leur discrétion, ne le pouvoient plus faire sans le consentement du Roy, ni le Roy sans la permission de Pape, ce qu'ils ne s'accordoient pas volontiers l'un à l'autre.

J'ai lû dans le Manuscrit d'un célébre Magistrat, « que Charles VIII. « tenant son Lit de Justice, avoit fait enregistrer une Déclaration « pour l'aliénation du Domaine de l'Eglise, jusqu'à une certaine

« somme qui fut réduite à cent cinquante mille livres ; et que l'an « 1562. 63. [285] 68. et autres années suivantes, les meubles et « immeubles des Eglises avoient été vendus par Edit de nos Rois « pour les urgentes affaires du Royaume, réservé aux Ecclésias- « tiques le pouvoir de retirer les immeubles, et que cependant « rentes leur furent assignées sur les Recettes générales et le « Domaine.

Enfin, la nécessité des affaires de l'Etat ayant rendu les besoins fréquents, les Décîmes des Papes cesserent totalement d'avoir lieu, et celles du Roy devinrent annuelles et perpétuelles, étant plus ou moins fortes, suivant que l'état des affaires le requéroit. Le Clergé plus inquiet de l'avenir que de la contribution actuelle, crut qu'il lui seroit plus avantageux d'en fixer la quotité, que d'être perpétuellement exposé à des demandes arbitraires : c'est pouquoi il se soumit l'an 1516. à payer par chacun an au Roy François Ier alors régnant, et à ses Successeurs, une somme fixe, suivant la taxe qui en fut faite par le Président Paschal, d'où cette taxe fut depuis appellée Paschaline.

Mais les Peuples épuisés ne pouvant fournir les secours dont les Rois François Ier et Henry II. avoient besoin pour résister aux armes de Charles-Quint, et cette taxe Paschaline étant d'ailleurs trop modique, eu égard à la nécessité des tems, et à la proportion des charges que supportoient les autres Ordres de l'Etat, elle fut souvent doublée, et quelquefois quatruplée, ce qui détermina enfin le Clergé à proposer un nouvel arrangement pour se soustraire à l'Imposition arbitraire, qu'il avoit cherché à éviter, et à laquelle il se trouvoit cependant encore exposé malgré ses précautions.

Cette proposition consistoit aux offres de payer an[286]nuellement une redevance de la somme de seize cens mille livres, ce qui fut accepté ; et *c'est là l'origine et le motif du contrat de Poissy*, qui eut lieu pour la premiere fois l'an 1561. sous la minorité de Charles IX. qui a été renouvellé à chaque expiration, et continué de la sorte jusquà ce jour, n'ayant changé que pour les sommes qui n'ont pas toujours été égales, et qu'il a fallu nécessairement propotionner aux besoins.

Ce que l'on peut reprendre et blâmer à juste titre dans la levée des Décîmes, comme dans celle de la Taille, c'est l'inégalité de la répartition, qui devroit être proportionnée au revenu des Bénéfices ; mais les plus puissans ont rejetté le fardeau sur les plus foibles, ce qui vient en partie de ce que l'on a négligé l'exécution de l'Edit donné à Villers-Cotterêts par François Ier, qui cherchant à remédier à cet abus, ordonna que l'on renouvelleroit de tems en tems le pouillé des Bénéfices, parce que les revenus ne sont pas toujours les mêmes, et qu'il arrive à la longue des accidens qui changent et dénaturent la surface de la terre.

M. l'Abbé de Saint-Pierre, toujours occupé du bien de sa Patrie, avoit proposé quelques moyens pour rétablir l'ordre et la justice dans cette partie ; en voici le précis.

Il fait une division et arrondissement dans les Evêchés de 20. et 25. Paroisses, les plus à portée de se communiquer, dont les Curés s'assembleront à l'ordinaire sous la Présidence du Doyen rural.

Tout Bénéficier, dont le Bénéfice se trouvera situé dans cet arrondissement, fournira entre les mains du Doyen, la déclaration affirmée véritable du revenu de [287] son Bénéfice ; et faute d'y satisfaire dans le tems et dans la forme prescrite, il sera imposé arbitrairement.

Pendant l'intervalle d'une Assemblée synodale à l'autre, c'est-à-dire pendant six mois, ces déclarations seront communiquées par le Doyen à tous les Bénéficiers du Doyenné qui voudront les voir, il recevra leurs observations et contredits qui seront rapporté publiquement à la prochaine Assemblée, en présence des possesseurs des Bénéfices, ou de leurs Procureurs, le revenu sera constaté à la pluralité des voix, et cette estimation subsistera cinq ans, qui est le terme des Assemblées générales du Clergé.

Le Doyen et les Titulaires des quatre plus considérables Bénéfices du Doyenné, arrêteront la répartition de la totalité de la taxe imposée sur le Doyenné, et cette répartition se fera exactement au marc la livre du revenu constaté de chaque Bénéfice.

La même opération étant faite dans les autres Doyennés, la Chambre Ecclésiastique connoîtra sans peine les Doyennés surchargés ; l'Assemblée générale verra du premier coup d'œil avec la même facilité, les Diocèses vexés, et il sera facile à l'un et à l'autre Tribunal d'y remédier avec efficacité, et sans frais, à la prochaine répartition.

Cette méthode simple, douce, pacifique, rétabliroit l'ordre et l'union, feroit cesser les jalousies, les plaintes et les injustices innombrables qui se sont introduites dans ce subside, quoique le caractère de ceux à qui la distribution en est confiée, eût dû l'en préserver, et la maintenir dans sa pureté; mais Dieu a permis que l'intérêt, la faveur et la vengeance, pénétrassent jusque dans le sanc[288]tuaire, comme dans les chaumieres des Collecteurs.

MAXIMES GÉNÉRALES

sur la levée des Décimes.

Elles doivent être payées en deniers, et non en fruits, par toutes sortes de personnes, Ecclésiastiques, Bénéficiers et Communautés érigées en titre de Bénéfice, pourvû qu'elles ayent un revenu ordinaire et perpétuel, et les Pensionnaires desdits Bénéfices y contribuent à proportion de leurs pensions.

Les possesseurs des Bénéfices sont obligés de payer leurs Décimes, sauf leur recours contre leurs prédécesseurs, ce qui s'étend à deux ans, quand le Bénéfice vaque par mort, et à trois ans quand c'est par résignation.

Les Bénéfices composés de biens roturiers assujettis à la Taille, sont exemps de Décimes dans les Pays de Taille réelle.

Ceux qui portent peu de revenu, et sont possédés par des Ecclésiastiques pauvres, les Hôpitaux, Maladreries, et autres Maisons pieuses, de même que l'Ordre de Saint Jean de Jérusalem, et les Freres Prêcheurs, sont exempts de Décimes.

Les Bénéficiers ne peuvent être contraints en leur personne, faute de payement des Décimes, ni sur le corps des terres qui composent le Bénéfice, mais seulement sur les fruits et revenus.

Les évêques ne sauroient être pris à partie.

Les Fermiers des terres et revenus des Ecclésiastiques peuvent être contraints au payement des Décimes, comme pour deniers Royaux.

[289] Les Receveurs des Décimes peuvent, faute de payement par les Fermiers, faire procéder à nouveau Bail au plus offrant, et défenses d'empêcher les Fermiers judiciaires.

Les Œconomes peuvent être contraints par emprisonnement, nonobstant leurs prétendus frais.

Faute par les Curés de payer les Décimes, seront établis Commissaires qui jouiront jusqu'à ce qu'il y ait deniers.

Le gros des Bénéfices sera arrêté pour les Décimes, et n'en sera donné main-levée qu'en payant.

Saisies et exécutions faites pour les Décimes, sont privilégiées à toutes dettes.

Défenses de faire aucune levée sur les Ecclésiastiques, sans la permission du Roy.

Il ne sera donné main-levée de la saisie des revenus des Ecclésiastiques, qu'en consignant ou donnant caution.

Défenses à la Cour des Aydes et Elûs de connoître des Décimes.

Il a été trouvé étrange par plusieurs grands personnages, dit M. le Bret, que les Rois ayent abandonné la Jurisdiction, même en dernier ressort, de tous les procès et différens qui arrivent entre les Bénéficiers, Receveurs et Commis, tant pour raison de l'Imposition, que de la perception et dispensation des deniers, d'autant que la connoissance de tous ces droits, et des comptes qui s'en rendent, devroit appartenir aux Officiers du Roy, par le grand intérêt qu'il a de sçavoir combien et quelle sorte de deniers se levent dans son Royaume, ce qu'ils deviennent, et comment ils sont ménagés. Il y auroit [**290**] donc deux choses à rectifier dans cette partie, pour le bien et l'avantage des redevables, et pour l'utilité toujours inséparable de celui des Particuliers; sçavoir, de rétablir l'égalité dans l'impôt de la maniere proposée par M. l'Abbé de Saint-Pierre, ou telle autre plus avantageuse que l'on pourroit trouver, et mettre dans la main du Roy la connoissance de tous les procès et différens qui peuvent survenir à l'occasion de la perception et dispensation des deniers qui s'imposent sur le Clergé.

[291]

SUR LE CÉLIBAT.

Depuis le régne de Charlemagne, jusques au tems de Hugues Capet, personne ne pouvoit prendre l'habit monastique, faire son noviciat, ni ses vœux, sans en avoir obtenu la permission du Roy ; et il n'étoit pas permis aux serfs de se faire d'Eglise sans le consentement de leurs maîtres, ni aux hommes libres, obligés au service militaire, d'embrasser la Profession Ecclésiastique ou Monastique, sans le congé du Souverain : *cap. de Charlem. de lib. hom. qui ad servit. Dei, etc. Lib. 1. cap. 20.*

Loix sages, justes, nécessaires, importantes, dictées par le droit de la nature et des gens. En effet, tous les Sujets de la République appartiennent à la République ; leur travail, leur vie, leur postérité, sont le patrimoine de l'Etat ; ils ne peuvent l'en frustrer, ils ne peuvent disposer d'eux ; ils ne peuvent se soustraire du corps politique, dont ils sont membres, sans donner atteinte au pacte civil, auquel leur naissance les a soumis.

Le Roy étant l'ame de la République, c'est une maxime générale qu'il ne doit être établi dans l'Etat, sans [292] sa permission, ni Congrégations, ni Colléges, soit pour la Religion, soit pour la police : Les Loix Romaines, et particulierement celle appelée *Licinia*, Denis d'Halicarnasse, et autres Auteurs, nous apprennent que tous les Colléges des Prêtres furent établis de la seule autorité des Rois, ou du Peuple, après l'expulsion des Rois.

Les Lacédémoniens, au rapport de Pollux, punissoient le Célibat comme un crime qui va à la destruction des Républiques. Suivant Valere Maximo, *Liv. 11. chap. 9.* la même peine étoit établie chez les Romains ; et nous voyons dans *Juste Lipse*, sur les Annales de Tite-Live, que la Loi *Papia Poppæia* étoit fameuse et sévere à ce sujet ; elle fut abolie par les Constitutions d'Honorius et de Justinien ; elle fut cause en partie de la décadence de l'Empire Romain, comme l'assure Procope ; parce que le Célibat se trouvant permis, les Villes dépeuplées cédérent plus facilement à l'invasion des Barbares.

Justinien crut remédier à une partie du mal qu'il avoit fait, en limitant le nombre des Clercs et des Prêtres des Eglises, et en défendant par sa Constitution 67. d'édifier de nouveaux monasteres, sans grande connoissance de cause, parce qu'ils devoient être moins regardés, dit cette Constitution, comme des maisons de prieres et d'oraison, que comme la retraite de la fainéantise et de l'oisiveté. S'il le pensoit ainsi, pourquoi ne les détruisoit-il pas entierement?

Ce qui a le plus contribué à empêcher l'effet de ces sages Réglemens, c'est que depuis Charles le Chauve jusques à Hugues Capet, ce ne fut plus que désordre et confusion : Les Papes usurpèrent des parties de police et d'autorité, que le Souverain avoit confiées à l'Eglise et [293] aux Prélats; et profitant de la foiblesse du Gouvernement, ils se firent reconnoître Supérieurs immédiats de plusieurs Ordres, qui furent fondés dans cet intervalle; et à qui le zéle et la piété mal-entendue du Souverain, des Seigneurs et des Particuliers, prodigua des richesses immenses.

Les Prêtres et les Moines sçûrent si bien mettre à profit l'ignorance et la crédulité du peuple de ces tems, que, suivant Gerson, ils parvinrent jusqu'à lui persuader, qu'en leur donnant une partie des biens et des terres acquises par dol, fraude, ou violence, il pouvoit conserver l'autre sans scrupule et sans crainte des peines prononcées par la Religion, dont ils renfermoient toutes les pratiques dans ces actes utiles et généreux.

En ôtant du commerce les biens de la dotation des Eglises et Monasteres, on prive aussi l'Etat de l'assistance et du service de ceux qui s'y retirent, souvent par poltronnerie, dit Mézeray, pour se soustraire au service de la guerre, ou par foiblesse d'esprit, en se laissant séduire par ceux qui ont intérêt d'avoir leur bien.

« L'esprit du treiziéme siécle, continue le même Auteur, se trouva « tellement tourné à la besace, et à croire que la plus grande per- « fection consistoit dans cette pauvreté volontaire, que l'on vit « fourmiller de tous côtés grand nombre de ces sectes de mandians « de l'un et de l'autre sexe ; mais l'Eglise se sentant, dit-il, sur- « chargée de ces nouvelles bandes de fainéans, qui d'ailleurs s'enor- « gueillissoient de leur fastueuse pauvreté, et donnoient l'essort à « leurs fantaisies pour semer de nouveaux dogmes; elle les sup- « prima tous, et réserva seulement les quatre qui restent aujour- « d'hui ; réserve dont on ignore les motifs, [294] mais dont on sent « parfaitement les inconvéniens.

Il y a trois sortes de Moines en France : La premiere, sont les Ordres de S. Augustin, de S. Benoît, de S. Bernard et Prémontré, qui possèdent les grandes richesses de l'Eglise, c'est-à-dire, les Abbayes et les Prieurés.

La seconde comprend les Chartreux, les Minimes, les Célestins, les Feuillans, les Jesuites et quelques autres qui possedent des biens en propriété, et ne sont mandians que par tolérance.

La troisième sont les Mandians qui subsistent par aumône, comme les Jacobins, Cordeliers, Augustins, Carmes, et les réformes qui en sont sorties ; ceux-ci ne laissent pas de jouir de quelques fondations, nonobstant le nom de pauvreté monastique ; mais ils disent qu'ils ne sont qu'usufruitiers, et que les Papes sont les véritables propriétaires de ces biens ; subtilité ridicule, vaine et frivole.

Toutes les Religieuses sont comprises sous les trois espéces ci-dessus, et l'on prétend qu'il y a en France trois cens mille Prêtres ou gens dans les Ordres séculiers, Moines ou Religieuses, dont un tiers de filles, y compris les Sœurs grises, Sœurs du pot, sœurs de charité, et autres espéces de dévotes, ou esprits foibles, qui croyent comme dit Puffendorff, dans son Traité des Devoirs de l'Homme, que la Divinité prend plaisir à des inventions humaines, et à des genres de vie, qui ne s'accordent point avec la constitution d'une société réglée sur les maximes de la droite raison, et de la loi naturelle.

Nous lisons dans le Concile de Trente de Fra-Paolo, tom. 2. pag. 516. que les Ecclésiastiques avoient anciennement la liberté de se marier, qu'il fut proposé de [295] la leur rendre, et de les délivrer de la contrainte du Célibat ; que la demande en fut faite au nom de l'Empereur Charles-Quint, et du Duc de Baviere, mais que les Légats furent blâmés d'avoir laissé mettre en question un article si dangereux, *étant évident*, disoit la Cour de Rome, *que l'introduction du mariage dans le Clergé, en tournant toute l'affection des Prêtres vers leurs femmes et leurs enfans, et par conséquent vers leurs familles et leur patrie, les détachera en même tems de la dépendance étroite où ils sont du Saint Siége ;* raison qui fit rejetter cette proposition et qui auroit dû animer les Souverains à la faire passer.

Les Prêtres, les Moines et les Religieuses vivant dans le Célibat, ne font ni famille ni enfans, ce sont des terres stériles qui ne rapportent aucun fruit, d'où il résulte quatre sortes de pertes pour l'Etat: La premiere, celle des individus; la seconde, celle de la consommation qu'ils occasionneroient; la troisiéme, les grands biens qu'ils acquiérent sans espoir de retour dans le commerce de la société civile; et la quatriéme, les suites dangereuses de leur aveugle soumission aux volontés du Pape, de laquelle naît un Souverain, des Sujets, et une Monarchie étrangere dans le sein même de l'Etat.

Il n'est pas nécessaire de rapporter des preuves de ce dernier inconvénient; mais pour établir le préjudice des trois autres, je mettrai sous les yeux un fait d'expérience, d'après lequel on pourra faire des calculs qui ne ressentiront ni la chimere ni l'imagination: j'entens parler de la Table des probabilités de la vie, dressée sur les registres mortuaires de Breslaw en Silésie par le Docteur Hallei de la Société Royale de Londres, publiée dans les Transactions philosophiques de l'année 1693. Il choisit cette **[296]** ville de préférence à toute autre, parce qu'il y a un assez grand nombre d'habitans pour établir ses opérations, qu'il en sort peu, et qu'il y arrive peu d'étrangers, circonstances nécessaires pour agir avec certitude.

En 1691. les habitans de ladite ville montoient à trente-quatre mille, dont on fit cent classes: la premiere, des enfans depuis un jour jusqu'à un an; la seconde, depuis un an jusqu'à deux, et ainsi de suite jusqu'à cent ans.

L'année commune des naissances fut trouvée être de 1238. et des morts de 1174. ainsi il restoit en augmentation et bénéfice pour la peuplade 64. individus, ce qui revient à peu près au vingtiéme, duquel vingtiéme il faut ôter la moitié pour les mâles, attendu qu'il ne sort point de lignée de leur corps, ainsi il ne faut plus considérer ce vingtiéme que comme un quarantiéme.

C'est ce quarantiéme qui, à la suite des générations, augmente si considérablement le nombre des individus, quand ils ne sont exposés qu'à la destruction ordonnée par la nature, que l'on a vû des essains formidables se répandre en différentes parties de la terre, pour y chercher des habitations et une subsistance que leur pays, trop chargé de son propre poids, ne pouvoit plus leur fournir.

Il fût encore observé que de ces 1238. enfans il en mouroit 348. dans l'année de leur naissance, et que la moitié des 1238. n'ariveroit pas à vingt ans, d'où il est résulté un calcul vérifié par ceux qui se sont faits depuis à Londres, qui est que la vie des hommes n'étoit au plus que de 20. ans; c'est-à-dire, que si on ôtoit à ceux qui vivent le plus, pour donner à ceux qui vivent le moins, le total réparti sur chacun ne seroit que de 20. ans.

Si les cent mille filles qui se sont faites Religieuses, ou [297] vouées au Célibat, s'étoient mariées, elles auroient donné au moins l'une pour l'autre, chacune deux enfans pendant le cours de leur vie, et ce n'est pas pousser la production trop haut ; car il est à remarquer qu'elles sont toutes entrées dans les Couvens en âge nubile, et toutes d'une bonne complexion, étant de régle de n'en point recevoir d'infirmes, à moins que l'on augmente la dote, ou qu'on ne donne une pension extraordinaire ; c'est donc deux cens mille enfans qui auroient dû exister.

Il faut supposer que de ces deux cens mille enfans, il y en auroit eu la moitié mâles et la moitié femelles, et que suivant le calcul ci-devant rapporté, il en seroit mort les trois quarts des uns et des autres avant l'âge nubile : ainsi reste seulement pour la premiere année, vingt-cinq mille filles nubiles, et ainsi tous les ans par une progression successive et non interrompue, dont le premier quarantiéme qui reste en augmentation et bénéfice pour la peuplade, est de 625.

D'où il résultera que depuis que la Religion prétendue réformée a été reçûe et établie sans contradiction dans les Païs protestans, c'est-à-dire, à compter seulement depuis le Traité de Munster de l'an 1648. jusqu'en la présente année 1743. ce qui fait 95. ans, une étendue de Païs égale à la France, et toutes choses égales d'ailleurs, doit posséder plus que la France en cette dite présente année 1743. d'une part 60800. individus provenans des 625. ci-dessus dits, lesquels ayant aussi contribué au profit de la peuplade d'un 40e qui est 15. non-compris la fraction, vient le nombre de 640. lequel par multiplication progressive pendant 95. ans, donne au total celui dit de 60800. à quoi ajoûtant d'autre [298] pour 50000, tant garçons que filles, restans vivans des 100000. religieuses ou autres béguines, suivant l'évaluation ci-dessus, qui doit avoir lieu dans toutes les années, il en résulte un total de 110800. sujets de l'un et de l'autre sexe.

Il est démontré par plusieurs calculs faits tant en France qu'en Angleterre, que dans un grand Etat, à compter depuis le Souverain jusqu'au plus vil des sujets, chaque individu dépense le fort pour le foible au moins 150. liv. par an, pour nourriture, logement, vêtement et autres besoins généralement quelconques.

Il est démontré aussi que dans un Etat policé, il n'y a d'autres richesses que la consommation ; car sans elle à quoi serviroient les productions de la terre, si ce n'est à embarrasser ceux qui en seroient propriétaires.

Or, chaque individu consommant 150. livres par an, il doit donc être regardé comme un immeuble appartenant à l'Etat, valant 3000 liv. qui est le capital de 150 liv. je dis comme un immeuble, parce que quoique cet individu soit périssable, il a la faculté de se reproduire, et de perpétuer son espece.

Ainsi la France étant moins peuplée de 110800. individus, à cause du Célibat observé par les cent mille religieuses, béguines et dévotes, et chacun de ces individus étant pour l'Etat de la valeur de 3000. liv. il s'ensuit que la France est moins riche qu'elle ne devroit être dans cette présente année, de la somme de trois cent trente-deux millions quatre cens mille livres, et ce indépendamment de ce que l'on pourroit tirer de ces individus pour le service militaire, les corvées et autres travaux nécessaires à la défense et à l'amélioration du corps de l'Empire, et [299] de toutes les consommations qu'ils auroient occasionnées à raison de 150. liv. chacun, ce qui fait par an, seize millions six cens vingt mille livres; et pour 95. ans, quinze cens soixante dix-huit millions neuf cens mille livres. dont les bénéfices pour chaque propriétaire des denrées recueillies et marchandises fabriquées et ensuite vendues, auroient augmenté (au moins d'un dixième, qui est le tau du commerce,) la masse générale des produits, revenus et richesses de la Nation; en ce, non compris les bénéfices des bénéfices qui monteroient encore à des sommes très-considérables.

Rien ne seroit plus utile à l'Etat que de supprimer le Monachisme; c'est une de ces vérités frapantes dont personne ne peut disconvenir, mais aussi rien ne seroit plus dangereux que cette entreprise. Comment ramener à la raison un peuple séduit de longue main par les Moines et les Prêtres, et enyvré de leurs préjugés? Comment éviter leur vengeance, et les subtilités dont ils sont capables? Comment parer au pouvoir et aux intrigues de la Cour de Rome? Il faut donc marcher avec de grandes précautions dans un sentier aussi glissant, et voici ce que conseilloit un jour à ce sujet un homme fort raisonnable.

Envoyer des essains fréquens et nombreux de ces Moines aux missions les plus éloignées, sans leur y permettre aucunes sortes d'établissemens : il y en périroit beaucoup ; mais ce seroit le cas de l'application exacte du proverbe, qui dit, plus de morts moins d'ennemis.

Les empêcher de mener une vie errante et vagabonde, et de communiquer avec ce qu'ils appellent les gens du siécle, et surtout avec les femmes, qu'à travers une grille double et fort serrée, comme les Religieuses et les Chartreux. Ce n'est que par le jeûne et la priere que l'on pourra parvenir à détruire un Ordre institué pour jeûner et pour prier.

Supprimer ce que l'on appelle Congrégations et Provinces ; ces sortes d'associations sont dangereuses, contraires à la bonne police, et peuvent être préjudiciables à la sureté publique.

Fixer les Moines pour la vie dans les maisons où ils auroient fait profession, comme les Chartreux et les Religieuses, c'est une loi presque déja établie : nos Ordonnances veulent qu'après la profession, les Religieux et Religieuses ne puissent sortir de leurs Monasteres pour quelque tems et cause que ce soit, sans la permission de l'Evêque ou du Supérieur, *ovis quæ exit ovili, statim lupi morsibus patet*.

Leurs courses perpétuelles sont indécentes, contraires aux principes de leur institution, et dangereuses pour le Gouvernement. Un Cordelier prêchant devant S. Louis, disoit que tout ainsi que le poisson ne sçauroit vivre hors de l'eau : ainsi le Religieux hors de son Monastere ne sçauroit vivre en vertu, ni selon son observation, *S. de Joinv. chap. 70.*

Le Pere Mabillon a dit en quelque endroit que l'oisiveté des Moines étoit un dangereux piége, et qu'elle les rendoit d'ordinaire ou vicieux, ou visionnaires. Je voudrois donc les obliger tous à sçavoir un métier, avant d'être admis au Noviciat, et qu'ils ne pussent vivre que de leur travail, du moins quant aux Mendians, sans qu'il leur fût permis de quêter, et d'enlever par leurs séductions et importunités, la subsistance des véritables Pauvres.

Défendre d'admettre des Novices avant l'âge de 23. [301] ans accomplis, et de faire des vœux avant 25. ans c'est-à-dire, que l'on ne pût aliéner sa liberté avant l'âge où l'on peut aliéner son bien. M. le Duc d'Orléans Régent, trop éclairé pour ignorer l'importance de cette police, avoit fait un Réglement à ce sujet, prêt à être publié, lorsque la mort le surprit.

Assujettir tous les Ordres monastiques à la juridiction des Tribunaux ordinaires pour le civil et le criminel, et pour la discipline à l'Evêque diocésain. La police extérieure de l'Eglise appartient au Souverain, au titre de sa Couronne ; le Pape ni les Conciles ne peuvent faire aucuns Réglemens sans sa permission, et s'ils en font, les sujets ne sont pas obligés d'y obéir : ce sont les privilèges incontestables de l'Eglise de France, et ces privilèges ne sont autre chose que le droit de la nature et des gens. Tous les Prélats assemblés par Philippes le Bel, au sujet de son différend avec le Pape Boniface, le reconnurent sans aucune difficulté, seul maître et souverain absolu au temporel.

A l'égard des filles, régler le tems du noviciat et de la profession comme celui des hommes.

Ordonner qu'elles ne pourroient jamais être professes dans les maisons où elles auroient été pensionnaires ou novices, étant convenable d'ôter toute induction humaine, et de laisser pleinement agir la grace, la vocation et l'inspiration.

Que les dotes ne pussent être à l'avenir que de simples pensions viageres, sans pouvoir donner ni argent ni fonds sous quelque prétexte que ce fût, à peine d'application au fisc.

Qu'après le décès de ces Religieuses, la partie d'hérédité à elle compétente des biens paternels et maternels, [302] ou autrement successifs, qui auroient dû leur appartenir, si elles fussent restées dans le monde, appartiendroit au Roy, c'est-à-dire à l'Etat auquel il seroit incorporé, pour les récompenser de la perte de sujets qu'il auroit dû attendre d'elle. C'est ainsi qu'en usoient les anciens Comtes des Flandres ; ils appliquoient au fisc la moitié des successions de ceux qui avoient vêcu dans le Célibat, sans empêchemens légitimes ou infirmités naturelles.

La richesse fondamentale de l'Etat sont les sujets, c'est par le mariage que les hommes naissent, qu'ils se multiplient, qu'ils se perpétuent ; *providu ille maximus mundi parens, ut damna semper sobole repararet nova* : les Princes ne sçauroient trop favoriser cet Etat, ni s'opposer avec trop de vigueur à tout ce qui pourroit lui être contraire.

Les anciens Législateurs avoient ajoûté, au désir naturel de se multiplier, tous les secours que la politique, l'intérêt et le préjugé avoient pu leur suggérer. Chez les Hébreux, le nouveau marié étoit exempt de toutes charges publiques la premiere année de son mariage. Licurgue donna beaucoup de licence aux filles de Lacédémone, pour attirer les jeunes gens au mariage, et outre cela il nota d'infamie ceux qui ne voudroient pas se marier, et leur défendit de se trouver aux jeux publics des filles nues. Putarque, dans la vie de Lysander, fait mention des peines prononcées contre ceux qui ne se marioient pas, ou qui se mariroient trop tard.

L'Empereur Auguste établit un impôt sur tous ceux qui ne se mariroient pas après 25. ans, ou qui n'auroient point d'enfans, et il donna de grands priviléges à ceux qui en auroient le plus. Tous les Auteurs politiques qui ont paru depuis, ont donné de plus grandes louanges à la sage prévoyance de cet Empereur. Ils ont blâmé Jus[303]tinien de n'avoir pas tenu cette loi en vigueur, et ils ont chargé Constantin de reproches pour l'avoir abolie.

Presque toutes les Nations ont regardé comme affreux de mourir sans postérité, c'étoit la plus terrible imprécation qu'elles pussent faire contre leurs ennemis, ou contre les infractaires des Loix : nous en trouvons la preuve dans la coutume que les Romains observoient au sujet des bornes qu'ils plantoient pour la séparation de leurs héritages, sur lesquelles ils gravoient cette inscription : *Quisquis hoc sustulerit, aut sustuli jusserit, ultimus suorum moriatur.*

Nos Rois avoient accordé par différens Edits, et notamment par celui de Nov. 1666. aux peres de familles ayant dix enfans vivans, nés en légitime mariage, non Prêtres, Religieux ni Religieuses, exemption de collecte, de toutes tailles, sel, subsides et autres impositions, tutelle, curatelle, logement de gens de guerre, contribution aux ustenciles, guet, garde et autres charges publiques; les mineurs taillables qui se marioient avant ou dans la vingtiéme année de leur âge, devoient jouir des mêmes exemptions jusqu'à vingt-cinq ans. Les bourgeois et habitans des Villes franches, ayant dix enfans, de 500. l. de pension, et de 1000. l. s'ils en avoient douze, et les Gentilhommes et leurs femmes de 1000. l. avec dix enfans, et 2000. l. avec douze ; mais sous prétexte que ces exemptions avoient donné lieu à quelques abus, et par d'autres motifs aussi peu solides et aussi peu réfléchis, elles furent toutes supprimées par Déclaration du 13. Janvier 1683. ensorte que la crainte des charges et de la misere, ayant fermé la route de la multiplication légitime, la nature qui ne veut rien perdre de ses droits, [304] s'est tournée du côté d'un libertinage ou sterile, ou dont les productions périssent presque toutes, faute de soins; autre vice ruineux de notre police.

Jamais il ne fut plus nécessaire de faire revivre ces utiles maximes, et tous les priviléges qui peuvent contribuer à la conservation et à la propagation de l'espece. C'est en elle que consiste la richesse et la force des Empires ; les sujets de celui-ci diminuent sensiblement, je ne dis pas par la guerre, ni par ces ravages épidémiques, dont le genre humain est successivement, et, pour ainsi dire, périodiquement affligé : je ne remonte pas non-plus à l'expulsion des Religionnaires ; mais j'entens parler de cette diminution causée par l'oubli des principes fondamentaux de notre constitution politique, et de laquelle on peut arrêter le progrès avec autant de facilité dans les moyens, que de certitude dans l'exécution.

« Favoriser les mariages, accorder du secours au pere chargé « d'une nombreuse famille, veiller à l'éducation des orphelins et « des enfans trouvés : c'est fortifier l'Etat bien plus que de faire « des conquêtes. *Melon, Essai sur le commerce.*

305]

Depuis l'Impression de ce Mémoire, il nous est tombé entre les mains un livre qui a pour titre : *Essay des probabilités de la vie humaine, par* M. de Parcieux *de la Société Royale des Sciences de Montpellier, à Paris* 1746. Comme il rapporte plusieurs traits singuliers, et nouveaux, nous avons extrait ceux qui nous ont parus les plus intéressans à l'humanité, et les plus convenables à notre Ecrit sur le Célibat ; auquel, si on le souhaite, il sera facile d'appliquer les calculs de cet Auteur.

EXTRAIT DE L'ESSAY DES PROBABILITES
sur la durée de la vie humaine.

Suivant un recueil de 3700. enfans nés à Paris, fait par l'Auteur dudit Essay, la vie moyenne de ces enfans a été de 21 ans 4. mois, en y comprennant les fausses couches, et de 23. ans 6. mois en ne les comptant pas. *page 70.*

Selon cet Auteur, Paris est l'endroit de toute la France où la vie moyenne est la plus courte. Celle du côté de Laon est de plus de 37. ans, et de plus de 41. pour ceux qui naissent dans les Cévenes et le bas Languedoc. *pages 71. et 72.*

Dans les petites Villes et Bourgades, les meres nourrissent leurs enfans, ou les font nourrir sous leurs yeux, ce qui fait qu'il en meurt beaucoup moins dans les campagnes que dans les grandes Villes où on ne les nourrit pas. *page 95.*

Les Religieux de tous les Ordres vivent à présent un peu plus qu'ils ne vivoient autrefois, ce que l'on peut attribuer au relâchement de leurs austérités, et aux petites [306] commodités que le luxe a introduites dans les Convents. *page 83.*

Les Religieuses vivent plus que les Religieux suivant leur nécrologues, et il en est de même des hommes et femmes du monde, suivant l'Etat de 30. années des naissances et des morts de la Paroisse de S. Sulpice, imprimé en 1745. ce qui est conforme aux observations de M. Kerseboom. *p. 82.*

Suivant cet Etat il est mort pendant 30. ans, 17. filles, femmes mariées, ou veuves, à l'âge de 100. ans, et seulement 5 hommes ;

9. femmes de 99. ans, et 3. hommes; 10. femmes de 98. ans, et point d'hommes; enfin 126. femmes au-delà de 90. ans, et seulement 49. hommes. *page 97*.

Le nombre des garçons qui naissent dans un endroit, pendant un certain espace de tems, est au nombre de filles qui naissent dans le même endroit, à peu près comme 18. est à 17. et rassemblant tous les âges de la vie de ces hommes et de ces femmes, on trouve que le nombre appartenant aux femmes est égal à la totalité de l'âge des hommes : donc les femmes vivent plus longtems que les hommes d'un 18e ou environ. *p. 83*.

Il paroît cependant, par l'Etat des naissances et morts de la Paroisse de S. Sulpice, que ce rapport n'est que comme de 24. à 23. au lieu de 18. à 17. car il y est né en 30. ans 69600. enfans, dont 35531. garçons, et 34069. filles. p. 100.

On prétend que l'âge de 40. à 50. ans est un tems critique pour les femmes; cependant on ne s'est apperçu de rien de semblable par l'Etat de mortalité des Religieuses. *page 83*.

Ni par celui de la Paroisse de Saint Sulpice. *page 98*.

[**307**] On a seulement remarqué qu'il est mort plus de femmes mariées avant l'âge de 20. ans que d'hommes mariés avant ce même âge, dont on apporte deux raisons; la premiere, que l'on marie plus de filles que de garçons avant l'âge de 20. ans; la deuxiéme, que les suites de couches sont souvent très-fâcheuses aux femmes qui ne nourissent pas leurs enfans, et ces deux causes subsistent jusqu'à 45. ans. *p. 99*.

Les Religieux et Religieuses meurent moins que les gens du monde jusqu'à l'âge de 40. ans, mais quand ils sont parvenus à 45. ou 50. ans, ils meurent beucoup plus vite, ce que l'on doit attribuer aux abstinences forcées, au chant, aux veilles, aux austérités, à la malpropreté, et à la privation de quantité de petites commodités. *page 84*.

Il semble que tous les Religieux étant des hommes faits et choisis, ils devroient vivre plus long-tems que les gens du monde, du même âge, pris au hasard : on le croit ainsi, et c'est une erreur. L'examen des nécrologues et des listes des Tontines, comparés ensemble, prouvent qu'en effet les gens du monde vivent plus. *page 85*.

Ce qui se rapporte à ce que l'on trouve dans l'Etat des morts de la Paroisse de S. Sulpice, par lequel on voit que l'on vit plus long-tems dans l'état du mariage que dans le célibat. En effet, on remarque que pendant 30. ans il n'y a eu que 6. garçons et 14. filles qui ayent passé l'âge de 90. ans, et qu'il y a eu 43. hommes et 112. femmes, mariés ou veufs. *page 100.*

S'il y a 38. à 40. personnes dans une maison, depuis l'âge de 20. ans et au-dessus, il en doit mourir une tous les ans. *page 87.*

[308] Si ce même nombre de personnes étoit d'âge de 50. et au-dessus, il en devroit mourir deux tous les ans. *page 88.*

L'Auteur estime la mortalité des habitans de Paris, d'un sur quarante. Or comme il y meurt vingt mille personnes année commune, il s'ensuit qu'il y a à Paris huit cens mille ames ou environ. *page 96.*

Si de ce nombre on distrait ceux qui sont au-dessous de 26. ans, on aura environ 400000. qui est la moitié, d'ou l'on doit conclure qu'il y a communement autant de personnes au-dessous de 26. ans qu'au-dessus ; et si l'on forme des classes particulieres de ce qui est depuis la naissance jusqu'à 16. ans, depuis 16. jusqu'à 38. et depuis 38. jusqu'au dernier terme de la vie, on trouvera que chacune de ces classes fait le tiers au total de 800000. c'est-à-dire 266666. ames. *page 96.*

Il meurt à Londres, année commune, 26800. personnes, ce qui en suivant le calcul de Paris, supposeroit qu'il y auroit dans cette premiere Ville 1072000. ames, et par conséquent 272000. plus qu'à Paris ; mais la conséquence ne seroit pas juste, parce que presque toutes les Angloises nourissent leurs enfans, et que par ce moyen on a la totalité des morts, au lieu qu'à Paris on envoye presque tous les enfans à la campagne, et que leur mort n'est point connue sur les Registres des Paroisses de Paris. *page 101.*

---

[309]

SUR LES RENTES
ET REDEVANCES DUES
AUX GENS DE MAIN-MORTE.

Voici une Piéce qui m'est tombée toute faite entre les mains dès l'année 1731. elle a été rédigée par le Procureur du Roy d'un des Bureaux des Finances du Royaume : je n'y ai rien changé, quant au fonds, qui m'a paru mériter attention, et tendre au même but d'arrangement et d'œconomie que les autres pieces qui composent ce Recueil. S'il est vû par l'Auteur de celle-ci, je le prie de me pardonner quelques petits changemens.

S'il est nécessaire d'avoir recours à des fonds extraordinaires, pour subvenir aux dépenses de la guerre dont nous sommes menacés, on ne doute pas que le Roy ne préfere toujours les moyens les moins onéreux, et qu'il n'évite, autant qu'il sera possible, tout ce qui ressentira la force et la contrainte, afin de se ménager de nouvelles ressources et la confiance publique, ce qui est l'ame du crédit, de la circulation, et par conséquent de toutes les opérations de Finances.

[310] Le projet d'Edit, joint à ce Mémoire, semble réunir avantageusement ces différens objets.

Il consiste à permettre l'extinction de certaines rentes et redevances, dûës aux gens de Main-morte, extrémement préjudiciables aux héritages des Villes et de la campagne, par leurs qualités d'inamortissables.

Il n'y a aucuns de ceux qui en sont grévés, qui ne fissent leurs efforts, par eux ou par leurs parents et amis, pour être déchargés d'un fardeau si incommode, et qui ne portassent leur argent dans les caisses du Roy, avec autant d'empressement, qu'il auroit de répugnance à payer une taxe qui donneroit un intérêt double de la rente, dont il aura la faculté de se libérer.

Les Gens de Main-morte n'auront rien de raisonnable à objecter, puisque le Roy leur payera annuellement le montant de ces redevances ; et qu'au lieu d'être obligés de suivre, et souvent de discuter une multitude de débiteurs, quelquefois insolvables, et toujours de mauvaise volonté, ils seront employés sur les Etats du Domaine, pour les sommes totales qu'ils auront droit de toucher, et ils les toucheront sans discussions, sans peines et sans frais.

Les plus zélés et les plus scrupuleux des représentans ceux qui ont constitué et légué en rentes et redevances, ne pourront se plaindre que l'on viole leurs dispositions, puisque ceux qui sont chargés de les exécuter, continueront à recevoir les rétributions, et les récompenses qui y ont été attachées.

Les possesseurs des biens chargés de ces redevances, affranchis d'une servitude éternelle, les cultiveront, les répareront, et les embelliront avec complaisances, au grand avantage de l'Etat.

[311] Le Public fatigué, irrité de voir journellement passer son patrimoine, sans espoir de retour, dans des mains excessivement remplies, recevra avec applaudissement, (quoiqu'en payant,) la promulgation d'une loi, qui lui restituera l'héritage de ses peres.

Le Roy, moyennant un intérêt beaucoup plus modique, qu'il n'est ordinaire en pareilles circonstances, sans aucuns frais de régie, sans le ministére des Traitans, presque toujours à charge au Gouvernement et aux Sujets, recevra un secours d'argent, que l'on présume devoir être assez considérable.

Il seroit difficile d'en déterminer l'objet général, parce que personne ne connoît assez bien les parties qui le composent ; mais en supposant seulement dans tout le Royaume, un million de rentes et redevances de l'espéce dont il s'agit, et que de ce million, il n'y en ait que la moitié qui soit rachetée, il en résultera toujours un capital de .... 12500000.

Deux sols pour livre .... 1250000.

.... 13750000.

Cette estimation étant foible, peut-être le produit excédera-t-il de beaucoup. Mais, quoiqu'il en soit, le moyen proposé ne peut croiser ni affoiblir, aucuns de ceux que l'on jugeroit à propos d'employer par la suite, ou en même tems, parce qu'il est isolé et indépendant de tout autre.

312 # PROJET D'ÉDIT

Pour le Rachat des Rentes et Redevances dûës aux Gens de Main-morte.

LOUIS, etc. Les biens fonds, tant des Villes que de la Campagne, étant la richesse primitive de l'Etat, rien ne nous a paru plus digne de nos attentions, que d'encourager par toutes sortes de moyens, les possesseurs à les entretenir et cultiver, de maniere à en augmenter les produits et les valeurs, autant qu'il leur sera possible. L'affection naturelle que chacun porte à l'héritage de ses peres, ou à ses propres acquisitions, sembleroit n'avoir pas besoin du concours de l'autorité Souveraine, pour exciter la vigilance et l'émulation des Propriétaires; mais une grande partie de ces biens étant chargés de rentes et redevances, dont on ne peut les affranchir, ils sont tombés par cette espéce de tache dans un avilissement si ruineux, que l'on ne peut presque plus les compter au nombre des effets commerçables de la société : les Propriétaires les négligent, quelquefois même les abandonnent entierement, ce qui cause un préjudice inexprimable, tant par le défaut de valeur de ces biens, que par celui d'une culture et entretien suffisant, ce qui diminue les productions, et prive de travail une infinité d'ouvriers et artisans, dont l'inaction influe nécessairement sur toutes les parties du Corps politique, par la liaison intime qu'elles ont entr'elles. Ces redevances non-rachetables, sont celles qui sont dûës aux Gens de Main-morte, dont nous avons [313] résolu d'affranchir les débiteurs; en assurant en même tems à perpétuité ausdits Gens de Main-morte, le payement annuel de la valeur de ce qui leur aura été originairement légué et donné ; ensorte que les fondations et autres charges, qui en ont été l'objet, continuent d'être acquittées à l'avenir comme par le passé, sans aucune diminution ni interruption. L'Etat et les Particuliers trouveront un égal avantage dans cet arrangement ; les dispositions des fondateurs ne souffriront aucune altération, et nous y trouverons en même tems, un secours capable de subvenir à une partie des dépenses de la présente guerre, sans être obligé de charger nos Peuples de nouvelles impositions. A ces causes, etc. Voulons et Nous plaît, etc.

ARTICLE PREMIER.

Que toutes les rentes tant en argent qu'en grains, et autres redevances et servitudes, de quelque nature et espéce qu'elles puissent être, dûës par les Sujets de notre Royaume, Pays, Terres et Seigneuries de notre obéissance, de quelque état et condition qu'ils soient, aux Églises, Chapitres, Communautés séculieres et régulieres, Monasteres de l'un et l'autre sexe, Ecoles, Fabriques, Hôpitaux, Maladreries, Maisons de Charités, Villes, Bourgs, Communautés, et autres Gens de Main-morte sans exception, puissent être par eux rachetées, éteintes et amorties, pendant le tems et de la maniere qui sera ci-après par Nous expliquée, nonobstant tous Edits, Déclarations et Réglemens contraires, ausquels Nous avons expressément dérogé et dérogeons par le présent.

[314] II.

Pour jouir du bénéfice de l'article ci-dessus, Nous accordons à ceux dont les maisons, terres et héritages sont chargés des susdites rentes, redevances et servitudes, le temps et espace de trois années, à compter de la publication du présent Edit, passé lequel les en déclarons déchûs, et voulons que les choses soient et demeurent à cet égard, au même et semblable état qu'elles étoient auparavant.

III.

Le rachat et amortissement du sort principal desdites rentes, redevances et servitudes, se fera par les débiteurs d'icelles, sur le pied de 25. fois leur valeur ; ensorte que si une rente en argent est de mille livres, le débiteur ne pourra en être libéré et affranchi qu'en payant vingt-cinq mille livres ; et à l'égard des rentes en grains, il en sera formé un prix commun, sur celui qu'ils auront valu pendant les dix années immédiatement précédentes, dans les marchés de la Ville Royale la plus prochaine, eu égard à la différences des mesures, dont la partie débitrice sera tenuë de rapporter certificat en bonne forme, dûëment légalisé, sans lequel il ne pourra être admis à sa libération ; il en sera usé de même pour toutes les autres espéces de redevances et servitudes, de quelque nature qu'elles puissent être, et ce prix commun, ainsi établi, multiplié par 25. fera le montant et la liquidation de la somme à payer par les débiteurs, pour leur affranchissement. et en outre les deux sols pour livre d'icelle.

[315] IV.

Les payemens desdits rachats et extinctions, se feront par les débiteurs, ou leurs fondés de pouvoir entre les mains du Trésorier de nos revenus casuels, ses Commis et préposés, lesquels fourniront leurs récépissés, portant promesse de remettre aux porteurs, à toutes réquisitions, des quittances du Garde de notre Trésor Royal en exercice, de la somme qui aura été payée, et une autre des deux sols pour livre.

V.

A compter du jour de l'expédition des récépissés du Trésorier de nos revenus casuels, ses Commis et préposés, voulons que les débiteurs desdites rentes, redevances et servitudes, soient censés les avoir dûëment rachetées, éteintes et amorties ; et en conséquence, qu'ils soient quittes et déchargés de tous payemens envers ceux à qui elles étoient dûës, sans que sous quelque prétexte que ce soit, ils puissent intenter aucune action, ni exercer aucunes contraintes envers eux : Faisons défenses à tous Huissiers et Sergens, tant de Nous que des Justices Seigneuriales, de faire et signifier aucuns Actes pour raison de ce, à peine de 1000. livres d'amende, et à tous Juges d'en connoître, à peine d'interdiction, de nullité des Jugemens, et de prise à partie.

VI.

Comme plusieurs desdites rentes, redevances et servitudes, sont dûës, par différents héritiers, solidaires, fraîcheurs, compersonniers, et autres dénominations et [316] qualifications. suivant qu'elles sont en usage dans les différentes Provinces : Voulons qu'un seul, à défaut des autres, soit reçu à faire lesdits rachats et amortissemens en la forme et maniere portée au troisiéme article de cet Edit ; au moyen desquels, leurs ci-devant codébiteurs continueront à leur servir lesdites rentes, redevances et servitudes, jusqu'à extinction de chacunes de leurs parties, dont nous leur réservons la faculté perpétuelle, tant collectivement que séparément.

VII.

Au cas que quelques débiteurs desdites rentes, redevances et servitudes, ne jugeassent pas à propos, ou ne fussent pas en état de s'en affranchir, permettons à tous autres de les acquérir, sans qu'il soit besoin du consentement d'aucunes des parties y intéressées, activement ou passivement, en observant les formalités prescrites par l'article 3. Voulons, en ce cas, que les débiteurs continuent à servir et payer auxdits acquéreurs, lesdites rentes, redevances et servitudes, après que lesdits acquéreurs se seront faits connoître pour tels, par la signification des Récépissés qui leur auront été délivrés, par le Trésorier de nos revenus casuels, ses Commis ou préposés, à défaut de quoi les débiteurs pourront y être contraints, par les mêmes voyes, qu'ils l'auroient été par les Gens de Main-morte, à qui lesdites rentes et redevances appartenoient, réservant ausdits débiteurs la faculté perpétuelle de s'en libérer, collectivement ou séparément, toutefois et quantes.

VIII.

Déclarons ceux qui auront prêté leurs deniers [317] pour faire lesdits rachats et extinctions, soit aux débiteurs originaires, soit à ceux qui les acquéreront en leur lieu et place, subrogés à tous les droits, noms, raisons et actions rescindantes et rescisoires, des Gens de Main-morte, à qui il auroit été originairement dû ; et en conséquence, les fonds sur lesquels lesdites rentes, redevances et servitudes étoient assises et assignées, leur seront et demeureront spécialement affectés et hypotéqués par préférence et sans concurrence, et ce à compter de la date du titre primordial d'icelles, jusqu'à leur entier remboursement.

IX.

N'entendons comprendre dans les rentes, redevances, servitudes et autres charges dont nous accordons aux débiteurs la liberté de s'affranchir, celles qui peuvent être dûës, à cause des corps de Terres, Fiefs, Seigneuries et Justices, possédées par les Gens de Main-morte, qui continueront à être servies et payées par les possesseurs et détempteurs des héritages y sujets, comme du passé, sans aucune innovation à cet égard, soit que lesdits corps de Terre, Fiefs, Seigneuries et Justices proviennent et fassent partie des biens de la premiere dotation, soit que l'acquisition en ait été postérieurement faite par lesdits Gens de Main-morte.

X.

Pour que les Messes, Prieres, Obits, distributions d'aumônes, et autres charges pour lesquelles lesdites rentes, redevances et servitudes ont été établies, constituées, fondées, léguées et données, soient continuées [318] à l'avenir suivant les intentions et dispositions des Fondateurs, testateurs et donateurs ; voulons et ordonnons que ceux qui en auront fait le rachat, soit débiteurs originaires, soit acquéreurs à leur lieu et place, soient tenus de remettre dans trois mois, de la date, pour tout délai, à peine de toutes pertes, dépens, dommages et intérêts, aux Syndics, Procureurs, Administrateurs, ou autres qu'il appartiendra, régissant les biens des Gens de Main-morte, sur lesquels lesdits rachats ont été faits, les Récépissés en original du Trésorier de nos revenus casuels, les Commis ou préposés, dont ils leur fourniront leurs reconnoissances et décharges, pardevant Notaires aux frais desdits acquéreurs, au pied de copie desdits Récépissés, pour être lesdits originaux remis par les Gens de Main-morte, Procureurs, Syndics ou Agents, au Garde de notre Trésor Royal en exercice, qui, pour valeur leur délivrera une quittance de Finance, libellée suivant les titres primordiaux, qu'ils représenteront ; et en cas de refus par lesdits Gens de main-morte de recevoir lesdits Récépissés, voulons que la sommation qui leur en sera faite, et de suite, la consignation chez le premier Notaire Royal, vaille reconnoissance et décharge suffisante ausdits acquereurs, sans qu'il soit besoin d'aucune autre formalité, pour les faire jouir pleinement et paisiblement, de l'effet de leurs acquisitions et rachats.

XI.

Les Syndics, Procureurs, Administrateurs, Agens et autres gouvernant les biens des Gens de Main-morte, seront tenus de communiquer toutefois et quantes sans déplacer, aux acquéreurs desdites rentes et redevances, [319] les titres, pièces et procédures qui y auront rapport, même de leur en fournir des copies collationnées en bonne forme à la premiere réquisition, et aux frais desdits acquéreurs, à peine d'y être contraints par saisie de leur temporel, et de toutes pertes, dépens, dommages et intérêts.

XII.

Nous déclarons le produit de nos Domaines, spécialement affecté et hypotéqué, au payement de la valeur des rentes et redevances, qui par l'événement des rachats et remboursemens, autorisés par les dispositions du présent Edit, se trouveront être par Nous dûës aux Gens de Main-morte ; à l'effet de quoi Nous ferons comprendre annuellement dans les Etats desdits Domaines de chaque Généralité, au chapitre des fiefs et aumônes, le montant en un seul article de ce qui appartiendra à chaque Eglise, Monastere, Hôpital, Maladrerie, Maison de Charité, Ecole, Fabrique, Villes, Bourgs, Communautés, etc. sur tels Bureaux des recettes générales des Domaines, que les parties jugeront à propos d'indiquer, pour leur plus grande commodité ; et à défaut de fonds suffisant de notre Domaine dans quelques Provinces, sur les recettes des Tailles et impositions ordinaires, qui à cet effet y demeureront affectées et hypotéquées par préférence, et jusqu'à dûë concurrence ; Voulons que les payemens des sommes qui y seront employées, leur soient exactement et diligemment faits par les Receveurs, sans aucune diminution ni frais, même des droits de quittance, dont nous les avons expressément déchargés, ainsi que de tous droits d'amortissement et [320] centiéme denier, qui pourroient être prétendus par nos Fermiers, pour raison des conversions desdites rentes et redevances.

XIII.

Les difficultés et contestations qui surviendront sur l'exécution du présent Edit, circonstances et dépendances, seront instruites et jugées par les sieurs Intendans et Commissaires départis, pour l'exécution de nos ordres dans les Provinces et Généralités du Royaume, et par appel en notre Conseil ; Faisons défenses à tous Juges d'en connoître, à peine de nullité de leurs Jugemens, prise à partie, et de toutes pertes, dépens, dommages et intérêts. Si donnons en mandement, etc.

Nota. *Il sera nécessaire que Sa Majesté nomme des Commissaires, pour connoître des appels des Intendans.*

321 # SUR LE TABAC.

LE Tabac, qui fait maintenant un objet considérable dans les Finances du Roi, n'est connu en France que depuis l'an 1560. tems auquel les Espagnols l'apporterent des Indes.

Les peuples du continent de l'Amérique l'appellent ; *Petun*, ceux des Isles le nomment *Yoly* ; le nom de *Tabac*, lui a été donné de celui de *Tabaco*, Province du Royaume de Yutacan, où les Espagnols en virent pour la premiere fois.

Selon Baillard[1] le Tabac faisoit autrefois partie du culte que les Americains rendoient à leurs Dieux ; ils en mettoient sur le bucher au lieu de victimes. Ils le plaçoient sur les Autels, où il étoit l'objet de leurs adorations, et s'ils se trouvoient en danger par quelque tempête, ils en jettoient dans la mer, espérant de calmer, par cet hommage, le couroux du Ciel et des flots.

Jean Nicot, Ambassadeur de François II. auprès de Sébastien Roi de Portugal, en présenta à la Reine Catherine de Médicis et au Grand Prieur de France, au [322] retour de son Ambassade. C'est pourquoi cette plante fut connuë pendant quelques tems sous les trois noms de *Petun*, *Nicotianne* et *Herbe à la Reine*. Elle a été encore appellée *Herbe de Tournabon* et *de Sainte-Croix*, du nom de deux Cardinaux, dont l'un fut Légat en Portugal, et l'autre en France; Mais toutes ces différentes dénominations ont fait place à celle de *Tabac*, qui est maintenant la seule en usage.

Au rapport du Chevalier Chardin, le Tabac croît presque sans culture dans toute la Perse, et particulierement dans la Susiane et aux environs de Sëin-Persique ; mais on ne sçait si cette plante en est originaire, ou si elle y a été apportée d'Egypte, comme quelques-uns le prétendent.

Quoiqu'il en soit, on voit, dit-il « dans un Traité Géographique « de la Parthide, écrit en langue Persanne, que des Ouvriers tra-

1. Dans son discours sur le Tabac, *pag.* 29. (Note de l'auteur.)

« vaillant au rétablissement de la ville de Sultanie, trouverent des « pipes et du tabac haché dans une urne renfermée dans un monu- « ment, que l'inscription faisoit connoître avoir 400. ans d'anti- « quité. Si ce fait est aussi certain que Chardin l'assure, il faut que les Portugais renoncent à l'avantage d'avoir enrichi la Perse et l'Inde de cette plante ; Je dis, enrichi, parce que c'est effectivement un véritable trésor, soit à cause de l'augmentation qu'elle apporte aux Finances, soit à cause de ses vertus médicinales et salutaires.

« En effet, dit le même Baillard déjà cité, le Tabac contenant « beaucoup de soulphre, de sels et d'esprits, doit être considéré « comme une médecine ou Panacée universelle. C'est, ajoute-t-il, « le plus riche trésor dont le Ciel ait favorisé les humains, il réunit « toutes les qualités des [323] autres simples ; la nature ayant fait « ce miracle, ne devoit pas nous le cacher pendant tant de siècles, « et nous serions en droit de l'accuser d'injustice de ce qu'elle nous « a préféré des nations ensévélies dans les ténébres de l'ignorance « et de la barbarie.

Les Peuples de l'une et de l'autre Inde, chez lesquels croît le Tabac, en tirent de grands secours pour la guérison des playes et des maladies ; dans les commencemens qu'il a été connu en Europe, il étoit particulierement employé dans la médecine, et guérissoit ou soulageoit les maladies les plus dangereuses, et les plus opiniâtres. Jean Neander, Médecin habile de la ville de Leyden, dans son Traité du Tabac imprimé à Lyon 1626, en rapporte une multitude de cures qui tiennent du miracle. Le Président Nicot en avoit fait de très-extraordinaires, par la seule application de cette plante : Tous les Botanistes de ce tems lui attribuerent des vertus surprenantes, et par cette raison ils l'appellent l'*Herbe-Sainte*, ou *Saine-Sainte*. Mais aujourd'huy, nous ne lui reconnoissons presque d'autre mérite que celui de contribuer à notre amusement ; elle est devenue trop commune pour que nous ajoutions encore foi à ses vertus : elle n'en a cependant pas moins à présent, qu'elle en avoit il y a 150. ans. Mais tel est l'esprit de l'homme, il méprise ce qu'il possede, il court après ce qui le fuit, il néglige les choses les plus utiles et les plus salutaires, parce qu'elles croissent sous ses pas ; il met tout en œuvre, il s'épuise pour acquérir des choses indifférentes, parce qu'elles sont rares.

Le fameux Pietro Dellavalle de l'Academie des Humoristes, qui

voyageoit en Turquie en 1614. dit : « Que les Turcs étoient accou-
« tumés à prendre du Tabac en [324] compagnie, mais qu'il ne l'a
« pas voulu éprouver, quoiqu'il en eût déjà eu connoissance en
« Italie, ou plusieurs, dit-il, le sçavent prendre, et particulierement
« le Signor Cardinal Crescentio, qui s'en sert quelquefois par forme
« de médecine de l'avis du Signor Don Virginio-Urimo, qui a été
« le premier, si je ne me trompe, dit cet Auteur, qui l'a apporté
« d'Angleterre à Rome il y a quelques années : mais ici, continue-
« t-il, on en prend à toute heure par forme d'amusement et avec
« diverses postures inouies ; on en fait sortir la fumée par le nez ;
« ce qui me semble autant vilain, qu'ils l'estiment galant.

Quelques Navigateurs François découvrirent la Virginie en 1524. mais ils ne pénétrerent pas assez avant dans le païs pour connoître les mœurs des habitans. Les Anglois y jetterent le fondement de leur établissement en 1585. Ils trouverent que le Tabac y croissoit abondamment, et que le principal usage que les habitans en faisoient, étoit de le fumer avec des pipes en terre cuite. Ils apporterent cet usage en Angleterre, d'où il s'est ensuite repandu par toute l'Europe. Guillaume de Mera, Médecin à Delft, dit dans sa lettre au Docteur Neander, du mois d'Octobre 1621. qu'il a vû fumer, pour la premiere fois, à Leyde en 1690.

Il s'éleva un grand orage contre le Tabac en 1699. quelques Médecins soutinrent que l'usage en étoit mortel, d'autres ne blâmoient que l'excès ; la question fut souvent agitée dans des consultations particulieres. Enfin la Faculté en fit une Theze publique, à laquelle M. Fagon, premier Médecin du Roi, presida le 26. Mars audit an 1699.

Les Antagonistes de cette fameuse plante n'oublie[325]rent rien pour la décrier. Ils l'accuserent d'être acre, mordicante, corrosive, d'attaquer les nerfs, de faire perdre la mémoire ; mais le contraire fut prouvé par une multitude d'expériences qui en avoient été faites, soit par les opérations de la Chimie, soit par l'usage ordinaire ; Ensorte qu'il demeura pour constant et reconnu, qu'elle renfermoit plusieurs vertus très salutaires, et que l'excès seul en pouvoit être nuisible : vice commun à tout ce que la nature fournit de plus parfait. Le Vin, cette liqueur amie de l'homme, ce baume précieux, ce stomachique puissant, ne devient-il pas un poison par son excès ?

Le commerce du Tabac, découvert depuis 1560. ainsi que nous venons de l'observer, et dont on faisoit usage tout au tour de nous, fit si peu de progrés pendant le reste du seiziéme siécle et les premieres années du dix-septiéme, que nous ne trouvons aucunes Ordonnances ni Réglemens qui en fassent mention avant l'an 1629.

Le Roi alors informé qu'il entroit en France beaucoup de Tabac étranger, sans payer aucuns droits d'entrée, sous prétexte qu'il n'avoit pas été compris dans les anciens Tarifs et Pancartes, et que les Peuples, à cause du bon marché, en prenoient à toute heure, dont leur santé pouvoit être altérée, [1] ordonna par Déclaration du dernier Décembre audit an 1729. que tout le Petun, ou Tabac, qui seroit apporté des Païs étrangers dans le Royaume, payeroit à l'avenir 30. sols par livre pésant pour droit d'entrée. Et pour favoriser l'établissement et l'accroissement des Colonies et du Commerce, [326] cette même Déclaration exempta de tous droits le Tabac qui proviendroient des Isles Françoises.

Au rapport de Jean Neander Médecin de Leyden, ci-devant cité, il venoit dès le commencement de l'autre siécle, une si grande quantité de Tabac des Indes en Hollande, que quoique le droit d'entrée imposé sur cette plante par les Etats généraux, fût très-modique, cependant il produisoit plus de 30000. florins à la Caisse publique.

Les choses subsisterent en France, comme nous l'avons dit, jusqu'au 27. Septembre 1674. que le Roi, par Déclaration dudit jour, établit dans le Royaume la Vente et Distribution exclusive du Tabac, à ce déterminé par l'exemple des Princes voisins, et parce que le Tabac n'étant point une denrée nécessaire pour la santé, ni pour l'entretien de la vie, il trouvoit un moyen facile de soulager les Peuples d'une partie des dépenses de la guerre, sans cependant augmenter le prix en détail du Tabac [2].

En conséquence, le dernier Novembre audit an 1674. il fut fait, pour la premiere fois, Bail et Adjudication à Jean Breton, pour le temps de six années, de la Vente exclusive dans toute l'étendue du Royaume, de toutes sortes de Tabacs, avec faculté de vendre celui du crû du Royaume, 20. sols en gros et 25. sols en détail, et celui du Païs étranger 40. sols en gros et 50. sols en détail, moyennant la somme de 500. mille livres pour les deux premieres années,

1. Ce sont les motifs de la Déclaration. } Notes de l'auteur.
2. Ce sont les termes mêmes de la Déclaration. }

et 600. mille livres pour les quatre dernieres. Mais comme on joignit confusément à ce Bail le droit de la Marque de l'étain, consistant en un sol pour livre pésant de tout celui qui seroit fabriqué dans le [327] Royaume, et qu'alors c'étoit presque l'unique matiere de la vaisselle de table, la fayance n'étant pas encore fort en usage, ce droit faisoit une grande partie du produit, et l'on ne peut dire au juste quelle étoit la somme pour laquelle celui du Tabac entroit dans la totalité dudit Bail.

Cette Ferme a passé successivement des mains de Jean Breton en celles de Claude Boutet, Jean Fauconnet, Pierre Domergue, Pierre Pointeau, Thomas Templier, Nicolas du Plantier, Germain Gaultier, Charles Michault et Guillaume Fils, dont le Bail ne subsista que quatre ans, ayant été uni à la Compagnie d'Occident, sous le nom de Jean Lamiral pour six années, par Résultat du premier Aoult 1718. moyennant quatre millions vingt mille livres par chacun an, qu'il lui fut permis de retenir par ses mains, attendu que le Roi avoit aliéné pareille somme à son profit.

Ce privilége fut revoqué par Arrêt du 29. Décembre 1719. et converti en un droit à l'entrée, pour lequel ladite Compagnie devoit payer le même prix de quatre millions vingt mille livres: le commerce et fabrication furent déclarés libres, et permis à tous les Sujets du Roi. Mais afin de procurer l'accroissement du commerce et de la culture du Tabac dans les Colonies Françaises, et éviter la contrebande qui se faisoit avec facilité, pendant que les plantations étoient au milieu du Royaume, il fut défendu à toutes personnes, à peine de 10000. liv. d'amende, d'ensémencer leurs terres en Tabac.

Les produits se trouvant presque anéantis par la mauvaise régie de cette Compagnie, Sa Majesté, pour éviter la ruine entiere de cette Ferme, rétablit la Vente exclu[328]sive par Arrêt du 29. Juillet 1721. et par autre Arrêt du 19. Aoust suivant, Elle en accorda le Bail pour neuf années à Edouard Duverdier, à commencer au premier Septembre, moyennant treize cens mille livres pendant les treize premiers mois, dix-huit cens mille livres pour la seconde année, deux millions cinq cens mille livres pour la troisiéme, et trois millions pour les six dernieres années; et encore à la charge de payer à l'Adjudicataire des Fermes-Unies, pour tous drois d'entrée, sortie, passage, et autres, la somme de cent mille livres pour chacune des années de son Bail; lequel fut résilié par Arrêt du 6. Septembre 1723. rendu et aliéné de nouveau à la Compagnie des Indes, sous le nom de Pierre le Sueur, pour en faire la régie et exploitation ainsi qu'elle aviseroit, et pour son plus grand avantage, moyennant qu'elle quittât le Roi de quatre-vingt-dix millions de livres sur les cent millions qu'elle avoit porté au Trésor Royal par forme de prêt. Ce qui fut confirmé par Edit du mois de Juin 1725. et a subsisté jusqu'au premier Octobre 1730. que le Tabac a été réuni aux Fermes générales par Résultat du 5. Septembre 1730. pour deux années sous le nom de Pierre Carlier, et pour six années sous le nom de Nicolas Desboves, moyennant sept millions cinq cens mille livres pour les quatre premieres années, et huit millions pour les quatre autres, avec faculté de vendre le Tabac supérieur 50. sols la livre en gros et 60. sols en détail ; ainsi qu'il avoit été accordé à la Compagnie des Indes par les Arrêts des 26. Janvier et 2. Février 1726.

La culture du Tabac étoit trés-commune en France, et particulierement du côté de Bordeaux ; mais depuis l'Arrêt du Conseil du 29. Décembre 1719. et la Déclaration [329] du Roi du 17. Octobre 1720. toutes les plantations de l'intérieur ont été détruites, et il ne s'en cultive plus en aucun endroit du Royaume, si ce n'est en Alsace, en Artois et en Franche-Comté, dont on a pu laisser subsister les privilèges, ou plutôt l'usage avec moins de danger et d'inconvenient que dans les autres Provinces, parce que celles-ci sont frontieres et en dehors du privilége exclusif.

Avant la réunion eventuelle de la Lorraine et Barrois à la Couronne, il se cultivoit dans ces deux Duchés autour de 1800. arpens en Tabac, mais d'une qualité si inférieure à tous les autres crûs, que sans les encouragemens du Souverain, à qui il importoit d'empêcher que l'espece ne passât à l'étranger pour l'achat des matieres, ses sujets auroient abandonné cette culture il y a long-temps. Aussi les raisons politiques ayant cessé par cette réunion, les plantations ont cessé presqu'en même tems, sans effort et sans contrainte ; et les mêmes terres, qui consommoient un engrais infini, et qui étoient épuisées pour la culture du Tabac, ont été remises en bled, à la satisfaction des Seigneurs et Propriétaires. Les Ducs de Lorraine avoient établi le privilége de la Vente exclusive dans leurs Etats, à l'instar de la France ; et c'est en conséquence de cet établissement et de la police de leurs Réglemens, que cette Ferme y est actuellement régie.

Les plantations de Tabac étant libres dans le Comtat d'Avignon, dans la Principauté de Dombes et la Vicomté de Turenne, Sa Sainteté, par Traité du 20. Février 1734. fait avec Sa Majesté, s'est obligée de les détruire ; et le 20. Mars suivant, Elle a consenti Bail de la Vente exclusive du Tabac aux Fermiers [330] Généraux de S. M. qui ont aussi affermé ce même droit de M. le Duc du Maine dans la Principauté de Dombes ; et à l'égard de la Vicomté de Turenne, Sa Majesté en ayant acquis la propriété de M. le Duc de Bouillon, la Ferme du Tabac que les Fermiers Généraux tenoient auparavant de lui, s'est trouvée naturellement réunie au Bail général ; au moyen de quoi les versements ne sont plus à craindre de la part de ces Païs sur le privilége exclusif, et l'exploitation s'en fait avec plus de facilité.

Pour que la Ferme du Tabac pût être de quelque objet dans les Finances, il étoit indispensable de détruire, comme on l'a fait, les plantations de l'intérieur, par l'impossibilité qui auroit perpétuellement subsisté, d'empêcher qu'une bonne partie des récoltes ne fussent répandues en fraude ; mais il semble qu'avant de prendre ce parti, il auroit été nécessaire d'assurer la culture de cette plante dans nos Colonies, pour ne pas demeurer à la merci de l'étranger, et obligés de porter annuellement dans la balance de son commerce une contribution aussi exhorbitante.

L'Arrêt du Conseil de 29. Décembre 1719. qui défend la plantation dans le Royaume, à peine de 10000. l. d'amende, annonce bien que c'est pour procurer l'accroissement du commerce et de la culture du Tabac dans les Colonies Françoises. La Déclaration du dernier Décembre 1729. impose 30. sols de droits à l'entrée par chacune livre de Tabac étranger, et exempte ceux venant des Isles Françoises : Mais il falloit des moyens plus puissans et plus actifs. Il falloit fournir aux habitans de ces Colonies naissantes, des vivres, des vêtemens, des outils, des munitions, des armes, des places pour se [331] mettre à l'abri des insultes des Sauvages et de l'invasion de nos ennemis d'Europe ; c'est-à-dire, qu'il falloit conduire nos desseins à leur perfection, achever ce que nous avions commencé à grands frais, le soutenir et le protéger par une marine suffisante.

Privés des récoltes du Royaume, et en attendant que celles de nos Colonies puissent y suppléer, nous tirons depuis 1720. nos Tabacs de Virginie, de Mariland, et d'Hollande pour les qualités supérieures ; et pour les inférieures, de Flandres, d'Artois et d'Alsace, dont les Manufactures pour le Tabac en corde et en poudre sont à Dieppe, au Havre, à Morlaix, à Toulouse, à Tonneins, à Arles, à Clermont en Auvergne, et à Nancy en Lorraine.

Il ne paroît pas qu'il y ait aucune œconomie ni aucun arrangement à proposer quant à l'exploitation et à l'amélioration de la régie de cette Ferme, pour la rendre plus utile et en augmenter les produits ; l'intérêt, la vigilance et l'expérience des Fermiers Généraux, va certainement plus loin que toutes les refléxions que pourroient faire ceux à qui cette matiere est étrangere. Cependant on les a blâmé d'avoir poussé trop haut le prix de leurs Tabacs supérieurs, ou du moins de n'en n'avoir pas de qualité inférieure pour le commun du Peuple des Provinces. Il ne paroît pas juste, dit-on, de le tenter, et ensuite de le priver d'une denrée dont il auroit grande envie de faire usage : mais à laquelle il ne peut atteindre, parce que le prix surpasse ses moyens. D'ailleurs, il en résulteroit deux avantages qui paroissent évidens : L'un, que le bas prix du Tabac du Privilége, chasseroit celui de contrebande; et l'autre, que la consommation augmente[332]roit, non-seulement par cette raison, mais encore parce qu'il est certain que dans toutes les Provinces de l'intérieur où le Tabac a toujours été à haut prix, et où la fraude pénétre difficilement, une grande partie du menu peuple, et sur tout de la Campagne, ce qui fait le plus grand nombre, ne connoît pas le Tabac.

C'est ce que ceux qui ont eu occasion de parcourir ces Provinces, ont pû remarquer facilement. Mais une preuve plus sûre, c'est que la consommation s'est soutenue dans ces mêmes Provinces pendant les années 1740. et 1741. que le bled a été si cher, que sans les secours du Gouvernement et les charités des Particuliers, plusieurs seroient morts de faim : Doit-on croire que ces misérables se fussent privés de pain pour acheter du Tabac ? Et n'est-il pas plus naturel de penser que l'usage du Tabac n'a pas encore descendu au-dessous de la classe des aisés, lesquels, nonobstant la disette, ont été en état de continuer leurs achats ordinaires de Tabac ? Ce qui a soutenu la consommation, qui d'autre part n'a souffert aucune diminution par la privation de la classe inférieure, le haut prix ne lui ayant permis, jusqu'à présent, d'user de cette denrée.

On a encore improuvé l'Arrêt qu'ils ont obtenu, portant défense de vendre du Tabac rapé. Le fondement sur lequel cette défense est établie paroît bon ; c'est que le Tabac étant ainsi dénaturé, le faux ne peut plus être juridiquement distingué d'avec le vrai. Mais comme le plus grand nombre des consommateurs, n'a ni le tems de raper, ni les moyens de faire raper par autrui, il auroit donc fallu, pour y suppléer et tirer quelque avantage de cette contrainte, que la Ferme eût rapé elle-même.

[333] Si la défense de raper a produit quelque augmentation dans les ventes : c'est ce que le public ignore. Mais il est connu que le rapage n'a fait que changer de main ; il étoit auparavant dans celle des Débitans ; il est aujourd'hui dans celles des Suisses de maison et des Savoyards, sur lesquels la Ferme n'a aucun droit ni inspection, si ce n'est dans le cas où ils sont surpris en contravention : ce qui est fort rare, par toutes les facilités qu'ils trouvent à se cacher. Au moyen de quoi, elle paroît s'être volontairement dépouillée d'une police qu'elle pouvoit faire exercer à toute heure par ses Commis; et cela pour remedier à un mal qu'il ne sera jamais possible de guérir qu'en empêchant l'introduction de la contrebande à la frontiere : C'est à quoi le Conseil doit essentiellement s'attacher : sans matiere de fraude, il n'y a point de fraude ; quel avantage pour le Roi ! quel bien pour les Peuples, si, comme il est très-possible et très-facile à démontrer, la consommation de cette denrée libre, volontaire, indifférente aux besoins de la vie, pouvoit rendre le double de son produit actuel, c'est-à-dire, 16. millions aulieu de 8., qui, employés à la décharge des Tailles, soulageroient une multitude de contribuables qui plient, qui gémissent sous le faix des Impôts !

Chaque Citoyen perd toujours un peu de sa liberté dans l'exécution des Loix ; mais en même tems, elles lui procurent un dédommagement avantageux. La Vente exclusive du Tabac, est une contrainte, mais elle est nécessaire pour la levée d'un droit auquel cette consommation est assujettie ; et ce droit est le moins onéreux et le moins à charge de tous ceux que l'on peut mettre sur les denrées : Faut-il qu'il y ait une profession [334] dont les salaires soient fondés sur la désobéissance continuelle aux ordres du Souverain ? et faut-il que les fraudeurs trouvent par tout des complices ? Car c'est l'être que d'acheter d'eux.

Tous les hommes conviennent de ces principes généraux : ils sont trop sensibles pour s'y refuser. Cependant tous agissent comme s'ils étoient persuadés du contraire, toutes leurs démarches, tous leurs efforts sont opposés à la vérité qu'ils sentent ; Chaque Sujet devroit considerer un autre Sujet, comme une partie indivisible de lui-même, et se considerer les uns et les autres comme des parties indivisibles de l'Etat. Le systême de la société, rend nécessairement les biens et les maux communs.

Cette communauté de maux et de biens ne se manifeste pas à la vérité, ni directement ni dans le même instant ; mais elle n'en est pour cela ni moins certaine, ni moins indispensable, et tous ceux qui exercent les divers Employs devroient penser que la négligence et la collusion, privent l'Etat de ses revenus, et tarit par conséquent la source de leurs richesses et de leur propre subsistance ; parce que l'Etat ne subsiste que par l'Etat. Mais loin d'imaginer cet enchaînement et cette dépendance, l'erreur de quelques-uns va jusqu'à regarder la Police et la sévérité des Réglemens, comme une tyrannie à laquelle ils se croiroient deshonorés de prêter leur ministére. Quand on ne punit pas la fraude, c'est recompenser l'injustice ; parce que le fraudeur profite de la violation de la Loi, aux dépens de l'utilité publique.

« Tu es né, *dit l'Empereur Antonin le Philosophe*, pour remplir et parfaire un même corps de société ; toute [336] action qui « ne se rapporte pas à cette fin, sépare et divise cette société, et « l'empêche d'être une. Enfin, elle est séditieuse comme celui qui « fait une sédition, et une révolte dans un Etat, en rompant autant « qu'il dépend de lui, sa concorde et son harmonie.

---

[337]

SUR LES AYDES,

OU IMPÔT SUR LE VIN.

PLUSIEURS Auteurs prétendent que Chilpéric est l'auteur de l'Impôt sur le vin; et que son Domaine ne suffisant pas à sa dépense, il ordonna le premier qu'il seroit pris à son profit la quatriéme partie du vin qui seroit vendu : Voici ce que Mézeray en rapporte.

« Chilpéric et sa méchante femme Frédegonde, accabloient le « Peuple d'Impôts; ils avoient mis une amphore de vin; (l'am-« phore faisoit la septiéme ou huitiéme partie du muid) sur chaque « demi arpent de vigne, plusieurs autres charges sur les autres « natures de biens, et des tributs sur les têtes de leurs serfs, et « ensuite sur tous les hommes libres, ensorte que leurs Sujets s'en-« fuyoient de leur Royaume, comme d'un lieu de torture, et s'en « alloient peupler ceux de Gontran et de Childebert.

Les Etats assemblés à Paris, accorderent le même droit à Charles V. pour la rançon du Roy Jean son Pere, et en outre 12. den. par queuë de vin François, et 24. s. sur celui de Bourgogne entrant à Paris. Il est fait men[**338**]tion du droit de Quatriéme dans un Edit de Charles VI. de l'an 1408.

Cependant Montrelet dit, « que ce ne fut que Charles VII. qui « l'imposa, et qu'avant on ne levoit que le centiéme, qui fut suc-« cessivement mis au cinquantiéme, au vingtiéme, au huitiéme, au « sixiéme, et enfin au quatriéme : ce qui est de sûr, c'est que le « 31e Article de l'Ordonnance de ce Prince, de l'an 1352. établit « des Commis pour la visite et recherche des caves et celliers.

Louis XII. assujettit sans exception, tous ceux qui voudroient du vin en détail au payement du quatriéme, non compris toutefois ceux qui auroient droit et privilége au contraire.

Henri II. imposa 1. s. 2. d. sur chaque muid de vin qui entreroit à Paris.

L'an 1561, Charles IX. établit le nouveau subside de 5. s. sur chaque muid de tous les vins qui entreroient à Paris, que Henri III. porta jusques à 20. s.

Le même Roy établit le Gros en 1584. et ce fut aussi lui qui obligea les Cabaretiers et Taverniers de prendre Lettres de permission, pour avoir Enseigne ou Hotellerie.

Henri IV. confirma tous ces établissemens, et imposa de plus un nouveau droit sur le vin voituré en Bretagne par la Loire.

Louis XIII. et Louis XIV. non seulement ont suivi et confirmé ce qu'ils ont trouvé établi ; mais ils ont encore fait plusieurs augmentations, lesquelles ayant donné lieu à divers Réglemens, dont la multiplicité embarrassoit également les Juges et les préposés au Recouvrement, il fut dressé au mois de Juin 1680. une Ordon-[339]nance sous plusieurs titres, dans laquelle on a rassemblé, compilé et rédigé tout ce qui a rapport à cette matiere, soit pour le fonds du droit, soit pour la forme de la perception, soit enfin pour la procédure à observer, en cas de contestation ou de contravention.

Le premier Bail des Aydes a été fait en 1614. il n'étoit que de cinq cens dix mille livres, et le prix en étoit reçu par les Receveurs Généraux des Finances, conjointement avec la Taille.

M. de Boulainvilliers donna en 1716. un projet pour changer et rectifier les inconvénients de la perception du droit d'Aydes ; quoique défectueux il ne laissa pas d'être écouté, c'étoit de le supprimer entierement ; et pour en tenir lieu d'établir sur tous les Cabaretiers du Royaume, dans les Villes et à la Campagne, un droit de bouchon, dont il prétendoit que le produit pouvoit monter à vingt-quatre millions presque sans frais et sans surcharge, bien entendu que la vente du détail seroit réservée aux seuls Cabaretiers : voici son calcul.

Il y a en France 48112. Paroisses, moitié à la campagne, et moitié dans les Villes clauses. Parmi celles de la Campagne, il s'en trouve beaucoup où il n'y a point de cabarets, mais aussi beaucoup en ont trois ou quatre, sur quoi il estime qu'il n'y a point d'erreur à en donner un à chaque Paroisse de Campagne, ce qui fait vingt mille.

A l'égard des 28112. Paroisses restantes, il évalue les cabarets à

40000. ce qui fait en tout 60000, tant à la Campagne que dans les Villes, dont il y en a, sur tout à Paris, qui vendent jusqu'à 200. muids de vin, et qui payent par conséquent 7. à 8000. liv. par an, à raison de 36. liv. le muid, pendant qu'au moyen de son projet, le plus fort Cabaretier ne payeroit que 400. liv. et [340] le plus foible 50. livres, pourquoi il forme six Classes.

Sçavoir ;

10000.	*Cabaretiers* à	50.	500000.
10000.	.... à	100.	1000000.
10000.	.... à	150.	1500000.
10000.	.... à	200.	2000000.
10000.	.... à	300.	3000000.
10000.	.... à	400.	4000000.
60000.	....	——	12000000.

En doublant les plus foibles payeroient 100. liv. et les plus forts 800. liv. ce qui produiroit vingt-quatre millions.

On ne peut pas nier que la perception actuelle des droits d'Aydes n'ait besoin de réforme ; la variété de la quotité, et la multiplicité de ces droits, exigent une forme couteuse, compliquée, contentieuse, et qui donne des entraves au Commerce et à la consommation de cette denrée. Quelle funeste science dit M. Melon dans son Essai Politique sur le Commerce, « qui ne pouvant s'apprendre « qu'avec tant de difficultés pour les Fermiers, laisse de malheu- « reux redevables qui ne sçavent pas lire, accablés d'un monstrueux « assemblage de procédure? Mais le projet de M. de Boulainvilliers, en le détruisant, établit une source d'injustices, sans assurer cette partie des Finances du Roy. En effet, sans parler des priviléges des Provinces, des Villes, des Corps, Communautés et Particuliers auxquels il ne fait aucune mention, comment peut-on former un plan général et commun, sur une consommation qui dépend de tant de circonstances? La situation d'un cabaret, l'intelligence et l'activité du Cabaretier, lui attireront un débit prodigieux, pendant [341] qu'un autre cabaret moins avantageusement placé, et un Cabaretier moins entendu, ne vendra presque rien ; cependant ils devront payer également, parce qu'on les aura mis dans la même classe ; il n'y a nul principe, nulle proportion et nulle sureté dans les produits ; ceux qui gagneroient à ce marché payeroient bien ;

ceux qui gagneroient peu payeroient mal ; ceux qui perdroient ne payeroient point du tout.

L'objet du produit des Aydes est trop intéressant pour l'Etat, et trop indispensablement nécessaire aux dépenses de la Couronne, pour hazarder de renverser l'ancien établissement, et adopter un systême qui au premier coup d'œil présente tant d'inconvéniens, et d'incertitude dans le produit : ainsi la prudence veut que l'on s'en tienne à l'usage actuel, jusqu'à ce qu'il paroisse un projet d'une exécution plus simple et plus avantageuse. Il y a des maux connus que l'on est obligé de laisser subsister dans la crainte d'un plus grand mal ; et faute d'un remède sur le succès duquel on puisse compter, en attendant qu'il soit trouvé, voici celui dont il seroit à désirer que l'on pût faire usage.

Les vins des bons crûs de France sont constamment supérieurs à ceux des autres Païs, pour l'usage ordinaire de la table. Ils sont sans goût de terroir et sans liqueur ; ils ont de la force sans être fameux, et du corps sans être âcres ; il se fait aussi avec les vins des petits crûs une quantité d'Eau-de-vie, qui passe pour la meilleure et la plus saine du monde, et dans quelques Provinces on fait du cidre et de la bierre.

Le vin et les autres liqueurs fermentées sont nécessaires à la santé, et l'on ne sauroit en priver les hommes sans courir risque de l'altérer ; il se peut faire que [342] l'eau soit une boisson plus naturelle et plus saine ; mais il faudroit ne s'être pas accoutumé à un autre régime.

Le Commerce de ces deux liqueurs a deux objets, la consommation qui s'en fait au-dedans, et la vente qui s'en fait au-dehors ; l'un et l'autre sont très-considérables, très-intéressans, et sont une des plus grandes sources des richesses de l'Etat. Pour en tirer tout l'avantage possible, il conviendroit,

1°. Quant à la consommation du dedans, au lieu de cette multitude immense de différens droits, les réduire tous à un seul, uniforme, raisonnable, et tel qu'il ne pût nuire à la culture des héritages, et au désir que chacun a de travailler et de faire produire à la terre tout ce qu'elle est capable de rendre.

2°. Imposer ce droit ainsi réformé, seulement sur la vente en détail, en prenant les mesures et les précautions convenables pour empêcher les fraudes, et laisser subsister des droits d'Octrois, et autres qui se perçoivent sur les boissons à l'entrée des Villes où il y en a d'établis.

3°. Assujettir à ce nouveau droit, les Provinces où les Aydes n'ont point eu cours jusqu'à présent, nonobstant leurs privilèges et l'usage.

Je sens les objections que l'on peut faire sur cette proposition, et particulièrement sur le dernier article: mais on doit sentir pareillement les avantages qui résulteroient de cette uniformité, et en saisissant le tems et les circonstances convenables, et faisant trouver à ces Provinces une diminution proportionnée sur les autres Impôts, dont on pourroit se remplacer sur les Provinces qui gagneroient au changement ; il s'en manque bien qu'on doive le regarder comme impraticable, et il faudra toujours moins de génie pour changer cette Imposition en un droit simple, qu'il n'en a fallu pour imaginer les Loix qui subsistent aujourd'hui.

Ce qui vient d'être dit à l'égard du vin, devroit avoir lieu pour le Cidre et l'Eau-de-vie ; mais pour la Bièrre, comme les Brasseries consomment une grande quantité de grain qui pourroit être plus utilement employé, et que la consommation de cette liqueur nuit à celle du vin, il conviendroit de régler le droit qui se paye à la fabrication, à proportion de la valeur du prix des grains au mois de Janvier de chaque année ; ensorte que dans celles qui seroient abondantes, le prix de la Bierre s'en trouvât augmenté d'un tiers ou d'un quart ; et que dans les années de disette, le droit fut assés fort pour empêcher de brasser, c'est ce qu'on appelle en Finance droit exclusif.

Quant au Commerce du-dehors, le favoriser autant qu'il seroit possible, en le débarrassant de toutes les entraves ausquelles il est assujetti, et en réduisant les droits de sortie tant par terre que par eau, et par mer à un endroit uniforme, unique et modique. La maxime fondamentale du Commerce, est de procurer par toutes voyes, la sortie et le débit des denrées surabondantes du crû, et des fabriques d'un Etat, et d'éloigner l'entrée de tout ce que l'art ou la nature donnent à cet Etat en quantité suffisante.

Les avantages qui résulteroient de cette augmentation de Commerce, et consommation intérieure et extérieure, ne tarderoient pas à influer sur toutes les autres branches, par l'abondance des espèces qui entreroient dans le Royaume, et par le plus grand mouvement de celles qui y sont déjà.

[344] L'Auteur du détail de la France, dont les réflexions ne sont point à mépriser, dit au second volume page 15. en parlant de l'ex-

cès et de la multiplicité des droits d'Aydes, « que dans la seule élec-
« tion de Mante, le revenu des vignes, tant par un abandon entier
« de la plus grande partie, quoique autrefois d'un très-grand produit
« aux propriétaires, que par diminution sur celles qui subsistent
« encore, va de perte à deux millions quatre cens mille livres de
« compte fait par un calcul juste et certain vérifié sur les lieux ; et
« que comme les revenus en fonds, bien que menant ceux d'indus-
« trie, n'en sont point la quatrième partie, ces derniers les excédant
« beaucoup davantage, c'est plus de dix millions de perte en pur
« nantissement sur une seule Election ; et que ce sort étant arrivé
« à l'Election de Mante par une cause générale à tout le Royaume,
« on en peut tirer les mêmes conséquences, et supporter certai-
« nement la même perte pour toute la France ».

Si-tôt qu'une marchandise est poussée au-delà de sa valeur naturelle, la consommation cesse ou diminue considérablement ; si-tôt que les droits imposés sur une denrée sont trop forts, il ne manque pas de produire ces mêmes inconvéniens, d'où il en résulte nécessairement un troisième qui est la diminution du droit même : ainsi l'on ne sçauroit avoir trop d'attention à entretenir cette juste proportion, sans laquelle le Commerce ne peut subsister; les cultures cessent ou s'affoiblissent; les revenus de la Nation diminuent dans toutes leurs parties, parce qu'elles ont entr'elles une liaison intime et indissoluble; et la richesse du Prince s'anéantit, parce qu'il n'en a d'autre que celle de ses Sujets.

[345] # SUR LA GABELLE,

sur les Sources salées, sur la Salaison des Fromages, sur le Chlot-Terre ou Crasse des Poësles, Expériences analitiques sur le Sel, et Bâtiments de Graduation.

SUR LA GABELLE.

La Gabelle est un Impôt sur le Sel que le Roy seul a maintenant droit de lever en France.

Le mot de Gabelle étoit autrefois dénominatif de toutes sortes d'Impositions ; on l'employe même encore suivant son ancienne signification, dans les stipulations de Traités de Paix et de Commerce entre les Puissances, ainsi qu'on le peut voir à l'article 7. de celui du Commerce, fait avec les Etats [346] Généraux des Provinces-Unies, le 11. Avril 1713, mais à cette exception près, il est demeuré propre à l'Impôt sur le Sel, et lorsque l'on parle de Gabelle, on n'entend plus que le droit de vendre du Sel.

Les Seigneurs en jouissoient anciennement, et l'on a vû jusques bien avant sous la troisième Race, de simples Seigneurs Hauts Justiciers l'exercer sur leurs Vassaux, par une suite ordinaire des usurpations devenues faciles dans ces tems, qui avoient si honteusement ravalé la Souveraineté.

La Loy civile n'interdit point aux Particuliers la possession et la propriété des Salines, mais la disposition du Droit commun veut que le débit n'en puisse être licite, sans le vouloir et la permission du Prince. C'est le sentiment de tous les Jurisconsultes, et ce seroit ignorer les faits de l'antiquité les plus connus, que de croire, comme quelques-uns le disent, les Roys de France Inventeurs de cette contribution. On la voit dans tous les tems, et dans toutes les Républiques unie au Fisc, et perçue au nom du Souverain.

Quand Artaxerces Roy des Perses renvoya Esdras en Jérusalem, il ordonna entr'autres choses, que les Fermiers du Sel lui en fourniroient sans compte et sans payer.

Demetrius Roy de Sirie pour gagner l'amitié des Juifs, contre Alexandre fils d'Antiochus leur remit la Gabelle ou Impôt du Sel, et son fils leur en abandonna les greniers.

Au rapport d'Athenée, Lysmaque Roy de la Troade mit un Impôt sur le Sel qui lui fournit de grands secours; et ce n'est que par le produit de cette contribution, ou [347] par le commerce du Sel, que la Ville de Palmyre avoit acquis des Richesses si prodigieuses, que le Récit en paroîtroit fabuleux, si ses ruines ne nous prouvoient pas encore les merveilles de sa grandeur, et de sa magnificence.

Dès la naissance de Rome Ancus Martius regarda comme Droit Royal le privilége de vendre le Sel, et en fit une Ferme exclusive, il fut remis au Peuple par Valerius Publicola après la guerre des Tarquins, et rétabli et éteint plusieurs fois suivant les besoins du Gouvernement, jusqu'à la Dictature de Fabius Maximus, qu'il fut remis sur pied par M. Livius Censeur, qui par cette raison fut surnommé *Salinator*, ou le Saunier.

Depuis ce tems le Sel fit toujours partie des revenus du Fisc Romain, comme nous le voyons par plusieurs monumens, et notamment par la Loi XI. cod. de *vectigal. et comm.* qui nous apprend que tous Particuliers de quelque qualité qu'ils fussent, étoient obligés d'acheter le Sel des Fermiers de la République et non d'autres; l'article XIX. de l'Ordonnance de François Premier du mois de Juillet 1544. semble copiée mot à mot sur celle des Romains.

Les Salines d'où les Romains tiroient leur Sel étoient près d'Ostie, et le supplice des femmes dont les crimes n'étoient pas capitaux, étoit d'y être condamnées, comme celui des hommes de l'être aux métaux.

Cependant nous n'avons commencé à connoître la Gabelle en France, que depuis l'an 1286. Quelques historiens prétendent qu'elle doit son établissement à Philippe-le-Bel; mais le plus grand nombre, et tels sont le Bret, Beschefer, Corbin, Ducrot, etc. l'attribuent à Philippe-le-Long; ce fut-lui, à ce qu'ils assurent, qui le [348] premier mit un double par livre pesant sur le Sel; par Edit de l'an 1318. par un Traité de l'an 1320. il acquit du Comte de Forests et autres Seigneurs les Salins du Languedoc, moyennant une indemnité aux Propriétaires, et il déclara que la Gabelle ou

Impôt sur le Sel étoit un Droit Domanial et Royal, copiant pour cette disposition la Loy 17. cod. *vectigal. et comm.* comme nous venons de voir que François Premier avoit copié la XIe.

Pasquier, Guillaume de Nangis, Gaguin, le Pere Petau, et autres rapprochent cette époque jusqu'à Philippe de Valois ; ce qui est certain, c'est que ce Prince imposa 4. den. par livre pesant, et qu'il institua les Greniers et le débit exclusif du Sel, comme il est prouvé par les Annales d'Aquitaine, d'où Edouard Roy d'Angleterre prit occasion de l'appeller par raillerie l'Auteur de la Loy Salique.

Il avoit promis d'abolir cet Impôt sitôt qu'il seroit délivré de ses ennemis, mais il y a apparence qu'il ne put satisfaire à cet engagement, dont il remit l'exécution à son successeur le Roy Jean, qui en effet paroît avoir laissé libre le commerce du Sel, ainsi qu'on peut l'inférer de son Réglement, rapporté au premier volume des Ordonnances titre des Marchands sous l'année 1350.

Les Etats assemblés à Paris l'an 1358, accorderent au Dauphin son fils l'ancien Impôt de 4. den. par livre pesant, pour être levé pendant un an seulement, et employé au payement de la rançon du Roy ; mais devenu Roy lui-même sous le nom de Charles V. il réunit à perpétuité le commerce du Sel au Domaine Royal, et depuis ce tems il est constamment resté dans la main du Souverain, qui en fait faire la régie, vente et distribution par ses Fermiers ; ce qui est conforme aux Loix et [349] au Gouvernement de l'Empire Romain, comme il se voit lib. 4. tit. LXII. *de vectig. novis institui non posse.* Il n'est permis à personne de vendre du Sel dit cette Loi, sans la permission des Fermiers, sous peine d'amende et de confiscation applicables à leur profit.

Le Roy Charles VI. ordonna qu'il seroit levé deux deniers par livre pesant, outre les quatre anciens. M. le Bret qui dans ses Plaidoyers suit le progrès de cette Imposition avec assez d'exactitude, ne nous apprend point qu'il y ait été fait d'augmentation par Charles VII. mais bien que Louis XI. la porta à un sol ou 12. den. par liv.

Elle demeura en cet état pendant les Regnes de Charles VIII. et de Louis XII. mais François Premier répara bien le tems perdu ; le Duc de Cleves s'étant jetté sous la protection de la France, pour éviter que l'Empereur ne s'emparât du Duché de Gueldres, dont il lui avoit refusé l'investiture, François Premier pour engager davantage ce Prince, lui fit épouser Jeanne d'Albret fille de Henry Roy de Navarre, les nôces se célébrerent avec une profusion que l'on fit payer bien chérement au Peuple, dit Mezeray, aussi les nomma-t-on *les nôces salées* ; il imposa tout d'un coup 24. liv. par muid composé de 48. minots ou quintaux, à quoi il ajouta 25. liv. l'année d'après.

L'Impôt du Sel n'étoit pas uniforme dans la Royauté ; en Poitou, Xaintonges, Aunis, Angoumois, Haut et Bas Limosin, Haute et Basse Marche, le Roy levoit le quart et demi du prix de la vente, dont le produit étoit ordinairement employé au payement du Douaire des Reines ; mais après la mort de Marie d'Angleterre, veuve de Louis XI. le roy l'appliqua à son profit : dans [350] les autres Proeinces et Villes du Royaume le Droit étoit de 45. livres par muid.

Pour le recouvrement de ces différens Droits, il avoit été statué que le Marchand ameneroit son Sel, dans les Dépôts ou Greniers qui lui étoient indiqués, qu'il représenteroit sa facture aux Officiers de la Gabelle pour en constater le prix marchand, et celuy du Roy ayant été constaté par le Général des Finances, il étoit vendu au Public, et le produit remis aux Receveurs du Roy, le prix du Marchand préalablement déduit.

Cette forme et cette variété de perception dura jusqu'en 1540. que le Roy de l'avis des Grands et de son Conseil, ayant estimé qu'un Droit uniforme dans tout le Royaume, conviendroit mieux à l'avantage de ses Finances, et au soulagement de ses Sujets, rendit un Edit par lequel il permit à toutes sortes de personnes de vendre, revendre, et distribuer du Sel partout le Royaume, moyennant une somme de 45. livres par muid pour tous Droits, supprimant à cet effet les Greniers cy-devant établis, et pour veiller à la perception du Droit et à la fidélité de la distribution, il créa plusieurs Officiers par Edit donné à Châtelleraull au mois de Juin 1541.

Les Habitans du Poitou, la Rochelle et autres cy-devant cités, virent cet établissement avec peine ; ils remontrerent que l'avantage que le Roy avait dessein de procurer par cette uniformité, étoit un vrai mal pour eux, que le Droit du quart et demi qu'ils payoient cy-devant, n'étoit pas si fort que celui de 45. liv. par muid dans le Pays de Gabelle, et que si le Roy vouloit que cet arrangement subsistât, il devoit diminuer leurs Tailles à proportion de celles des Pays de Gabelles, qui avoient [351] toujours été moindres, pour observer par-là une sorte de compensation et d'égalité, dans la distribution des Charges générales que chaque Province devoit supporter.

Des remontrances le Peuple passa au soulevement et à la rébellion ; bientôt on vit plus de 120. mille hommes en armes dans ces Provinces, qui commirent une infinité de désordres, et se porterent aux plus grands excès jusqu'à tuer plusieurs Officiers de Gabelle, et même le Sieur de Monneins Lieutenant Général au Gouvernement de Guyenne ; en sorte que le Roy fut obligé d'y envoyer une armée commandée par le Connétable de Montmorency ; il agit moins en Général qu'en Négociateur ; il écouta leurs plaintes, il en rendit compte au Roi, qui touché de compassion, et déterminé par la circonstance des tems, leur pardonna leur rébellion, et par ses Lettres Patentes dattées d'Amiens au mois de Septembre de l'an 1549. supprima la Gabelle et les Greniers dans lesdites Provinces, les remettant dans leur ancienne forme à cet égard, à la charge par eux de remettre entre les mains du Receveur Général des Finances de Poitiers, la somme de 450. mille livres tournois ; de rembourser dans le cours d'une année, tous les Officiers de Gabelle, des sommes payées au feu Roy pour l'acquisition de leurs Offices, et de faire valoir le quart et demi quart de Droit sur le Sel présentement rétabli, jusqu'à la somme de 80. mille livres chacune année, toutes charges déduites, au moyen de quoi il seroit permis aux Etats desdits Pays d'affermer en gros ou en détail le susd. Droit de quart et demi quart, sauf à eux à parfaire le surplus en cas d'insuffisance.

[352] Mais l'exercice de cette Ferme ayant encore causé quelques troubles, et paru onéreuse à ces Peuples, ils suppliérent S. M. en 1553. de leur permettre de s'en racheter, en amortissant sur le pied du denier 12. les 80000. l. qu'ils étoient obligés de payer en conséquence de l'Edit de 1549. Ce qui fut accepté et autorisé par Edit du 6. Décembre 1553. qui leur accorde la faculté de pouvoir librement vendre, débiter, troquer, échanger, distribuer et transporter tant par mer, par riviere que par terre, tout le Sel qu'il leur plairoit, moyennant la somme de 1194. mille livres, supprimant au moyen de ce, toutes les Charges et Offices créés pour raison de la perception du quart et demi quart. Les transports de Sel desdits Païs dans ceux de Gabelle furent défendus, sous peine de confiscation de corps et de biens ; et il leur fut pareillement défendu de faire Salorges, Boutiques et Amas de Sel à une lieue desdits Païs de Gabelle, qui furent réculés jusqu'à cinq lieues, par autre Edit du 18. Avril 1599. toutes lesquelles dispositions ont été confirmées par les Roys successeurs, et subsistent aujourd'hui, d'où ce Païs a été nommé *Païs Redimé.*

Depuis le Régne de François Ier l'espèce étant devenue plus commune, à cause de la découverte du nouveau Monde, et les dépenses ayant augmentées à proportion, le prix du Sel a dû suivre cette progression; nous avons laissé sous ce Prince le muid de Sel à 45. l. déduction faite du prix marchand, ce prix subsista depuis 1542. jusqu'en 1576. qu'il fut porté en 189. livres par Henry III. à la tenue des Etats de Blois. Le motif de cette augmentation fut, que la sécheresse ayant fait manquer [353] la fabrication du Sel dans tous les Marais Salans, il fallut en aller chercher à grands frais jusqu'en Portugal ; mais qui ne furent cependant par si considérables que l'augmentation. Louis XIII. a porté le muid jusqu'à 669. liv. Louis XIV. à 1135. liv. dès l'an 1614. et maintenant il coûte environ 2450. liv. ce qui fait considérer cette partie comme un des principaux objets des Finances.

Après que les Magasins du Roy sont fournis, du Sel nécessaire pour la consommation du Royaume, les Etrangers peuvent enlever le reste. François Ier leur accorda cette permission, pour les détourner d'en aller chercher en Portugal, qui retiroit un grand avantage de ce Commerce. L'Etranger ne sçauroit se passer du Sel de France; c'est en effet le meilleur qui soit connu. Les Hollandois se crurent ruinés lorsque Charles-Quint leur défendit ce Commerce avec nous ; Notre Pêche, lui dirent-ils, est notre plus grande richesse, et nous ne pouvons la conserver, et la transporter dans les Païs éloignés, qu'avec le secours du Sel de France.

Plus le Païs où le Sel se forme est voisin de l'Equateur, plus le Sel est âcre et corrosif ; celui qui se fait trop près des Pôles n'a ni force ni consistance. Les Salins de Brouage et des environs sont dans une si juste température, qu'ils forment le meilleur Sel de l'Europe et peut être de l'Univers ; ensorte que si le Roy jugeoit à propos d'en augmenter le prix pour l'Etranger, on est persuadé qu'il n'en enleveroit pas moins, parce qu'il ne sçauroit s'en passer. Mais ce seroit un mauvais conseil à lui donner; en fatiguant le Commerce par des entraves, ou par une trop forte augmentation du prix des denrées, il s'éfa[354]rouche, il se fraye souvent d'autres routes auxquelles on ne se seroit pas attendu, et il s'éloigne sans retour. La manière la plus sûre de gagner toujours, est de ne vouloir jamais trop gagner.

Quoique l'Ordonnance de Louis XIV du mois de May 1680 ait rassemblé tout ce que la prudence et une expérience de plusieurs siecles ont pû suggerer pour l'ordre, la Police et la Jurisdiction de cette partie ; cependant plusieurs personnes ont crû que la régie pouvoit s'en faire d'une maniere encore plus simple et moins dispendieuse. On a donné en différens tems des projets aux Ministres à ce sujet, mais contens de l'ancienne pratique, et peu sûrs de l'événement des nouvelles propositions, aucun n'a osé les mettre à exécution dans la crainte de ruiner un produit certain pour un avantage douteux.

Le Sel étant une denrée absolument nécessaire à la vie, et dont chacun fait une consommation proportionnée à son bien et à ses facultés, il est constant qu'en établissant sur cette consommation, un droit auquel personne ne pût se soustraire. On auroit trouvé le secret important d'une contribution générale et proportionnée, qui rendroit le Roy plus riche et le plus puissant Prince de l'Univers, et ses Sujets les plus heureux : Une juste proportion dans les Impôts est le seul avantage qui manque à ce Royaume.

Les causes qui ont engagé les Spéculatifs à chercher une autre forme que celle qui se pratique actuellement, sont l'inégalité qui s'est introduite dans les Païs d'Impôts. Le prix excessif du Sel qui en diminue considérablement la consommation et le Commerce, en empê[355]chant les salaisons, l'engrais et la nourriture du bétail, les frais immenses ausquels cette contribution assujettit, la tentation et la facilité du faux-saunage, les procès, les condamnations et les prescriptions qu'elle occasionne.

François Ier connoissant ces mêmes inconvéniens, chercha à y remedier en rendant le Sel marchand, comme nous l'avons vu cy-devant expliqué, mais une partie du Royaume s'y opposa, et le Roy ne tira aucun avantage de l'autre, presque tout le Sel se vendoit en fraude de son Droit, et ce nouvel établissement fut l'occasion d'un nouveau monopole : plusieurs Particuliers acheterent tout le Sel des Salines, et comme on étoit forcé de passer par leurs mains, ils le vendoient le prix qu'ils vouloient, ensorte que celui du Marchand étoit exhorbitant. Ce n'est pas le premier monopole de cette espèce ; Nous voyons une Ordonnance de Louis Hutin du 12. Septembre 1315. pour faire la recherche de pareils Magasins, et confisquer tous les Amas de Sel, ensemble les biens de ceux à qui ils appartiendroient.

M. le Cardinal de Richelieu dont les vûes ne se bornoient pas aux seules affaires politiques, avoit fait plusieurs réfléxions sur les avantages que l'Etat pouvoit tirer de la proposition qui résulte de la consommation du Sel ; il avoit projetté de rendre le Roy Propriétaire ou Fermier de tous les Marais Salins du Royaume, de mettre sur le Sel qui y seroit enlevé une Imposition égale, quelque pût être sa destination pour les différentes parties du Royaume, de supprimer tous les Greniers à Sel, les Officiers qui les composent et les Gardes de Gabelle ; d'établir dans le lieu même de ces Marais, la régie qui devroit être observée pour la manutention, l'ordre, [356] la police, l'achat, l'enlevement et la conduite des Sels ; ensorte que le Droit une fois acquitté, il auroit pû traverser toutes les Provinces du Royaume librement ; et il avoit même dessein d'en faire l'Imposition générale et unique de l'Etat, mais des affaires plus pressantes ne lui permirent pas d'exécuter son projet.

« Je mets les abus et les véxations que cause la Gabelle, dit « Mr de Sully dans ses Mémoires tom. 6. p. 5. au niveau de ceux « de la Taille, Je n'ai jamais rien trouvé de si bizarrement tyran- « nique, que de faire acheter à un Particulier plus de Sel qu'il n'en « veut ou n'en peut consommer, et de lui défendre encore de vendre « ce qu'il a de trop. Je m'en expliquois un jour de cette maniere « en m'entretenant avec le Roy : il me demanda un Mémoire « détaillé sur toute cette matiere, de ce que coûtoit le Sel d'achat « aux Salines, des frais que l'on y faisoit, de là jusqu'à sa vente, « de sa distribution dans les Greniers, et autres questions qu'on « peut faire à ce sujet. S. M. ne me dit point à quelle fin Elle me « demandoit ce Mémoire. Je me hâtai de le dresser le mieux que je « pûs et à peu-près, parce que suivant les raisons que j'y exposois, « on ne peut marquer au juste la valeur des choses ; mais il ne pro- « duisit aucun effet, et tout demeura à cet égard comme il étoit « auparavant. Tant il est difficile de détruire ce que la précipi- « tation, l'ignorance et le défaut de vûes de ces anciens, qu'on veut « nous donner comme infaillibles, ont mis de mal dans les pre- « miers établissemens, lors même que d'autres Impositions, comme « le Dixiéme, et les Entrées semblent en indiquer si clairement les « moyens, et en applanir les voies, à quoi son éditeur ajoute :

[357] « On sçait combien la Gabelle rapporte au Roy de net, tous « frais déduits ; et il n'est pas difficile de sçavoir conséquemment « à quoi ces frais montent pour chaque minot de Sel : Pourquoi le « Roy ne prend-il pas tout d'un coup le prix de chaque minot de

« Sel de premier achat sur les Salines mêmes ? Il y a long-tems que « l'on fait cette question, et elle est toute simple. Le Cardinal de « Richelieu, et une infinité d'autres habiles politiques après lui, « décident tous d'une voix contre un Impôt dont la régie n'est pas « seulement onéreuse par sa forme, mais encore injuste par son « peu d'uniformité. Il trouve à la vérité de grandes difficultés à la « changer, mais ce changement une fois fait, paroit en recompense « une des principales sources du soulagement et de l'opulence de « l'Etat tout à la fois. Le Cardinal de Richelieu qui est celui qui en « parle en ces termes, ajoute que ce qu'il avoit connu de Sur-« Intendans les plus intelligens égalent le produit de l'Impôt du Sel « levé sur les Salines même, à celui que les Indes rapportent au Roy « d'Espagne.

Mr de Colbert avoit eu le même dessein. Son projet avoit été généralement applaudi et l'Auteur du Testament Politique de Mr de Louvois, est le seul qui le blâme : Instruit de la jalousie qui a toujours subsisté entre ces deux Ministres, il a crû devoir les faire contrarier jusques dans les choses qui en paroissent le moins susceptibles. Voici le langage qu'il fait tenir à Mr de Louvois, page 398.

« La Couronne n'auroit tiré aucun avantage de cet établissement, « en ce que les Revenus n'auroient pas augmenté, parce que les « Provinces privilégiées étant [358] taxées en considération et à « proportion de ce privilége, il auroit été nécessaire de leur faire « diminution du montant de cette nouvelle charge.

« Les Officiers des Gabelles font au besoin des sources si fécondes, « qu'elles produisent plus que ne font tous les autres Officiers de « Finances du Royaume.

« Enfin l'on seroit privé de l'utilité des Gardes, capables d'arrêter « les séditions dans leur naissance, d'empêcher les assemblées illi-« cites, de faire payer les Impôts et d'atterer les familles dont on « ne seroit pas content : Ce sont, dit-il, des instrumens d'une si « grande utilité, qu'il ne sçait rien qui en approche.

Ces objections sont si foibles, et les avantages du projet si sensibles, que ceux-ci sont autant au-dessus du blâme, que les autres sont au-dessous de la critique : Les plus grands Roys et les plus grands Ministres que la France ait eu y auroient-ils insisté ? En auroient-ils fait tant d'éloges, s'il avoit été aussi vicieux que l'Auteur du Testament politique de Mr de Louvois le prétend ?

Une Populace aveugle et mutine s'oppose au bien que François Ier veut lui faire ; il est obligé de céder au tems et aux circonstances. Henry IV. à peine affermi sur son Trône ne croit pas qu'il soit prudent de fournir aux Réligionnaires des prétextes pour renouveller leurs mouvemens séditieux. Le Cardinal de Richelieu, seul Ministre, occupé de Guerres étrangeres et intestines, veut humilier les Grands, et affermir l'Autorité Royale, avant de tenter des réformes. Mr de Colbert, contrarié par ses envieux, ne peut parvenir à mettre à exécution celui de ses desseins qu'il avoit le plus à cœur ; Mais ces difficultés, ces oppositions que les événemens des diffé[359]rens Régnes ont fait naître détruisent-elles le mérite de l'entreprise ? La constance de tant de Grands Hommes à suivre cet établissement, les suffrages et les éloges que lui ont donné tous ceux qui en ont parlé ne sont-ils pas au contraire de sûrs garans de sa bonté et des avantages qu'il devroit produire ?

M. de Boulainvilliers dont les Mémoires ont été mis au jour, et qui sans doute avoit de bonnes intentions, profita en 1716. de rendre le Sel marchand, et d'y substituer un Droit d'amortissement, qui n'est autre chose qu'une Capitation générale distribuée par classes, laquelle produiroit selon lui, plus de 220. millions, sans incommoder personne ; mais comme cet Auteur n'indique aucune régle fixe ni aucun pied certain, pour établir et maintenir la proportion de ces classes, suivant les moyens et facultés d'un chacun, cette proposition pécheroit par la partie la plus essentielle : La lézion et la véxation augmenteroient au lieu de diminuer, et l'exécution ne pourroit par conséquent s'en soutenir.

Le Sr de Fougerolles avoit présenté un Projet à peu près semblable en 1711. et c'est apparamment sur celui-ci que M. de Boulainvilliers avoit formé le sien ; mais ayant été examiné par le Conseil, il fut rejetté, de même que plusieurs autres qui l'avoient précédés ou qui l'ont suivis, fort éloignés de la solidité des principes de celui de François Ier dont nous venons de parler ; ensorte que jusqu'à présent il est le seul qui soit demeuré en possession de l'unanimité des suffrages de tous ceux qui ont écrit ou réfléchi sur cette matiere. Quel avantage en effet, pour la tranquilité des Peuples ! pour l'augmentation de la consommation du Commerce et des Finan[360]ces, si adoptant ce projet et celui du Droit unique dont il est traité dans ces Mémoires p. on établissoit cette uniformité, cette égalité, et cette liberté si utiles et si désirées.

Nous avons vû que toutes les objections faites contre la proposition de rendre le Roy seul et universel Propriétaire ou Fermier de tous les Marais Salans du Royaume, d'y établir la régie, et de supprimer tous les Greniers, les Officiers qui les composent et les Gardes de Gabelle, n'avoient aucune solidité; mais en voici une qui au premier coup d'œil paroît mériter plus d'attention.

Personne, dit-on, ne peut disconvenir que la consommation que l'Etranger fait de notre Sel, ne soit une des plus utiles branches du Commerce de la Nation, c'est une denrée que le Ciel nous donne gratuitement, dont la préparation n'exige qu'une très-médiocre dépense de main d'œuvre, et dont par conséquent tout le produit de la vente tourne en pur bénéfice pour l'Estat; ainsi nul doute que non-seulement ce Commerce ne doive être continué, mais encore augmenté autant qu'il sera possible: cependant si vous bornez la régie des Gabelles aux seuls Marais Salans, si vous supprimez les Greniers et surtout les Gardes, les Etrangers chargeront des quantités immenses de Sel, qu'ils verseront impunément sur toutes les côtes, puisqu'elles ne seront plus gardées ce qui ruinera infailliblement les produits de l'intérieur. On estime que les réflexions suivantes suffiront pour réfuter cette objection.

La Contrebande sur le Sel n'est pas l'objet auquel les Fraudeurs s'attachent le plus: ils trouvent mieux leur compte au Tabac, et aux Etoffes prohibées, qui sont [361] d'un bien moindre poids et volume, eu égard aux prix respectifs.

Le Sel leur fourniroit encore bien moins de ressources, si la proposition avoit lieu, parce que le prix au Public seroit alors considérablement diminué.

Cette marchandise ne pourroit pénétrer par les Ports du Royaume, où il y a toujours des Officiers et des Commis préposés pour le Tabac, et Droits des Cinq Grosses Fermes.

L'on ne pourroit aisément la verser sur la plupart des côtes, par la difficulté d'y aborder, ni sur celles que l'on pourroit aborder aisément, par la difficulté de la cacher dans des lieux bas et humides, pendant plusieurs jours, jusqu'à ce que les Contrebandiers trouvent le moment favorable pour l'enlever, comme cela se pratique pour le Tabac.

En supposant tous ces obstacles surmontés, on ne pourroit à cause du poids et du volume transporter le Sel bien avant dans l'intérieur, qui par-là se trouveroit garanti de tout faux-saunage.

En poussant à l'excès la supposition de cette Contrebande, tout le désordre que l'on pourroit en craindre, n'atteindroit jamais au préjudice que cause le Faux-saunage actuel, par le moyen des Pays de privilège, par le voisinage de la Mer, et par les Entrepreneurs de la voiture des Sels par eau et par terre, qui est très-considérable, malgré les précautions que l'on y apporte.

Enfin il faut supposer comme une condition nécessaire que dans le cas de l'exécution du projet, la régie et la manutention de la police des Marais Salans demeurera toujours dans la main de la même Compagnie, qui aura la Ferme [362] exclusive du Tabac, et celle des Cinq Grosses Fermes, au moyen de quoi les Officiers, Commis et Gardes Préposés à la conservation de ces deux parties, veilleront à la 3e comme ils le font actuellement, et y veilleront avec d'autant plus de succès, que l'appas du prix ne subsistera plus, qu'ils n'auront que l'extrême frontiere à garder, défendue, soutenue et protégée d'ailleurs par des montagnes, par des Postes et Corps de Garde dans les gorges et passages, par des Places fortes, par le Militaire, et par des Brigades des Fermes; au lieu qu'à présent, outre la Garde des limites, on est obligé d'entretenir à grands frais une ligne nombreuse d'Employés, qui coupe et divise le Royaume en plusieurs parties, comme s'il appartenoit à différens Souverains, ce qui occupe des Sujets qui pourroient l'être plus utilement ailleurs, fatigue le Commerce et le Public, et entretient une espèce de guerre intestine et perpétuelle entre le Roy et ses Sujets, dont les prisonniers, quoiqu'en grand nombre, sont presque toujours perdus pour l'Etat, parce qu'ils sont, ou ruinés par les procédures et amendes, ou condamnés aux Galeres, et quelquefois à la mort.

Ainsi malgré cette objection, les avantages de la proposition subsistent dans leur entier, et il est à croire que plus on l'aprofondira, plus ces avantages paroitront grands et réels, par la difficulté qu'il y aura de leur opposer des raisons capables de les détruire.

Le Sel est une substance acide, piquante, dessicative et astringente; il y en a de trois sortes, connus sous le nom generique de Sel commun; sçavoir, le Sel de Mer, le Sel Terrestre Fossile ou Gemme, et le Sel que l'on forme avec l'eau des Fontaines et Puits salés.

[363] On ne se sert point en France de Sel Fossile quoiqu'il y en ait des Mines connues, et le Sel de Mer est en usage dans tout le Royaume si on excepte la Franche-Comté, la Lorraine, les trois

Évêchés et l'Alsace qui ne consomment que du Sel formé avec l'eau des puits et fontaines salées.

La fabrication du Sel de Mer, tant de celui qui se fait sur les Côtes plates et basses où il se cristalise par la seule chaleur du soleil, que de celui qui se fait sur les Côtes élevées par l'action du feu, est suffisamment connue et expliquée dans plusieurs Livres, et particulierement dans le Dictionnaire du Commerce de Savay. Il parle aussi de la formation du Sel qui se fait avec l'eau des Sources et Puits salés, et quoique ce ne soit pas d'une maniere satisfaisante pour les personnes au fait de cette méchanique, à qui il sera facile de connoître qu'il n'a pas travaillé sur de bons Mémoires; il en dit cependant assez pour ceux dont l'état n'exige pas de plus grands détails: Mais comme on n'y trouve rien qui ait rapport à la nature des Sources salées, et à la cause de leur salure, au chlot, ou matiere terrestre, dont quelques-unes de ces eaux se trouvent abondamment chargées, et qui contiennent des principes très-utiles à la Médecine et aux Arts, et qu'il a pareillement négligé de faire connoître en quoi ces Sels différent du Sel formé avec les eaux de la mer et le méchanisme curieux de la graduation, si avantageux à l'économie des bois que l'on employe à la cuisson des Sels, nous avons crû qu'il seroit permis d'expliquer ici ces différentes choses en observant toute la briéveté dont la matiere pourra être susceptible.

[364] *DES SOURCES SALÉES*

et de la cause de leur salure.

On reconnoît dans la Nature trois sortes de Sel marin; sçavoir, le Sel Gemme ou Fossile, celui formé avec les eaux de la mer, et celui fait avec les eaux des sources salées.

Le Sel Gemme ainsi appelé à cause de sa transparence, peut être regardé comme le principe de tous les autres Sels, qui n'en étant qu'une émanation et une dissolution sont compris dans la même classe et ne sont point un genre particulier, il est dur comme la pierre, il est souvent mêlé de différentes couleurs, mais le plus ordinaire est blanc; l'on en fait toutes sortes d'ouvrages de Sculpture et même de Maçonnerie.

Le Sel Marin connu sous le nom de Sel commun, est un Sel

neutre, Sel, Salé ou moyen; il est composé d'un acide spécifique appelé Acide du Sel Marin, et d'une baze de nature alcaline qui a beaucoup de rapport avec les alcalis, fixes ordinaires des plantes.

En supposant, comme nous faisons, que le Sel Gemme soit l'ame et le principe de tous les autres Sels, peut-être voudroit-on que nous rendissions raison de sa propre origine; mais contens de trouver ce corps déjà formé par la Nature, nous partirons de ce point et nous laisserons à ceux qui sont Physiciens par état, le soin d'établir une hypothese capable de développer le méchanisme de sa formation, et d'expliquer les admirables variétés qu'il renferme.

La Montagne de Cardonne en Catalogne offre pour ainsi dire sous nos yeux celle de la regénération, Phé[365]nomène merveilleux que quelques Physiciens nient et que d'autres croyent et attribuent à ses levains qui fixent, disent-ils, les vapeurs de la terre et les parties d'air et d'eau qui se trouvent à portée de son action. Mais quoiqu'il en soit, il est vrai que l'on s'aperçoit à peine de la diminution de cette Montagne, malgré le volume énorme que l'on en a tiré depuis plus de 2500. ans qu'elle est connue.

On trouve une infinité d'autres Montagnes ou Carrieres de ce Sel en Allemagne, en Suisse, en Savoye, dans le Duché d'Holsace, dans le Palatinat de Braclaw, dans le Royaume d'Astracan, en Moscovie, en Pologne, en Tartarie, en Hongrie, en Bulgarie, dans les Iles du Cap-Vert, dans l'Egypte, dans la Perse, dans le Mogol, en Amérique; enfin partout le Monde, la Franche-Comté, la Lorraine et les Trois Evêchés en sont particulierement remplis.

Le Sel est si généralement répandu dans tous les corps, que l'on peut dire qu'il entre pour beaucoup dans leur composition, puisqu'ils en fournissent presque tous, lorsqu'ils sont décomposés par les opérations de la Chymie.

Peu s'en faut que Joachim Becher Médecin de Spire, et Chambon premier Médecin de Jean Sobieski, ne considérent son acide comme l'Acide primitif de la Nature, et tous les Physiciens ne refusent pas de lui accorder une place honorable, dans les systèmes divers qu'ils ont imaginés pour rendre raison de la composition des corps; Levenhock prétend qu'il fait la liaison dans les pierres, comme la chaux dans les bâtimens.

Les différentes analyses des Eaux-Minerales du Royau[366]me faites par Mrs Dodart, Geoffroy, Boldur, Bourdelin, Lemery et Homberg, ont toutes donné une partie de ce Sel assez considérable.

Les Philosophes n'étant pas bien d'accord entr'eux sur l'origine des Fontaines, nous n'entreprendrons point de décider si celles dont il s'agit ici, sont formées par les pluyes, par les vapeurs de la terre, ou par une communication avec la mer; quoiqu'il en soit, leurs eaux doivent être également douces, à moins que quelque obstacle ne produise en chemin un effet contraire.

Si on suppose qu'elles viennent de la mer, il faut supposer aussi qu'elles ont déposé leur Sel, en se filtrant dans les terres pendant le trajet immense qu'elles ont dû faire ; si on veut qu'elles soient produites par des vapeurs de la terre, élevées par la chaleur centrale et condensées dans les cavités de la terre, les parties salines étant plus pesantes que celles de l'eau, ne s'éleveront qu'à une hauteur médiocre, pendant que les autres continueront leur route, ainsi que l'expérience journaliere nous le démontre dans la formation des nues qui s'élevent de la mer.

Nous pouvons donc attribuer avec une espèce de certitude la Salure des sources salées à leur passage par des carrieres de Sel renfermées dans la profondeur des terres, où elles se chargent de parties de Sel, et contractent un dégré de salure plus ou moins fort, suivant qu'elles en parcourent sans interruption un plus ou moins long espace.

Non-seulement les différens filets de ces sources portent avec eux les uns plus, les autres moins de Sel, mais encore les eaux qu'ils fournissent, n'ont pas exactement [367] la même saveur, parce que la terre étant extrêmement variée dans sa composition, les eaux qui en sortent participent de tous ses différens modes, et se trouvent imprégnées de parties de Sel, ou chargées de parties minérales au métalliques, à raison des différences de leurs positions.

L'expérience a fait observer dans plusieurs Salines, que les rameaux de ces Sources croissent ou diminuent suivant que la Saison est séche ou pluvieuse, et que plus ils sont abondans, plus leurs eaux sont salées, ce qui doit naturellement provenir de ce qu'ayant alors plus de volume et plus de poids, et par conséquent plus de force et plus de rapidité, elles occupent plus d'espace, frottent avec plus de violence, émoussent avec plus de facilité les angles des sinuosités qu'elles parcourent, et entraînent ainsi avec elles les particules salines, jusques où le niveau leur permet d'arriver.

En général les grandes Mers sont également salées entre les Tropiques et les Zones tempérées et contiennent la 32e partie de leurs poids en Sel, prise à la surface, et la 29e prise au fond ; mais les Sources salées sont toutes différentes entre elles : il y en a depuis zéro jusqu'á 20. degrés, telles que sont celles de Dieuze, en Lorraine, et de la petite Salines de Salins en Franche-Comté, au moyen de quoi elles contiennent la 5e partie de leur poids en Sel, au lieu que l'eau de la mer n'en contient que la 32e ou la 29e partie, comme il est cy-dessus dit.

L'épreuve s'en fait en pésant 100. livres d'eau, que l'on fait évaporer par le feu jusqu'à pleine siccité, et le degré de salure se compte par la quantité de Sel, qui après la cuite, se trouve au fond du vaisseau.

[368] Il se fait encore une autre épreuve, au moyen d'un Tube de verre, de bois ou de quelqu'autre matière, fermé par un bout, dans lequel on met une baguette de demi calibre, chargée par le bas, de maniere qu'elle fasse équilibre et pose légérement au fond du tube lorsqu'il est plein d'eau commune, mais qui avec l'eau salée en dénote le degré, suivant qu'il la pénétre plus ou moins, l'eau faisant résistance à proportion des parties de Sel qu'elle contient.

Ce Sel est blanc et ressemble assez au salpêtre. S'il est cuit à grand feu, ses parties sont menues, divisées et cédent comme la neige à l'impression des doigts ; s'il est cuit à feu lent, elles se réunissent et se cristalisent en gros grains de 2. 3. à 4. lignes d'épaisseur, qui affectent presque généralement la figure d'une pyramide creuse, renversée et tronquée par sa pointe, dont le composé n'est qu'un amas de cubes infiniment petits.

SUR LA SALAISON DES FROMAGES.

Ce Sel est meilleur que le Sel Marin ordinaire pour la Salaison des Fromages faits à la façon de Suisse, parce qu'il est, dit-on, plus doux et plus pénétrant ; c'est ainsi du moins que l'expérience ou le préjugé l'ont décidé. Nous ne nous amuserons pas à rechercher si la vérité ou l'erreur y ont donné lieu ; mais il est sûr qu'il sale près de moitié moins que le Sel de mer, à volume égal, parce qu'il est près de moitié moins pésant ; et d'ailleurs, quoique ces deux Sels soient le même Sel, cependant il peut se rencontrer quelque différence entre leurs effets, procédante de celui de l'ébulition.

[369] Quoiqu'il en soit, l'expérience semble avoir décidé que le Sel de mer étoit moins propre à la Salaison des Fromages, façon de Gruyere, que celui formé avec les eaux des Sources salées, parce que, dit-on, le Sel de mer en desseche d'abord la superficie, il en réunit et resserre trop-tôt les pores, les parties salfugineuses ne peuvent plus pénétrer jusqu'au centre du Fromage, la peau se racornit et durcit, ce qui en est proche est âcre et trop salé, pendant que le milieu est souvent rempli de vers : accidens qui n'arrivent pas aux Fromages salés suivant l'art, avec le Sel provenant des Sources salées. On les trouve égalément salés dans toutes leurs parties et bien conservés, même au bout de 60. et de 80. ans, étant fort ordinaire d'en avoir en Suisse de cet âge, qui n'ont d'autres marques de leur vieillesse qu'une couleur tirant sur le roux ardent et un goût piquant.

De ce qui vient d'être dit, il résulteroit que pour compter sur le succès de la fabrication de Fromages, que l'on veut établir en Auvergne à la façon de Gruyere, il faudroit y employer nécessairement du Sel de Comté ; mais comme ce Sel reviendroit avec l'achat et la voiture à 12. ou 15. liv. le quintal, et que le Sel de mer coûte peu dans le païs, on estime :

Qu'en partant du principe qui est établi, c'est-à-dire, que le Sel Gemme et que les autres espéces de Sels, sont les mêmes, on pourroit faire avec du Sel de mer, un Sel évaporé qui auroit les mêmes qualités que celui de Salins.

Il ne s'agiroit pour cela que de faire dissoudre le Sel de mer dans l'eau commune, puiser la dissolution, en observant de ne point ébranler le limon déposé au fond [370] de la dissolution, de la faire évaporer comme il se pratique à Salins, d'avoir soin de l'écumer, et de n'y laisser aucune impureté apparente, ce qui s'appelle rafiner le Sel, et il est fort commun dans les Païs-Bas et fort lucratif pour les Rafineurs. L'on auroit par ce moyen un Sel tel que l'on prétend qu'il le faut pour la salaison des Fromages.

La tentative peut s'en faire aisément, et si elle répond à l'espérance, comme il n'y a pas lieu d'en douter, rien de plus facile que de l'exécuter en grand, et de faire passer en Auvergne à cet effet, quelques Ouvriers Cuiseurs des Salines de Comté.

Cette préparation consommera du bois, mais l'usage de cette

espèce de Sel se trouvant borné à la Salaison des Fromages, l'objet n'en sera pas considérable ; et si l'on prévoyoit qu'il pût intéresser l'approvisionnement de quelques Villes, alors comme le Sel de mer se trouve également par toute la Province, et que rien par conséquend ne détermine à cet égard l'emplacement de la Rafinerie : On pourroit choisir le canton le mieux fourni de bois, et même la placer au milieu de quelque Forêt.

Nous n'avons pû nous refuser à cette digression ; elle s'est présentée sous une apparence d'utilité, que nous n'avons pas voulu rejetter.

SUR LE CHLOT.

Lorsque la Muire ou l'eau des Sources salées a senti le feu pendant quelque tems, elle devient trouble, et elle commence à déposer un corps étranger de couleur cendrée, gras au toucher, gramuleux, et que l'on croi[371]roit être plein de sablon fin, en continuant de le frotter entre les doigts.

Cette matiére se nomme Chlot, ou Chelot, on dit encore Terre et Crasse de Poësle en quelques Salines ; c'est cette matière qui forme le corps de l'écaille ou équille, elle se durcit sur le fond de la Poësle, devient aussi solide que la pierre commune, et lie le premier Sel qui tombe sur le fond ; son dépôt progressif est fini, lorsque le grain de Sel commence à paroître à la superficie de la Muire.

Pour diminuer le progrès de l'écaille dont l'épaisseur diminue l'action du feu et ruine les fers en les privant du contract immédiat de la Muire, on met des vases de fer le long des côtés de la Poësle. Ces vases nommés Augelots sont d'environ un pied de long sur sept à huit pouces de large, et deux à deux pouces et demi de haut.

Le Chlot se dépose dans ces Augelots, parce qu'agité par le bouillon dans toute l'étendue de la Poësle il s'y soutient quelque tems, mais le bouillon rompu dans toute la largeur de l'Augelot, laisse la liberté au Chlot de s'y déposer ; on le leve de tems en tems, on le vuide et on le remet en place jusqu'à la fin du Chlottage.

Le nombre de ces vases est réglé par le plus ou le moins de Chlot dont la Muire est chargée.

Le Chlot est jetté comme inutile ; l'expérience a démontré qu'il ne contient de Sel qu'autant que la Muire d'où il a été tiré lui en a communiqué, et ce peu de Sel qui est toujours terreux, ne mérite pas attention. Cette matière fait périr les arbres lorsqu'on en jette au pied une quantité suffisante pour pénétrer jusqu'aux racines.

[372] En le travaillant avec art et sans addition d'aucun corps étranger, on en tire un Sel pareil à celui d'Epsum et de Glaubert, qui n'est aucunement irritant, et produit les mêmes effets dans toutes les maladies, où les deux autres sont propres.

Le Sel de Glaubert est formé par l'union de l'acide vitriolique avec la base du Sel marin, ce qui fait un Sel neutre vitriolique, qui loin de conserver les viandes, en accélere la corruption, de même que le Sel appellé Tartre-Vitriolé, qui est un autre Sel vitriolique ou Sel neutre, formé par l'union de l'acide vitriolique et de l'alkali, fixe ordinaire des plantes.

Le Sel de Glaubert se forme en Cristaux, comme les autres Sels neutres. Il est plus diaphane et plus léger, parce qu'il entre dans sa cristallisation une plus grande quantité d'eau que dans les autres Sels ; exposé au Soleil ou en lieu sec ou chaud, il se couvre promptement d'une poudre très-blanche, et toute sa substance se convertit en pareille poudre successivement et sans l'essuïer ; il ne fond point à l'humidité ; il donne des Cristaux de grande étendue, ce sont des prismes à six pans, chacun des deux bouts est terminé en pointe de diamant par six triangles : Ce qui lui donne un caractére très-dinstinctif entre les autres Sels.

Toutes les Sources salées donnent de cette matière, les unes plus, les autres moins, mais celle des Rosieres en Lorraine en fournit une quantité prodigieuse. La formation de 15. muids de Sel donne près de 5. muids de Chlot, que les Ouvriers prétendent ne pouvoir être entiérement séparé du Sel auquel il est fort nuisible, mais dont un Artiste intelligent, vigilant et expérimenté [373] trouvera le moyen, quand quelqu'un de cette espèce voudra en faire sérieusement son étude.

Il est à remarquer que malgré cette quantité immense de Terre ou Chlot, l'eau en sortant de la Source est aussi limpide et aussi claire que celle de la fontaine la plus pure.

COMPARAISON de la Salure du Sel Marin ordinaire avec celui de Dieuze et de Rosieres.

Le Sel provenant des Sources salées, également desseché, contient à poids égal à peu de chose près, autant de parties acides que le Sel formé avec l'eau de la mer par la chaleur du Soleil et l'action de l'air, et si l'on trouve quelquefois dans le premier un alkali surabondant, comme il arrive particulièrement à celui qui se fabrique à Rosieres en Lorraine, c'est que le Fabricateur n'aura pas apporté à ses opérations toute l'attention qu'elles exigent, étant possible de l'en purger totalement, ou plûtôt d'empêcher l'alkali d'y être dominant.

Pour établir la comparaison de ces différens Sels, nous avons fait faire par une personne très-versée dans les procédés chymiques, différentes expériences analytiques sur une égale quantité de Sel Marin ordinaire, de Dieuze, dont les Sources sont les plus fortes en Salure, et de Rosieres qui sont les plus foibles, afin d'avoir les deux extrêmes, qui suffiront pour tirer des conséquences de ce qui est intermédiaire ; car il auroit été trop long et même inutile de travailler toutes les différentes eaux salées connues.

Ces expériences sont établies sur deux suppositions ; [374] La premiere, qu'il y a entre les corps certains rapports ou affinités, qui déterminent entr'eux une union plus ou moins facile. La seconde, que la composition des Sels neutres est formée de deux substances, l'une alkaline, et l'autre acide.

On appelle Sels Neutres ou Salés, ceux où l'acide et l'alkali sont tellement temperés l'un par l'autre que leur union leur a fait perdre les propriétés qu'ils avoient séparément : Tels sont les Vitriols, le Nitre, le Sel Marin, etc.

Le Sel Marin dont il est ici question est formé d'un acide spécifique, et d'une terre ou baze alkaline particulière qui lui donne du corps, et sans laquelle il seroit sous une forme fluide.

On sçait que les acides et les alkalis ont des propriétés contraires. Les acides sont volatils ou le deviennent par le moyen du feu, tandis que leur baze alkaline demeure toujours fixe ; d'où il suit que pour décomposer un Sel Neutre, il suffiroit de l'exposer à l'action d'un feu très-violent; mais par la difficulté de trouver des vaisseaux capables de résister à cette opération, et par le danger que pourroit courir l'Artiste, on est obligé de se servir d'une interméde, c'est-à-dire, d'une substance propre à s'unir à la base alkaline du Sel, pour en dégager l'acide : Cet interméde est l'huile ou la partie acide du Vitriol, et comme cette huile ou acide, s'élève plus difficilement que celui du Sel marin, et qu'il a d'ailleurs plus de rapport avec la baze de ce Sel que n'en a son propre acide, on voit dans l'opération l'acide du Sel marin s'élever en vapeurs blanches, et laisser sa baze alkaline unie à l'acide vitriolique ; ce qui forme un nou[375]veau composé connu sous le nom de Sel de Glaubert, dont la Médecine fait un grand usage.

Ces opérations, dont il seroit ennuyeux de rapporter le détail des procédés, ont duré environ quatre jours et demi sur chacun desdits Sels, et elles sont si difficiles pour parvenir à une extrême précision, qu'en les répétant (qui est la seule preuve que l'on puisse se procurer) il se trouvera toujours quelque différence d'une opération à l'autre ; mais qui ne sera cependant pas assez considérable, lorsque ces opérations seront bien faites, pour que l'on ne puisse en former un résultat fort approchant de la certitude physique.

Par celui desdites opérations il paroît que le Sel marin ordinaire contient un peu plus d'acide, ou ce qui est la même chose, est un peu plus salé que le Sel de Dieuze, et celui-ci plus que le Sel de Rosieres, puisque à poids et dessication égale, le Sel marin à donné $\frac{6}{864}$ parties d'acide plus que le sel de Dieuze, ce qui revient à $\frac{1}{4}$ et un 16e pour cent, et $\frac{24}{864}$ plus que celui de Rosieres, ce qui revient à trois et un 16e pour cent.

On a cherché à confirmer ces expériences par d'autres, et pour cela on a dissout séparément à poids égal dans une égale quantité d'eau commune, du Sel Marin ordinaire, du Sel de Dieuze et du Sel de Rosieres, sur lesquels on a versé, en égale quantité, de la teinture de violettes, qui doit teindre la dissolution en verd plus ou moins foncé à proportion des parties alkalines qui y sont plus ou moins abondamment contenues : Or la dissolution du Sel de Mer n'a reçû qu'une légere impression de verd ; celle du Sel de Dieuze en a paru un peu plus chargée ; celle du Sel de Rosieres l'a été sensible[376]ment plus que cette derniere, et la même preuve s'est soutenue sur ces trois Sels régénérés. Mais, ainsi que nous l'avons déja observé, il ne résulte de-là, qu'une preuve de l'existence de la surabondance de la partie alkaline, sans pouvoir déterminer précisément la quantité de l'acide manquant, qui peut seulement l'être ou à peu de chose près par l'analyse cy-devant rapportée.

Quant au poids spécifique de ces différens Sels, celui formé avec l'eau de la mer par l'évaporation naturelle de la chaleur du Soleil et de l'action de l'air, est le plus considérable de tous, parce que la cristallisation s'étant faite lentement, les parties sont plus serrées, plus compactes, et contiennent à volume égal plus de matière et par conséquent plus de poids que les Sels formés par l'action du feu, dont les parties divisées par la violence de l'ébullition, laissent entre elles une multitude d'interstices qui enflent le volume, sans produire aucun effet sur la pésanteur ; ensorte que ces Sels étant livrés à la même mesure, celle qui donnera en Sel Gris Marin ordinaire, un poids de 46. livres n'en donnera que 24. en Sel formé par l'évaporation du feu, soit que ce Sel ait été fait avec l'eau de la mer ou avec l'eau des Fontaines salées ; car si les uns et les autres étoient exactement travaillés de la même manière, ils devroient être exactement du même poids et de la même qualité, puisque la matière est la même.

Au reste, étant démontré en Chymie que l'ébullition décompose les Sels, et qu'une chaleur violente volatilise, dissipe l'acide et laisse l'alkaly fixe, seul, à nud, et privé d'un corps, sans lequel le Sel ne peut exister, il s'ensuit que dans la cuite des Muires ou évaporation par l'action [377] du feu, on doit préférer celle qui se fait lentement, pour en retirer une plus grande quantité de Sel.

SUR LES BATIMENS DE GRADUATION.

Pour former du Sel avec de l'eau de la mer, on dispose des aires ou bassins qui ont beaucoup de superficie et peu de profondeur, dans lesquels on introduit l'eau de la mer par des rigoles ; le Soleil et l'air agissent sur cette eau, ils l'enlevent, l'évaporent dans un plus ou moins long espace de tems, suivant l'ardeur du Soleil, la qualité et l'activité du vent, étant à observer que la saison de l'Eté la plus chaude, est celle que l'on saisit pour cette opération.

Le Sel, comme plus pésant que les parties aqueuses, demeure inébranlable aux chocs qu'il reçoit ; l'action du Soleil, les sécousses et les ébranlemens de l'air, l'élevent seulement jusqu'à une hauteur de quelques pieds, mais il retombe après quelques pirouetemens, ses parties se réunissent, se cristallisent, et enfin forment un corps solide, dont la figure est communément cubique.

L'Art a cherché à imiter la Nature, par le moyen des Bâtimens de Graduation, pour cela il n'a changé que la forme de l'évaporation ; celle de la Nature se fait par une disposition horisontale, celle de l'Art se fait par une disposition perpendiculaire.

Les Bâtimens de Graduation sont à jour, élevés de 20. à 25. pieds de la Cuve à la sabliere ; on force l'eau que l'on veut graduer à monter par des pompes jusqu'au haut de ces Bâtimens, d'où elle se distribue dans des Augets de 7. à 8. pouces de large et autant de profon[378]deur, disposés suivant la longueur du Bâtiment, parsémés de petits robinets, qui de leur part laissent passer une quantité d'eau suffisante dans d'autres petits Augets, qui n'ont que 3. à 4. pouces de large et environ un demi-pouce de haut, dentelés ou entaillés de 2. ou 3. lignes très-près à près, par lesquelles entailles l'eau s'écoule continuellement goute à goute, et ces goutes rencontrant dans leur route, une masse de fascines d'épines de 20. à 25. pieds de haut sur dix de large, se subdivisent et multiplient leurs surfaces à l'infini ; ensorte que l'air auquel cette division donne beaucoup de prise, emporte dans l'espace, comme une rosée, les parties douces de l'eau qui se sont trouvées soumises à son action, pendant que les parties qui demeurent chargées de Sel déterminées par leur poids décrivent constamment une perpendiculaire, et se précipitent dans les bassins destinés à les recevoir, d'où elles sont ensuite élevées par d'autres pompes, qui les portent dans une autre division d'augets, pour retomber par la même manœuvre que cy-devant, dans une autre division de bassins et successivement jusqu'au dernier ; le nombre étant proportionné à la qualité de l'eau plus ou moins forte en salure, on donne aux plus foibles, telles que celles d'un dégré et demi, ou deux dégrés, jusqu'à sept divisions, et l'on peut les pousser jusqu'à vingt-huit dégrés de salure en trois jours dans la bonne saison.

Plus la disposition des Bâtimens de Graduation est parfaite, plus les différentes économies sont sensibles, leur forme, leur exposition, la manière d'élever les eaux, l'attention au progrès de la Salure pour éviter un travail inutile et ménager un tems précieux, le gouverne[379]ment des robinets qu'il faut conduire suivant les changemens et le caprice du vent, et mille autres détails que l'on croiroit indifférens, sont d'une importance extrême.

Suivant les Mémoires de l'Académie des Sciences, l'air peut consommer et évaporer dans une année 32. pouces d'eau, il n'en tombe que 18. à 20. partant l'air peut dessecher au-delà du tiers de l'eau que les pluyes peuvent fournir, ce qui augmenteroit beaucoup par la multiplication des surfaces, que les Bâtimens de Graduation font présenter à l'eau ; partant cette méchanique contient démonstrativement en elle, des moyens certains d'une économie considérable.

Pour pouvoir déterminer avec certitude l'étendue des Bâtimens nécessaires à graduer une source salée, il en faut connoître avec précision la possibilité et la quantité ; mais pour en donner une idée générale, de même que de l'économie qui en résulte, on dira que pour faire par le moyen de la Graduation 7000 tonneaux de Sel de 650. liv. pésant chacun, avec de l'eau à quatre dégrés ou quatre pour cent, il faut environ 3000. pieds de Bâtimens, 4. à 5000. cordes de bois, et que sans cela il en conteroit 30. à 32000. cordes pour pareille quantité de Sel : ce qu'il est facile de démontrer,

Si une eau ne porte qu'un dégré de salure et que l'on en veuille tirer 28. liv. de Sel, il faut faire évaporer 27. quintaux 72. liv. d'eau, si on la pousse à 28. degré de salure par la graduation, il ne faudra plus faire évaporer que 72. liv. d'eau, pour avoir la même quantité de Sel, rien de plus aisé que d'en calculer le bénéfice.

On ne connaît point l'auteur de cette Méchanique, mais il est à présumer qu'elle est fort ancienne, et que la [380] Saline de Sultz en Basse-Alsace, a fourni le modéle de celles établies depuis peu : C'est surement la plus ancienne, celles de Suisse, de Savoye et d'Allemagne sont absolument modernes, et il est étonnant que l'on n'ait pas plutôt fait attention à celle de Sultz, qui est sur le grand-chemin de Strasbourg à Mayence entre Wissembourg et Haguenau et exposée à la vûe de tout le monde.

Il n'y a personne à Sultz ni aux environs, qui sçache l'origine de cette Saline ; le plus ancien titre qui existe, est un Contrat d'acquisition de l'année 1665.

Elle subsistoit avant les Guerres de Suede, pendant lesquelles elle fut ruinée, rétablie à la Paix, et donnée à Amphiteote, par la Maison de Fleckeinstin à celle de Krug-de-Nida, moyennant le 10e du produit en Sel. Krug la vendit il y a environ 12. ans à Furst, qui la répara de nouveau.

Le fond appartient maintenant à M. le Prince de Rohan, comme Baron de Fleckeinstein : La source en est foible en qualité et quantité, et ne peut fournir annuellement qu'environ 140. muids de Sel du poids de 650. liv. chacun, ce qui fait un très-petit objet.

[381]

OBSERVATIONS

SUR

LE ROYAUME D'ANGLETERRE

Nous avons eu si souvent occasion de parler dans ces Mémoires du Gouvernement Economique de l'Angleterre, que nous avons crû que l'on ne seroit pas fâché de connoître plus généralement les loix, les usages, la richesse et les forces d'une Nation qui tient un rang si considérable dans le monde, et il sera facile de juger par la comparaison de cet Etat avec les autres Etats de l'Europe, que l'on doit moins attribuer la grande influence qu'il a dans tous les évenemens politiques, à l'étendue de ses Domaines et au nombre de ses Sujets, qu'à son attention continuelle et suivie pour le Commerce et l'Agriculture, et pour toutes les branches qui composent le Gouvernement Economique.

Ce que nous allons dire à ce sujet, est le résultat de [382] plusieurs conversations que nous avons euës avec des Anglois, très-versés dans la connoissance des affaires de leur païs, et avec des François qui y ont fait un long séjour, qui ont étudié leurs loix et leurs mœurs, et qui admettent pour certain tout ce que nous avons recueilli sur les différentes parties que nous allons parcourir. Comme elles renferment toute l'étendue du Gouvernement, Civil, Militaire, Commerce et Finance, il auroit fallu des volumes entiers pour satisfaire à tous les détails. Mais comptant parler à des personnes déjà instruites, nous avons pensé qu'il suffiroit d'indiquer les objets principaux, et que pourvû que ce fût avec clarté, ce ne pouvoit être avec trop de brieveté.

L'Angleterre avec l'Ecosse qui y est réunie depuis 1708, forme le Royaume de la Grande-Bretagne. *On parlera de l'Irlande à la fin de ce Mémoire.*

Le Gouvernement de la Grande-Bretagne consiste en trois

Ordres; Sçavoir, la Chambre Basse ou des Communes ; la Chambre Haute, des Pairs, Lords ou Seigneurs ; et le roi qui en est comme le Sur-Arbitre.

Il faut le consentement unanime de ces trois Ordres pour passer un Bill ou Acte de Parlement ; et ce Bill, ainsi revêtu du consentement requis, a force de Loi.

Les Bills sont d'abord portés à la Chambre des Communes, d'où ils vont à celle des Seigneurs, et de-là au Roi. Ces deux derniers Ordres peuvent faire des changemens aux Résolutions passées dans les Communes, avec l'approbation néanmoins de cette Chambre, à l'exception des Bills qui ordonnent la levée des Deniers, auxquels les Seigneurs ni le Roi ne peuvent rien changer, n'ayant que le droit de les rejetter en entier : [383] Ce qui n'arrive presque jamais, les levées ne se faisant d'ordinaire qu'à la réquisition du Roi, et pour l'exécution de ses projets.

Il y a aujourd'hui 198. Pairs-nés en Angleterre, non compris les Evêques; mais il n'en entre que 169. dans la Chambre : les autres étant ou Catholiques, et par conséquent exclus, ou Mineurs.

Dans ces 169. sont compris les 16. Pairs que l'Ecosse a droit de députer, depuis que par la réunion de ce Royaume à l'Angleterre, le Parlement d'Edimbourg a été supprimé. Ceux-ci sont Electifs, et leur pouvoir ne dure que sept ans, à moins qu'ils ne soient élûs de nouveau.

La Chambre Haute est la Cour suprême de Judicature et juge en dernier ressort de toutes les causes qui sont portées devant elle par appel. Elle compose la Haute Noblesse du Royaume, laquelle consiste en 30. Ducs, 2. Marquis, 85. Comtes, 15. Vicomtes, 66. Barons et 26. Evêques. Ceux qui sont revêtus de ces Titres, ont un droit naturel à la Chambre Haute, dont ils ne peuvent déchoir que par Jugement pour crime, et par non-conformité.

La Chambre Basse est composée de 558. Membres, y compris 45. Deputés d'Ecosse : Ils sont tous Electifs, et leur Mission cesse à la fin de chaque Parlement dont la durée est de sept ans. Il faut avoir au moins 600. liv. ster. (13800 francs) de revenu annuel pour être capable de cet Emploi.

Le Chancelier préside à la Chambre Haute, et l'Orateur des Communes à la Chambre Basse.

Le Roi, subordonné d'ailleurs aux Loix, comme le [384] moindre de ses Sujets, a cependant de très-grandes Prérogatives et un Pouvoir très-étendu. Il a seul le droit de convoquer le Parlement, et de l'ajourner, de le proroger et de le dissoudre quand il lui plaît, Il dispose de tous les Bénéfices et de toutes les Charges, Places et Emplois du Royaume : tous lesquels, à l'exception des Places Ecclésiastiques et quelques autres en petit nombre, sont amovibles à sa volonté. Il a le droit de faire la Paix, et le Privilége d'absoudre les coupables condamnés à mort. Il est l'Administrateur des Deniers de l'Etat, dès que le Parlement en a ordonné la levée, et indiqué la destination. Il fait frapper monnoye, et l'Etat lui accorde 15000. liv. sterl. (345000. f.) par an pour les frais de cette fabrication. Il confére tous les Titres de Pairies, et autres d'honneur, tels que Chevaliers Baronets dont le titre est héréditaire, et Chevaliers simples qui ne le sont que pendant leur vie ; mais ils ne peuvent en être dégradés que par le Parlement pour crime. Le Roi est le chef suprême de l'Eglise. En un mot, il est revêtu de toute l'Autorité nécessaire pour faire le bien, il a pour ainsi dire les mains liées pour faire le mal.

Il ne peut imposer des Taxes, ni lever de l'argent sur la Nation. Il ne peut déclarer la Guerre sans le consentement du Parlement. Il n'a aucun droit sur la vie, sur la liberté, ni sur les biens de ses Sujets, s'il en fait arrêter, ce n'est que pour vingt-quatre heures, au bout desquelles il doit les faire relâcher, si le Prisonnier fournit caution, ou le faire juger dans le cours de six semaines au plûtard s'il n'en peut fournir, et il ne jouit, à cet égard, que du privilége commun à tous les Anglois.

Au surplus, sa Personne est sacrée. Celle des Pairs est [385] reputée l'être, ne pouvant être arrêtés que pour crime. Les Membres des Communes ont le même privilége pendant la durée du Parlement.

Il y a neuf Grands Officiers de la Couronne, qui sont le Grand-Maître, le Grand-Chancelier, le Grand-Trésorier, le Garde du Sceau Privé, le President du Conseil Privé, le Grand-Chambellan, le Grand-Connetable, le Grand-Maréchal et le Grand-Amiral.

Le Grand-Maître et le Grand-Chambellan sont, à peu près en Angleterre, ce qu'ils sont en France.

Le Grand-Chancellier est proprement le premier Ministre d'Etat, quoiqu'il n'en fasse pas toujours les fonctions, et la premiere Personne du Royaume pour les Affaires civiles. Il juge seul de toutes les affaires portées devant lui par appel, pouvant adoucir la rigueur de la Loi. Il est le Tuteur-né de tous les Pupiles. Il dispose de tous les Bénéfices qui ne sont évalués dans le Poulier du Roi que 20. liv. st. (460. f.) et au-dessous du revenu annuel. Cette Charge vaut par an 10000. liv. sterl. (230000 f.)

Le Grand-Trésorier administre les Revenus de l'Etat, mais depuis le Comte d'Oxford qui l'étoit sous la Reine Anne, cette place est demeurée vacante ; on y a suppléé par un Bureau composé de de cinq Commissaires de la Trésorerie, dont le Chevalier Robert Walpole est le premier. Ce Ministre est aussi Sous-Trésorier, et en même tems Chancelier de l'Echiquier, au moyen de quoi il juge en cette derniere qualité des comptes qu'il rend lui-même comme Sous-Trésorier et Commissaire de la Trésorerie. Ce qui est contre toute bonne régle.

L'Office de Grand-Amiral est pareillement vacant ; [386] il est remplacé par sept Commissaires de l'Amirauté, dont l'Amiral Wager est le Premier. Le Chevalier Jean Norris est depuis l'année derniere (1739.) Vice-Amiral de la Grande-Bretagne par Patentes.

Le Grand-Connétable ne sert plus qu'au Couronnement des Rois.

Le Grand-Maréchal juge des Armoiries et du Point d'honneur. Il est aussi chargé des Cérémonies de la Cour ; cette Charge appartient au Duc de Norfolck, premier Duc d'Angleterre, qui ne peut l'exercer à cause qu'il est Catholique : Il y commet un de ses parens qui prend le titre de Député Grand-Maréchal.

Le Président du Conseil-Privé préside à ce Conseil : C'est une Place plus honorable que lucrative.

Le Garde du Sceau-Privé expédie toutes les Chartes, Concessions et Pardons accordés par le Roi : cette Charge vaut 3000. liv. st. (69000. f.) par an.

Outre ces grands Officiers de la Couronne, le Roi en a plusieurs très-considérables dans sa Maison : comme Grand-Ecuyer, Grand-Maître de la Garderobe, Gentil-Homme de la Chambre, etc.

Il y a en Angleterre trois Tribunaux de Justice où se plaident et jugent toutes les affaires civiles.

Le premier est la Cour du Banc du Roi qui connoît de toutes les discussions entre le Roi et ses Sujets. Ce Tribunal exerce l'*Habeas Corpus*, c'est-à dire, que lorsqu'un Particulier en fait arrêter un autre, le Prisonnier peut l'obliger de le faire transférer dans la prison du Banc du Roi. On y est mieux logé, et on y a plus de liberté que dans les autres, mais il en coûte plus cher ; ce privilége n'est gueres réclamé que par les Banqueroutiers [387] et les Débiteurs de mauvaise foi, qui n'ayant que des rentes viagéres ou du papier, aiment mieux manger leurs revenus dans cette prison que de payer leurs dettes. La Loi défend en Angleterre de saisir les biens, lorsqu'on a le corps, *et sic vice versa.*

Le second s'appelle la Cour des Plaids-Communs ; il juge les procès entre les Particuliers.

Et le troisiéme qui est l'Echiquier connoît de tout ce qui concerne les Revenus de l'Etat.

Chacun de ces trois Tribunaux a quatre Juges, dont chaque premier est appelé Lord Chef de Justice, en y ajoutant le titre de son Tribunal ; Ces douze Magistrats, qui sont aussi nommés les douze Grands-Juges, sont obligés deux fois par an, sçavoir, à Noel et à la Pentecôte, de faire le tour de l'Angleterre, suivant les Départemens qui leur sont prescrits, pour y terminer toutes les affaires civiles et criminelles.

Les premiers s'instruisent à peu près comme en France, au lieu que les affaires criminelles se décident toujours par le fait, les coupables ne peuvent être jugés que par douze Jurés qui sont autant de Bourgeois tirés au sort entre les Habitans du lieu où se tiennent les Assises. Le Juge les instruit de toutes les circonstances du délit, et après leur avoir exposé les différens points des Loix du païs qui y sont rélatifs, il les laisse décider. Comme il faut que le Jugement soit unanime, on enferme ces douze Jurés dans une Chambre sans aucune nourriture, et ils n'en sortent que lorsqu'ils sont tous d'accord. Si l'un d'eux vient à mourir pendant qu'ils sont ainsi assemblés, le Prisonnier est absous *ipso facto*. Les Grands Juges, par un Pouvoir exprès qu'ils reçoivent du Roi, [388] peuvent faire grace aux Criminels après leur Jugement, et commuer leurs peines. Ces Charges sont très-belles, et sont ordinairement à vie, attendu la nécessité où l'on est de les tenir toujours remplies par des gens versés dans les Loix et Coutumes d'Angleterre, qui sont très-épineuses. C'est d'entr'eux que le Roi choisit presque toujours le Grand Chancelier.

Il n'y a que deux genres de Suplice en Angleterre : la potence pour les hommes, et le feu pour les femmes coupables du meurtre de leurs maris, et convaincues de sorcellerie, mais on ne poursuit plus pour ce dernier cas. Les Pairs criminels sont eux-mêmes condamnés à la potence par la loi, mais le Roi les fait décapiter.

On n'employe la Question que dans le seul cas qui suit : un criminel interrogé par ses Juges, doit répondre s'il est coupable ou non ; s'il l'avoue, son procès est bientôt fini ; s'il le nie, il est convaincu ou il se justifie ; mais s'il refuse de parler et qu'il soit évidemment chargé du crime pour lequel il est arrêté, on l'étend sur le plancher et on lui met sur le corps une grosse pièce de bois chargée de différens poids que l'on accumule jusqu'à ce qu'il parle ou qu'il expire. Comme dans ce cas le criminel meurt avant que son procès ait été parfait, il n'est point censé coupable, et ses biens ne sont point confisqués. Cet avantage a souvent engagé des criminels à se laisser écraser, pour conserver leurs successions à leurs enfans.

Il y a encore un autre Tribunal, qui est celui de l'Archevêque de Cantorbery où l'on est obligé de porter les testamens ; car un fils ne peut se mettre en possession de l'héritage de son pere, qu'il n'en ait la permission par écrit de ce Prélat qui ne peut, à la vérité, la refuser sans des [389] motifs incontestablement légitimes, mais qui tire un gros revenu de ce Privilége. C'est aussi cet Archevêque qui nomme les Notaires, lesquels n'ont point de Charge comme en France, et ne gardent point de minutes de leurs actes : C'est un vice de Police très-intéressant.

Le Lord Maire est le premier Magistrat de la ville de Londres, proprement dite la Cité. Son pouvoir dure un an, et est très-étendu ; il a Jurisdiction Souveraine pour la Police sur la Ville et sur les Faubourgs de cette Capitale et sur la Tamise. Il a une Cour composée de Grands Officiers, à l'instar de celle du Roi, et l'on porte toujours devant lui l'Epée d'Etat. Le Roi ne peut entrer dans la Cité qu'il ne lui en ait fait demander la permission, et il quitte à la porte toutes les marques de la Souveraineté. Cette place vaut environ 3000. liv. sterlings, (69000. f.) sans compter le casuel qui peut être très-considérable, y ayant 200. Charges et plus dans la Ville à la Nomination du Lord Maire, lorsqu'elles sont vacantes.

Les Aldermans sont les Echevins. Ils sont au nombre de 26. égal à celui des quartiers de Londres. Leurs fonctions sont à vie. C'est de leur Compagnie qu'est tiré le Lord Maire qui doit toujours être d'un des douze Corps de Métier établis dans la Cité.

Les Shériffs, au nombre de deux, sont élûs tous les ans ; leurs fonctions sont d'exécuter les Ordres du Roi, et de faire exécuter les Sentences des Juges. Ils poursuivent aussi le payement des amendes et des confiscations. Si quelques Prisonniers pour dettes, s'échapent des prisons qui sont sous leur Jurisdiction, ils sont responsables des sommes dûes aux créanciers; ce qui fait que cette place, [390] d'ailleurs dispendieuse, ne s'accepte point sans répugnance : mais on ne peut devenir Lord Maire sans l'avoir exercé ; et pour se dispenser de la remplir, il faut prouver que l'on n'a pas 15000. liv. st. (345000. f.) de biens, ou payer par forme d'amende 600. liv. st. (13800. f.) au Trésor de la Ville.

Le Conseil de Ville est composé de 235. Membres. Ce corps, les Aldermans, et le Lord Maire représentent la constitution du Gouvernement fixée dans les deux Chambres et dans la Personne du Roi, et leur façon de procéder est la même.

En Angleterre les pupiles deviennent majeurs à 20. ans et un jour, et les filles peuvent se marier à 12. ans et un jour, sans le consentement des peres et meres.

Une Dame titrée qui épouse un Roturier, conserve son titre, son rang et ses privilèges ; mais elle ne peut les transporter à son mari.

On compte que dans l'Angleterre proprement dite, la terre rapporte dix millions sterlings de rente, et les maisons qui ne sont pas louées avec les terres, deux millions ; en tout douze millions, dont le dixiéme, à quoi monte l'impôt de 2. shillings par livre en tems de paix, est de.......................... 1200000. l. st.

Na Cet Impôt est double depuis la Guerre contre l'Espagne ; On leve 2400000. liv. sterl.

Les Douanes rapportent, année commune,......	2000000.
L'Excise proprement dite......................	1000000.
[391] L'Excise sur la bierre,....................	285178.
Le droit de Tonnage et Pondage,..............	256841.
Le Revenu de la Poste,......................	101101.
Amendes de la Chancellerie,.................	7080.
Licences pour le débit du vin,................	6314.
Compositions à l'Échiquier,..................	1053.
Saisies de Marchandises prohibées,............	13805.
Revenus du Duché de Cornoüailles............	9869.
Revenus de la Principauté de Galles,..........	6857.
Revenus de quelques parcelles de Domaine,....	2906.

Droits sur le Charbon,	113688.
Sur les liqueurs distillées,	25267.
Sur la bierre forte	100000.
Sur le malt, poiré et cidre,	750000.
Sur le sel à 12. s. par boisseau de 32. pintes ou lb.	54621.
Droits sur les 700. Fiacres à 4. l. st. chacun par an,	2800.
Licences des Porteballes et marchands ambulans,	6460.
Timbre du Papier, Parchemin et Velin,	109110.
Impôts sur les fenêtres,	112069.
Contingent de l'Ecosse	160000.
TOTAL	6415219. l. st.

Qui font de notre monnoye environ 147000000.

On estime que les Revenus de l'Angleterre montent à 6500000. liv. st. par an, ce qui quadre avec le total ci-dessus, d'autant mieux qu'il y a tels de ces Articles qui sont affectés au Roi pour sa Liste civile, et qui ont été estimés beaucoup au-dessous de leur produit réel.

Les Revenus de l'État monteront cette année (1740.) à prés de huit millions sterlings, et les Dépenses au moins à la même somme.

La Dépense ordinaire du Gouvernement, en tems de paix, est de 5, 2, ou 5, 300,000 liv. st. dont la Liste civile du Roi qui est de 800000 liv. st. mais qui va souvent à plus de 1100000. liv. st. et 2000000. st. assignés pour les intérêts des 48. millions st. de dettes nationales actuellement existantes, font les deux plus gros articles. L'entretien de la Marine, des forces de terre, des Colonies et Plantations, des réparations des Bâtimens et Chemins publics, et autres Dépenses, absorbe le reste ; de sorte que l'excédent desdites 5, 300,000. liv. qui monte communement à 1200000. liv. forme ce qu'on appelle *le fonds d'amortissement*, destinés dans son origine à rembourser les capitaux, mais qui n'a servi depuis 28. ans qu'à en éteindre pour 4 millions ; les Ministres ayant employé le surplus, comme ils l'ont jugé à propos.

Dans les cas urgens, on a quelquefois imposé une Capitation de 70000. liv. st. par mois, à répartir sur les Habitans de l'Angleterre seulement, à proportion de leurs rangs et de leurs facultés, ce qui peut faire, pour les 13. mois dont l'année Angloise est composée, un total de 960000 liv. sterl. c'est-à-dire environ 22. millions de notre monnoye.

La Garde du Roi consiste en une Bande de 40. Gentil-Hommes Pensionnaires qui ont chacun 100 l. st. [393] (2300 f.) de gages par an, cy	40. hommes.
Une Troupe de 250. Hallebardiers ; semblables à nos Cent-Suisses, qui ont chacun 40. liv. st. (920 f.) par an cy	250.
4. Compagnies de Gardes du Corps de 160. Maîtres chacune, à la paye de 4. schillings (4. liv. 12 s.) par jour, cy	640.
2. Compagnies de Grenadiers à cheval de 150. Maîtres chacune, à la paye de 2. sh. ½ (2 liv. 17. 6.) par jour, cy	300.
1. Régiment de Cavalerie de 360. Maîtres, à la paye de 2. sh. (1. l. 6. s.) par jour, cy	360.
3. Régiment d'Infanterie formant ensemble 58. Compagnies de 100. Soldats à la paye de 10. s. par jour (environ 20 s. tournois) cy	5800.
Total de la Maison du Roi	7390. hommes

Elle n'est pas toujours si forte, mais à cause de la guerre les Compagnies d'Infanterie qui n'étoient que de 92. ont été augmentées de 28. hommes.

Les forces de Terre consistent ordinairement en tems de paix, en 12000. hommes, et quelquefois davantage, pour des raisons particulieres au Roi d'Angleterre, comme on l'a vû depuis une quinzaine d'années; mais depuis que la guerre est déclarée à l'Espagne, les Trou[394]pes montent à près de 35000. hommes.

Il y a encore 200000. hommes de Milice, obligés de servir seulement dans le cas de rébellion ou d'invasion, mais jamais hors de l'Isle. Cette Milice est composée de Cavalerie et d'Infanterie. On ne peut forcer qui que ce soit de fournir un Cavalier qu'il n'ait 500 liv. st. de rente ou 6000. st. en biens fonds, ni un Fantassin qu'il n'ait 50. liv. st. de rente ou 600. liv. en fonds. Ceux qui sont moins riches, se cottissent pour fournir leur contingent. Cette Milice doit être passée en revûe tous les ans. Les Cavaliers ont pendant le tems de cette revûe deux shillings par jour (2. l. 6. s.) et les Fantassins 1. shilling (1. liv. 3. s.) qui leur sont payés par leurs Commettans. Elle est fort ancienne : La Reine Élisabeth la mit sur pied lors de la fameuse Flote de Philippe II.

Indépendamment de cette Milice, le Roi d'Angleterre peut assembler aujourd'hui une armée d'environ 8000. hommes; Sçavoir.

Troupes d'Angleterre, cy....................	35000. homm.
Troupes d'Irlande, cy....................	12000.
Troupes de Dannemark, suivant le Traité des Subsides, cy....................	12000.
Troupes d'Hanovre, cy....................	20000.
TOTAL................	79000. homm.

Sous le Régne de la Reine Anne, le Gouvernement a entretenu jusqu'à 80000. Soldats Anglois, 40000. étrangers et 40000. Matelots. Il est vrai que l'Etat a contracté pendant ce tems pour un milliard de dettes, et il ne lui [395] seroit pas possible de faire aujourd'hui les mêmes efforts. Tant que la guerre ne se fera que sur mer, l'Angleterre la soutiendra, parce que l'argent se dépense dans le païs ; mais si elle étoit obligée à la porter sur le continent, elle courroit de grands risques.

Les forces de mer sont encore plus considérables que celles de terre : elles consistent en

8. Vaisseaux du premier rang ou de 100. canons et au-dessus portant 780. hommes d'équipages, cy............	8. Vaisseaux.
13. du 2d 90. Canons 680. hom. cy............	13.
40. du 3e 80. à 70. C. 520. à 440. h. cy........	40.
64. du 4e 60. à 50. C. 365. à 280. h. cy.........	64.
25. du 5e 40. Can. 190. hommes, cy............	25.
32. du 6e 20. Can. 130. hommes, cy...........	32.
	182.
Plus 68. Bâtimens, tant Brûlots que Chaloupes, Brigantins, Galiotes à bombes, et autres tous montés de 20. Canons et au-dessous, cy............	68.
TOTAL................	250.

Desquels il y en a au moins 180. employés dans le service actuel contre l'Espagne.

Tous ces Bâtimens existent soit en mer, soit dans Ports, soit dans leurs Chambres, ainsi il n'est question que de les armer quand la guerre survient. Il s'en construit de très-beaux à Boston dans la Nouvelle-York en Amerique, qui passent ensuite en Europe.

Un Vaisseau du premier rang, avec tous ses agrais, coûte 60000 liv. st. (1380000 f.) non compris l'avitaillement.

[396] L'entretien de cette marine coûte en tems de paix 130000. st. (2990000. f.) non compris les gages des Matelots, au nombre de 10000. liv. pour le service ordinaire.

Il y en a actuellement 340000. qui à raison de 4. l. st. par mois l'année de 13. mois, non compris les nourritures, gages, habits, goudron, paye d'Officiers etc. coutent par an 1768000 ou 40664000. liv.

L'Artillerie de mer n'est point comprise dans l'article ci-dessus.

On compte en Angleterre environ six millions d'Habitans, treize cens mille en Ecosse, et plus de deux cens cinquante mille en Irlande, en tout environ dix millions, un vingtiéme d'hommes plus que de femmes.

On estime qu'il y a en Angleterre pour 11. millons st. (253000000. liv.) d'or et d'argent monnoyé, quantité qui ne paroit aucunement proportionnée aux 6. millions 500000 st. qui se levent sur la Nation dans les tems ordinaires non plus qu'aux dépenses de chaque particulier, et aux besoins du Commerce; Mais cette disproportion s'évanouit, lorsqu'on fait attention à la prodigieuse quantité d'Effets Royaux ou d'Etat, dont nous parlerons ci-après, qui sont autant de valeurs représentatives de l'espece.

La proportion de l'or et de l'argent, au titre d'Angleterre, est comme d'un et un vingt-cinquiéme à quinze.

La guinée pése plus que notre louis, le Roi d'Angleterre ne prenant aucun droit de Seigneuriage ni de monnoyage.

Les poids et les mesures sont les mêmes par toute la Grande-Bretagne.

[397] Il y a 13. Paquebots qui vont continuellement d'Angleterre en France, Portugal, Flandres, Hollande et Irlande pour porter les lettres.

Il y a plusieurs Compagnies de Marchands autorisées par des Chartres et Patentes.

La principale est la Compagnie des Indes Orientales, dont le fond est de 3500000. liv. st. (80 millions s.).

La Compagnie de Turquie ou du Levant, qui est très florissante.

Celle des Marchands Avanturiers, la plus ancienne de toutes, fut établie il y a 400. ans, pour transporter la laine; mais l'exportation de cette précieuse denrée ayant été prohibée, sous peine de mort, depuis l'établissement des Manufactures, la Compagnie s'est trouvée réduite au transport des étoffes. Elle n'est pas considérable.

Celle de Russie fleurit depuis quelques années.

Celle de la mer Baltique est aussi en bon état.

On assure que la Vente des Marchandises de la Compagnie des Indes Orientales aux étrangers seulement, monte à 600000. liv. st. (13800000. f.) et que ce qui vient des Colonies et Plantations Angloises de l'Amerique en Angleterre, consistant en Indigo, Sucre, Tabac, Cacao, Poisson, Mâts, Castors, etc. monte à 500000. liv. st. (11. à 12000000. millions f.).

L'Irlande fait un Gouvernement à part: Elle a un Parlement à l'instar de celui de la Grande-Bretagne. Elle est obligée d'entretenir à ses frais un Corps de troupes de 12. mille hommes pour sa défense; de donner tous les ans 12000. liv. st. (276000. f.) au Vice-Roi, et de payer toutes les charges qui la concernent; mais elle n'entre [398] pour rien dans la Cause générale, et l'Angleterre est obligée de la secourir et de la défendre par mer.

DETTES de l'Angleterre à la S. Michel de l'année 1730.

	Capitaux.	Interests.
A la Banque.	L. 1,600,000. à 6. p. c.... 1er fond....	L. 96,000.
	8,500,000. à 4. p. c....	340,000.
A la Compagnie du Sud.	32,302.203. à 4. p. c....	1,292,088.
A la Compagnie des Indes.	3,200,000. à 4. p. c....	128,000.
	45,002,203.	1,856,088.
Pour diverses sommes payées à l'Echiquier qui portent intérêt en attendant le remboursement	1,834,721.	58,095.
Total.....	L. 47,436,924.	L. 1,914,183.

Toutes les dettes ci-dessus sont remboursables à la volonté du Parlement.	
Capital d'Annuités non-remboursables et qui s'éteint successivement 2358830. dont les intérêts sont de.....	180,115.
	L. 2,094,298.
Frais de Régie de la Banque et du Sud.............	24,706.
Total des Intérêts..................	L. 2,112,004.

Les intérêts des fonds de la Banque et de plusieurs [399] autres emprunts, étoient originairement de 6. pour cent; mais après la paix d'Utrecht, le Gouvernement ayant offert l'alternative, de réduire les intérêts à 5. pour cent ou de recevoir le remboursement des capitaux, les intéressés se déterminerent pour le premier parti; et par la suite sur les mêmes offres, ces intérêts ont été réduits à 4. pour cent; ce qui subsiste actuellement, à l'exception toutefois du premier fond de la Banque qui est de 1600000. liv. st. dont l'intérêt à 7. pour cent a toujours été continué.

Et comme le Parlement en empruntant, avoit assigné des fonds suffisans pour payer tous les intérêts à 6. pour cent, la réduction de 6. à 4. a produit un revenant bon, que l'on appelle *Fond d'amortissement*, lequel a été destiné au remboursement des Capitaux.

On compte que ce fond monte à 1200000. liv. par an; mais jusqu'à présent il a été employé à des usages que l'on a crû plus pressans que le remboursement des Capitaux.

On remboursa cependant en 1729. un million à la Compagnie du Sud, et en 1730. un million d'annuités; mais on emprunta le tout de la Banque: Il ne paroît à ce virement de parties aucun avantage pour le Gouvernement, mais on y fut obligé, parce que l'acte du Parlement porte que le Fond d'amortissement ne pourra être appliqué qu'au remboursement des dettes nationales. Ce fut le moyen que l'on imagina pour éluder la Loi.

Quoique la Compagnie du Sud, formée en 1720. n'eût pas réussi dans ses projets chimériques; cependant comme elle avoit retiré pour environ 26. millions de dettes de l'Etat qui, avec son premier fond, faisoient [400] 32. millions, le Gouvernement fit un arrangement avec elle en 1721. par lequel il partagea cette somme en deux parties égales, dont 16. millions furent mis en Annuités, et ne devoient point participer au bénéfice et aux pertes de cette Compagnie; et l'autre resta en société, de maniere qu'un Particulier qui avoit 2000. liv. st. de capital, eût 1000 l. d'Annuités et 1000 liv. de Sud.

Cette Compagnie n'a d'autre Privilège que celui de fournir annuellement, à un certain prix, 4800. Négres, dans les différentes Colonies de l'Amerique Espagnole (*on peut voir le Traité de l'Assiento*). Comme ce Commerce s'est toujours fait à perte, la Cour d'Espagne a accordé à cette Compagnie par forme de dédommagement, la faculté d'envoyer tous les ans un *Vaisseau de Permission* chargé de Marchandises exemptes de tous droits, à la suite des Gallions et Flotilles: Privilège ruineux, et dont l'Espagne n'a sans doute pas connu toute l'importance. Suivant le Traité, ce Vaisseau ne doit être que de 500. tonneaux Espagnols ou 750. tonneaux Anglois, de 2000. livres pésant chacun; mais il est toujours infiniment plus grand, et sous prétexte d'avitailler l'Equipage, on le remplit de Marchandises à mesure qu'il se vuide. Le Roi d'Espagne a un quart dans le bénéfice; loin d'y gagner, il y perd aussi-bien que la Compagnie: tout le profit tourne à l'avantage de quelques Particuliers. Mais de quelque maniere que ce soit, l'Etat n'y gagne pas moins, et s'enrichit au détriment des autres Nations.

Outre le Commerce des Négres et du Vaisseau de Permission, la Compagnie du Sud fait encore la *Pêche de la Moruë*, à laquelle elle employe environ 20. Vais[401]seaux par an, sur quoi elle perd beaucoup: Aussi la tient-on ruinée.

Moyennant 3. millions 200. mille livres, que la *Compagnie des Indes* a prêté au Gouvernement, elle a le Privilège exclusif de tout le Commerce au-delà du Cap de Bonne-Espérance. Elle n'a reçu des Actionnaires que 87. ½ pour % sur les 3. millions 200. mille livres qu'elle a mis en société, ce qui monte à 2. millions 800000. l. et elle peut faire un appel de 12. ½ pour % quand elle voudra. Elle ne l'a pas fait jusqu'à présent, parce que son Commerce a toujours été florissant. Les répartitions qu'elle a faite aux Actionnaires depuis 1720. sont de 8. l. pour cent de capital.

La Compagnie d'Afrique est entierement ruinée; cependant, comme il est de l'intérêt de la Nation de garder les Forts qu'elle a sur les Côtes d'Afrique, le Parlement lui accorde tous les ans gratuitement, une somme de 10. à 12000. liv. sterl. pour leur entretien.

Il y a deux *Compagnies d'Assurance*, qui, pour avoir le Privilége de former un Corps de Compagnie, ont donné au Gouvernement 150000. l. chacune. Leur fond total est de 450000. l. st. Elles assurent les Vaisseaux et les Maisons de toute l'Angleterre contre le feu et la vie des Personnes; cependant elles n'excluent pas les Particuliers d'assurer. Le Parlement peut les dissoudre quand il lui plaira, en leur remboursant les 300000. liv. qu'il a reçu.

La Banque est l'établissement d'Angleterre le plus solide et le plus nécessaire au crédit de la Nation. Elle fut établie sous le Régne du Roi Guillaume, dans un tems où le Gouvernement avoit de la peine à trouver de l'argent à 16. pour cent, et que les billets de l'Echiquier [402] perdoient moitié. Son premier fond est de 1600000. l. depuis elle a prêté en différens tems au Gouvernement à différens intérêts, qui, comme on l'a ci-devant dit, ont tous été réduits à 4 pour $\frac{0}{0}$ à la reserve du premier capital de 1600. mille liv. qui continue toujours à lui être payé à raison de 6. pour cent. Son fond est aujourd'hui de 10. millions 100 mille liv.

Cette Banque a le Privilége de prêter sur les fonds du Gouvernement, d'escompter les lettres de change, et les billets des Particuliers (elle peut aussi refuser). Elle tient la Caisse de tous les Particuliers qui le veulent. Elle fait le Commerce de l'or et de l'argent. Ses profits les plus considérables viennent des avances qu'elle fait au Gouvernement sur le Land-Taxe, ou Taxe sur les Terres, Elle ne fournit que ses billets qui circulent dans le public, et qui sont reçus par tout pour argent comptant, sans aucune difficulté. On est cependant en droit de les refuser, mais cela n'arrive point; ils sont tous payables à vûe : Mais comme elle a en main le fond de tous les riches Particuliers du Royaume, tant des Seigneurs que des Négocians et Bourgeois, l'argent ne fait que passer d'un compte à un autre, sans sortir de la Caisse; si ce n'est pour les besoins et les nécessités de la vie ; mais ce qui sort d'un côté, rentre immédiatement après de l'autre.

Depuis 1727. les répartitions de cette Banque ont été de 5 $\frac{1}{2}$ et de 5 $\frac{3}{4}$ pour $\frac{0}{0}$. Avant ce tems elles étoient entre 6. et 7. pour $\frac{0}{0}$ parce qu'elle recevoit de plus gros intérêts du Gouvernement. Cet établissement soutient le crédit de tous les autres fonds ; on ne sçait pas au juste à quoi montent les billets qu'elle a dehors mais [403] la somme en doit être immense, puisqu'ils sont répandus dans tout le Royaume, et même dans les Païs étrangers, et par tout ils sont préférés à l'argent.

Le Roi ni ses Ministres ne peuvent en aucune maniere s'immiscer à ce qui regarde cette Banque qui est régie par 24. Directeurs, un Gouverneur et un Sous-Gouverneur, qui ont chacun 150. liv. sterl. d'honoraires par an.

Valeur des Fonds rachetables dûs par le Gouvernement.		*Valeur actuelle (en 1730) des fonds dans le Public.*
9,000,000	act. de Banque à 150 p. %	L. 13,500,000
16,000,000	act. du Sud à 104 p. %	16,640,000
16,000,000	annuités à 110 p. %	17,600,000
3,200,000	act. des Indes à 180 p. %	5,760,000
44,200,000		L. 53,500,000
9,300,000		

Valeur imaginaire, et qui cependant produit l'effet de la réalité.

Si le Gouvernement se trouvoit en état de rembourser tous les intéressés à ces différentes dettes, il ne seroit tenu que de payer la somme de 44. millions 200. mille liv. ainsi il se trouveroit une perte de 9. millions 300. mille l. Mais il n'y a gueres d'apparence qu'il puisse le faire; et comme l'occasion de placer l'argent à un plus fort intérêt manque, les fonds public gagnent et acquierent de la confiance : on compte que les Etrangers y ont au moins 10. millions de capital, et qu'il sort annuellement 400. milles livres sterl. d'Angleterre pour les intérêts, outre les [404] profits qu'ils font sur les variations de ces effets, et particulierement les Hollandois qui sont très-spéculatifs et très habiles dans ce genre de Commerce; aussi prétend-on que les Anglois sont leurs dupes à cet égard; mais d'un autre côté cela sert à les tenir dans la dépendance : Et nous voyons en effet, que les Anglois conduisent à leur gré cette Nation, moins par des motifs d'intérêt politique, que par l'intérêt pécuniaire.

Au reste quoique ce que nous venons de dire ne soit établi que sur ce qui existoit en 1730, on peut cependant le regarder comme subsistant actuellement et en tirer les mêmes conséquences, parce qu'il n'y a eu aucun changement quant au fond, mais seulement sur le plus ou moins de valeur des effets dans le Public, qui varient suivant les circonstances, et sur les sommes tombées à la charge du Gouvernement, qui ont augmenté depuis la guerre de plus de dix millions; ensorte que l'on peut regarder aujourd'hui (1745.) la dette de la Nation, comme un objet d'environ 54. millions de livres sterlings, qui font douze cens quarante-deux millions de notre monnoye. Somme excessive pour tout l'Etat, et qui ne l'est pas moins pour l'Angleterre qu'elle le seroit pour un autre, puisqu'il n'y a que onze millions sterlings, ou deux cens cinquante-trois millions de notre monnoye d'or et d'argent monnoye, mais dont elle a trouvé moyen de se former des trésors en faisant circuler les titres de ces créances qui produisent les effets de l'or et de l'argent monnoyé par leurs valeurs conventionnelles et représentatives; et c'est dans ce sens que l'on pourroit convenir avec le Chevalier Petti, que plus une Nation doit, plus elle est riche.

SUR L'ÉTABLISSEMENT
D'UN BUREAU ŒCONOMIQUE.

En rectifiant les vices qui se sont introduits dans notre Régie œconomique, en abrogeant les Loix reconnues défectueuses ou insuffisantes, et en leur en substituant de plus convenables, et de plus appropriées aux circonstances et à l'état présent des choses, il est certain qu'il en résulteroit un grand avantage, pour le corps de l'Empire en général, et pour chaque membre en particulier.

Il est également certain, que plusieurs Citoyens zêlés, pour le bien public, doués de talens naturels, guidés par des lumieres acquises, seroient en état et se feroient un devoir de communiquer ce que l'étude et l'expérience leur ont démontré pouvoir le plus aisément, et le plus efficacement, contribuer à la gloire de la Nation, et au bonheur de leurs compatriotes.

Enfin, il est certain que si ceux-ci étoient écoutés, distingués, récompensés, d'autres animés par leur exemple, et par les mêmes sentimens, feroient de plus grands efforts encore pour découvrir toutes les routes possibles [406] qui conduisent à la connoissance de tout ce qui peut être utile à la société.

Mais le préjugé a conduit les choses à tel point, que pour peu que l'on ait d'égards à sa réputation, on n'oseroit s'exposer à écrire, même à parler sur ces utiles matieres, dans la crainte de passer pour frondeur ou visionnaire, et ce qui est devenu depuis quelque tems une injure, encore plus offensante pour un *donneur d'avis* ; de sorte qu'à présent, donner un avis à son Prince, ou se donner en ridicule, c'est à peu prés la même chose.

Cependant, ce qui a formé les Gouvernements les plus florissans, ne peut être attribué qu'aux réflexions et aux conseils des Citoyens de ces Gouvernements sages et expérimentés ; et ce qui peut le plus sûrement détruire les vices qui s'y sont introduits, et conduire au point de perfection, auquel on doit toujours s'efforcer d'atteindre, est de faire usage des réflexions et des conseils des successeurs de ces Citoyens, à moins que l'on ne veuille dire que nous sommes actuellement parvenus à cette perfection, et qu'il n'y a rien à ajouter, ni à retrancher à notre administration, ce que je ne pense pas que l'on puisse soutenir sérieusement et de bonne foi.

Un grand Etat est une grande machine nécessairement sujette à des changements, et à des altérations ; ce qui étoit bon dans un tems, parce qu'il étoit convenable aux circonstances, cesse de l'être dans un autre, parce que les circonstances ont cessé d'être les mêmes.

Les Loix sont faites pour entretenir la société ; mais il faut les changer lorsqu'elles la détruisent, et même lorsque leurs dispositions ne promettent plus les avantages qui ont fait l'objet de leur établissement : la Loi [407] doit être faite pour les choses, et non les choses pour la Loi.

La politique exige à la vérité que l'on retienne, autant qu'on peut, les apparences des choses que l'on change, et que l'on passe insensiblement d'un terme à l'autre : mais elle n'ordonne point, surtout en matiere de Finance, de s'attacher servilement à tout ce qui a été fait avant nous, de n'avoir en vûe que l'exemple de ceux qui nous ont précédés, et de n'adorer que leurs vestiges et leurs actions.

J'ai beaucoup meilleure opinion de celui qui nage contre le courant d'un torrent, que de celui qui s'y laisse entraîner sans résistance ; et je fais plus de cas de celui qui examine, qui s'oppose à des opinions reçües depuis long-tems, que de celui qui les conserve religieusement, à cause de leur ancienneté, parce qu'il arrive rarement que l'on sorte de la voye commune, sans avoir des raisons pour le faire, et que l'on peut fort bien n'en point avoir pour ne pas s'en écarter.

Il n'est pas toujours bon d'agir par imitation : M. de Sully dans le 3e tome de ses mémoires, page 102 année 1596, nous fournit la preuve et l'application de cette maxime.

Lorsqu'il fallut terminer l'assemblée des Notables de Rouen, qui rouloit principalement sur la nature, la répartition et la levée des subsides, on crut, dit ce Ministre, « qu'il n'y avoit rien de mieux « à faire, que de compiler un tas d'anciens Réglemens inutiles, et « même contraires à la conjecture présente : mais telle est la force « du préjugé, qu'on s'obstine toujours à chercher la guérison des

« maux présens, dans des moyens dont l'insuffisance est démon-
« trée ; un respect inconsidéré pour l'an[408]tiquité, une fausse
« idée des causes, occasionnée par l'éloignement des tems ; un
« jugement peu réfléchi sur le passé ; le défaut de vûes plus
« nettes et plus justes pour l'avenir, dont l'amour propre empêche
« que l'on convienne ; voilà ce qui éternise les défauts.

Le Chef des Finances et du Commerce d'un grand Royaume, détourné sans cesse par les devoirs de politesse et de bienséance qu'exige son état, exposé aux attaques de la cabale et de la jalousie, occupé du soin de s'acquérir des amis, et de résister à ses ennemis, fatigué de demandes, de sollicitations et de plaintes perpétuelles, accablé sous le poids des affaires courantes, peut-il examiner lui-même les vices de la Régie confiés à ses soins ? Peut-il réfléchir au moyen de les détruire ? C'est au Pilote à bien gouverner son Vaisseau ; mais c'est au Charpentier à veiller à ce que le corps soit en état d'en supporter les manœuvres.

Les facultés humaines sont trop bornées, pour croire que dans un travail aussi compliqué, et d'une aussi vaste étendue que celui du ministere, un seul homme, quelque habile et laborieux qu'il soit, puisse tout voir, tout entendre et tout faire ; il n'y a que l'ignorance et l'incapacité qui puissent lui en persuader la possibilité.

Il faut donc que celui qui est destiné à un emploi de cette nature, sçache qu'il n'y a été appelé que pour faire le bien, et réparer ou détourner le mal ; que sa Patente qui lui en donne le pouvoir, ne lui en a pas donné les moyens ; qu'il n'y a pas moins d'honneur à profiter d'un bon avis, que d'en être l'auteur ; et que pour se conserver la liberté d'esprit nécessaire aux grandes opérations, il doit se débarrasser des petites, et choisir avec discerne[409]ment des aides fidels, discrets et intelligens, sur lesquels il puisse se reposer de certains détails, incompatibles avec ses occupations journalieres et indispensables.

Cessant alors d'être violemment emporté par la rapidité du tourbillon, il verra les objets sans mélange et sans confusion ; il sortira de l'espéce d'yvresse qui s'empare souvent de ceux qui occupent ces places, qui ne les quitte ordinairement que quand ils en sortent, et qui les en prive quelquefois plûtôt qu'ils ne le souhaiteroient.

Rendu à lui-même, il verra distinctement les objets qui lui seront offerts, et les routes de la saine police ; il sera en état de rectifier les vices de l'administration générale, et de ranimer une infinité de parties qui languissent, dont le mal menace, attaque et peut détruire successivement les parties les plus saines.

Il y a plusiéurs moyens pour parvenir à cette fin également utile à la grandeur du Souverain, à la félicité des Sujets, au repos et à la gloire personnelle du Ministre; mais il paroît qu'un de ceux qui pourroit y contribuer avec le plus d'efficacité, seroit de former un Bureau pour l'examen et la discussion de tout ce qui peut servir à l'amélioration du Commerce et à l'augmentation des Finances, qui en sera toujours la suite nécessaire, tant que les opérations de celles-ci seroient liées, concertées et subordonnées à celles de l'autre, qui est l'ame, l'aliment et la mamelle de toutes les parties.

Peut-être, dira-t-on, qu'il seroit difficile de réunir un nombre suffisant de personnes en état de répondre avec succès aux vûes de cet établissement : ce ne sont jamais les bons sujets qui manquent au Roy, c'est le Roy qui manque aux bons sujets, dit M. de Sully, dans quelque [410] endroit de ses Mémoires; cette vérité est de tous les tems, de tous les régnes, et les événemens ne l'ont jamais démentie.

PROJET DE REGLEMENT

Pour l'établissement d'un Bureau œconomique.

RIEN n'étant plus important à la gloire et à la prospérité d'un Etat, que de faire fleurir le Commerce, et d'augmenter le produit des Finances, sans causer une nouvelle charge aux Peuples, plusieurs bons Citoyens animés d'un véritable zéle pour la Patrie, ont employé leur tems et leurs soins à chercher les moyens qui pourroient le plus contribuer à l'accomplissement de ces grands avantages.

Quelques-uns ont donné des Mémoires qui ont été rendus publics, et suivant lesquels on s'est contenté de faire quelques tentatives; d'autres qui n'avoient pas rencontré moins heureusement, n'ont pû se faire écouter, soit parce qu'ils ont manqué de facilités pour approcher les personnes en place, soit parce que des occupations que les circonstances rendoient plus intéressantes, n'ont pas permis à ces mêmes personnes de se livrer à la locture et à l'examen des projets qui ont été mis sous leurs yeux ; et d'autres enfin pleins de bonnes idées et de bons principes, les ont exposés d'une maniere si vague et si confuse, qu'il n'a pas été possible à ceux qui en auroient pû faire usage, de donner le tems nécessaire à les débrouiller, et à les concevoir, ensorte qu'elles sont demeurées, [411] sinon dans l'oubli, du moins sans exécution, d'où les uns et les autres s'étant crus rebutés et négligés, non-seulement ils ont cessé de travailler et de réfléchir sur ces matieres, mais encore ils ont dégoûté ceux, qui conduits comme eux par l'amour du bien public, auroient pû donner des avis et des conseils, que leur étude et leur expérience les auroient mis en état de suggérer.

Sur quoi S. M. toujours attentive à ce qui peut contribuer à assurer le bonheur de ses Sujets, et à augmenter leurs richesses, et désirant se procurer la connoissance de tous les moyens qui peuvent conduire à une fin si louable et si avantageuse, elle a résolu d'établir un Bureau, composé des personnes les plus expérimentées dans le Commerce et dans les Finances, pour travailler par elles-mêmes sur ces deux matières, et recevoir, examiner et discuter tous les Mémoires qui leur seront renvoyés par S. M. ou par le Sr Controlleur Général des Finances ; et afin de donner de l'émulation aux Auteurs et Examinateurs, et que tout se passe dans cette Assemblée avec utilité et bienséance, S. M. a jugé à propos de prescrire les régles suivantes, qu'elle veut et entend être exactement observées.

Article Premier.

Le Bureau sera nommé Bureau œconomique, et ceux qui le composeront, Conseillers du Bureau œconomique, et tiendra ses Séances dans tel... Appartement du Louvre, que S. M. lui accorde à cet effet.

II.

Ledit Bureau sera divisé en trois Classes ; les Hono[412]raires, le Commerce et la Finance, lesquelles seront composées de douze Conseillers chacune, et nul n'y pourra être admis, que par le choix de S. M.

III.

S. M. nomme dès-à-présent, et pour toujours, le Sr Controlleur Général des Finances pour Chef dudit Bureau, auquel il présidera, lorsqu'il jugera à propos de s'y trouver, et sans concurrence avec le Président annuel.

IV.

Les Conseillers honoraires seront très-recommandables par leurs connoissances, et leur expérience, dans les deux parties qui forment l'objet de cet établissement, et au moins dans une.

V.

La Classe du Commerce sera subdivisée en commerce de terre et en commerce de mer, et celle de Finance pareillement en deux parties ; Sçavoir, Finances des Fermes du Roy, et Finances d'Impositions, et de toutes les branches qui ont rapport à chacune de ces quatre parties, ausquelles il sera appliqué six Conseillers, et dans les 24. il sera choisi un Secretaire à la pluralité des voix et par scrutin.

VI.

Tous les Conseillers, tant honoraires que de Commerce et Finance, seront établis et domiciliés à Paris ; et s'ils en quittent le séjour, leurs places seront remplies, comme si elles étoient vacantes par mort.

[413] VII.

S. M. se réserve à Elle seule, et pour toujours, la nomination des Conseillers honoraires, et pour la premiere fois seulement, celle des Conseillers de Commerce et Finance ; et à l'égard des places de ceux-ci qui viendront à vaquer par la suite, le Bureau élira trois Sujets par scrutin, qui seront proposés à S. M. afin qu'il lui plaise en choisir un.

VIII.

Nul ne pourra être proposé pour les places ci-dessus, s'il n'est d'une intelligence et d'une capacité reconnues dans la partie à laquelle il sera destiné, soit pour y avoir travaillé d'une façon distinguée, soit pour avoir fait quelque ouvrage connu sur la matiere dont il sera question.

IX.

S. M. interdit toute espéce de démarches et de sollicitations, à ceux qui croiroient pouvoir mériter une place dans cette Compagnie, et déclare ce qui aura été fait au préjudice de cette défense cause suffisante d'exclusion pour le présent et pour toujours. Quelque mérite qu'eût d'ailleurs le Candidat, et si sa contravention étoit seulement reconnue et prouvée après son admission, S. M. veut qu'il soit aussi-tôt rayé du Tableau, sans espoir d'y être jamais rétabli.

X.

Les Assemblées ordinaires dudit Bureau se tiendront les Mercredis de chaque semaine ; et lorsque lesdits jours ils se rencontrera quelque fête, l'Assemblée se tiendra le jour précédent.

[414] XI.

Les Séances desdites Assemblées seront au moins de deux heures, depuis trois jusqu'à cinq, et plus longtemps si la matiere le requiert.

XII.

Les vacances du Bureau commenceront au premier Septembre, et finiront le dernier Novembre, et il vaquera en outre pendant la quinzaine de Pâques, la semaine de la Pentecôte, et depuis Noel jusqu'aux Rois.

XIII.

Les Conseillers de Commerce et Finance seront assidus à tous les jours d'Assemblées, et nul ne pourra s'absenter plus de deux mois, pour ses affaires particulieres, hors le tems des vacances, sans un congé exprès de S. M.

XIV.

Chaque Conseiller pourra s'appliquer à telle branche de sa division qu'il jugera à propos, de même qu'à toute autre qui aura rapport à l'œconomique en général, de quelque nature qu'elle puisse être; mais il en fera sa déclaration par écrit au commencement de chaque année, afin que plusieurs ne se portent pas en même tems vers le même objet.

XV.

Dans chaque Assemblée, il y aura au moins un Conseiller soit de Commerce soit de Finance, qui sera obligé d'apporter quelques observations ou mémoires, [415] sur ce qui aura rapport à sa division, et tous lesdits Conseillers, tant honoraires, que de Commerce et Finance, auront la liberté de proposer, en tout tems, leurs doutes et leurs refléxions, sur ce qui aura été proposé dans l'Assemblée.

XVI.

Toutes les observations et mémoires qui auront été lûs, ou présentés à ladite Assemblée, seront laissés entre les mains du Secrétaire, pour y avoir recours au besoin.

XVII.

Le Bureau veillera exactement à ce que dans les occasions où quelques Conseillers seroient d'opinion différente, il ne s'employe aucuns termes d'aigreur les uns contre les autres.

XVIII.

Les Conseillers de Commerce et Finance auront soin d'entretenir correspondance avec les personnes les plus au fait de ces parties, soit à Paris, et dans les Provinces du Royaume, soit même dans les Pays Etrangers, afin de pouvoir appliquer à l'avantage de l'Etat, les maximes et les pratiques que l'on reconnoîtra utiles et avantageuses.

XIX.

Le Bureau chargera un Conseiller de Commerce, et un de la Finance, de lire les ouvrages intéressants de l'un et l'autre genre, qui paroîtront soit en France, soit ailleurs, dont ils feront rapport à la Compagnie, le jour [416] qui aura été réglé par le Bureau, en s'attachant seulement à ce qui pourra servir à la rectification et amélioration du Commerce et Finance du Royaume, circonstances et dépendances.

XX.

Nul des Conseillers ne pourra rendre public ses Mémoires, Observations, et autres Ouvrages, sur les Parties qui font l'objet de cet établissement, s'il n'en a obtenu la permission par écrit du Bureau.

XXI.

Le Bureau ne pourra recevoir aucuns Mémoires, Ecrits et Projets du-dehors, que le renvoi ne lui en ait été fait par le Sr Controlleur Général des Finances, lesquelles seront toujours adressés au Président, pour être lûs, examinés et discutés dans les Assemblées ordinaires, ou dans les Comités particuliers qui seront choisis par ledit Président.

XXII.

Soit que cet examen se fasse dans les Assemblées ordinaires, soit dans les Comités particuliers, le secret sera toujours exactement observé à l'égard de ceux des Conseillers qui n'auront pas assisté ausdits Comités; et à plus forte raison, à l'égard de ceux qui ne seront pas membres du Bureau.

XXIII.

Le Bureau aura soin de rassembler, autant qu'il sera possible, tous les Projets et Mémoires de Commerce et Finance qui ont été donnés en différents tems, pour les [417] examiner et en extraire ce qui paroîtra utile; à l'effet de quoi S. M. donnera les ordres nécessaires pour les retirer des dépôts où ils peuvent avoir été remis.

XXIV.

Tous les Conseillers, tant Honoraires que de Commerce et de Finance, auront également voix délibérative dans tous les cas, sans exception.

XXV.

Ceux qui ne seront point du Bureau, ne pourront y être admis, ni assister aux Assemblées, si ce n'est quand ils y seront conduits par le Secrétaire, avec la permission du Bureau, pour y proposer quelques moyens utiles, ou être entendus sur ceux qu'ils auroient déjà proposés.

XXVI.

Le Président sera au bout de la table, les Honoraires aux deux côtés; ensuite les Conseillers de Commerce et Finance, et les uns et les autres se placeront chaque jour d'Assemblée, suivant l'ordre de leur entrée dans la Salle, sans distinction de place.

XXVII.

Le Président sera très-attentif à ce que le bon ordre soit fidèlement observé dans chaque Assemblée, et il rendra compte au Sr Controlleur Général des Finances, de ce qui concernera ledit Bureau, et des matieres qui y seront agitées.

XXVIII.

Le Président sera nommé par S. M. au premier Jan[418]vier de chaque année, et sera toujours pris dans la Classe des Conseillers Honoraires; mais quoique chaque année il ait besoin d'une nouvelle nomination, il pourra être continué tant qu'il plaira à S. M. et dans le cas où, par indisposition ou par la nécessité de ses affaires, il pourroit manquer à quelqu'Assemblée, S. M. nommera en même tems un autre Conseiller honoraire, pour présider en l'absence dudit Président.

XXIX.

Le Secretaire sera exact à recueillir en subsistance tout ce qui aura été proposé, agité, examiné et résolu dans chaque Assemblée, et à l'écrire sur son Registre; il signera les actes qui en seront délivrés, soit à ceux de la Compagnie, soit à autres qui auront intérêt de les requérir, après toutefois qu'il y aura été autorisé par le Bureau.

XXX.

Les Registres, Titres et Papiers, concernant le Bureau, demeureront toujours entre les mains du Secretaire : il en sera fait inventaire à la fin du mois de Décembre de cette présente année, et ledit inventaire sera par le Président, recolé et augmenté de tout ce qui se trouvera y avoir été ajouté pendant chacune des années subséquentes.

XXXI.

Le Secretaire sera perpétuel; et quand par empêchement légitime, il ne pourra satisfrire à ses fonctions, il pourra commettre tel des Conseillers de Commerce ou de Finance qu'il jugera à propos pour tenir sa place.

XXXII.

[419] Quoique S. M. soit pleinement convaincue que tous ceux qui seront admis à ce Bureau, seront plûtôt guidés par l'amour du bien public, que par aucune vûe d'intérêt, cependant S. M. se propose de reconnoître en temps et lieu, par des témoignages de sa bienveillance, les services de ceux qui se seront distingués par leur assiduité, et par l'utilité de leur travail.

XXXIII.

S. M. déclara pareillement qu'elle récompensera ceux qui auront fourni des Mémoires utiles au Commerce et à la Finance, d'une maniere proportionnée à l'avantage qui en pourra résulter.

XXXIV.

Pour exciter d'avantage l'émulation, S. M. fera délivrer dans le courant du mois de janvier de chaque année, une médaille d'or de la valeur de 500. liv. à celui qui aura le mieux répondu à une question œconomique, qui sera annoncée un an à l'avance par le Bureau, qui en sera le Juge, au moyen de quoi les membres qui le composent ne pourront concourir.

XXXV.

S. M. donnera les ordres nécessaires pour l'ameublement dudit Bureau; et pour qu'il soit fait un fonds suffisant aux dépenses ordinaires, telles que papier, encre, cire d'Espagne, bois, bougie, chandelle, entretien d'un Suisse Concierge à sa Livrée, etc.

[420] XXXVI.

Veut S. M. que le présent Réglement soit lû à la premiere Assemblée, et inséré dans les Registres du Bureau, pour être exactement observé suivant sa forme et teneur ; et s'il arrivoit qu'aucuns y manquassent, S. M. y statuera suivant l'exigence des cas. Fait à

TABLE ALPHABÉTIQUE

MACON, PROTAT FRÈRES, IMPRIMEURS

COLLECTION DES ÉCONOMISTES

ET DES RÉFORMATEURS SOCIAUX DE LA FRANCE

1. **Dupont de Nemours.** De l'origine et des progrès d'une science nouvelle (1768), avec notice et index analytique par *A. Dubois*, professeur à l'Université de Poitiers, ix-50 pp. in-8, 1909 .... 1 fr. 50

2. **Baudeau.** Première introduction à la philosophie économique (1771), avec notice et index analytique par *A. Dubois*, professeur à l'Université de Poitiers, xiv-viii-192 pp. in-8, 1909 .... 6 fr. 25

3. **Le Mercier de la Rivière.** L'ordre naturel et essentiel des sociétés politiques (1767), avec notice par *E. Depitre*, professeur agrégé à l'Université de Lille, xxxvii-viii-405 pp. in-8, 1909 .... 12 fr. 50

4. **Morelly.** Code de la nature ou le véritable esprit de ses loix (1755), avec notice et table analytique par *E. Dolléans*, professeur adjoint à l'Université de Dijon, xxxi-119 pp. in-8, 1910 .... 6 fr.

5. **Herbert (Cl.-J.).** Essai sur la police générale des grains, sur leurs prix et sur les effets de l'agriculture (1755), et Supplément à l'Essai sur la police générale des grains par *J.-G. Montaudouin de la Touche* (1757), avec notice et table analytique par *E. Depitre*, professeur agrégé à l'Université de Lille, xliii-166 pp. in-8, 1910 .... 7 fr. 50

6. **Dupont de Nemours.** De l'exportation et de l'importation des grains (1764). — *L.-P. Abeille*, Premiers opuscules sur le commerce des grains (1763-1764), avec introduction et table par *E. Depitre*, xlv-128 pp. in-8, 1911 .... 7 fr. 50

7. **Graslin (J.-J. L.).** Essai analytique sur la richesse et sur l'impôt (1767), avec notice et table par *A. Dubois*, xxx-vi-218 pp. in-8, 1911 .... 8 fr.

8. **Petit (E.).** Droit public ou gouvernement des colonies françaises d'après les lois faites pour ces pays (1771), avec introduction et table par *A. Girault*, professeur à l'Université de Poitiers, xxv-xv-512 pp. in-8, 1911 .... 16 fr.

9. **Baudeau.** Principes de la science morale et politique sur le luxe et les lois somptuaires (1767), avec notice et table par *A. Dubois*, xix-34 pp. in-8, 1912 .... 1 fr. 60

10. **Moheau.** Recherches et considérations sur la population de la France (1778), avec notice et table par *R. Gonnard*, professeur à l'Université de Lyon, xxxi-302 pp. in-8, 1912 .... 12 fr. 50

11-12. **Dupin.** Œconomiques, publié avec notice et table par *M. Aucuy*, docteur en droit, professeur au Collège Sainte-Barbe, avec de nombreuses cartes et plusieurs fac-similés, 2 vol., 1913 .... 32 fr.

En préparation :

Boisguillebert. — Œuvre, notice et table par *A. Dubois*.
Abeille. — Commerce des grains, notice et table par *E. Depitre*.
Mun. — Trésor du Commerce, notice et table par *A. Deschamps*.
Turgot. — Formation et distribution des richesses, notice et table par *G. Schelle*.
Forbonnais. — Principes et observations économiques, notice et table par *A. Dubois*.
Butré. — Apologie de la science économique, notice et table par *A. Dubois*.
Child. — Traités sur le commerce, trad. V. de Gournay, notice et table par *A. Deschamps*.
Letrosne. — Opuscules sur le commerce maritime, p. par *A. Dubois*.
Mirabeau. — Philosophie rurale, notice et table par *L. Brocard*.
Condorcet. — Commerce des grains, notice et table par *E. Depitre*.
Melon. — Essai politique sur le commerce, notice et table par *H. Vouters*.
Law. — Considérations sur le commerce et sur l'argent, par *F.-K. Mann*.

www.ingramcontent.com/pod-product-compliance
Ingram Content Group UK Ltd.
Pitfield, Milton Keynes, MK11 3LW, UK
UKHW020155250726
13967UKWH00003B/1076

9 782011 953186